丛书主编◎曾国安

政府管制与公共经济研究丛书

ENGFU GUANZHI YU GONGGONG JINGJI YANJIU CONGSHU

第 **3** 辑

王国红◎著

银行并购反垄断管制与中国的管制政策

YINHANG BINGGOU FANLONGDUAN GUANZHI YU
ZHONGGUO DE GUANZHI ZHENGCE

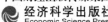

中国财经出版传媒集团

经济科学出版社
Economic Science Press

图书在版编目（CIP）数据

银行并购反垄断管制与中国的管制政策/王国红著.
—北京：经济科学出版社，2019.9
（政府管制与公共经济研究丛书. 第3辑）
ISBN 978 - 7 - 5218 - 1095 - 0

Ⅰ. ①银… Ⅱ. ①王… Ⅲ. ①银行合并 - 反垄断法 -
研究 - 中国 Ⅳ. ①D922.281.4②D922.294.4

中国版本图书馆 CIP 数据核字（2019）第 270984 号

责任编辑：郎　晶
责任校对：刘　昕
责任印制：李　鹏

银行并购反垄断管制与中国的管制政策
王国红　著
经济科学出版社出版、发行　新华书店经销
社址：北京市海淀区阜成路甲 28 号　邮编：100142
总编部电话：010 - 88191217　发行部电话：010 - 88191522
网址：www. esp. com. cn
电子邮件：esp@ esp. com. cn
天猫网店：经济科学出版社旗舰店
网址：http：//jjkxcbs. tmall. com
北京季蜂印刷有限公司印装
710×1000　16 开　24.5 印张　440000 字
2019 年 12 月第 1 版　2019 年 12 月第 1 次印刷
ISBN 978 - 7 - 5218 - 1095 - 0　定价：98.00 元
（图书出现印装问题，本社负责调换。电话：010 - 88191510）
（版权所有　侵权必究　打击盗版　举报热线：010 - 88191661
QQ：2242791300　营销中心电话：010 - 88191537
电子邮箱：dbts@ esp. com. cn）

感谢教育部新世纪优秀人才支持计划研究项目《经济管制理论与制度研究》、教育部人文社科规划基金项目《经济全球化背景下政府的经济职能研究》和武汉大学"985工程"第三期学科建设项目《经济全球化条件下中国经济管制制度改革与建设研究》的支持

政府管制与公共经济研究丛书（第三辑）

序　　言

自20世纪90年代开始对政府管制和公共经济问题展开研究以来，我们始终对该领域的研究保持着一如既往的兴趣，我们的研究团队对该领域的诸多问题展开了研究，不断取得新的研究成果。本辑成果是这些新的成果的一部分。

本辑丛书包括《银行并购反垄断管制与中国的管制政策》《出口管制：理论与政策》《中国银行卡产业垄断管制问题研究》《中国地方政府债券发行和管理运行制度研究》《文化产业集群治理理论》五部著作。王国红所著《银行并购反垄断管制与中国的管制政策》阐述了美国金融危机与银行并购反垄断、银行并购反垄断的机理与机制，对银行并购反垄断进行了国际比较，对中国银行业并购反垄断及相关问题进行了理论和实证分析，对外资银行在华并购的竞争效应及应采取的并购管制政策展开了分析，并对中国银行业并购反垄断政策和竞争政策进行了设计；彭爽所著《出口管制：理论与政策》阐述了出口管制的基本概念和理论，分析了国际性组织的出口管制和美国、欧盟、日本、俄罗斯等国和地区的出口管制，阐明了中国出口管制的演变、绩效及存在的主要问题，提出了完善中国出口管制的政策建议；王旭所著《中国银行卡产业垄断管制问题研究》阐述了中国银行卡产业垄断管制的现状和存在的问题，对银行卡产业福利状态进行了分析，阐明了经济发达国家和地区银行卡产业垄断管制的现状、经验及启示，提出了完善中国银行卡产业垄断管制的政策建议；陈会玲所著《中国地方政府债券发行和管理运行制度研究》对中国式地方政府债券的发展历程、债券发行和管理制度构建的成因和背景进行了分析，阐述了美国、日本地方政府债券发行和管理制度的特点及启示，提出了完善中国地方政府债券发行和管理制度的政策建议。黄浩所著《文化产业集群治理论》对文化产业集群的发展规律、发展模式、文化产业集群治理及文化产业集群发展对策等进行了研究。就以上这些著作所研究的问题而言，都比较复杂，这些研究都需要继续扩展和深化，但至少是一管之见，应对这些问题研究的拓展和深化有所助益。

管制问题依然是经济体制改革的核心问题，要推进管制的结构性改革，必须扎实推进研究。我们始终认为，学理性、独立性和创新性是从事经济学研究要把握的基准，虽然我们不知道能在多大程度上得以实现，但我们一直努力为之。

本辑研究成果获得了教育部新世纪优秀人才支持计划研究项目《经济管制理论与制度研究》、教育部人文社科规划基金项目《政治经济视角下的出口管制研究》《地方政府债务规模逆向扩张：机理、影响因素及区际比较》《经济全球化背景下政府的经济职能研究》和武汉大学"985 工程"第三期学科建设项目《经济全球化条件下中国经济管制制度改革与建设研究》等多个相关研究项目的支持，在此一并对这些项目的支持单位表示感谢。

丛书的出版一直得到经济科学出版社的大力支持，吕萍社长始终如一地支持我们的研究和成果的出版，在此表示诚挚的感谢。

武汉大学政府管制与公共经济研究所所长、
武汉大学发展研究院院长

曾国安

2018 年 2 月 26 日

前　　言

　　中国对银行并购反垄断的管制还比较薄弱，存在机构缺失、法律缺失、程序和方法缺失的问题，这样既不能有效地管制国内银行实施的滥用市场力的并购，也不能有效地管制外资银行在中国境内实施的有损中国金融安全的并购，更不利于国内银行通过海外并购占领国际市场。因此，研究中国银行业的并购反垄断管制，具有十分重要的价值。

　　本书全面系统地介绍了国外银行并购的反垄断管制实践，结合中国实际，重点构建中国对银行业并购的反垄断管制体系。本书分为八章，主要内容包括：美国金融危机与银行并购反垄断，银行并购反垄断的机理与机制研究，银行并购反垄断的国别比较研究，中国银行业并购反垄断的相关市场界定的实证研究，银行业并购的竞争效应研究，外资银行在华并购的效应与反垄断规制政策研究，中国银行并购反垄断政策的设计。

　　本书的特色可用两个字概括："新"和"实"。所谓"新"是指研究内容新、研究观点新。本书有几个新观点：（1）掠夺性借贷是导致美国金融危机的一个重要原因，而产生掠夺性借贷的原因在于美国放松了对金融业的竞争性管制，因此加强金融业的竞争性管制是应对危机的必然措施。（2）金融业的强势性决定了金融业竞争政策的必要，金融业的脆弱性决定了对金融业实行审慎监管的必要，竞争权威负责金融业的竞争性管制，金融监管部门负责审慎性监管，二者互相补充。（3）中国目前尤其需要加强银行业的竞争性管制，唯有如此，才能切实维护消费者的利益，提升中国银行业的可持续发展能力。（4）对银行并购反垄断，竞争性权威应更加关注经济分析在竞争性评估中的运用，包括对协调效应和单边效应的分析，对缓释因素的分析、分拆机制的设计等。"实"包括三方面：一是注重对事实和案例的分析。二是实证，本书对银行并购反垄断的相关市场界定，对外资银行的竞争效应分析都运用了实证方法。三是立足中国实际，既注重对他国银行并购反垄断制度的介绍，同时又考虑到中国国情，设计能与中国实际兼容的银行并购反垄断制度，如在相关市场界定上，不是一味地照搬国外的做法，而是做了认真细致的调研，从而设计出切合中国实际的银行业相关地区市场和相关产品市场的界定原则和方法。

2

需要说明两点：一是本书的数据较陈旧。这是作者 2012 年的博士论文，之所以没有更新，一方面是因为 2008 年全球金融危机后，银行业的重组步伐加快，2008~2012 年银行业并购的交易数量和交易金额急速上升，用这段时间的数据来分析银行业的并购很有代表性；另一方面是因为即使更新为现在的数据，主要的结论和建议都没有大的改变。二是博士论文延迟出版的原因。这是因为本书的基本结论和建议即使放在现在仍然适用，而且多年来中国学术界在银行并购反垄断的管制研究方面进展不大。这一选题从目前看仍有研究价值，特别是在中国大力放开金融市场的背景下，如何管制外资银行的并购，如何推进本土银行的并购反垄断管制，都需要强化研究，本书可以对上述问题进行初步的探讨与回答。

本书在银行并购的单边效应模拟研究上还有不足，有待今后的研究和提高。本书还有一些需要进一步研究和探讨的地方，如对发展中国家，有没有最佳的银行竞争政策？银行竞争政策能否纳入金融宏观审慎性管制框架？如果能，又该如何纳入？如何测量银行并购中的创新效率问题？这些问题可能是今后需要深入研究的问题。

由于本人知识和能力上的局限，纰漏难免，恳请读者批评指正！

王国红

目　　录

第三辑

政府管制与公共经济研究丛书（第三辑）

第三辑

政府管制与公共经济研究丛书（第三辑）

第一章

导　　论

研究背景、意义与目标

一、研究背景

（一）随着全球并购的日渐升温，银行并购有走出低谷的趋势

"后金融危机"时期，随着金融危机的阴霾逐渐散去，全球经济大环境逐渐回暖，并购市场的信心日趋增强，企业对于并购的热情正在升温。自 2009 年起，全球并购交易量稳定上升，2010 年全球并购活动增长近 22.9%，为 2007 年以来首次实现年度上升。① 2011 年全球并购交易量为 12 455 件，并购金额 21 784 亿美元，分别比 2010 年上升 1.3%（2010 年并购交易量为 12 293 件）和 2.5%（2010 年并购金额 21 260 亿美元），2011 年成为自 2008 年（并购金额 24 058 亿美元）以来最忙碌的一年② （2011 年按交易金额和交易量的全

---

① 清科数据库：《2011 年中国并购市场年度研究报告》，http：//www. zero2ipogroup. com。
② Press Release，Mergermarket M&A Round-up for Year End 2011，January 3，2012. Available at http：//www. mergermarket. com.

球并购的地区分布和产业分布分别见图 1 – 1、图 1 – 2、表 1 – 1）。2011 年也成
为自 2008 年以来跨界并购最忙碌的一年，交易金额达 8 744 亿美元，比 2010 年
增长 9.8%。①

2

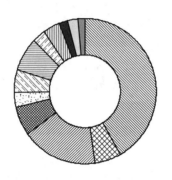

图 1 – 1　2011 年全球并购交易各地区按交易额占比

资料来源：Press Release，Mergermarket M&A Round-up for Year End 2011，January 3，2012，P. 2.

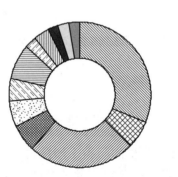

图 1 – 2　2011 年全球并购交易各地区按交易量占比

资料来源：Press Release，Mergermarket M&A Round-up for Year End 2011，January 3，2012，P. 2.

---

①　Press Release，Mergermarket M&A Round-up for Year End 2011，January 3，2012. Available at http：//
www. mergermarket. com.

表 1 - 1 　　　　　　　2010 年和 2011 年全球各产业并购概况

产业	2010 年			2011 年			变化	
	价值 （10 亿美元）	占比 （%）	数量 （次）	价值 （10 亿美元）	占比 （%）	数量 （次）	价值 （%）	变化量 （次）
能源、采矿与公用	537.7	25.3	1 327	557.1	25.6	1 148	3.6	-179
制造与化学	264.6	12.4	2 218	365	16.8	2 511	38	293
金融	288.6	13.6	1 209	270.8	12.4	1 088	-6.2	-121
医药	182.5	8.6	939	197	9	953	7.9	14
消费	180.4	8.5	1 492	183.3	8.4	1 651	1.6	159
科技	95.9	4.5	1 258	145.3	6.7	1 326	51.6	68
通讯	177.2	8.3	207	102.7	4.7	150	-42.1	-57
商业	120.3	5.7	1 521	89.8	4.1	1 550	-25.3	29
房地产	55.8	2.6	265	80.7	3.7	207	44.7	-58
交通	90.5	4.3	363	51.1	2.3	385	-43.5	22
娱乐	37.1	1.7	417	48.2	2.2	454	30.1	37
媒体	33.6	1.6	366	42	1.9	393	24.9	27
建筑	42.4	2	508	28.5	1.3	450	-32.8	-58
农业	12.5	0.6	149	9.8	0.4	149	-21.9	0
国防	6.6	0.3	54	7.1	0.3	40	8.2	-14
总计	2 126		12 293	2 178.4		12 455	2.5	162

资料来源：Press Release, Mergermarket M&A Round-up for Year End 2011, January 3, 2012, P. 2.

　　随着企业并购的不断升温，全球银行并购也有走出低谷的趋势。从表 1 - 1
可看出，2011 年全球金融业并购价值为 270.8 亿美元，占全部并购交易价值的
12.4%，相对 2010 年下降 6.2%，处于第 3 位。从 1985 ~ 2011 年全球银行并购
的发展概况看（见图 1 - 3），2011 年的交易数量相当于 2002 ~ 2005 年的水平，
交易价值相当于 2003 年的水平。虽然目前全球银行并购交易仍处于下降过程中，
但据美林数据中心（Merrill Datasite）预测，2012 年银行并购有望重拾升势。①

---

　　① Global M&A Survey：An Outlook on Global M&A Activity and Future Deal Flow, July, 2010.

第三辑　政府管制与公共经济研究丛书（第三辑）

4

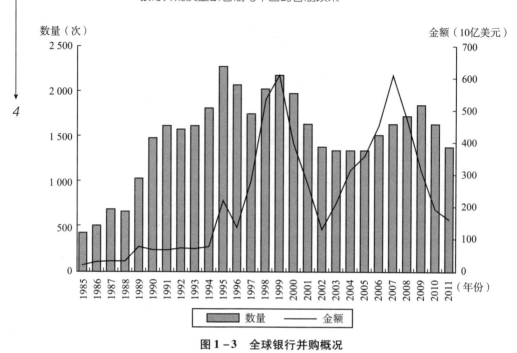

图 1-3　全球银行并购概况

资料来源：Thomson Financial，Institute of Mergers，Acquisitions and Alliances（IMMA）Analysis.

（二）中国并购交易不断提高，银行并购日趋升温

2011 年，随着中国经济的强劲发展和国家并购重组扶持政策的出台，中国并购市场的并购数量和并购金额实现大幅增长。不管是并购数量，还是并购交易金额，都比 2010 年实现成倍增长。清科研究中心的数据显示，2010 年中国（不含港澳台地区，后文同）并购市场共完成 1 157 起并购交易，其中，披露价格的有 985 起并购交易，总金额达到 669.18 亿美元。与 2010 年完成的 622 起并购交易相比，同比增长高达 86.0%，并购金额同比增长 92.3%。就金融业的并购而言，2011 年全年有 26 起并购案例，占全部并购数量的 2.2%，并购金额 66.75 亿美元。① 图 1-4 描述了 2006～2011 年中国并购交易的发展态势，不管是从并购交易的金额，还是从并购交易的数量看，都呈现不断推高的走势。从产业看，2010 年第四季度到 2011 年第三季度中国并购交易量最多的是制造和化学产业，最少的是农业，金融业并购交易量排名靠后，占比 5%；而从交易金额看，金融

---

① 清科数据库：《2011 年中国并购市场年度研究报告》，2012 年 1 月，http：//www. zero2ipogroup. com。

业并购交易排名第二，占比20%（见图1-5和图1-6）。

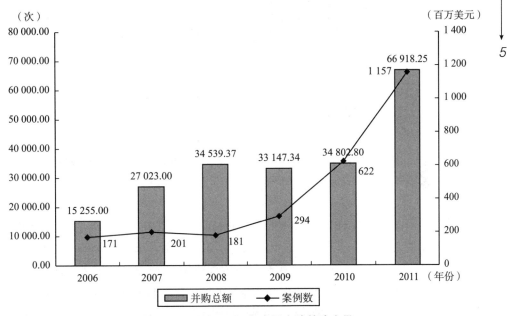

图1-4　2006~2011年中国大陆并购交易

资料来源：清科研究中心：《2011年中国并购市场年度研究报告》，2012年1月，http://www. zero2ipogroup. com。

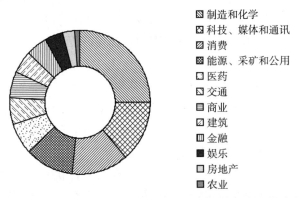

图1-5　2010年第四季度到2011年第三季度中国大陆各产业并购交易量占比

资料来源：Spotlight Asia, Kroll Quarterly M&A Newsletter, December 2011, P. 1.

第三辑

政府管制与公共经济研究丛书（第三辑）

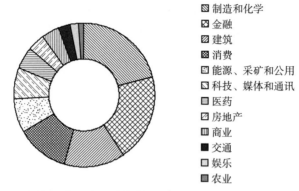

制造和化学
金融
建筑
消费
能源、采矿和公用
科技、媒体和通讯
医药
房地产
商业
交通
娱乐
农业

6

图1-6　2010年第四季度到2011年第三季度中国大陆各产业并购交易金额占比

资料来源：Spotlight Asia, Kroll Quarterly M&A Newsletter, December 2011, P. 1.

随着中国加入世界贸易组织（WTO）过渡保护期（2001～2006年）的结束，跨国银行加快了进入中国市场的步伐。截至2011年9月末，外国银行在华已设立39家外资法人银行（下设247家分行及附属机构）、1家外资财务公司、93家外国银行分行和207家代表处。与加入WTO前相比，外资银行分行数增加175家，支行数从6家增加到380家。外资银行资产总额为2.06万亿元，与加入WTO前3 730亿元的资产规模相比，年均复合增长率达19%。① 并购中国本土银行是跨国银行进入中国银行市场的有效捷径。与此同时，中国银行业也加快了进入国外市场的步伐。2007年，中国工商银行以54.6亿美元的对价收购南非标准银行20%的股份，成为该行第一大股东；同年民生银行以近25亿元人民币的价格收购美国联合银行控股公司9.9%的股份；国家开发银行也于2007年参股巴克莱银行，参股资金近30亿美元。2010年，中国工商银行相继收购加拿大东亚银行和泰国ALC银行。中小商业银行也开始在海外布局，2008年10月，招商银行纽约分行正式开业，这是自美国1991年实施《加强外国银行监管法》以来批准设立的第一家中资银行分行。中信银行现金收购中信国金70.32%的权益，以较低成本实现境外金融版图的扩张。截至2010年底，5家大型商业银行在亚洲、欧洲、美洲、大洋洲和非洲共设有89家一级境外营业性机构，收购（或参股）10家境外机构，6家股份制商业银行在境外设立5家分行、5家代表处，2家城市商

第三辑

政府管制与公共经济研究丛书（第三辑）

① 中国银行业监督管理委员会银行三部：《加入WTO十年来中国银行业开放与外资银行监管》，中国银行业监督管理委员会网站，2011年12月16日，http://www.cbrc.gov.cn/chinese/home/docViewPage/109909.html。

业银行在境外设立 2 家代表处。① 政策性银行也不甘落后，开始对境外金融机构进行股权投资。② 中国银行业加强海外布局的同时，国内银行间的并购也如火如荼地进行。2008 年 1 月 16 日，交通银行宣布以 3.8 亿元现金收购常熟农村商业银行 10% 的股份，成为其第一大股东。标准普尔曾于 2006 年发布了题为《中国 50 大商业银行》的分析报告，认为中国银行业并购的时机已经成熟，特别是那些二三线银行间的并购。

并购是一项对经济造成正负两面影响的活动，它既可能实现规模经济，提高效率，从而提升社会福利；又可能排挤竞争对手，造成不公平竞争。因此世界各国往往通过《反垄断法》或《竞争法》来管制不合理的并购行为，从而保护市场公平竞争。目前已有 100 多个国家或地区颁布了《反垄断法》或《竞争法》。2007 年 8 月 30 日，中国通过了《反垄断法》，其中专设一章规定了对"经营者集中"的管制。2008 年 8 月，中国正式实施《反垄断法》。尽管《反垄断法》中专设一章讨论经营者集中，但仍然有许多细节没有明确，现有法条还是相当的粗略和概括，特别是它能否适用于银行业间的并购，需要进一步讨论。

在这种背景下，面对跨国银行咄咄逼人的并购态势，如何管制跨国银行的并购行为？面对国内银行业日益增多的并购，如何限制滥用市场力的并购行为，有效地保护和促进竞争？面对中国银行业越来越多地参与海外并购的事实，如何推动中国银行业顺利地走出去？这些构成了本书研究的背景和理由。本书的研究还有一个现实的背景，即全球金融危机背景下如何管制银行业间的并购行为。

(三) 对美国金融危机的思考

2007 年全面爆发的美国金融危机引发了人们对其原因与对策的思考。格林斯潘 2008 年 10 月在国会上承认了对市场及经济个体理性观念的错误认识，强调政府加强金融管制是必须的和正确的（纽约时报，2008）。虽然造成美国金融危机的原因是多方面的，但多数人倾向于将其主要原因归于美联储放松了对金融的管制——既放松了对银行业的审慎性监管，又放松了对银行业的竞争性管制。不少人开始质疑美国政府对银行业"大而不倒"政策的合理性。美国联邦贸易委员会委员罗奇（Rosch，2009）基于对"次贷"的认识，认为加强银行反垄断管制是解决全球金融危机的措施之一。在银行反垄断管制中，并购的反垄断管制是其

---

① 见 2010 年《中国银行业监督管理委员会年报》，第 35 页。
② 中国银行业监督管理委员会银行三部：《加入 WTO 十年来中国银行业开放与外资银行监管》，中国银行业监督管理委员会网站，2011 年 12 月 16 日，http://www.cbrc.gov.cn/chinese/home/docViewPage/109909.html。

中一个重要方面，如夏皮罗（Shapiro，2008）所言，虽然难以预测这场危机的最终结果，但可以肯定的是，银行并购将会在更大规模上展开。因此，如何合理地管制银行并购行为就显得非常现实和紧迫。

8

二、研究意义

在中国，对银行并购反垄断的管制还十分薄弱，机构缺失，法律缺失，程序和方法缺失，既不能有效地管制国内银行实施的滥用市场力的并购，也不能有效地管制外资银行在中国境内实施的有损中国金融安全的并购，还不利于国内银行通过海外并购占领国际市场。因此，在全球金融危机背景下，如何管制国内银行间的并购，管制外资银行的并购，推动国内银行通过并购"走出"国门，这些都是摆在中国面前急需解决的课题，意义重大。具体来讲，其意义有以下几方面。

（一）理论意义

迄今为止，对企业并购反垄断管制的经济学研究在理论上已经非常成熟，但对银行业这一特殊产业的并购反垄断经济学研究在理论上尚存在一些争议或者说是不成熟之处。比如，银行并购是否需要进行反垄断管制？或者说银行是否需要竞争政策？虽然在实践上这不是问题，许多国家已开始在银行业运用竞争政策，但对银行并购进行反垄断管制的经济学基础是什么，尚缺乏有说服力的理论基础。再比如，如果说银行业需要竞争政策，那么，能否将企业并购的反垄断理论与方法移植到银行业？是否存在例外原则？还有，最优的银行竞争边界在哪？银行并购的协调效应的定量研究该如何处理？效率抗辩中，银行并购的动态经济效率该如何分析？这些问题都需要从理论上给予回答。本书力求通过回答这些问题，丰富和发展银行竞争理论、管制理论、产业组织理论。特别是，本书的研究对国内的银行产业组织理论和反垄断管制理论意义尤其重大。因为国内银行并购反垄断方面的经济学文献还相当有限，特别是关于银行并购的单边效应与协调效应、银行并购的经济效率、垄断效应的缓释因素，以及银行并购分拆等方面的研究十分匮乏，迫切需要相关研究来补充银行并购反垄断的经济学研究。本书通过对这些方面的初步研究，力求深化国内对银行并购反垄断机制的研究，补充和丰富国内的银行产业组织理论。

（二）现实意义

（1）借鉴他国银行并购反垄断的经验与教训，建立具有中国特色的银行并购反垄断管制体系。在银行并购反垄断领域，中国不仅缺乏一部专门的法律（法规）——《银行并购法》或《银行并购指南》来指导银行并购的管制实践，而且缺乏对银行并购反垄断问题的经济学研究，这不利于银行业竞争性市场的形成，也不利于消费者福利的提高。因此，借鉴他国银行并购反垄断的经验与教训，对建立中国自身的银行并购反垄断管制体系至关重要。本书着重研究了三类国家（或地区）的银行并购反垄断实践，包括经济发达国家（或地区）（美国、欧盟、加拿大、澳大利亚）、新兴工业化国家（墨西哥、韩国）、中东欧经济转轨国家（匈牙利、波兰）的银行并购反垄断实践，借以阐明中国银行并购反垄断的管制体系。

（2）通过银行并购反垄断的国别比较，为中国银行业走出国门，参与国际银行业的并购，规避他国管制，提供经验指导和决策参考。中国银行业的海外并购在21世纪初期已经展开，金融危机更是为中国银行业的海外并购打开了方便之门，但不同的国家对外国银行并购的反垄断管制的宽严程度不同，采用的标准与方法也存在诸多差异，因此了解不同国家对外国银行并购反垄断管制的差异，对中国银行业走出国门，参与国际银行业的并购，提升本国银行业的竞争实力，规避他国管制，具有十分重要的意义。

（3）有效地实施对外资银行并购的管制，维护国家金融安全，提升中国银行业的竞争力。自20世纪90年代中期以来，伴随着中国经济改革的成功，外资银行加快了进入中国市场的步伐。并购无疑是外资银行进入中国市场的最佳方式。同时，中国商业银行也需要引进境外战略投资者，以便巩固自身的资本基础、促使股权结构多样化、提升公司治理和经营管理水平。外资银行在中国境内的并购有利于提升中国银行业的竞争，推动中国银行业的金融创新，但是我们也必须看到，外资银行的并购，也可能带来对中国银行业竞争秩序的损害。特别是在目前中国缺乏对外资银行实行反垄断管制的情形下，更可能诱使外资银行通过并购获取市场上的相对垄断地位，从而滥用市场支配力。因此加强对外资银行并购的反垄断管制日显重要。

三、研究目标

本书的研究目标主要有以下几个：

（1）探讨银行并购中相关市场的界定，讨论"群"方法与本地市场假设的适用性。

（2）引入对银行并购进行竞争效应分析的两种方法：单边效应和协调效应，为国内学者研究银行并购的市场力提供依据；在引入国外先进方法的同时，力求对传统的协调效应的分析方法进行改进。

（3）尝试为银行并购的效率抗辩提供经济学的分析方法。

（4）为中国银行业并购的反垄断经济学分析提供参考。

（5）通过银行并购反垄断政策的国际比较，一方面为中国竞争性权威制定银行业并购指南提供依据；另一方面为中国银行业走出国门，参与国际金融市场并购提供建议。

（6）通过分析跨国银行并购的动机与效应，为中国合理有效地管制跨国银行在华并购行为提供政策建议。

国内外相关研究现状与趋势

一、国外研究现状

人们倾向于将银行作为一个特殊产业看待（Goodhart，1987；Goodhart et al.，1998），不少国家早期都将银行业作为反垄断适用除外情形，美国直到1963年才真正实施反垄断（即费城银行案），而欧洲则到1981年才有真正的反垄断［即1981年欧洲公平法院对朱奇勒（Zuechner）案］。美国从20世纪初以来一直关注金融反垄断问题，1929年股市崩盘催生出了与反垄断密切相关的《1933年银行法案》，即《格拉斯—斯蒂格尔法案》，通过法律赋予通货总监署（OCC）、美联储（FRB）和联邦存款保险公司（FDIC）分别进行反垄断监管，对它们的监管意见，美国司法部（DOJ）作为联邦反托拉斯的综合执行部门将予以考虑。对银行并购的反垄断分析要追溯到20世纪60年代。1963年费城银行案和1964年第一国民银行与路易斯维尼信托（Trust of Louisville）案中，最高法院裁定商业银行与其他产业一样适用于1890年的《谢尔曼法》和1914年的《克莱顿法》（Martin，1965）。在欧洲，较为完善的竞争法出现时间与美国大体相当。《罗马条约》第85条和第86条就包含了保护国内市场的竞争。然而，在理论上虽然《罗马条约》并不包含任何阻止第85条和第86条在银行中的运用，但实践上在

1980 年前欧盟并没运用它。流行的看法是，银行是一个特殊产业，其商业行为被成员国的货币和金融政策深远影响，特别是被央行和监管权威影响（Ghezzi & Magnani，1998）。近 30 年来随着银行并购的大规模开展（Group of Ten，2001），涉及银行业的卡特尔协议、强制配售等问题的不断出现，以及学术界对银行竞争与稳定看法的转变（Holder，1993；Litan，1994），有关银行垄断与竞争的文献开始不断涌现。较早对银行垄断进行研究的学者是阿尔哈德夫（Alhadeff，1954），他在著作《银行垄断与竞争》中，对加利福尼亚 1938～1950 年间的单一制银行与分支制银行的绩效进行了实证分析，揭示了银行反垄断的政策含义。综观国外银行并购反垄断研究的经济学文献，我们可以发现以下五条主线：银行并购的相关市场界定、银行并购的竞争效应研究、银行并购的效率研究、减轻并购反竞争效应的缓释因素研究、银行分拆效应研究。这五条主线其实就是银行并购竞争评估的程序（见图 1－7）。

图 1－7 银行并购的竞争评估程序

（一）银行并购的相关市场界定

1963 年美国费城银行案中，最高法院裁定商业银行与其他产业一样适用于 1890 年的《谢尔曼法》和 1914 年的《克莱顿法》，其检验标准是"是否会在任何一个商业线和在国家的任何一个部分显著降低竞争……"。为运用这一检验，法院界定银行业的"商业线"为"产品和服务群"（cluster of products and services），界定"国家的任何一个部分"为本地市场（local market）。要了解并购对银行业竞争的影响不仅要观察它的直接的立即的效果，而且还要预测它将来的效果，这一预测依赖相关市场的结构，即市场集中度、市场份额和竞争者数量，而且确立了银行并购的竞争分析的两个原则：第一，当评估两家银行并购时，只考虑与其他银行的竞争，不考虑其他存款机构和非存款机构；第二，只考虑并购银行邻近的银行，即本地市场。在银行并购的反垄断案例中，对相关市场的界定分为两部分：一是相关地区市场的界定。早期以统计学意义上的城市市场（metropolitan statistical areas，MSAs）作为个别银行的市场范围，研究这一市场范围的集中度与实体部门的关系（Jackson，1992；Kwast, Starr - McCluer & Wolken，1997；Whitehead，1990；Elliehausen & Wolken，1990）；后来的研究逐渐将银行市场范围扩展到整个州（Radecki，1998）。二是相关产品市场的界定。以 1963 年最高法院对费城国民银行案的判决为标准，将银行业的相关产品市场界定为独特的银行服务群（cluster of banking services）。

费城银行案后，围绕相关市场的争论一直没停止过。随着银行并购的持续深入、技术创新、管制和法律的变化，银行并购反垄断争论的焦点越来越集中在相关市场界定上。一些批评集中在本地市场假定上（Radecki，1998；Peterson & Rajan，2002），认为金融创新和银行管制的变化破坏了这一假定的前提；也有一些批评集中在"群服务"假定上（Austin & Bernard，2001），其宣称非银行金融公司向居民提供服务破坏了这一假定前提，即商业银行是独特的竞争者和银行的相关产品是银行"服务群"。大量的实证研究根据美国消费者金融调查和小企业金融调查支持本地市场假定（Hannan，1991；Heitfield & Prager，2004），但对"服务群"的检验是逐渐弱化的，"群"概念有分离为各个单独的产品线的趋向。

对相关市场界定的方法采用 1982 年美国司法部和联邦贸易委员会在《水平并购指南》中提出的 SSNIP 方法，即"一个小的显著的但非暂时的价格增长"，这也被称为"假设的垄断者检验"。零售银行的地理市场界定原则上使用假设的垄断者检验（hypothetical monopolist test），即是否某一银行提高服务价格 5% 以上，超过两年是有利可图的。如果顾客能转向该区域外的替代银行，那么这一地理市场就应被重新定义。当然这必须分析顾客的转换成本。在都市，地理市场更多地与都市市场（ranally metro areas，RMAs）相一致。RMAs 被兰德麦克纳尼公司（Rand McNally）（一个测绘公司）定义，包含一个或更多中心城市、卫星社区和郊区，每平方英里 70 人，并且 20% 的劳动力往返于中心城市，并不必然与法律边界相同。美联储也使用 MSAs 和劳动力市场（labor market areas，LMAs）界定。MSAs 由一个城（镇）和它的郊县组成。这一集合体基于人口普查得到的数据，由美国管理和预算办公室（Office of Management and Budget，OMB）界定。

欧盟委员会和其他国家的竞争管制机构也采用 SSNIP 这一方法。欧盟委员会 1997 年在《市场定义公告》（Notice of Markets Definition）中采纳了 SSNIP 方法。虽然此后哈里斯和西蒙斯（Harris & Simons，1989）提出了"临界损失"检验，凯茨和夏皮罗（Katz & Shapiro，2003）提出了"总的转换率"方法，沃特斯（Walters，2007）提出了"近似的转换率"方法，但 SSNIP 方法仍然是银行并购反垄断中相关市场界定的主要方法。总的来看，相关市场界定是并购审查中最有争议的部分，由于各管制机构对其界定上的不一致，最终导致了管制机构模糊相关市场界定的差异，而将重点放在分拆政策设计上，但这一舍本逐末的做法是有问题的。

（二）银行并购的竞争效应

银行并购的竞争效应研究包括两个方面：单边效应与协调效应。

术语"单边"被使用是因为并购公司和它的对手都追求它们单方面的私利。单边效应产生于并购公司间的竞争内化，它通常发生在一次性的（one-shot）寡头垄断博弈情形中，具有纳什非合作均衡特征。并购实体提高价格的效果被称为"单边效果"。单边效应主要归因于异质市场，伯川德模型是描述这一效果的恰当模型。[①] 单边效应的研究主要是测算并购后并购实体的市场力。银行并购审查中市场力的测度及其竞争效应成为反垄断管制的主要内容。市场力的测度包括结构方法和非结构方法。结构方法主要通过计算市场份额（MS）和集中度指标（HHI）来判断合并后企业的市场力。这一方法简便易行，是判断市场力的最常用指标，被各国竞争权威普遍采用。在美国，竞争权威倾向于使用集中度指标，而在欧盟，竞争权威倾向于使用市场份额，其差异导源于它们不同的对市场支配力的合法标准。但仅集中于市场份额和集中度指标是有问题的，因为两个差异化产品并购的效果很大程度上取决于它们之间的交叉价格需求弹性。而且使用市场份额和集中度指标的前提是正确界定市场范围，但这一点很难。如同张伯伦所言，如果没有清楚地打破替代链，任何试图对市场"内"产品和市场"外"产品做严格的区分，都将是错误的。如果市场内的产品仅是并购产品很"远"的替代品，将它们包含在内则会过高地估计它们的重要性；如果市场外产品与并购产品有显著的交叉弹性，将它们排除在外，则会低估它们竞争的重要性。莫尔纳（Molnár，2008）通过比较匈牙利和芬兰两位作者的研究，发现市场结构指标是市场力的弱替代。因此，鉴于结构指标并不是市场力良好的代理指标，非结构方法目前已成为市场力测度的主流。有两种流行的方法去检测市场力：一个是潘扎—罗斯（Panzar - Rosse，1987）模型（PR 模型），它通过单个公司的投入产出成本关系来推论行为；另一个是布雷斯纳汉（Bresnahan，1982）的推测变量（conjectural variation，CV）模型，它集中在市场结构变量上。德格里斯和翁杰纳（Degryse & Ongena，2005）详细描写了这两种方法的优点，PR 模型的数据要求低，并且资料容易取得；而 CV 模型很好地体现了不同类型的竞争行为。然而，

---

① 人们普遍认为伯川德模型是分析异质性寡头垄断的首选，而库诺特模型是分析同质性寡头垄断的首选（Kaplow& Shapiro，2007；Froeb & Werden，2008）。

海德和佩洛夫（Hyde & Perloff，1995）发现，PR模型对简约形式的收入函数的设定和对投入变量很敏感。科茨（Corts，1999）和尼沃（Nevo，1998）认为CV模型对理想的行为变量的说明和鉴定有问题。鉴于这两种方法的缺点，目前在银行并购反垄断分析中最为流行的方法是并购模拟方法。并购模拟方法通过估计需求和供给来模拟并购后的均衡价格，并假定并购只改变产品所有权，而不改变并购后的成本和产品质量（Epstein & Rubinfeld，2001；Hausman, Leonard & Zona，1994；Nevo，2000；Werden & Froeb，1994）。在甲骨文公司（Oracle）案中，[①]法庭认为，对差异性产品的市场界定最容易产生问题，市场份额不是竞争效果的好的代理指标（Werden & Rozanski，1994）。法庭宣称并购模拟模型能够对可能的竞争效果进行更精确的估计，并消除或减轻随意的固有的界定相关市场的影响。它通过校准一次性的纳什非合作均衡寡头垄断模型，使之与产业特征一致（如价格和需求弹性），从而能对单边效果进行定量预测。并购模拟消除了在传统市场界定中容易引起争议和不可预测的市场定义，消除了大量主观和歧义的判断。它有三个关键假设：（1）假定企业间的竞争性互动。特别是把差异性产品产业假定为一次性博弈的非协作价格竞争，这被称为"伯川德竞争"。（2）考虑边际成本曲线形状，通常假设边际成本在相关范围内不变化。（3）需求系统有某些固有的曲率属性（curvature properties）。并购模拟方法开始于后芝加哥学派的反垄断政策分析中（Brodley，1995；Baker，1999；Hoven Kamp，2001），在欧洲竞争政策分析中目前也越来越重要（Christiansen，2006；Neven，2006；Röller & Stehmann，2006；Budzinski，2008）。并购模拟通常包括以下几步：（1）选择一个最能匹配消费者行为的需求函数。经常使用的需求函数包括线性函数、对数线性函数、logit函数以及几乎理想的需求系统（the almost ideal demand system，AIDS）。基于这些假设的需求函数，估计交叉价格弹性和自身价格弹性。这一部分的模拟程序称为"前端"（front-end）估计（Werden，1997）。（2）校正需求系统。（3）通过假定一个更能有效地描述公司间竞争的寡头垄断模型来模型化供应边。在很多情况下，伯川德模型是首选，因为它允许从利润最大化的一阶条件推断边际成本。使用边际成本信息，能够校准并购前市场的均衡。（4）使用并购前实证资料校准的模型来模拟并购后新的均衡，但要根据并购后的形势来调整市场份额。这样做，一个暗含的假设是所有公司没有合谋，竞争形式、需求系统及边际成本的函数形式不因并购而改变，唯一的变化是并购双方的竞争被内化

---

① U. S. v. Oracle Corp.，331 F. Supp. 2d 1098，1113–23，1166–73（N. D. Cal. 2004）.

（Kokkoris，2005）。第（2）~ 第（4）步的模拟被称为"后端"（back-end）估计。标准的并购模拟方法关注价格但却不能提供精确的价格预测（Peters，2006；Weinberg & Hosken，2008），原因在于并购模拟忽视了并购后产品质量、进入及供应的改变，忽视了需求的移动以及模型设定偏误。换句话说，标准的并购模拟方法预测的是短期效果，而不是长期效果。

15

并购模拟方法使得并购反垄断分析更趋"科学"，因此其广泛运用于差异化产业，特别是快餐业、汽车业、航空业等产业，运用于银行业的文献并不多见。迪克（2002）是第一个在银行业运用消费者离散选择模型来进行并购模拟的学者。她使用美国商业银行的数据，对银行提供的差异化零售存款服务进行了分析。她为存款估计了一个需求函数，得到了消费者福利，但没有检验市场力。内坎南等（Nakane et al.，2006）、何（Ho，2007）和莫尔纳等（2007）运用相似的技术去估计需求，并且使用估计的需求弹性去研究市场力。以上研究为并购模拟方法运用于银行业做出了开创性的贡献，但所有这些研究都集中在短期、静态竞争，并且根据估计的自身价格弹性和交叉价格弹性以及边际成本去推断策略性行为。因此并购模拟如何适用于动态的真实的市场竞争是今后应深入研究的内容。

并购的协调效应（coordinated effect）指的是并购后双方联合实施市场力的情形。虽然并购协调效应的研究与运用早于并购的单边效应，[①] 但研究进展迟缓，往往是通过运用核对表方法（check-list approach）来鉴别协调效应产生和维持的条件。有利于协调效果形成的条件包括：（1）寡头垄断市场。它是一个必要条件，但不是充分条件。（2）进入障碍。其他公司进入市场越难，合谋越容易产生。（3）透明度。披露的信息越多，公司越有动机合谋。（4）适中的创新。创新性强的市场不利于协调效果的形成，因为创新越多，越容易产生市场的不均衡，创新公司不愿意与落后的公司结盟。（5）合谋历史。以上条件是审查协调效果的主要因素，对所有的产业都适用；以下因素对不同的产业有不同的影响，需要进行个案分析，它对协调效果的影响是模糊的，包括：（1）市场结构的对称性。具有相同的产能、成本结构、战略、市场份额和无差异性产品的公司更容易

第三辑

政府管制与公共经济研究丛书（第三辑）

---

① 单边效应明确用于并购竞争政策是在1992年的《水平并购指南》中，一个原因是从20世纪40年代末到20世纪60年代末并购政策形成时期，经济学家并没对伯川德模型和古诺模型给予更多关注，只有协调效果被那时流行的寡头垄断理论所说明（Chamberlin，1929，1933；Fellner，1949），其认为当竞争者数量很小时，合作会趋向于本能地并购。库诺特模型几乎从一开始就被认为是一个非理性的行为而被抛弃（Fisher，1898）。尽管纳什非合作均衡在20世纪50年代和60年代被博弈理论家所熟知，但产业组织经济学家并不理解和拥护，直到他们意识到库诺特模型和伯川德模型的明智（Leonard，1994；Meyerson，1999）。

合谋。（2）存在"标新立异者"（maverick firms）（它使得合谋变得困难）或"沃尔玛型"（Walmart type）买方（买方有很强的市场力，使得协调难以持久）。（3）存在显性的合谋协议或隐含的默契。（4）需求稳定。协调效果可能维持的条件：（1）涉及的公司能监督每一方的市场行为（市场透明）。（2）有一个可信的威慑机制来保证对协调合同的忠诚。（3）外部人和顾客不能破坏协调。竞争权威通常根据上述条件来判断是否可能出现协调效果，缺乏对协调效果的定量判断。

对银行业并购协调效果的研究，通常认为下列因素增加了银行并购产生的协调效果：监管历史（对价格和数量的控制）、高进入障碍、对一些产品（如交易账户）缺乏弹性的需求、同质产品、相当大的透明度和易于管制的价格、需求和成本的高度可预测性、高水平的产业协调（如协会、合资、联盟、网络和贷款辛迪加）、稳定的相类似的市场份额、多市场交易等。

从现有文献看，专门针对银行业进行并购协调效应研究的文献极少，更多的是针对一般产业的并购协调效应的分析文献。如2004年国际竞争网络（ICN）的并购指南报告，埃格纳等（Aigner et al.，2008）对欧盟并购控制的分析。在这方面有待进一步深化的研究是：如何针对银行业的特质，将协调效应的分析原理与方法植入银行业并购的协调效应分析中。

（三）银行并购的效率

并购的效果是不确定的，一方面，并购会改善效率，因为公司实现了规模经济、协同和管理资产的效率；另一方面，并购又会增加并购公司的市场力。因此需要对二者的效应进行权衡。这一原则叫做效率抗辩原则。但对并购的效率进行评估通常很困难，不仅在理论研究中没能达成对并购效率一致的认识，而且在实践中也不能从数量上确定一个科学而又准确的效率规模。如果说相关市场界定是并购反垄断的一大难题，那么并购的潜在效率则是又一大难题。

支持并购反垄断的效率抗辩原则的理论基础在于威廉姆森（Williamson，1968）效率：相对小的成本降低能补偿大的价格增加带来的无谓损失。此外，萨兰特等（Salant et al.，1983）证明，（非垄断的）并购如果没有效率利益是无利可图的；法雷尔和夏皮罗（Farrell & Shapiro，1990）认为，（不太大的）有利可图的并购通常是福利增进的；然而，杰赛普·德菲奥（Giuseppe De Feo，2008）认为：威廉姆森的效率观低估了来自价格增长的福利损失，高估了效率利益。法雷尔和夏皮罗（1990）的观点只有在消费者受到并购的不利影响时，才是真实的。他们提出了福利增进型并购的充要条件，即，当两公司并购时，效率利益一定大于并购前的平均毛利。班纳－埃斯坦内等（Banal－Estañol et al.，2006）认为，并购并没有产生效率利益，由于并购实体内部的冲突，并购甚至会导致效率损失。在反垄断权威的并购审查实践中，由于对效率的错误认识和评估，反垄断权威有时会同意福利降低的并购（第二类错误），而阻止福利增进的并购（第一类错误）。因此一般意义上的企业并购的效率不确定。

17

在反垄断经济学文献中，对效率效果的评估都是基于并购对边际成本的影响，进而对价格产生的影响的评估。评估方法主要有两种：一是弗洛伊伯和威登（Froeb & Werden，1998）提出的"补偿的边际成本降低"（compensating marginal cost reductions，CMCRs）这一方法旨在得到并购前的价格和数量、并购后最低程度的边际成本降低的百分比；二是由韦博旺等（Verboven et al.，1999），罗内等（Röller et al.，2001），斯特内克和韦博旺（Stennek & Verboven，2003）提出的"最低必需的效率"（minimum required efficiencies，MREs）方法。"最低必需的效率"的定义为：并购带来的反竞争性的价格增长超过真实的并购特有的成本节约传递给消费者的部分。效率抗辩必须具备以下三个条件：（1）它是并购特有的效率。（2）这种效率足以抵消反竞争效果。（3）大部分效率能够传递给消费者。英格兰两家银行埃劳德 TSB 银行（Lloyds TSB Bank）和阿比国民银行（Abbey National Bank）的并购，虽然被认为有显著的效率，但因其效率不能传递给消费者而被阻止。

对银行业而言，并购效率主要有三种：第一种效率是通过关闭过剩的分支来实现节约。① 这种效率增进的程度依赖于要求顾客到更远的银行进行交易强加的成本。证据表明，银行通常愿意运营有明显过剩生产能力的分支，可能是因为热心的顾客偏好"容易接近"（easy access）。② 不管如何，没有并购，通过合并分支网络取得效率是不可能的。在同一地区运营的银行间的并购，在并购后关闭分支的可能是很高的。第二种效率是并购产生的风险分散的效率。由于不同的地区可能存在不同的商业周期，因此不同地区的银行并购，有利于分散风险。第三种效率是规模经济。

大多数对银行并购效率的实证研究认为银行并购缺乏效率，少数研究认为银

① 在德意志银行与德累斯顿银行（Deutsche/Dresdner）并购中，成本效率更多来自关闭合并银行 2 800 个分支中的 1/3 的分支机构。也见一些机构、银行（CNN，2000；Dai-Ichi Kangyo Bank，1999；Asahi Bank，1999；Asahi Bank，2000）对银行并购的声明中提到的关闭重叠分支的节约。
② 伯格等（1997）发现在美国存在相当大的没有利润的分支，而这从利润观点来看可能是最优的，因为额外的分支为顾客提供了便利，这些顾客能被银行在收入边捕获。

行并购具有有限的效率。伯格等（Berger et al. , 1999）归纳了250个关于银行并购的实证，认为：银行并购提升了公司的市场力，改善了利润效率，分散了风险，但缺乏成本效率，降低了对小顾客的供给，系统性风险增加，提高了金融系统的潜在成本，或者金融安全网的延伸增加了金融系统的潜在成本。罗迪斯（Rhoades，1993）研究了从1981～1986年间898起水平并购的银行与那些没有参与并购的银行的效率差异，没有发现银行并购后3年其支出比率下降的证据，也没发现参与并购的银行效率相对那些没有参与并购的银行效率提高的证据。伯格和汉弗莱（Berger & Humphrey，1992）研究了1981～1989年间的57起大银行并购，发现尽管被并购银行总是被更有效率的银行并购，但更有效率的银行并未把成本效率传递给它，联合后的银行效率没有改善。他们甚至认为，即使生产力效率有所提高，也会因规模不经济而消失。佩里斯坦尼（Peristani，1997）对发生在20世纪80年代的1 000多起银行并购案例进行了研究，也没有发现成本效率的提高。汉弗莱和瓦尔德（Humphrey & Valverde，1999）通过对1986～1998年的20个西班牙储蓄银行并购的研究，认为银行并购没有成本效率，增加了平均成本，而不是降低了平均成本。总之，对银行并购的实证研究并不支持银行并购的效率观念，特别是对成本效率。

就目前对并购效率的评估看，竞争性权威过于重视短期价格竞争的影响，对动态效率和非价格竞争重视不够。布罗德林（1996）评论道："创新效率提供了产业真实产出增长最重要的因素"。美国反垄断现代化委员会越来越重视促进创新的效率（Katz & Shelanski，2007），经济合作与发展组织（OECD，2008）同样对创新给予了高度的评价；但如何评价动态效率特别是创新型的效率，则是一个难题。这方面有待进一步深化研究。

（四）减轻反竞争性效应的缓释因素

根据美国司法部（DOJ）1982年发布的《水平并购指南》规定：对银行业的并购，如果并购后在相关市场上的市场份额（并购双方的市场份额之和）小于35%，并且并购后的HHI小于1 800；或并购后HHI的增长小于200，美联储和司法部都不会提出反垄断诉讼而被获准。这一临界值被称为第一临界值。但如果存在一些减轻反竞争性效应的因素，则允许并购超过第一临界值，因此美联储定义了第二临界值，即并购后HHI增加小于250，HHI小于2 200；或者，并购实体市场份额小于40%。这些减轻因素被称为缓释因素，包括：（1）强有力的潜在竞争。（2）市场上银行和储蓄机构类似。如果储蓄机构是银行的强有力竞争

者，在这种情形下，HHI 应重新计算，对储蓄机构应分配更多的权重。在"A
显示"中，不应是 50%，可能是 100%，作为结果，并购后的 HHI 将会变低。
（3）被并购银行是一个弱小者。（4）市场处于衰退期。（5）来自其他存款机构
如信用社、实业银行（Industrial Banks）或合作银行的竞争异常激烈。FRB 通常
将这些机构的存款计算在 HHI 中，尽管它不可能赋予其全部权重（Amel，
1997）。（6）来自其他非存款机构或本地区以外的银行的竞争异常激烈。（7）被
并购银行不被并购就会破产。[①]（8）并购后的银行资产小于 1 亿美元。这意味着
显著的规模经济是可能的。

　　2006 年美国国民银行完成对共和银行（Republic Bank）的收购，合并后的
实体被称为国民共和银行（Citizens Republic Bancorp），成为全美第 45 大银行。
并购前，国民银行是密歇根地区第 2 大银行持股公司。并购后，它是州第 3 大银
行持股公司。美联储审查了两个特别的密歇根银行市场：弗林特（Flint）和杰克
逊（Jackson），因为在这两个市场上合并双方直接竞争，且在分支分拆的情况
下，两市场的 HHI 仍超过美司法部的指南临界值。美联储考虑了以下缓释因素：
（1）市场内还存在其他 17 个存款机构；（2）市场内社区信用社充满活力和竞争
力；（3）弗林特的银行市场对新进入者充满吸引力。最终，美联储认为这起并购
不会产生显著的反竞争效应。

　　候德（Holder，1993）对银行业并购的缓释因素进行了详细的论述，他将这
些因素概括为五类：强有力的竞争者、高估的 HHI、潜在的竞争、服务的便利性
和必需性、增强竞争的效果。从已有文献对这些缓释因素的分析看，主要集中在
进入障碍和转换成本的分析上。

　　对于银行业来说，虽然法律进入壁垒已经显著降低，但进入一些零售银行业
务的经济性壁垒仍很显著。罗迪斯（1997）列举了四个零售业务的进入壁垒：
（1）交易账户；（2）保险储蓄存款；（3）现金服务；（4）小额贷款。虽然证券
化和信贷评分减少了进入小额贷款市场的壁垒，但这种壁垒仍很高。此外，罗迪
斯还认为，转换成本和先发优势在零售银行市场仍是潜在的经济性进入壁垒。德
扬和哈山（DeYoung & Hasan，1997）对进入本地银行市场的新进入者的利润进
行了实证分析，结果表明，新进入者达到与同等规模的在位银行相同的利润需 9
年时间。伯格和迪克（Berger & Dick，2006）对 10 000 家银行在 1972～2002 年
间的并购进行了实证研究，发现早期进入者有市场份额优势。一家银行进入越

---

① 这被称为并购营救（merger rescue）。

早，市场份额越大，优势在 1 ~ 15 点。

对银行顾客来说，转换成本是一个相当大的银行租金，主要包括：（1）转换银行的一次性成本（the lump sum cost）；（2）时间成本和交通成本；（3）在替代地区的银行提供附加事务的能力（Bannon & Black，1996）。克莱姆佩勒（Klemperer，1995）将银行业的转换成本分为两类：技术成本和信息成本。技术成本包括：皮鞋成本和其他搜寻成本，顾客开设新账户、转移资金、撤销账户的时间机会成本。这些技术成本对存款者的行为和对银行的行为都是外生的，但当银行对撤销账户准备离开的顾客收费时，转换成本是内生的。

凯泽（Kiser，2002）考查了银行转换成本与人们教育程度和收入间的关系，认为转换成本与收入的关系不是单调的，高收入且具有良好教育背景的居民和低收入的少数居民转换较少。对前者，时间成本重要；对后者，信息可得性重要。国际竞争网络（ICN，2005）报告宣称，由于转换成本的存在，银行竞争并没有想象中的那么大，转换成本的增加使每家银行面临的剩余需求曲线更陡峭，即使竞争增加，每家银行的市场力也会增加。夏伊（Shy，2002）认为，每一类转换成本可能很小，不能带来很大的市场力，但是它们的累积效应可能取得实际上很大的市场力。金等（Kim et al.，2003）第一个估计了银行业的转换成本。他们对挪威抵押贷款市场的研究发现，25%的银行边际利润归因于锁定效应——银行顾客关系的保持平均为 13.5 年。这一时间跨度与欧洲和美国市场的发现是一致的（Shy，2001）。这至少部分证实了来自转换成本的市场力正在被利用，并确实对竞争机制和市场产出产生影响。

（五）银行并购的分拆

管制者检查潜在的缓释因素的目的是为了识别那些由于实施市场力而导致的福利损失小于维持现状的损失。如果缓释因素不足使并购合理，管制者将要求分支分拆，使得集中度接近临界值。如果分拆仍不成功，并购申请将被否决。

银行分拆产生于 20 世纪 70 年代，当一项并购提议通不过美国司法部的第一临界值（1 800/200）和第二临界值（2 200/250）检验时，司法部就会建议对并购实体实施分拆。学者们普遍认为分拆是银行并购反垄断救济的通行且有效的方式（Pilloff，2002，2005；Burke，1998；Neven et al.，1998）。皮洛夫（Pilloff，2005）认为，银行分支分拆是有效的，分拆的分支与其他分支相比，尽管并购后经历了一个明显的存款流失，但随后表现出了类似于其他相似分支的存款增长。提倡分拆的结论来自大量的对 HHI 与银行价格和利润的关系研究，来自 HHI 与竞争程度的关系研究，研究发现 HHI 与银行价格和利润正相关，与竞争程度负相关（Hannan & Prager，2003；Heitfield & Prager，2002；Pilloff & Rhoades，2002；Kahn，Pennacchi & Sopranzetti，2000；Cyrnak & Hannan，1999；Berger & Hannan，1989）。因此，分拆有降低并购后 HHI 的效果，应是支持竞争的。美国联邦贸易委员会（FTC）于 2002 年出版了一份对并购分拆的研究报告，肯定了分拆的地位和作用；欧盟直到 2005 年 10 月由竞争总司发布了《并购补救研究》，同样肯定了并购补救的作用。所有潜在反竞争性的并购最后都导致了一个必要的分拆。DOJ 认为，银行并购政策的成功就在于不需打官司，不需使用强制程序得到信息就能达到阻止反竞争并购这一目标。事实上，在清晰地表述标准的前提下，能进入建设性对话。总的来看，对分拆的考虑主要集中在分拆政策的有效性、分拆包的设计、分拆绩效的评估等方面。在金融危机背景下，分拆面临的问题是如何选择分拆包的买方以及如何设计分拆制度的有效性。

二、国内研究现状

国内学者的相关研究呈现"两多两少"的特点：一般意义上的企业并购反垄断研究多，银行并购反垄断研究少；并购反垄断法律视角的研究多，经济学视角的研究少。

国内学者对并购反垄断的研究主要集中在三个方面。第一个方面是对西方国家特别是西方发达国家的反垄断管制的规则和实践进行评述的研究，代表性文献有：王晓晔（1996）的《企业合并中的反垄断问题》、王为农（2001）的《企业集中规制基本法理：美国、日本及欧盟的企业合并比较研究》、林新（2001）的《企业并购与竞争规制》、殷醒民（2002）的《欧盟的企业合并政策》、卫新江（2005）的《欧盟、美国企业合并反垄断规制比较研究》等。第二个方面是对并购反垄断的法律研究，代表性文献有：史际春等（2007）的《反垄断法理解与适用》、史先诚（2005）的《我国经济转型期的兼并控制规则和政策研究》、王中美（2008）的《企业并购与反垄断》等。第三个方面是对并购反垄断的经济学研究，代表性文献有：唐绪兵（2006）的《中国企业并购规制》、陈富良（1998）的《我国经济转轨时期的政府规制》、林燕（2008）的《银行并购的政府规制研究》等。

国内学者对银行并购的研究主要集中在并购的动因、影响因素、绩效与审慎性监管等方面（如，白钦先等，2001；何德旭等，2003；黄金老，1999；金晓斌，1999；曹军，2005；胡峰，2005），涉及银行并购的反垄断问题鲜有论述，仅有高晋康、康清利、黄贤福（2007）等少数研究从法律视角对银行并购反垄断进行分析。白钦先等（2001）通过对一百多年来全球金融业并购历程的回顾指出，经济金融化是全球金融业并购的前提和内在动力，金融全球化是全球金融业并购的外在压力和外部动力，金融自由化为全球金融业巨型并购消除了障碍，而全球金融业并购则是金融自由化进程最主要的推动力量之一；何德旭等（2003）分析了 20 世纪 90 年代出现的全球金融业并购趋势及其成因，指出金融机构竞相以并购形式组建金融控股公司、开展混业经营的趋势对金融监管提出了新的要求，并分析了中国应对这种并购趋势的监管走向；黄金老（1999）对国际银行业并购的成本与收益进行了对比分析，认为银行并购对效率的影响具有不确定性，并且认为中国银行业并购为时尚早；曹军（2005）通过对银行并购的五次浪潮、运作机理、操作程序以及银行并购个案的描述，重点分析了银行并购的成本与收益、并购的风险与管理整合，提出了中国银行业并购的战略构想；胡峰（2005）对银行跨国并购的影响因素、银行跨国并购对风险以及价值变动的影响进行了实证研究，进而对银行跨国并购政策的国际协调进行了探讨；高晋康等（2007）认为反垄断法律制度应当从传统垄断法上的较为消极的反垄断政策转为积极的反垄断政策，并充分利用反垄断法律的政策性促进银行力量的合并与集中，并维护金融安全。因此需要在反垄断法的制度设计上，从全球化角度考虑对金融安全的可能的正面或负面的影响，通过制定反垄断法的规范，促进中国金融业的力量提升，并运用反垄断法规则来规范跨国金融并购和垄断，建立有序和适度的市场秩序。上述学者的研究为我们研究银行业并购和跨国银行业并购提供了很好的素材和研究思路，但遗憾的是，国内目前尚无专门针对银行业并购进行反垄断经济学方面研究的成果，本书希望通过这方面尝试性的研究，引起国内学者对该领域研究的关注，力图丰富银行并购的反垄断经济学研究成果。

三、银行并购反垄断研究的发展趋势

从目前银行并购反垄断的实践与学术研究来看，今后发展的趋势主要有：

（1）由于银行管制的放松、通信技术的进步、非银行金融机构的快速发展，银行并购评估的相关市场界定有脱离"本地市场"和"群服务"假设的教条主义的倾向，尽量使相关市场的界定反映现实的竞争环境。

（2）银行并购的竞争性评估更趋"科学"。以前银行并购的单边效应评估主

要根据市场调查问卷来进行，但这一方法没有与经济理论密切联系，结果不能复制，两个理性的人对同一调查问卷可能得出不同的判断，因此不"科学"。这种方法被称为"文件法"（documents approach）。现在的方法主要是基于消费者需求理论和寡头垄断理论的并购模拟法，推动了并购分析更接近"科学"。对银行并购的协调效应的研究也有向定量化发展的趋势。

（3）在银行并购反垄断分析中，效率评估越来越重要，而且有从静态的效率评估转向动态效率评估的倾向。

（4）逐渐淡化相关市场界定上的差异和争论，将并购反垄断的重点放在分拆政策的设计上。近些年来，在美国，并购方并不理会 DOJ 的产品市场定义或集中度测量方法，一旦 DOJ 或其他监管机构确认了潜在反垄断问题，剩下的工作就是分拆包的谈判了。DOJ 在《银行并购显示指南》的绪论部分中不加掩饰地写道："不管哪里有一个引起明显的反竞争性问题的并购，解决这一问题的可行办法是达成一个适当的分拆计划"（DOJ，1994）。

通过梳理国内外文献，尤其是国内相关文献，我们发现，国内对银行并购反垄断管制的经济学研究还比较薄弱，较少对银行并购的单边效应与协调效应进行研究，缺乏对银行并购反垄断的效率研究，也缺乏对银行并购补救的研究。因此，吸收国外先进的银行反垄断研究成果，借鉴他国经验，兼收并蓄，根据中国的实际构建中国银行业并购反垄断管制体系，是一个迫在眉睫、具有重要应用价值的前沿课题。

第二章

美国金融危机与银行并购反垄断

2008 年席卷全球的美国金融危机引发了人们对金融危机的反思。在这场危机中，掠夺性借贷扮演了重要的角色，而美国监管部门的"不作为"助长了危机的蔓延，因此加强银行业的反垄断（包括对银行并购的反垄断）势在必行。传统上，银行并购不受反垄断的制裁，但随着人们对银行业集中与稳定观点的改变，银行并购越来越成为银行业竞争政策的重要组成部分，中国更需要加强对银行并购的反垄断规制。

------------------------------------- 第一节 -------------------------------------

掠夺性借贷与美国金融危机

2007 年，以美国新世纪金融公司濒临破产为导火索的美国"次贷"危机发生了，在这场百年难遇的危机中，不少人丢掉了工作，失去了住房。2008 年 1 月就有近 60 万美国人失业，为 34 年来美国单月裁员人数之最，1～3 月约 180 万人失去工作。2008 年不少银行倒闭，被其他银行收购或接管（见附录 1）。2009 年 4 月，国际货币基金组织估计，由于全球危机导致美国金融机构产生 2.7 万亿美元的损失，整个金融机构的损失超过 4 万亿美元（全球主要金融机构的损失见附录 2）。[①] 如此严峻形势下，"次贷""责无旁贷"成为此次"次贷"危机的"罪

[①] Berger A. N. , Molyneux P. , Wilson J. O. S. , 2010, The Oxford Handbook of Banking, Oxford University Press, Preface.

魁祸首"，成为人们纷纷攻击的靶子。其实，"次贷"并非危机真正的"元凶"，掠夺性借贷才是此次危机的"真凶"，而联邦管制机构的纵容和不作为助长了掠夺性借贷的嚣张气焰，成为危机的"帮凶"。

25

一、"次贷"与掠夺性借贷

在这场席卷全球的金融危机中，"次贷"一时间成为人们耳熟能详的一个词语，它是指给那些有不良信用记录的人的贷款。美国的信用评级公司将个人信用分为五等：优、良、一般、差和不确定。据此，住房贷款被划分为三个类别：优质贷款市场（prime market）、近优质贷款市场（ALT – A market）和"次贷"市场（subprime market）。优质贷款市场针对信用分数在 660 分以上的人，近优质贷款市场针对信用分数在 620～660 分之间的人，"次贷"市场针对信用分数在 620 分以下的人。由于"次贷"面临的是违约风险相对较高的群体，因此利率通常高于一般的银行贷款利率。有些人在优质贷款市场中的申请被拒绝，或者预期被拒绝，转而求助于"次贷"，希望借助这一平台以改善自身的信用记录，最终能回到优质贷款市场。从这一点来说，"次贷"完善了抵押市场，并且是福利增进的（Chinloy & MacDonald，2005），因为它为更多人提供了拥有住房的机会。据房地美 1996 年的研究，10%～35% 的"次贷"是优质贷款，这些贷款即使在优质贷款市场上也能低成本融资。可见，"次贷"并非如人们想象的那样具有极大的风险性和破坏性，它本身不足以对金融系统产生能量巨大的破坏性。

掠夺性借贷是"次贷"的子集，是一种过分的带有欺骗性的借贷行为。不过遗憾的是，目前尚无一个统一的被大家所普遍接受的掠夺性借贷的定义。大多数学者倾向于将其界定为：不公正的贷款条款和一些限制借贷者可得信息与信贷选择权的具有强制性和欺骗性的策略组合。典型的掠夺性借贷通常具有以下特征：（1）欺骗性的目标营销。掠夺性借贷者使用目标营销并不是去满足顾客的需求，而是捕获那些更容易受掠夺性借贷行为伤害的居民。老年人往往成为掠夺性借贷捕获的对象，因为老年人居住在更需要修缮的房子里，并且不能单独承担这笔费用；当他们上门销售或者电话销售时，老年人更可能在家（Friedman，1992）。掠夺性借贷也针对那些智力上有缺陷，不能理解他们设计的抵押贷款条款的房产主。（2）滥用贷款条款。通常的策略是提供一个短期贷款，报出一个看似合理的利率（但一旦转化为年百分率时则是一个令人吃惊的水平），并且不向借款者说明年百分率的真实水平。滥用贷款条款的另一策略是向借款者提供过分的或不必

第三辑

政府管制与公共经济研究丛书（第三辑）

要的条款，如分期付款中最后一笔较大金额的付款（balloon payment），一次性收付清的信用人寿保险（single-premium credit life insurance），大的预付赔偿金等。（3）欺骗性的借贷行为。包括：提供模糊信息，不解释贷款条款；使用高压策略，强迫借者继续申请贷款，防止其中止交易；阻止借者利用低成本融资选择权等。

有一个真实的例子说明掠夺性借贷。美国 ABC 广播电台 1997 年 4 月报道了一个不能读和写的身体不健康的老人遭受掠夺性借贷的故事。该老人本来是为买食物而向贷款者申请小额贷款，但贷款者最终给他提供了 5 万美元的住房贷款。合同签订后仅 17 天，连第一期支付都还未到期，利率就上涨一次，在不到 4 年的时间内，利率上涨 11 次，每次上涨都要加上 10% 的融资费。最后老人因到期不能支付其不断上涨的贷款，贷者取消了他的抵押房屋的赎回权。

掠夺性借贷通常发生在"次贷"市场中，"次贷"市场为掠夺性借贷提供了生存繁衍的沃土，二者间存在密不可分的关系，但也有显著区别，主要有：（1）法律性质不同。"次贷"是合法的，而掠夺性借贷是非法的。（2）目的不同。"次贷"的目的是通过帮助信用低的居民改善住房条件或者获得住房而赢得利润，而掠夺性借贷的目的是剥夺房产者的抵押房屋的赎回权。（3）手段不同。"次贷"是通过正常的营销手段进行借贷，而掠夺性借贷则是通过欺骗性的营销手段进行借贷。（4）考虑因素不同。"次贷"主要考虑居民的收入、性别、信用记录、偿还能力等因素，而掠夺性借贷并不考虑借者的偿还能力，他们主要考虑借者是否更容易受到掠夺性借贷的伤害。图 2－1 能较清楚地说明这两者的关系。

图 2－1 "次贷"与掠夺性借贷的关系

二、掠夺性借贷与"次贷"危机

掠夺性借贷特定的目的与对象，决定了其有更大的风险与违约可能。一家银行从事掠夺性借贷实践，明知这种贷款有很大的违约可能，但由于它可以将这些贷款打包设计成抵押贷款证券（MBS）的形式卖给投资银行，而且即使违约，它也可以获得借款者的房产作为补偿，只要房产的价值高于贷款总额，它总是有利可图的，所以商业银行可以肆无忌惮地大量从事掠夺性借贷实践。投资银行虽然也或多或少了解这些抵押贷款证券的风险，但由于其内在的风险投资文化以及当时房产市场过高的房价和过低的利率，刺激了其内在投资冲动。投资银行通过成立一些空壳公司，包括特别目的实体（SPE）或者特别目的媒介（SPV），通过不同会计手法使这些公司不在他们的资产负债表内，形成所谓的结构性金融空壳公司。然后，通过这些金融空壳公司到货币市场融得短期资金，购买商业银行的 MBS。为了通过标准普尔和穆迪的评级，投资银行把这些购买来的 MBS 按照债务违约风险分割成不同级别的债务抵押凭证（CDO）。CDO 是指投资银行通过 SPE 或 SPV 将缺乏流动性且具有违约可能的债权组合风险予以分散，并重新包装成各种等级，再发行给一般投资者。其中，CDO 中风险最低的叫优先段（senior tranche），占 80%；风险中等的叫中心段（mezzanine），占 10%；风险最高的叫股权段（equity），占 10%。投资银行为了稳定投资者的信心，往往也会持有一部分 CDO 产品。投资银行为了对这些产品做到物尽其用，会进一步开发新的衍生品。因为投资银行已经意识到这些 CDO 产品具有很大的违约性，他们需要为其购买一份保险，以免除大量的损失，因此信用违约互换（CDS）被开发出来。CDS 的主要内容是，如果有投资人愿意承担 CDO 违约风险，那么他将得到投资银行分期支付的违约保险金。这些衍生产品表面上的目的是信用增级和风险转移，实际上是投资银行想尽快"甩包袱"。当市场形势转变特别是市场利率提高、房地产价格下跌时，就会使金融衍生品价格下跌，借款者违约大量涌现，由单个金融机构倒闭演化成系统性的金融危机不可避免。

　　掠夺性借贷引发"次贷"危机还有两个问题需要说明。一是为什么借款者愿意与掠夺性借贷者签订不公平的过分的贷款条款？二是为什么掠夺性借贷产品销售的下家，包括投资银行、对冲基金、保险公司、退休基金及其他投资者愿意购买 MBS、CDO 等金融衍生品？

　　第一个问题是因为：（1）信息的局限性。这可以分为两种情况：一是借款者得到的信息是模糊信息甚至是虚假信息；二是虽然有大量可得信息，但消化这些信息成本高昂。当一个借款者抵押融资时，一大堆文件摆放在他面前，他没时间去读，更不用说细读，如果他真的读完，至少要花一天时间。（2）知识的局限性。由于掠夺性借贷者专门选择那些收入有限、所受教育程度不高的居民作为捕食对象，他们大多缺乏基本的抵押贷款知识，加之贷款条款晦涩难懂，知识上的这种局限性使他们容易受骗。其实不仅是他们不懂条款，对大多数非法律专家来说，真正理解贷款条款是很困难的。（3）认知偏差的影响。即使借款者是信息灵通的，也具备一定的金融知识，但认知偏差的存在，也会最终影响其融资选择权。行为经济学认为，人们往往会低估一些小概率、高损失事件的发生。抵押住房赎回权丧失就是属于这类事件。福里斯特（Forrester，1999）认为，人们会凭借已有的或现存的经验，低估丧失抵押住房赎回权这一风险。如果某一事件容易想象或记忆，人们会认为这一事件是可能的，但丧失抵押住房赎回权这一事件很少见，并且是不公开的，房产主不熟悉这一事件，往往会低估其发生可能性。这种倾向被称为"锚定"（anchoring）。研究者们也发现，人们往往会认为消极事件仅会发生在别人身上，而不会发生在自己身上，这一倾向被称为"不切实际的乐观主义"。在掠夺性借贷实践中，借款者往往会过高估计自己的偿债能力，过低估计隐藏的信贷风险，正是这一倾向在抵押住房贷款中的体现。

第二个问题的原因主要有：（1）人们对低利率、高房价过于乐观的预期；（2）由于金融衍生品链条的延伸，人们不能正确认识金融衍生品风险；（3）过于迷信信用评级公司的信用评级，而信用评级公司会出于自身利益的考虑对衍生品给出过高的信用评级。

三、掠夺性借贷与反垄断

掠夺性借贷是银行反垄断的一个方面，其所固有的欺骗性和危害性，理应受到反垄断规制机构的严厉制裁，但鉴别掠夺性借贷是有困难的：（1）人们对组成掠夺性借贷的要素并没有达成一致的意见，因此难以精确地定义掠夺性借贷。（2）虽然高利率或高费用是掠夺性借贷的通常特征，但高成本贷款并不必然是掠夺性的，因为在给定风险条件下，确定一个合适的费率是复杂的。（3）缺乏关于贷款的公共可得资料，如利率、初始点、交易费和特殊条款。（4）借款者不知道他们接受了一个不公正贷款条款，他们并不把这一事件报告给管制者。而且很多非银行借贷者没有被要求报告数据，管制者很难跟踪问题借贷者。虽然如此，管制掠夺性借贷仍是可行和必要的，通常有三种方法管制和打击掠夺性借贷：（1）通过立法约束贷者的条款和实践；（2）增加借款者可得的信息，加强消费者教育；（3）鼓励传统的贷者和政府掌握的企业进入"次贷"市场。在美国，一些州如马萨诸塞州、新泽西州、新墨西哥州、纽约州、北卡罗来纳州、西弗吉尼亚州制定了非常严厉的法律，并且取得了很大的成效，与那些没有制定反掠夺性借贷法律的州相比，这些州降低了30%的掠夺性借贷（美国可靠贷款中心，2008）。但令人遗憾的是，联邦管制者面对越来越猖狂的掠夺性借贷行为，却采取了袖手旁观、熟视无睹的姿态。联邦管制者和国会成员在房地产泡沫开始初期就被警告掠夺性借贷的增长，公共利益提倡者恳求他们采取行动，但联邦管制者和国会拒绝制定恰当的管制规则去遏制掠夺性借贷，也没有采取行动打击它。当房地产泡沫破灭，"次贷"危机产生后，联邦管制者才在2008年制定了新规则限制掠夺性借贷。从2003～2007年初，美联储仅采取了三项形式上的政策去阻止掠夺性借贷（James Tyson，Torres & Vekshin，2007）；通货监理署从2004～2006年也仅采取了三个公开的措施管制掠夺性借贷（Torres & Vekshin，2007），但这些政策或措施并不具有很强的约束力，仅是一种非约束力的指南，不能强有力地遏制掠夺性借贷实践。因此，在2004～2006年间，住房抵押贷款中掠夺性借贷占比达到1/6～1/5（Mayer & Pence，2008）。管制者没有发出恰当的行为信号和清晰的规则给其他借款者，也没能提供信息给受害者。更糟的是，当一些州制定法律试图制裁掠夺性借贷实践时，通货监理署插手干预，阻止他们这样做。前纽约地区司法部部长斯皮茨（Spitzer）说道："事实上，当我们的部门开展调查银行在抵押贷款中的掠夺性借贷行为时，通货监理署向联邦法庭提交了一份诉讼文件，阻止了这场调查。"[①] 联邦管制机构的纵容和不作为，助长了掠夺性借贷行为，恶化了"次贷"危机程度。

美国掠夺性借贷引发的"次贷"危机，给中国银行业反垄断敲响了警钟。虽然中国目前还没有掠夺性借贷的相关报道，但并不能说明中国不会产生掠夺性借贷，更不能表明中国不需要管制掠夺性借贷。恰恰相反，银行反垄断是中国金融管制的一个薄弱环节，迫切需要加强银行反垄断规制体系的构建，正如美国联邦贸易委员会委员罗奇（Rosch，2009）所说，加强银行反垄断规制是解决全球金融危机的措施之一。因此，中国正好可以借此次"次贷"之机，加强银行反垄断研究，构建中国自身的银行反垄断规制体系。

------------------------------- 第二节 -------------------------------

金融业的二重性与美国金融危机

一、金融业特性与金融管制

传统上人们对金融业特性的认识局限在对金融业内在脆弱性的认识上。最早

---

①　Robert Weissman et al.，2009. "Sold Out：How Wall Street and Washington Betrayed America," March，P. 18.

对金融脆弱性进行研究的经济学家是欧文·费雪。1933 年，他在经典论文《大萧条中的负债——通货紧缩理论》中提出了"债务与金融脆弱论"。他通过对"大萧条"以来金融波动周期的研究，认为金融脆弱性通常与宏观经济周期联系在一起，特别是在债务清偿方面。对金融脆弱性进行系统研究并建立系统分析框架则要归功于明斯基。1982 年他在《金融体系内在脆弱性假说》一书中提出了"金融脆弱性假说"，认为，金融内在脆弱性是金融业的本性，是由金融业高负债经营的特点所决定的。金德尔伯格（1978）从实证的角度，根据 19 世纪初至"大萧条"期间的历史，验证了"金融脆弱性"理论。此后，戴蒙德和迪布维格（Diamond & Dybvig，1983）、查里和贾甘纳森（Chari & Jagannathan，1988）、艾伦和加尔（Allen & Gale，2000）模型化了金融机构的脆弱性。根据已有的对金融脆弱性的研究成果，可将其根源概括为：（1）金融活动主体的有限理性与金融合同的复杂性和不完全性的共同作用；（2）金融制度的相对稳定性与金融创新变动不羁的冲突；（3）负债与资产期限上的错配；（4）金融活动的溢出效应与传染性；（5）金融自由化与全球化。总之，由于金融业内在的脆弱性，使金融管制成为必然，以确保金融业稳健运行。这种基于金融业内在脆弱性的管制主要是为稳定性目标，被称为审慎性监管，由中央银行负责执行。

金融业另一个容易被人们忽视的特性是其强势性，它导源于金融市场的特殊结构特征：（1）短边市场特征。人们对金融资源需求的无限性使金融市场具有明显的短边市场特征，即显著的供小于求。（2）供应边刚性。供应边刚性多由管制产生，它创造了金融业高的"特许权"价值。（3）高转换成本。转换成本通常出现在那些重复消费的市场上，金融市场就是这样一个需要重复消费的市场，它有弱化替代品竞争的效应。即使价格竞争在初始时期存在，但当消费者重复购买时，这一价格竞争在随后时期趋于减弱。由于转换成本的存在，消费者面对最初的购买和紧接着的购买之间有一个兼容性问题，最初的购买可称作"主市场"，之后的购买可称作"配件市场"（aftermarket），这会使消费者锁定于最初的提供者。传统的转换成本的代表是消费者的沉没投资，这样一种投资可能是"真实的"，也可能是"可感知的"（perceived），如投资于一种新系统熟练操作的时间，这往往形成一种路径依赖。也有转换成本与情感联系，当用户对某种产品或服务熟悉时，会形成一种情感依赖。每一类转换成本可能很小，不能带来很大的市场力，但它们的累积效应可能取得实际上相当大的市场力。对挪威抵押贷款市场的研究发现，25% 的银行边际利润归因于锁定效应——银行与顾客关系的保持平均为 13.5 年（Kim et al.，2001）。这一时间跨度与对欧洲和美国市场的发现是一致的（Shy，2001）。这至少部分证实了来源于转换成本的市场力正在被利用，并确实对竞争机制和市场产出产生了影响。（4）不对称信息条件下的消费者的有限理性。金融业是一个存在信息严重不对称的行业，金融机构处于信息优势，消费者处于信息劣势。金融机构利用消费者金融知识和信息上的有限性，设计一大堆难以理解或需要花费大量时间和成本的金融契约，来捕食消费者。上述特性，使得金融机构具有很强的市场力，如果不加以管制，会给消费者福利带来严重损失。这种管制被称为反垄断管制，管制的目标是基于竞争性需要，它由反垄断局执行。

在上述两种管制中，审慎性管制通常比反垄断管制更受到重视，产生时间也更早。人们倾向于将金融业作为一个特殊产业看待（Goodhart，1987；Goodhart et al.，1998），不少国家早期都将金融业作为反垄断适用除外情形，美国直到1963 年才真正实施反垄断（即费城银行案），而欧洲则到 1981 年才有真正的反垄断（即 1981 年欧洲公平法院对米奇勒案）。近 40 年来，随着金融业并购的大规模开展（Group of Ten，2001），涉及金融业的卡特尔协议、强制配售和"水床效应"（waterbed effect）等问题的不断出现，以及学术界对竞争与稳定看法的转变（Holder，1993；Litan，1994），有关金融垄断与竞争的文献开始不断涌现，金融反垄断才逐渐受到人们的重视。

看似矛盾的金融业特性的二重性，决定了金融业必须实行审慎性管制和反垄断管制，二者缺一不可。只有这样，才能确保稳定性目标和竞争性目标的实现。

二、金融管制与金融危机

金融业特有的脆弱性和强势性特征，决定了金融业必须严格执行审慎性管制和反垄断管制，但在这场百年难遇的金融危机中，美国相关管制机构却采取了纵容和不作为的姿态，直接造成了美国金融危机的产生。

（一）审慎性管制的失败

审慎性管制的失败表现在以下几方面。

1. 放松对金融衍生品的管制

1996 年，克林顿任命布鲁克斯利·波恩（Brooksley Born）为商品期货交易委员会（CFTC）主席，她坚定地表示要对金融衍生品进行监管，但遭到当时的

第三辑

政府管制与公共经济研究丛书（第三辑）

证券交易委员会（SEC）主席李维特（Levitt）、财政部长罗伯特·鲁宾和联储主席格林斯潘的强烈反对，他们认为金融业能实现自我管理。1998 年 4 月，李维特、罗伯特·鲁宾、格林斯潘和波恩组成了总统的金融市场工作组，讨论对金融衍生品的管制问题。结果在这场 3 个男人与 1 个女人的博弈中，3 个男人占了上风，他们认为 CFTC 的监管会危及现存的已有一定规模的金融活动。财政部原副部长劳伦斯·萨默斯告诉国会，CFTC 的监管建议会对新兴的市场投下一个不确定的阴影。1999 年 5 月波恩无奈辞职，她的接替者威廉·雷纳（William Rainer）与格林斯潘、劳伦斯·萨默斯和李维特一起阻止了商品期货交易委员会对金融衍生品的监管。1999 年 11 月，总统的金融市场工作组发布了一个报告，认为衍生品监管会带来法律上的不确定性，或者强加一个不必要的管制负担并且约束了衍生品市场的发展。进一步，国会在反对派的强烈倡议下，于 2000 年通过了商品期货现代化法案（CFMA），CFMA 免除了对金融衍生品的管制，宣告了金融衍生品放松管制的确立。前证券交易委员会成员古德斯密特（Goldschmid）承认："事后看来，如果我们管制了衍生品，我们将更好。"[1]

2. 放松对表外资产的管制

从里根政府 1983 年执政开始，美国政府默许金融业将亏损资产从资产负债表中移开。银行通过成立特别目的实体（SPEs）或特别目的媒介（SPVs）持有大量证券化的抵押贷款，并将它们放在资产负债表外。本来证券交易委员会在法律上有权建立金融审计和报告规范，对银行的这一做法进行管制，但它却将这一任务托付给了金融审计标准委员会（FASB），而 FASB 却受大银行的影响，允许了表外运营。在这一放松管制背景下，直接的结果是银行表外资产规模的急剧扩张，在 2007 年，表外资产是表内资产的 15.9 倍；1992～2007 年，表内资产增长 200%，而表外资产增长 1 518%（Joseph Mason，2008）。在这一表外资产急剧扩张的背后，银行业的风险逐步累积并放大，表现在：（1）由于在表外，银行并没有保有相应的资本储备以应对违约风险，当风险来临时，银行因缺乏资本储备而不堪一击；（2）将抵押贷款证券化亏损放在表外，在使报表更漂亮的同时，愚弄了投资者，使风险得以累积并放大；（3）使得银行扩张贷款不需更多的呆账准备金，加剧了银行的冒险行为。所以，前证券交易委员会成员特纳（Turner）将此

---

[1] "The Crash: What Went Wrong?" Washington Post website, Undated, available at: http://www.washingtonpost.com/wpsrv/business/risk/index.html? hpid = topnews.

称之为"一种骗钱伎俩"。① 亏损一下子不见了，使借贷者看起来比真实情况稳定得多。

3. 给银行业太多的自由处置权

1975 年证券交易委员会的贸易和市场部发布了一个规定，要求投资银行保持债务/净资产比率小于 12/1，如果这一比率达到或超过 12/1，禁止投资银行买卖证券，因此大多数公司的这一比率远低于这一水平。但在 2004 年，证券交易委员会在布什政府激进的放松管制思想领导下，屈从于大投资银行的压力，授权投资银行按照巴塞尔委员会对银行监管的要求发展自己的净资本要求，废除了持续 19 年之久的"债务/净资本规则"，允许投资银行自行抉择。大投资银行基于自身的风险管理计算机模型来评估自身的风险水平。这必然涉及复杂的数学公式，它强加了一个不现实的限制，并且是自愿的管理。由于这种自由，到 2008 年美国五大投资银行（贝尔斯登、高盛、摩根斯坦利、美林和雷曼兄弟公司）这些公司的债务/净资产比率达到几十比一的程度，如美林的债务/净资产比率达到 40:1，很多投资银行借入资金购买与"次贷"相关的金融衍生品，包括 CDS。这一超级杠杆不仅使投资银行当房地产泡沫破灭时更加脆弱，也使银行的衍生品投资更加混乱。因此，它们个体的失败或潜在的失败，成为系统性风险。正如前证券交易委员会主席克里斯托夫·科克斯认为，这种自愿的管制是一个彻底的失败。②

这场金融危机同时也暴露了巴塞尔协议的缺陷，巴塞尔第二协议给予了商业银行太大的灵活性，使银行能自行配置资产的风险类别。具有讽刺意味的是，2008 年贝尔斯登还认为自己是安全的机构，因为它符合巴塞尔协议的标准，但它最终还是倒了。所以，证券交易委员会主席克里斯托夫·科克斯说："贝尔斯登的倒塌是对巴塞尔协议标准根本假定的挑战。在贝尔斯登临近倒闭时，其资本缓冲高于巴塞尔协议的监管标准和联储对银行持股公司的资本监管标准。换言之，贝尔斯登虽然遵从了巴塞尔协议标准，但它仍然失败了。"③

第三辑

政府管制与公共经济研究丛书（第三辑）

---

① See "Plunge: How Banks Aim to Obscure Their Losses," An Interview with Lynn Turner, Multinational monitor, November/December 2008, available at: http://www. multinationalmonitor. org/mm2008/112008/interview-turner. html.

② Robert Weissman et al., 2009. "Sold Out: How Wall Street and Washington Betrayed America," March, P. 17.

③ Chairman Christopher Cox, Before the Committee on Oversight and Government Reform, U. S. House of Representatives, October 23, 2008, available at: http://oversight. house. gov/documents/20081023100525. pdf.

(二) 反垄断管制的失败

与金融危机相关的反垄断管制失败主要表现在以下几方面。

1. 过于宽松的并购政策

在 20 世纪 80 年代以前,哈佛学派在并购的反垄断分析中占主导地位,与此相联系的是严厉的并购审查程序;此后,芝加哥学派逐渐取代哈佛学派成为并购反垄断分析的主流,与此相联系的是宽松的并购审查。1997 ~ 2007 年 10 年间,只有一起并购申请被否决,在每年由美联储审查的几百起银行并购案中,仅有不到一打的案件被联储提起反垄断考虑,这显示目前的银行并购审查程序好似官僚主义的橡皮图章,起不到保护市场竞争的管制作用。在这一宽松政策推动下,掀起了银行业并购的高潮,在数量上和资产规模上都达到了一个前所未有的高度。从 1980 ~ 2005 年共有 11 500 起金融并购交易,平均每年 440 起;2003 年,美国银行收购波士顿舰队金融公司 (Fleet Boston) 后总资产达到 1.4 万亿美元,成为美国第二大银行持股公司;2004 年,摩根大通收购第一银行 (Bank One) 后总资产也达到 1.1 万亿美元。1975 ~ 1985 年,商业银行数量相对稳定在 14 000 家,到 2005 年降到只有 7 500 家,降低 50%。并购的大规模发展导致在美国相对少的金融机构起支配作用,结果带来更少的竞争,更高的收费。

"太大而不能倒" (TBTF) 的政策是导致这一宽松并购政策非常重要的因素。它源于 1984 年联邦政府提供 10 亿美元挽救大陆伊利诺斯银行的事件。大陆伊利诺斯银行作为全美第七大银行,持有大量的中西部小银行的存款,如果它破产,其他小银行势必会破产。因此通货监理署安排了一个史无前例的营救行动。在国会听证会上,代表麦金尼 (Mckinney) 提出了 "太大而不能倒" 的观点,得到了通货监理署的同意,通货监理署同意前 11 大银行为 TBTF。7 年后,随着 1991 年联邦存款保险公司改进法案 (FDICIA) 的通过,美国银行法承认了 TBTF。这一法案对金融机构起了一个绝对的保险作用,刺激银行通过并购来取得利益。但通过对银行并购的绩效研究发现,在 20 世纪 80 年代和 90 年代,大银行并购并不能提高总效率或利润率 (Berge & Humphrey, 1991, 1992; Kwan & Eisenbeis, 1999; Linder & Crane, 1992; Peristiani, 1997; Pilloff, 1996);相反,更多的研究发现并购后成本提高,收益降低 (Wilmarth, 2002)。还有的研究通过将大银行与小银行比较研究显示,大银行资本化比率低,承担更大风险,更多地投资金融衍生品 (Demsetz & Strahan, 1995),拥有更高比重的非保险存款、更低的核心保证金、更多的贷款、更低的现金和市场化证券（Feldman & Schmidt，2001）。这些研究表明，绩效因素并不是银行并购的主要原因，追求"太大而不能倒"的地位成为银行并购的一个重要因素，但对这种地位的追求却使银行陷入了巨大风险的境地。

2. 放松掠夺性借贷的管制

掠夺性借贷是银行反垄断的一个方面，其所固有的欺骗性和危害性，理应受到反垄断管制机构的严厉制裁，但联邦管制者却采取了袖手旁观、熟视无睹的姿态。联邦管制者和国会成员在房地产泡沫开始初期被警告掠夺性借贷的增长，公共利益提倡者恳求他们采取行动，但联邦管制者和国会拒绝制定恰当的管制规则去遏制掠夺性借贷，也没有采取行动打击它。联邦管制机构的纵容和不作为，助长了掠夺性借贷行为，恶化了"次贷"危机程度。制止掠夺性借贷虽然不会阻止房地产泡沫和随之而来的金融危机，但它会带走部分房地产泡沫，软化经济危机。本来掠夺性借贷容易通过合理的管制避免，但联邦管制者和国会坚持己见，一直不采取行动，当房地产泡沫破灭，"次贷"危机产生，联邦管制者才在2008年制定新规则限制掠夺性借贷实践。此时，已经错过了最佳时机。

三、金融管制与管制俘获

美国联邦管制机构的放松管制导致了这场金融危机，而放松管制的根源则在于管制者被俘获，可以说，这场金融危机为我们提供了一个管制俘获理论的现代版本。

管制俘获理论源于对公共利益管制理论的批评。公共利益管制理论强调市场机制在自然垄断、外部性、公共品等领域的低效率，政府能够在这些领域矫正市场失灵。然而，西方经济学家在对19世纪末以来的管制历史进行回顾时发现，管制并不必然和市场失灵正相关，也不是必然体现为公共利益的实现，经验观察显示管制朝着有利于生产者的方向发展。这种经验观察导致了立法者与管制者被产业俘获的管制俘获理论的产生。管制俘获理论由格雷（Gray，1940）、伯恩斯坦（Bernstein，1955）、施蒂格勒和弗里德兰（Stigler & Friedland，1962）提出，最终由乔丹（Jordan，1972）正式创立，其基本思想是：管制的供给是应对产业对管制的需求（即立法者被管制者俘获），或者随着实践的推移，管制机构逐渐被产业控制（即管制者被产业俘获）。有下述事实表明在这场金融危机中管制者被俘获：

1. 表外资产管制上的俘获

本来，安然事件引起了美国国会对表外资产的注意，2002 年通过了《萨班斯—奥克斯利法案》（Sarbanes - Oxley Act），试图管理表外资产。该法案要求银行对它们的合格的特别目标实体（QSPEs）进行披露，特别是当表外资产对银行的金融状况有实质性影响时。但金融审计标准委员会却受大银行的游说，被大银行俘获，很多措施并未实施。

2. 金融衍生品管制上的俘获

1998 年波恩出版了一本关于商品期货交易委员会对金融衍生品管制设想的书籍，开出了监管金融衍生品的处方。这本书的出版引起了金融界的动荡，接下来的两个月，产业游说者拜见商品期货交易委员会委员 13 次，参议员卢格（Lugar）在 1998 年接受了证券和投资公司近 25 万美元捐款，他向波恩发出最后通牒。波恩在财政部、美联储及国会的压力下于 1999 年辞去了职务，对金融衍生品的监管措施随着她的辞职也就消失得无影无踪。

3. 抵押贷款管制的俘获

房利美和房地美是美国两家准政府性的从事购买房地产抵押贷款的金融公司，它们是"次贷"市场上的主要购买者，2004～2006 年它们的购买量分别占整个"次贷"市场购买量的 44%、33%、20%。它们虽然事实上服从政府的管制，但管制者却被它们所俘获。比如，2005 年，房地美支付给共和党游说公司 DCI Inc. 200 万美元，制止了由参议员哈格尔（Hagel）倡导的对房地美贷款购买活动更严厉的立法。[①] 从 1998～2008 年，房利美花了 8 053 万美元游说议员，房地美花了 9 616 万美元游说议员。

4. 金融业对管制者的金钱俘获

整个金融业在 1998～2008 年间在竞选捐款上花费超过 17. 38 亿美元，55% 给了共和党，45% 给了民主党；为了俘获管制者，它们雇佣大量说客游说议员，其中，仅 2007 年就雇佣了 2 996 人去影响联邦政府，每个国会成员平均有 5 个说

---

① "Freddie Mac Lobbied Against Regulation Bill," Associated Press, October 19, 2008, available at: http://www.msnbc.msn.com/id/27266607/.

客影响。表 2-1 是 1998 年、2000 年、2002 年、2004 年、2006 年、2008 年金融业俘获管制者在竞选上的花费。表 2-2 是 1998~2008 年间证券、商业银行、保险、审计分行业俘获管制者的花费，总计达 30.76 亿美元；表 2-3 是 1998~2008 年间金融业俘获管制者在游说上的花费，总计达 34.41 亿美元。金融业在 1998~2008 10 年间共花费大约 52 亿美元来俘获管制者，作为回报，近 10 年来，管制者没有出台任何有约束力的管制金融业的政策。具有讽刺意味的是，金融业花费了大量的金钱来俘获管制者，但最终却是以金融危机收场，可谓"赔了夫人又折兵"。

表 2-1 **1998~2008 年金融业俘获管制者在竞选上的花费** 单位：美元

时间	1998 年	2000 年	2002 年	2004 年	2006 年	2008 年
资金	155 089 860	308 638 091	233 156 722	339 840 847	259 023 355	442 535 157

资料来源：Robert Weissman et al., 2009. "Sold Out：How Wall Street and Washington Betrayed America," March. Available at www. wallstreetwatch. org.

表 2-2 **1998~2008 年间证券、商业银行、保险、审计俘获管制者的花费**

单位：百万美元

产业	竞选捐款	游说花费
证券	512	600
商业银行	155	383
保险	221	1 002
审计	81	122

资料来源：Robert Weissman et al., 2009. "Sold Out：How Wall Street and Washington Betrayed America," March. Available at www. wallstreetwatch. org.

表 2-3 **1998~2008 年金融业俘获管制者在游说上的花费** 单位：美元

时间	1998 年	1999 年	2000 年	2001 年	2002 年	2003 年
资金	209 799 907	213 921 725	231 218 026	235 129 868	268 886 799	324 865 802
时间	2004 年	2005 年	2006 年	2007 年	2008 年	
资金	338 173 874	371 576 173	374 698 174	417 401 740	454 879 133	

资料来源：Robert Weissman et al., 2009. "Sold Out：How Wall Street and Washington Betrayed America," March. Available at www. wallstreetwatch. org.

第三辑

政府管制与公共经济研究丛书（第三辑）

四、美国金融危机对中国的启示

（一）有效的金融管制是防范金融危机的必要条件，两种金融管制不可或缺

审慎性管制是保持金融业稳定的必要条件，反垄断管制是保持金融业合理有效竞争的必要条件，而一个稳定且有效竞争的金融市场是构筑金融安全网、防范金融危机的要求，所以两种金融管制对防范金融危机不可或缺。美国金融危机产生的最直接的原因在于美国放松了对金融业的管制，包括审慎性管制和反垄断管制，造成了全球金融动荡。对中国而言，加强这两种金融管制的建设尤其重要。无论是审慎性管制，还是反垄断管制，中国与世界发达国家相比，都有不小的差距。因此现阶段中国正好可以利用此次危机的机会加强这两种管制的建设，以更好地应对可能的金融风险。

（二）两种管制中金融反垄断的建设对中国更为紧迫和重要

反掠夺性借贷是金融业反垄断管制的一个重要方面，此次金融危机中掠夺性借贷扮演了一个非常重要的角色，可以说，并不是"次贷"导致金融危机，而是掠夺性借贷导致了"次贷"危机。美国国会于2007年11月15日通过了《抵押改革和反掠夺信贷法案》，说明美国也意识到了加强金融业反掠夺性借贷的重要性和必要性。加强金融反垄断管制，不仅可以塑造良性竞争的金融体系，防范金融危机的产生，而且也是解决金融危机的一个有效方法。但遗憾的是，中国目前在金融反垄断管制上还非常薄弱，不仅学术研究上缺乏对金融反垄断的经济学分析文献，而且在实践上也缺乏必要的机构、法律、人才与方法，迫切需要建立和完善金融反垄断管制体系。

（三）管制机构的独立性是管制有效性的必要条件

前已论述，管制者被俘获是放松金融管制的直接原因，是造成美国金融危机的深层原因。如何加强管制机构的独立性建设，避免管制者被俘获，是美国金融危机留给我们的深刻教训。中国目前正处于建立金融反垄断管制、健全审慎性管制的特殊时期，保持管制机构的独立性，应成为中国金融管制体系建设的头等大事。

银行并购与反垄断

一、银行并购是否需要反垄断管制

对这个问题，需要对以下三个问题做出回答。

（一）银行是否是特殊的、其特殊性是否足以使银行并购豁免于反垄断管制

1. 银行是特殊的

银行是特殊的，德沃特里庞和梯若尔（Dewatripont & Tirole，1994），古德哈特等（Goodhart et al.，1989），贺云和李坦（Herring & Litan，1995）列举了三个为什么银行受到特殊管制的原因。

第一，银行业不稳定。大量的文献分析了银行个体的脆弱性及其系统脆弱性。戴蒙德和迪布维格（1983）、查里和贾甘纳森（1988）、艾伦和加尔（2000）模型化了银行的脆弱性，认为银行的脆弱性是因为其风险容易传染，主要有3个原因：（1）低的资本对资产比率；（2）低的现金对资产比率；（3）高的需求债务和短期债务对总债务比率（资产和负债的期限错配）。银行受到特殊待遇的主要原因是它们的资产负债期限错配。一方面，因为银行的资产是不流动的，贷款受制于合同，不能轻易收回，并且由于它们价值的不确定性使得银行很难再销售；另一方面，银行的负债却是流动的和可诉求的，存款者能取回他们的存款。阿哈罗尼和什沃锐（Aharony & Swary，1983）、多金等（Docking et al.，1997）、斯罗文等（Slovin et al.，1999）实证分析了银行危机的传染性。传染性来源于它们提供的服务。银行提供的服务质量差异对使用者来说很难区分。这种不可区分性使得一家银行的失败会导致存款者从另一家银行撤出存款。

第二，严重的信息不对称。作为信息不对称的结果，银行业的消费者保护和商业行为规则比其他产业更为重要（Allen & Santomero，2001）。

第三，金融在经济中的核心地位使得政府干预银行业以寻求更宽泛的社会目标。一个例子是信贷配给给某些政府偏爱的部门（Bertrand et al.，2006）。

上述文献的分析是有缺陷的，因为它们仅仅关注了银行的脆弱性，但忽视了银行具有的强势性。银行等金融机构可以利用自身的信息优势欺骗消费者，从中攫取超额利润。仅仅关注了由于银行的脆弱性产生的审慎性监管，忽视了由于银行的强势性产生的竞争性管制。

2. 银行的特殊性并不能使银行豁免于反垄断管制

传统上人们倾向于将银行业作为一个特殊产业看待（Goodhart，1987；Goodhart et al.，1998），认为过多的竞争有损银行的稳定，因此不少国家将银行业作为反垄断除外情形看待。根据哈特—斯科特—罗迪诺（Hart - Scott - Rodino）法案，银行并购是免于反垄断审查的。这可以解释为什么作为反垄断先行者的美国，直到 20 世纪 60 年代才真正在银行业实施反垄断。在欧洲，较为完善的竞争法出现时间与美国大体相当。《罗马条约》第 85 条和第 86 条都包含了保护国内市场的竞争。然而，在理论上虽然《罗马条约》并不包含任何阻止第 85 条和第 86 条在银行中的运用，但实践中欧盟在 1980 年前都没运用它。因为央行和监管权威认为，银行是一个特殊产业，其商业行为被成员国的货币和金融政策深远影响（Ghezzi & Magnani，1998）。

这一看法的错误在于不能全面地认识银行的特性，只看到了银行的脆弱性，没能看到银行的强势性。正因为银行的特殊性（强势性），银行业才更需要反垄断管制。近年来随着银行并购的大规模开展（Group of Ten，2001），并购可能带来公司市场力的提高以及消费者福利损失，因此对银行并购的反垄断管制重新加强。随着金融活动的日益自由化和全球化，很多国家正选择或不得不在银行业实施竞争政策。竞争政策已成为银行业管制的主要支柱。[①] 在主要发达国家，银行业竞争政策越来越标准化。1963 年美国最高法院做出决定：金融部门同样适用反垄断法。此后，100 多个国家实施了禁止反竞争行为的法律。[②] 因此，人们现在普遍的观点是银行和其他产业一样适用反垄断法（Holder，1993；Litan，1994）。同样，在发展中国家也掀起了一股在银行业实施竞争政策的浪潮。

（二）银行并购的原因与效应

1. 银行并购的原因

银行并购的动机可分为两类：一是竞争驱动（也可称为市场力驱动），二是

---

① Financial Sector Assessment Program – Review, Lessons, and Issues Going Forward：A Handbook. February 22, 2005, P. 24.

② Richard Whish, 2005, Competition Law, 5 ed. , Oxford University Press.

环境驱动。其中，竞争驱动型并购又可分为：获得规模经济和范围经济、抽取垄断租金、地区分散化、降低交易成本和信息成本、管理者自利行为、管理自大[①]等；环境驱动型并购可分为：技术进步、放松管制、过剩产能或金融危机、金融自由化和全球金融市场一体化的发展等。

41

2. 银行并购的效应

银行并购的效应可分为直接效应和间接效应。直接效应包括对市场力的影响、对消费者福利的影响、对效率的影响等。间接效应包括对中小企业信贷可得性的影响、对支付系统效率的影响、对金融系统安全的影响、并购的社会成本、对经济增长的影响等。

（1）银行并购的效率效应。

有三个大样本的对银行并购效率的研究，但没有一个发现并购的净效率效应。罗迪斯（1993）对 1981～1986 年间 898 起水平银行并购进行了研究。通过比较并购银行与其他银行的效率变化，没有发现并购银行效率高的证据，因此他得出结论：20 世纪 80 年代的银行并购没有效率。伯格和汉弗莱（1992）研究了 1981～1989 年间的 57 起大的银行并购。他们使用多产品的超对数成本函数来研究银行的成本效率前沿，并对它们排名。作者发现，尽管更有效率的银行倾向于并购那些效率较低的银行，但买方并没有将它的成本效率传递给卖方，合并后银行的效率排名相对它的对手并没有改善。因此作者认为由于并购的规模不经济，导致成本效率丧失。佩里斯添尼（Peristiani，1997）对发生在 20 世纪 80 年代的 1 000 起银行并购进行了研究，他发现并购银行并没有改善 X—效率。因此，从已有的大样本研究看，并购并没产生明显的效率效应。

具体到对规模经济、范围经济和产品组合效率的分析。20 世纪 80 年代末和 20 世纪 90 年代初的对银行业规模经济的文献通常使用美国银行业 20 世纪 80 年代的数据，使用成本数据而不是收入数据，并且将成本函数设定为超对数成本函数形式。一致的认识是银行业的平均成本曲线呈扁平的 U 型曲线，中等规模的银行比大银行或小银行有更强的规模经济。规模效率点通常位于 1 亿美元资产到 10 亿美元资产之间，当样本里的银行规模更大时，规模效率点会更高（Hunter & Timme，1986；Berger et al.，1987；Ferrier & Lovell，1990；Hunter et al.，1990；Noulas et al.，1990；Berger & Humphrey，1991；Mester，1992；Bauer et al.，

第三辑

政府管制与公共经济研究丛书（第三辑）

[①] 管理者认为自己的管理技术比被并购企业好，因此希望通过并购来实现更大的价值。

1993；Clark，1996）。几乎所有对这一时期银行业规模经济的研究都认为大银行并购没有明显的规模经济，相反还有轻微的规模经济损失。

对范围经济和产品组合效率的研究，结论与对规模经济的结论相同，即只存在小的成本节约或不存在成本节约（Berger et al.，1987；Hunter et al.，1990；Pulley & Humphrey，1993；Noulas et al.，1993；Ferrier et al.，1993）。

以上研究都是对 20 世纪 80 年代和 90 年代初的研究，但对 90 年代中后期的研究发现，并购有明显的规模经济、范围经济和产品组合效率（虽然这样的研究存在一些不足，详见附录 3）。一项研究发现，当银行规模达到 10 亿~25 亿美元资产时，有明显的成本规模经济（Berger & Mester，1997）。这种差异是因为技术的进步、监管的改变（放松了对设立分支的限制），以及 90 年代公开市场利率降低的缘故。

对效率的研究，学者们大多从成本边进行研究，也有学者从收入边进行研究。从收入边的研究发现，规模效应是模糊的，有的认为大银行的利润效率最高（Berger et al.，1993），有的认为小银行利润最高（Berger & Mester，1997），有的认为二者相等（Clark & Siems，1997）。一项从收入边对银行业范围经济的研究发现，很少有甚至没有收入范围经济（Berger et al.，1996）。还有一项对利润范围经济的研究发现，对大多数银行来说，联合制造是最优的；对其他银行来说，专业化是最优的（Berger et al.，1993）。

从已有的研究来看，银行并购的效率效应不明确，可能的原因在于效率是一个受多个因素影响的综合指标，并购对效率的解释力有限。即使银行并购的初衷是效率驱动的，但并购后由于涉及人员整合、资产整合特别是企业文化的整合，这种整合削弱了并购产生的效率效应。

（2）银行并购的市场力效应。

对银行并购的市场力效应的研究，可分为静态效应研究和动态效应研究。静态市场力的研究通常检验本地市场集中度对利润和价格的效应，而动态市场力研究直接检查参与并购的银行利润和价格。大多数静态市场力的研究使用美国银行业 20 世纪 80 年代的数据，并将市场界定为大都市市场或非大都市的县（郡）。这些研究通常发现并购增强了银行的市场力，产生更高的贷款利率和更低的存款利率（Berger & Hannan，1989，1997；Hannan，1991）。也有研究发现，在集中度高的银行市场上，存款利率具有"刚性"或者说对公开市场利率的变化反应迟钝，而且当公开市场利率增加时，这一"刚性"更大（Valeriya Dinger，2011）。这与市场力假设一致（Hannan & Berger，1991；Neumark & Sharpe，1992；Hannan，1994；Jackson，1997）。关于集中度对银行利润的影响，静态文献发现只有很小的效果，特别是在对效率进行了统计上的控制后（Berger，1995；Maudos，1996；Berger & Hannan，1997）。为什么集中度对价格的影响大于对利润的影响？可能的解释是因为管理者倾向于享受"安静生活"（Berger & Hannan，1998）。

动态市场力研究是直接研究并购对价格和利润的影响。大多数研究是将并购前后银行的利润率（总资产报酬率和净资产报酬率）进行对比，来判断并购是否使并购银行具有市场力。① 一些研究发现并购后利润率提高了（Cornett & Tehranian，1992；Spindt & Tarhan，1992；Rhoades，1998），也有一些研究没发现利润率提高的证据（Berger & Humphrey，1992；Linder & Crane，1992；Pilloff，1996；Akhavein，Berger & Humphrey，1997；Chamberlain，1998）。

综合来看，静态研究倾向于银行并购增强了市场力，动态研究倾向于银行并购对市场力没有影响。也就是说，银行并购对市场力仅有暂时的效应，长期来看，对市场力没什么影响，可能的原因是潜在竞争的影响。需要说明的是，上述研究多以欧美等发达国家的银行体系作为研究对象，这些国家的银行市场体现为竞争性市场结构，因此得出了这样的结论。但中国的银行市场结构竞争性不强，最多表现为垄断竞争型市场结构，因此中国银行业市场上的银行并购有更强的追求垄断租金的可能。

（3）地区分散化的效应。

休斯等（Hughes et al.，1999）发现，当金融机构通过地区分散化使规模更大时，效率将变得更高，破产风险更小；如果没有地区分散化，只是单纯的扩张分支数量使规模变大，这虽会导致低的破产风险，但效率不会提高。因此，运营范围不变，只是规模本身并不必然改进绩效，也就是说，绩效主要来自地区分散化，特别是它分散了宏观经济风险。同样也有一个研究发现，随着运营地区的增多，效率也随之增加，证实了地区分散化的利益（Hughes et al.，1996）。并购的分散化效应需要具备：①破产成本高；②所有者权益交易成本高；③税收套利（Martin et al.，1988；Gilbert & Belongia，1988；Belongia & Gilbert，1990；Laderman et al.，1991；Smith，1987；Liang & Rhoades，1998）。

（4）并购对中小企业融资便利性的影响。

静态分析显示，小银行比大银行更倾向于向中小企业贷款（Berger et al.，1995；Keeton，1995；Levonian & Soller，1995；Berger & Udell，1996；Peek &

第三辑

政府管制与公共经济研究丛书（第三辑）

---

① 这些研究的一个问题是没有将市场力效应与效率效应区分开来。

Rosengren, 1996；Strahan & Weston, 1996；Cole et al., 1997）。在 20 世纪 90 年代中期，美国资产规模小于 1 亿美元的银行将它们资产的 9% 的贷款给国内小企业，而资产规模超过 100 亿美元的银行仅将其资产的 2% 的贷款给国内小企业。也有一些动态研究分析了美国银行业并购对小企业贷款的影响（Keeton, 1996, 1997；Peek & Rosengren, 1996, 1998；Strahan & Weston, 1996, 1998；Craig & Santos, 1997；Kolari & Zardkoohi, 1997；Zardkoohi & Kolari, 1997；Walraven, 1997；Berger, Saunders et al., 1998）。这种影响取决于并购的类型、机构的规模、运用的技术以及合并后的年限。[①] 较为普遍的观点是大银行的并购降低了对小企业的贷款，而小银行的并购增加了对小企业的贷款。卡罗和凯恩（Carow & Kane, 2005）表明大并购降低了小公司和受资本约束的公司的信贷可获性。[②]

在银行并购对中小企业融资便利性的影响上，萨皮恩扎（Sapienza）的研究具有代表性。萨皮恩扎（1998）对意大利银行业的研究发现，并购降低了对小企业的贷款，并购银行越大，降低得越多。对这一实证结论的理论解释是：大银行的信贷通常是基于交易的"硬"信息借贷，而小银行的信贷通常是基于关系型的"软"信息借贷。因此，大银行做出借贷决定更多的是基于财务比率而非以前的关系（Cole et al., 2004），而小银行主要是基于以前的关系。并购后的大银行减少了对中小企业的信贷，因为并购降低了关系型贷款的"软"信息的供应（Berger et al., 1998；Peek & Rosengren, 1998；Strahan & Weston, 1998）。萨皮恩扎（2002）更加深入地研究了银行并购对中小企业借款的影响，认为这种影响取决于多种因素：第一，场内并购还是场外并购。如果是场内并购（两家并购银行同属一个市场），并且被并购银行只有小的份额，并购有益于借款者；如果是场外并购，并购对中小企业产生不利的影响。第二，被并购银行的规模。被并购银行的规模越大，对中小企业融资的不利影响更大。在一些案例中，并购后，借款者的贷款利率的增长超过 80 个基点。第三，中小企业的银行关系数量。银行合并对不同借款者的影响不同，依赖于他们有多少银行关系。对于有很多外部融资来源的中小企业来说，即使他们的借贷机构经历了一次很大的并购，这些借款者的贷款利率仍然下降 43 个基点。并购对仅有少量银行关系的中小企业借款者不会产生重大影响，因为合并不会显著地改变银行对小借款者的相对市场力。合并银行在只有 3~8 个贷款关系的借款者那里获取大多数的市场力，他们的贷款利率

---

① 这种影响有其外部效应，即场内银行并购对小企业信贷的负效应会被新进入者抵消。研究发现新进入者倾向于给小企业更多的信贷（Goldberg & White, 1998；DeYoung, 1998；DeYoung et al., 1999）。

② A. Carow and J. Kane. 2005. How have Borrowers Fared in Banking Mega-mergers? Federal Reserve Bank of San Francisco Working Paper No. 2005 - 09.

在合并后通常增加。这些结论表明：银行竞争并不仅依赖市场参与者的数量。不对称信息（银行占有的对借款者的信息）影响竞争状况。第四，中小企业并购前的融资对象。一般来讲，并购对目标银行的中小企业的影响较之于对并购银行的中小企业的影响更大。

45

德格里斯等（Degryse et al.，2006）顺着萨皮恩扎（2002）的思路，分析了1997～2003 年比利时银行业并购对中小企业借款者的影响。他们不仅将中小企业分为单一关系借款者和多关系借款者，而且还将中小企业对银行并购的反应区分为三种选择——"保留原有的关系"（staying）、"转换关系"（switching）、"失去原有的关系"（dropping），而不是两种选择——"继续"和"中止"。文章结论如下：第一，并购后，目标银行的借款者比非目标银行的借款者有更高的中止借贷关系的比率，而并购银行的借款者有低的中止率。重叠借款者（既在目标银行借款，又在并购银行借款）在所有的借款者中中止率最低。目标银行的借款者有更高的中止率这一结论与萨皮恩扎（2002）和卡色斯基等（Karceski et al.，2005）的结论相似。第二，目标银行的单一关系借款者与非并购银行的借款者相比，失去关系（dropping）的可能性更大，转换关系（switching）的可能性略大。并购银行的单一关系借款者与非并购银行的借款者相比，不可能失去关系和转换关系。第三，停留在目标银行的单一关系借款者比停留在非并购银行的单一关系借款者获得的贷款更少。停留在并购银行的单一关系借款者与非并购银行的借款者有相同的经历贷款增长的可能性。有趣的是，停留在并购银行的多关系银行借款者比多关系的非并购银行借款者获得的贷款更多。这暗示着，停留在并购银行的多关系的银行借款者要么比他们单一关系的对手有更多的讨价还价力，要么通过依赖他们的其他借款银行更能阻止并购银行借贷政策的改变。第四，并购对小借款者比对大借款者有更多的负效应。第五，并购对目标银行的借款者有明显的伤害，特别是那些单一关系的借款者；对并购银行和重叠的借款者有潜在的利益。并购显著地降低了单一借贷关系的目标银行借款者的融资可得性。

（5）并购对支付系统效率的影响。

并购对银行支付系统效率产生几种正效应（Berger et al.，1996；Hancock & Humphrey，1998）：第一，减少了支付的环节，因为并购银行间的支付变成了自己内部的事务；第二，提高了银行间支付的速度和效率，因为并购使支付系统的终端数量减少；第三，一国如果发生大规模的银行并购，会带来更多的电子支付系统的使用，并且有助于银行信息标准的普及（Humphrey et al.，1996）。

（6）并购对金融系统稳定性的影响。

并购对金融系统稳定性的影响有两种观点：一是"集中—稳定"观点；二是"集中—脆弱"观点。第一种观点认为，只有几个大银行的集中的银行体系更稳定，因为银行利润更多，更易监管，对冲击更有弹性和适应力（Allen & Gale，2001）。相反，第二种观点认为，集中度越高，银行体系的稳定性越差，因为"太大而不能倒"诱使银行可能冒更大的风险来获取更多的预期收益（Boyd & Runkle，1993；Mishkin，1999）。不过，现在更多的文献支持第一种观点，如伯克等（Beck et al.，2003）发现更高的银行集中度与更强的金融稳定正相关。

（7）银行并购的社会成本。

银行并购的社会成本也应是并购管制机构关注的重要因素。如2004年美国银行收购波士顿舰队金融公司引起了人们对并购产生的"离域化"（delocalization）问题的关注（详见附录4）。所谓"离域化"是指银行的控制权从本地的所有者手中转移到远处的或外地的所有者手中的过程。"离域化"往往会产生长期的和短期的社会成本，如更低的公民参与、慈善、就业、投资和对中小企业的贷款，特别是当目标银行在当地有重要影响时更是如此。

伯格等（1999）对银行并购的效应做了一个综合的评价，他们归纳了250个银行并购的实证，认为：银行并购提升了公司市场力，改善了利润效率，分散了风险，但缺乏成本效率，降低了对小顾客的供给，增加了系统性风险，提高了金融系统的潜在成本。

并购的竞争效应十分复杂，实际上，对于任何既定并购的可能影响，都不存在经济学上客观的、明确一致的意见。[①] 因此，对银行并购的竞争效应往往需要具体案例具体分析，本身违法原则不适合对并购案例的评判。

（三）银行竞争是否与银行失败的风险正相关

过去银行并购豁免于反垄断法的审查，是因为人们认为高的银行竞争会带来高的银行失败风险。这一认识的理论基础是"特许权价值"假设（Keeley，1990），[②] "特许权价值"假设断言，一个过度竞争的银行体系容易出现不稳定。

---

① 小贾尔斯·伯吉斯著，冯金华译：《管制和反垄断经济学》，上海财经大学出版社2003年版，第261页。2001年十国集团的《弗格森报告》（Ferguson Report）也认为："合并对单个机构的风险影响是混合的，难以一般化，需要区分案例来研究，……部分因为合并对单个公司风险的最终影响是不清楚的，对系统性风险的最终影响也是不确定的。"

② Keeley M. C. Deposit Insurance, Risk and Market Power in Banking, American Economic Review 1990, 80 (5).

因为随着竞争的加剧，银行的"特许权价值"降低，这会诱使银行过度冒险，从而使银行体系不稳定。即使在美国，虽然竞争法的出现早于银行法，但竞争法走进银行也只是从 1960 年才开始，此前的银行活动并不被认为是"商业形式"，因此并不受制于反垄断法，这反映了美国国会的观点，即过度竞争是有害的，它增加了银行失败的风险。

有更强竞争性银行体系的国家是否会面临更大的银行不稳定风险？许多文献对此进行了实证研究。实证研究的结论是不确定的，有的支持"竞争—不稳定"观点，有的不支持"竞争—不稳定"观点。卡皮（Capie，1995）研究了 1890~1940 年间英国银行系统的稳定性和效率问题。他发现这一时期很稳定，没有银行恐慌和金融危机，但这一时期的英国银行业市场结构却是寡头垄断市场结构，因此他得出判断：更少竞争性的银行体系更稳定。然而，博尔多（Bordo et al.，1995）比较了 1920~1980 年间加拿大和美国银行的绩效，他们观察到加拿大银行更稳定，估计是因为加拿大银行业的垄断市场结构。可是，他们通过分析加拿大和美国银行业的名义利率和实际存贷款利率，实际上并没有发现前者比后者有更高的垄断租金。通过分析这一时期银行的资产负债表结构，他们发现加拿大银行竞争更强、更稳定、更有效率。可见，银行竞争与银行稳定并没有显著的相关性。

二、银行并购反垄断的经济学基础

（一）哈佛学派的结构范式

这一学派的代表人物是梅森（Mason）和贝恩（Bain），他们以产业组织理论为基础，推崇干预与打压垄断势力。由梅森在 20 世纪 30 年代创建的产业组织理论认为，市场结构决定企业的行为，企业行为决定市场的绩效（如利润率、效率、技术进步与创新等）。这一理论又被称为 SCP 范式，即结构（structure）—行为（conduct）—绩效（performance）。这一理论有两个重要的假设：（1）企业可能不仅会把追求利润作为自己的目标，也会把追求市场力作为自己的目标；（2）即使没有政府特许的帮助，企业也有可能建立起拥有市场力的地位。实际上，大企业一旦取得市场主导地位，潜在的竞争并不能完全制约它的行为。该理论的另一代表人物贝恩也认为，大多数产业都过于集中，市场壁垒广泛存在，即使是在集中度相对较低的市场上，也存在合谋性的垄断定价。

产业组织理论认为，市场是有缺陷的，它并不是一个能够自我调节的机制，政府干预的反垄断行动是必要的。这一理论在 20 世纪 50~60 年代盛极一时，它契合了当时美国国会保护小企业和质疑大企业扩张的政策取向，也迎合了政府热衷于干预的倾向。后来，主流经济学家虽然不再认同市场结构是决定绩效的因素，但仍然认为它是反映限制竞争行为是否可能存在的一项重要指标。现在美国、欧盟等国家或地区对银行并购进行竞争审查时，也深受哈佛学派的影响，在并购初审阶段广泛采用市场份额和市场集中度进行竞争性审查。

（二）芝加哥学派的效率范式

芝加哥学派形成于 20 世纪 70 年代，在里根、布什政府时期十分活跃。自 20 世纪 70 年代初以来，哈佛学派逐步衰落，芝加哥学派逐渐兴起，其代表人物是斯蒂格勒（Stigler）、博克（Bork）和德姆塞茨（Demsetz）等。芝加哥学派对 SCP 范式进行了严厉的批评，认为市场竞争的真实状况并不是哈佛学派的学者们一厢情愿认为的"市场结构决定市场行为，市场行为决定市场绩效"的单向决定关系，市场绩效也许会决定市场结构。他们也对哈佛学派的"集中度—利润率"观点进行了批判，认为统计上的正相关关系并不能代表现实中的经济因果关系，不同的市场效率可能会出现不同的市场结构。芝加哥学派认为，对市场竞争状况的分析，并不能仅仅停留在市场结构上，他们更注重市场行为和市场绩效。芝加哥学派认为寡占或者垄断的市场结构并不能代表无效率，只有在厂商采取共谋行为或者垄断行为独占市场损害消费者利益时，《反垄断法》才能予以干预。德姆塞茨认为，集中度与利润率的正相关很可能并不反映高集中度产业内主要企业相互勾结提高价格的行为，倒是更能反映高集中度产业内主要大企业更高的效率和更低的成本。

（三）可竞争市场理论

可竞争市场理论由美国经济学家鲍莫尔（Baumol）、潘泽（Panzer）和威利格（Willig）等人创立，它是在芝加哥学派的产业组织理论的基础上提出来的。1982 年鲍莫尔等三人合著的《可竞争市场与产业结构理论》一书的出版，标志着可竞争市场理论的形成。[①]

可竞争市场理论认为进入壁垒与沉没成本是市场可竞争与否的重要因素。如

① Baumol, W. J., Panzer, J. C., and Willig, R. D., 1982, Contestable Markets and the Theory of Industry Structure, New York: Harcourt Brace Jovanovich Ltd.

果一个市场没有人为的进入退出壁垒和沉没成本，这个市场就是可竞争的，即使该市场是寡头垄断或者完全垄断市场。在这种市场下，潜在竞争者是推动市场可竞争的关键力量，现有市场垄断者并不能在产品的边际成本等于边际收益之上定价，即不敢维持垄断价格，因为如果这样，由于不存在市场进入壁垒和沉没成本，企业进出市场完全自由，垄断高价导致的高额垄断利润就会促使潜在竞争者进入市场，分享利润，最终导致价格下降。在可竞争市场下，市场垄断者并不能维持垄断价格，而是按照垄断厂商规模经济和范围经济相结合时的最低成本来确定价格，因此可以实现社会资源的最优配置。

根据可竞争市场理论，在近似于完全竞争市场的可竞争市场下，自由放任的经济政策比政府管制和反托拉斯政策更加有效，政府的主要任务是要保证市场没有人为的进入退出壁垒。传统的受《反垄断法》规制的寡头垄断和完全垄断市场在可竞争市场下都成为有效竞争市场。不过，可竞争市场的理论也有其缺陷，其假设过于理想，不符合经济现实，因此受到了其他学派的强烈质疑和反对。尽管如此，可竞争市场理论对近30年来美、英等发达市场经济国家政府管制政策思路的转换及措施调整产生的重大影响却是毋庸置疑的。在现代银行并购反垄断分析中，进入壁垒同样是一个重要的分析因素。

（四）新产业组织理论

20世纪70年代中期以来，随着博弈论和信息经济学等新的分析工具的引入，以梯若尔（Tirole）、奥多瓦（Ordover）、夏皮罗、萨勒普（Salop）、施瓦茨（Schwartz）、施马兰西（Schmalensee）为代表的新产业组织理论蓬勃兴起，不仅哈佛学派的结构范式被打破，而且芝加哥学派的静态产出—价格分析也被企业动态的策略性行为的分析所取代。

新产业组织理论主要运用博弈论和其他一些数学方法研究企业的市场行为。新产业组织理论更加关注企业行为，不再关注市场结构，认为反垄断的主要问题存在于市场行为中，而非市场结构中。新产业组织理论在一定程度上实现了回归，即实现了与传统古典微观经济学和新微观经济学的紧密结合，主要运用传统古典微观经济学和新微观经济学的一些分析工具进行理论分析，使逻辑分析更加严密，也更加具有说服力和操作性。

不过由于博弈论等产业分析工具具有严格的初始条件，因此它与经济现实脱节较为严重，很难在经济现实中找到博弈论中所定的战略环境和初始条件，这也是反对者所持的主要理由之一。因此学者们认为产业组织理论的新发展主要集中在经验研究方面，通过经验研究，获取更加充实的原始资料，并通过已有的产业分析工具，进行更加有针对性地研究。

（五）弗吉尼亚学派

"弗吉尼亚学派"的得名是由于其主要学者长期在弗吉尼亚州从事研究，而尤其与位于乔治梅森大学（George Mason University）的"公共选择研究中心"有千丝万缕的联系。图洛克（Tullock）是该学派的创始人之一。哈佛学派和芝加哥学派在反垄断上都有一个默认前提：反垄断政策有助于规范市场秩序。然而弗吉尼亚学派挑战了这一前提，质问荒唐的政策为何竟能如此顽固地生存。该学派坚定地认为，做决定的永远是个人而不是集体，而那些在公共事业部门工作的人跟在私营企业工作的人一样，是受其个人利益驱使的。只有考察反垄断司法中处于不同位置的当事人的利益，才能对《反垄断法》历史做出全面解释。按照麦切斯尼（McChesney）和舒伽特（Shughart）的概括，哈佛学派和芝加哥学派讨论"反垄断该干什么"，而弗吉尼亚学派则讨论"《反垄断法》干了什么"以及"为什么要这么干"。

弗吉尼亚学派（更多被称为公共选择学派）对反垄断以及其他经济政策的贡献，破除了"公共政策和公共机构必然服务于公众利益"的迷信，破除了"反垄断机构控告企业肯定是为了促进竞争"的迷信，破除了"法官的判决肯定有道理"的迷信。但这种理论过于强调经济理性、完全否认政府干预的作用是不对的。不过，这一理论对现代银行并购的反垄断管制制度的建立也有一定的启示，即反垄断机构的独立性是反垄断制度有效的必要条件。

（六）威廉姆森的福利权衡理论

一些经济学家对并购可能带来的效率结果做了相应的研究，其中奥利弗·威廉姆森的研究成果最有影响力。[①] 威廉姆森将并购区分为两种情形：（1）并购前不存在市场力；（2）并购前存在市场力。如果并购前不存在市场力，并购前市场的均衡价格在市场出清情况下为 P_1，它等于并购前的平均成本 AC_1。并购后，价格从 P_1 上升到 P_2，但由于并购带来的成本节约，平均成本从 AC_1 下降到 AC_2。由于价格上升带来的福利损失为 A_1（假设成本不变），由于平均成本下降带来的效率利益为 A_2。并购是否是福利增进的即比较图 2 - 2 中 A_1 与 A_2 面积的大小。

---

① Oliver E. Williamson, 1968. "Economies as an Economic Defense: The Welfare Tradeoffs." American Economic Review, Vol. 58.

如果并购前存在市场力，则并购前的价格 P_1 会高于平均成本 AC_1。并购后，价格从 P_1 上升到 P_2，但由于并购带来的成本节约，平均成本从 AC_1 下降到 AC_2。由于价格上升带来的福利损失为 A_1，由于平均成本下降带来的效率利益为 A_2。并购是否是福利增进的即是比较图 2-3 中 A_1 与 A_2 面积的大小。

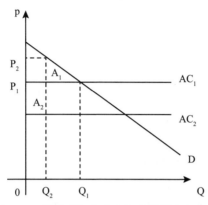

图 2-2　并购前不存在市场力的效率权衡论

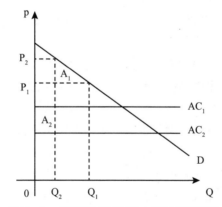

图 2-3　并购前存在市场力的效率权衡论

从数学形式看：

$$A_1 = 1/2(P_1 - P_2)(Q_1 - Q_2) = 1/2\Delta P \times \Delta Q$$
$$A_2 = (AC_1 - AC_2)Q_2 = \Delta C \times Q_2 \qquad (2-1)$$

令 $\dfrac{\dfrac{\Delta Q}{Q_1}}{\dfrac{\Delta P}{P_1}} = \eta$，$\eta$ 为需求弹性，则当 $A_2 > A_1$ 时，即：

$$A_2 - A_1 = \frac{\Delta C}{P_1} - 1/2\eta \frac{Q_1}{Q_2}\left(\frac{\Delta P}{P_1}\right)^2 > 0 \qquad (2-2)$$

当并购前不存在市场力时，$P_1 = C_1$：

$$A_2 - A_1 = \frac{\Delta C}{C_1} - 1/2\eta \frac{Q_1}{Q_2}\left(\frac{\Delta P}{P_1}\right)^2 > 0 \qquad (2-3)$$

这时的并购对社会是合意的。

当并购前存在市场力时，$P_1 > C_1$，令 $\frac{P_1}{C_1} = k$，则：

$$A_2 - A_1 = \frac{\Delta C}{C_1} - \left(1/2k\frac{\Delta P}{P_1} + (k-1)\right)\eta \frac{\Delta P}{P_1}\frac{Q_1}{Q_2} > 0 \qquad (2-4)$$

这时的并购对社会是合意的。

威廉姆森理论说明，如果一项并购带来的成本下降的利益能够抵补价格上升带来的效率损失，那么这项并购就是合理的，这给了并购管制机关是否同意并购明确的标准。

值得注意的是，威廉姆森将价格上升所导致的消费者剩余减少视为一种福利的转移，并不纳入对并购的竞争效应评估。这一做法是有争议的。成本的减少并不构成"福利的改善"，因为成本减少的好处以较高的利润方式被厂商得到，而消费者却要为同样的产品支付更高的价格。尽管威廉姆森认为，这是一种利益的分配问题，而不是效率本身的问题，但实际上对于公平和"谁获利"的问题，经济政策不能完全忽视。也就是说，威廉姆森的福利标准是社会总福利，而不是消费者福利。

不管怎样，威廉姆森的模型至少影响了反垄断的实践，各国越来越多地在并购反垄断管制实践中采用"效率抗辩"，对效率的定量分析也越来越普及，这要归功于威廉姆森。不过，想要准确地测算效率是有困难的，因为这要依赖于相关厂商的信息，而相关厂商很可能高估成本节约。波斯纳就曾指出："不仅是效率的测量……一个诉讼上难以处理的问题；而且对一个争议性并购的成本节约的估价，也是难以应用到确定并购的全部经济效果的，除非对并购的垄断成本也做一个估计，而且我们不可能充分了解在这方面边际增长的效果，边际增加对集中率的影响……去预测价格效果。"[1]

---

① Richard A. Posner, 1976. Antitrust Law: An Economic Perspective, Chicago: University of Chicago Press, P. 112.

（七）行为反垄断经济学

基于对新古典经济学理性假设的思考，新一代法学家和经济学家（Jolls，2007；Jolls et al.，1998；Sunstein，2000）开始尝试行为经济学在反垄断领域的研究。最近一些学者（Reeves & Stucke，2010；Stucke，2007；Tor，2002，2004；Tor & Rinner，2010；Langevoort，2011）甚至提出了"行为反垄断"（behavioral antitrust）的概念。特别是这次美国金融危机以来，美国的政策制定者开始重新思考主流的新古典经济学理性假设的合理性。[1] 欧洲委员会竞争权威、[2] 英国的公平交易办公室、[3] 美国的反垄断局和联邦贸易委员会[4]都表示了对行为经济学强烈的兴趣。美国反垄断协会（The American Antitrust Institute，AAI）于2010年1月在纽约大学法学院举办了名为"下一代的反垄断"的学术会议，专门研讨行为经济学在反垄断领域的运用。

针对新古典经济学对人性的三个假设：理性、自利、完全的意志力，行为经济学针锋相对地提出了三个假设：有限理性、有限自利和有限的意志力，并综合运用神经科学、社会科学的方法，通过实验来对人性假设进行检验，例如，对理性假设的检验。反垄断权威在鉴定并购的相关市场时，往往需要预测消费者面临"一个小的但显著的非暂时的价格增长"时的反应。在理性选择理论看来，价格框架（price frames）并不反映消费者的决定。但英国公平交易办公室通过行为实验发现，在五种价格框架中消费者偏离理性选择：[5]（1）"局部定价法"（drip pricing）。首次售价只显示部分价格，但随着销售的增加会征收额外的附加费用（如网购飞机票）。（2）贱卖定价法。拿售价和更高的原价进行对比（如原价2美元，现价1美元）。（3）复杂定价法。这时价格需要单独计算，（如买二送一）。（4）钓饵定价法（baiting）。打出幸运顾客享受折扣的广告。（5）限时定价法（time-limited offers）。在一段时间内可以打折扣。通过实验发现，消费者会

---

①　John Authers. 2009. Wanted：New Model for Markets，Financial Times，Sept. 29，P. 9.

②　Eliana Garcés - Tolon，2010. The Impact of Behavioral Economics on Consumer and Competition Policies，Competition Policy International Journal，Vol. 6.

③　Matthew Bennett et al.，2010. What Does Behavioral Economics Mean for Competition Policy? Competition Policy International Journal. Vol. 6. Amelia Fletcher，Chief Economist，Office of Fair Trading（U. K.）. What Do Policy - Makers Need from Behavioral Economics? Address at the European Commission Consumer Affairs Conference，Nov. 28，2008.

④　美国司法部反垄断局副局长夏皮罗和联邦贸易委员会经济局的主任法雷尔认为行为经济学有助于反垄断和消费者保护。

⑤　The Office of Fair Trade（U. K.），2010. The Impact of Price Frames on Consumer Decision Making，Available at http：//www. oft. gov. uk/shared_oft/economic_research/oft1226. pdf.

第三辑　政府管制与公共经济研究丛书（第三辑）

被这些价格框架所蒙蔽而做出不理性的选择，特别是在局部定价法和限时定价法下。

在并购分析问题上，新古典经济学通常对个人和企业行为做出以下四个假设：（1）低进入障碍的市场不会存在反竞争问题，因为理性的利润最大化的企业会进入从而抑制企业提价的动机；（2）很多并购产生了明显的效率；（3）理性的实力强的买方会阻止卖方实施市场力；（4）依赖最优制止理论（optimal deterrence theory）能阻止卡特尔的实施。行为经济学对上述四个假设逐一进行了检验。

《水平并购指南》认为，如果进入是及时的（两年内发生）、可能的和充分的，则这起并购不太可能产生反竞争问题。对此，行为经济学界定了两类进入错误：（1）过度进入（也就是进入失败，因为它是经济上非理性的）。（2）进入不足（虽然进入是理性的，但却没有发生）。行为经济学对过度进入的解释是：第一，乐观偏误（optimistic bias），即人们倾向于高估乐观事件的概率，低估悲观事件的概率。卡默勒和洛瓦洛（Camerer & Lovallo，1999）证明了进入决策上的人们的乐观偏误问题。[1] 第二，期望误差（desirability bias），指人们对自己没有控制力的外部事件往往期望产生很好的结果。对进入决策而言，这种偏误往往出现在：高估参与者失败的可能和低估负面事件对他们成功的影响。正如行为反垄断的代表人物之一——托尔（Tor，2002）认为："高估自己成功可能性的进入者更容易失败，但由于他们的存在，也降低了其他进入者成功的可能，从而改变了最终成功者的构成。"[2]（3）进入者只关注自己，忽视了竞争。[3] 对进入不足，行为经济学认为，即使进入在经济上是理性的，进入也不会发生，因为：第一，即使信息可得，但由于理性决策所需信息的获取成本、加工成本、核实成本高，个人不会像一个理性的利润最大化的个人一样对风险或不确定性做出理性的反应。[4] 第二，在困难面前过度不自信。人们往往对容易做的事高度自信，而对难事望而却步，不自信。因此有些本应进入的企业，因为对进入的风险充满畏惧而没能进入。所以，行为经济学认为，进入障碍只是理解市场进入的一部分，有时即使进

---

① Colin Camerer & Dan Lovallo, 1999. Overconfidence and Excess Entry: An Experimental Approach, American Economic Review, Vol. 89. No. 1, pp. 306 – 318.

② Avishalom Tor. 2002. The Fable of Entry: Bounded Rationality, Market Discipline and Legal Policy. Michigan Law Review, Vol. 101, No. 2. pp. 482 – 568.

③ Don A. More, John M. Oesch and Charlene Zietsma. 2007. Organization Science, Vol. 18, No. 3, pp. 440 – 454.

④ Lynn A. Stout, 2003. The Mechanisms of Market Inefficiency: An Introduction to the New Finance, The Journal of Corporation Law, Vol. 28, pp. 636 – 669.

入障碍低，尽管存在很好的利润机会，但进入也不会发生。因此对并购进入的分析，还应分析：为什么理性选择理论预计的市场进入实际上却没有发生？为什么经济上是非理性的市场进入会发生？承认人们可能的乐观偏误，什么样的进入是成功的？

新古典经济学学者认为并购是为了获得效率（Kolasky，2002；Kauper，2000）。他们认为利润最大化的公司并购要么是为了获得市场力，要么是为了获得效率，如果两者都不是，则并购是非理性的。事实上新古典经济学家预期的效率很多无法实现，如同谢勒（Scherer，2001）观察到的"并购是一个高度风险的提议，很多并购不仅不能达到预期，反而使事情更糟"[1]。对此，行为经济学的解释是：第一，人们对并购资产的评估，情感胜过理性；[2] 第二，公司执行官的"自我归因"偏误（self-attribution bias），指他们受以前成功并购的影响，对自己的管理能力过度自信，相信下一个并购也能产生相似或更大的效率（也称为"管理自大"）。[3]

新古典经济学假设由于强大的买方力的存在，卡特尔是不稳定的。《水平并购指南》也将买方力作为重要的评估竞争效应的因素。行为经济学对此有不同的观点。他们认为大的买方力并不能挫败厂商的垄断企图。一是因为买方对自己的谈判力量过于自信；二是因为他们并不关心对消费者的保护，只关心自己的利润。

最优制止理论认为，寻求最大化利润的理性的行动者会权衡参与反竞争行为被发现的可能性和可能的罚款与参与所得的利益。因此最优制止应该使总的罚金等于违反竞争法给他人带来的净伤害（加上实施成本）除以被发现的可能性。[4] 根据最优制止理论，各国反垄断权威出台了三倍赔偿制度。可是，并没有证据表明最优制止理论达到了其目的，[5] 惩罚并没能有效地扼制反竞争行为。对此，行为经济学从非正式规范，即从伦理和道德层面进行了解释，认为政策制定者应强

第三辑

政府管制与公共经济研究丛书（第三辑）

---

① F. M. Scherer, 2001. Some Principles for Post – Chicago Antitrust Analysis, Case Western Reserve Law Review, Vol. 52, pp. 5 – 24.

② M. R. Delgado, A. Schotter, E. Y. Ozbay and E. A. Phelps, 2008. Understanding Overbidding：Using the Neural Circuitry of Reward to Design Economic Auction, Science, Vol. 321. No. 5897, pp. 1849 – 1852.

③ M. T. Billett and Yiming Qian, 2008. Are Overconfident CEOs Born or Made? Evidence of Self – Attribution Bias from Frequent Acquirers, Management Science, Vol. 54.

④ W. M. Landes, 1983. Optimal Sanctions：For Antitrust Violations, The University of Chicago Law Review, Vol. 50, pp. 652 – 678.

⑤ Maurice E. Stucke, Am I a Price – Fixer? A Behavioral Economics Analysis of Cartels, in Criminalising Cartels：A Critical Interdisciplinary Study of An International Regulatory Movement (Caron Beaton – Wells & Ariel Ezrachi eds., 2011), Available at http：//ssrn. com/abstract = 1535720.

化伦理和道德在制止反竞争行为中的作用。①

综上，新古典经济学的竞争政策最大的失败在于它不能充分地理解特定市场、特定群体、特定时间的竞争是如何运作的，不能理解私人机构与政府机构的相互作用，不能理解非正式的社会伦理和道德规范的相互作用。行为反垄断经济学通过自己的实证研究，使竞争权威能更好地理解特定市场的动态性以及法律和非正式规范的相互作用，从而更好地理解个体行为和竞争。因此行为反垄断经济学为人们理解市场和竞争提供了更现实的视角。虽然行为反垄断经济学刚起步，但我们可以大胆预言，它的前景一定是广阔而光明的。但与新古典经济学相比，它并不能为反垄断提供一个单一的组织原则，既不能测量集中度（如 HHI），也不能提供鉴定单边效应的规则，因此竞争政策应持续依赖新古典经济学关于利润最大化的理性假设。②

三、中国需要对银行业加强竞争性管制

竞争是金融业发展的巨大推动力。竞争带来了更多更好的差异化产品，带来了金融中介的低成本，带来了更多的融资便利，带来了金融系统的稳定性。随着全球化、技术进步和放松监管的进一步深化，竞争的利益更加广泛和深远。国际货币基金组织的《金融业评估计划》高度赞扬了竞争政策的重要性，美国和欧盟也在"后危机"时代将加强金融业的竞争性管制作为政府应对危机的重要一环。

中国金融业正处于从传统计划经济体制向市场经济体制的蜕变时期，虽然改革开放 30 多年中国金融业取得了举世瞩目的成就，但离现代金融业的要求还有一些差距，尤其是竞争性管制方面我们还十分薄弱。可是当美国和欧盟意识到这次金融危机的根源正是对金融业竞争性管制的忽视和不作为，将竞争性管制作为危机应对之策的时候，我们的焦点却完全集中在审慎性监管上，忽略了对金融业的竞争性管制。因此，有必要重新审视中国金融业的竞争性管制。

（一）金融业的二重性决定了金融业既需要审慎性监管，也需要竞争性管制

金融业的二重性是指其脆弱性和强势性。金融业内在的脆弱性使金融管制成为必然，以确保金融业稳健运行。这种以稳定为目标，基于金融业内在脆弱性的

---

① Maurice E. Stucke, 2006. Morality and Antitrust, Columbia Business Law Review, Vol. 2006, pp. 444 – 545.

② Gregory J. Werden et al., 2010. Behavioral Antitrust and Merger Control, Vanderbilt Law and Economics Research Paper No. 10 – 14.

管制，称为审慎性监管，由中央银行负责执行。金融业另一个容易被人们忽视的特性是其强势性。金融业强势性的存在，决定了金融业需要竞争性管制，它通常由一国竞争权威实施（在有些国家，竞争性管制由审慎性权威实施）。

（二）对竞争与稳定关系看法的转变

长久以来，金融监管部门的信条是，竞争与稳定之间存在着此消彼长的关系，过度竞争会导致银行破产、恐慌等后果。不少国家早期都将金融业作为反垄断适用除外情形，美国直到 1963 年才真正实施反垄断，而欧洲则到 1981 年才有真正的反垄断，原因在于人们认为过多的竞争有损金融业的稳定。"特许权价值"假说为这一观点提供了理论基础。这一假说认为：竞争弱化了金融机构的"特许权价值"，增强了金融机构过度冒险的动机。但实证研究的结果并不支持这一假说，越来越多的研究表明：竞争与稳定并不存在此消彼长的关系，适度竞争有助于金融业的稳定和一国生产率的提高。因此各国重新开始加强对金融业的卡特尔、并购和滥用市场支配力行为的管制。

（三）金融业的对外开放需要竞争性管制

金融业所取得的成就离不开改革开放，加强金融业的竞争性管制是进一步深化改革的需要。一方面，要通过竞争性管制，塑造国内外金融机构公平竞争的平台；另一方面，通过竞争性管制，约束和规范跨国金融机构的不当竞争行为，保护中国金融安全，同时也有助于推动中国金融机构走出国门，参与国际金融市场竞争。

（四）美国掠夺性借贷的实践表明金融业的稳定需要竞争性管制

美国"次贷"危机中，银行从事掠夺性借贷实践，明知这种贷款有很大的违约可能，但由于它可以将这些贷款打包设计成抵押贷款证券（MBS）的形式卖给投资银行，而且即使违约，它可以获得借款者的房产作为补偿，只要房产的价值高于贷款总额，它总是有利可图的，因此商业银行有动机实施掠夺性借贷。加之联邦管制者和国会拒绝制定恰当的管制规则去遏制掠夺性借贷，也没有采取行动打击它，所以造成了商业银行肆无忌惮地大量从事掠夺性借贷实践。掠夺性借贷实践表明金融业需要竞争性管制。

（五）中国金融业的竞争性管制十分薄弱，更需要加强竞争性管制

中国金融业的竞争性管制十分薄弱，表现在：（1）中央银行是否承担竞争性

管制职能并不明确；（2）缺乏管制金融业的卡特尔、并购和滥用市场支配力的相关法规和具体指南；（3）消费者对理财产品欺诈、信用卡欺诈和银行违规收费等的投诉时有发生；（4）没有建立竞争性的进入和退出规则；（5）没有建立有效的消费者保护体系；（6）缺乏对金融机构反竞争行为进行经济分析的专业人才。

58

四、中国需要对银行并购进行反垄断管制

（一）当前人们对银行并购的误区

（1）中国银行业与国外跨国型银行集团比较，规模较小，竞争力较弱，因此需要通过联合来加强竞争力，而不是加强并购反垄断审查。

（2）中国银行业只存在行政性垄断，不存在经济性垄断，因此并购反垄断在中国没意义。

（3）在中国目前利率尚未完全市场化的条件下，银行并购所形成的市场力对价格没有影响，不会形成有损于消费者福利的价格。

（4）银行垄断即是由一家银行在相关市场上控制着很大的市场份额（如35%），因此银行并购反垄断就是对并购后的银行市场份额进行测算，达到这一临界值，禁止并购，未达到这一临界值，同意并购。

（5）银行并购反垄断就是约束银行并购的制度安排。

就第一点看，银行的规模与竞争力并不存在必然的联系。并非规模越大，竞争力就越强，甚至有可能相反，规模越大，竞争力越差。因此，以规模小竞争力弱为由反对银行并购的反垄断管制是站不住脚的。如果政府希望通过并购来将银行做大做强，这样做的后果只能是"拉郎配"，最终形成"大而不强"的银行。

就第二点看，需要说明两点：第一，如果前提假设成立，即中国银行业只存在行政性垄断，不存在经济性垄断，我们更应反垄断，因为从一定意义上讲，行政性垄断比经济性垄断对社会危害更大，它是没有任何效率可言的，不能对行政性垄断听之任之；第二，虽然目前中国仍存在行政性垄断，但随着中国国有商业银行股份制改革的推进，外资银行的进入，以及其他股份制商业银行的蓬勃发展，原有的由四大国有商业银行垄断全国金融市场的格局已经被打破，新的银行业竞争格局正在形成，因此完全存在经济性垄断的可能。所以不管是针对行政性垄断，还是针对经济性垄断，都有必要反垄断，只是运用的方法不同而已。

对第三点，国外对银行并购进行竞争性评估，首先是进行市场份额或市场集

中度的测算，看是否达到临界值；其次，对这起并购进行竞争效应的定量分析，如运用并购模拟方法对并购后可能达到的价格进行测算，如果并购后并购银行将有利地提升价格 10% 以上，则反垄断权威将宣布这起并购非法。对中国而言，由于目前存贷款利率并未放开，不可能测算并购后价格的上升幅度，但并非意味在中国不需要对银行并购进行竞争效应评估。银行竞争的战略变量不仅指价格，还包括数量、服务质量等，我们也可以对并购后银行提供的数量（如贷款量）和服务质量进行评估，来判断这起并购是否会明显地降低竞争。

第四种误解来源于对反垄断的无知。反垄断针对的并非是垄断结构，它反对的主要是并购银行可能实施的单边（或集体）支配性市场力，垄断结构更可能实施单边（或集体）支配性市场力，但这两者不能画等号。银行市场结构虽然表现为垄断，但如果市场进入和退出很容易，而且存在很强的潜在竞争者，消费者的转换成本很低，那么即使在这一垄断结构下，垄断银行也很难实施市场力，不需要反垄断。

最后一种误解导源于人们对"反垄断"一词语义的理解，[1] 反垄断的目的不在于限制甚至禁止银行间的并购行为，它更多的是鼓励，鼓励有利消费者福利提高的并购。它也不是一种事后的制裁，主要的目的是对非法并购进行威慑从而使这类并购不发生。并购反垄断准确的理解应是规范并购的竞争政策。

（二）中国实施银行并购反垄断的必要性

（1）规范国内银行业的并购，维护银行业市场的公平竞争，保护消费者权益。竞争是市场经济永恒的主题，是市场活力的条件和保证。对国内银行并购进行反垄断管制，是提升国内银行业竞争水平、竞争力的重大举措，同时也有利于保护本国消费者的权益，阻止有损于消费者福利的并购产生。

（2）规范外资银行的并购行为，维护本国金融安全。银行并购反垄断管制制度为外资银行并购中国国内银行提供了指南，提高了政策透明度，有利于引导合理的外资并购行为的发生，预防不合理的并购行为的产生。

（3）推动国内银行参与国际金融市场上的并购，提升国内银行的影响力和竞争力。实施银行并购反垄断管制，可以帮助国内银行了解国内外竞争权威的管制规则，从而帮助它们更好地参与国际金融市场上的并购，有效地规避国外竞争权威的反垄断管制。如果境外银行并购有损中国银行业的利益，我们可以利用"域外适用"条款来维护本国银行利益。

---

① 反垄断政策在欧洲称为竞争政策。

第三章

银行并购反垄断的机理与机制研究

银行并购反垄断的机理可描述为：银行并购是一把双刃剑，一方面，并购可能带来社会福利损失（并购→集中度提高→银行市场力提高→社会福利损失）；另一方面，银行并购也有可能带来效率的提高（并购→成本降低→社会福利提高或者并购→创新→社会福利提高）。银行并购反垄断就是权衡这两方面的得失。其机制可分为五种：相关市场界定机制、市场力测定机制、并购效应评估机制、垄断缓释因素分析机制（进入障碍、买方市场力、转换成本等因素）、分拆机制。这一部分寻求为中国银行并购反垄断分析提供理论支撑和基本的分析框架。

第一节

银行并购反垄断的机理

银行并购反垄断的机理主要有两个，一个是哈佛学派的 SCP 范式，另一个是威廉姆森的效率权衡理论。SCP 范式认为市场结构决定企业行为，企业行为影响企业绩效。按照这一理论，对市场结构的管制是最重要的，由于并购提高了市场集中度，导致了市场结构的变化，进而对企业绩效产生了不利影响，因此需要对并购进行反垄断。并购→集中度提高→银行市场力提高→社会福利损失，这一逻辑的并购效应我们称为并购的负效应。威廉姆森的效率权衡理论认为，即使并购带来了负效应，导致了社会福利受损，但如果并购同时带来了效率的提高，且效率的提高足以抵消并购产生的负效应，那么这起并购也不应被禁止；只有那些带来的效率不足以抵消社会福利受损的并购才应被禁止。并购导致的效率提高的效应我们称为并购的正效应。

一、银行并购的负效应

《反垄断法》最早产生于美国，对银行并购的反垄断最早也是产生于美国。1963 年的费城银行案开启了银行并购反垄断的先河。在美国，竞争性权威主要依据《谢尔曼法》和《克莱顿法》对银行并购进行反垄断管制。1890 年 7 月 2 日通过的《谢尔曼法》第 1 条规定，禁止产生不合理的贸易约束的并购。1914 年的《克莱顿法》第 7 条规定，禁止一家公司收购另一家公司的股份，如果这样的收购将导致两公司间的竞争显著降低，或者倾向于创造在任一商业线上的垄断。1950 年《塞勒—克弗沃法》对《克莱顿法》进行了修改，它拓展了《克莱顿法》第 7 条的内容，被认为是现代并购控制领域的开端。1950 年立法消除了在资产收购和股份收购上的人为的区分，并且抛弃了这样的观点——在美国经济中出现了经济性集中的上升潮流，且增加的经济集中可能会危及非经济性质的其他基本价值。

美国联邦监管机构主要根据 1960 年的《银行并购法》（1966 年重新修改）和 1956 年的《银行持股公司法》（后于 1970 年修改）对银行并购进行反垄断管制。通过 1960 年《银行并购法》后不久，货币监理署同意费城国民银行与吉拉德信托谷物交易银行（The Qirard Trust Corn Exchange Bank）间的并购。这起并购遭到了美国司法部的反对，认为它违反了《克莱顿法》第 7 条和《谢尔曼法》第 1 条。这一案件开启了银行分支分拆的潮流，同时也启动了《克莱顿法》第 7 条和《谢尔曼法》第 1 条在银行并购中的运用。

传统上人们倾向于将银行业作为一个特殊产业看待（Goodhart，1987；Goodhart et al.，1998；Dewatripont & Tirole，1994；Herring & Litan，1995），[1] 认为过多的竞争有损银行的稳定，因此不少国家将银行业作为反垄断除外情形看待。根据《哈特—斯科特—罗迪诺法案》（Hart - Scott - Rodino Act），银行并购是免于反垄断审查的。这可以解释为什么作为反垄断先行者的美国，直到 20 世

第三辑

政府管制与公共经济研究丛书（第三辑）

---

[1]　银行特殊性的三个原因：一是银行业不稳定（Diamond & Dybvig，1983；Chari & Jagannathan，1988；Allen & Gale，2000）；二是严重的信息不对称（Allen & Santomero，2001）；三是金融在经济中的核心地位使政府干预银行业，寻求更宽泛的社会目标（Bertrand et al.，2006）。

纪60年代才真正在银行业实施反垄断。[①] 但随着银行并购的大规模开展（Group of Ten，2001），对并购效率的重新认识，[②] 以及对并购可能带来的公司市场力的提高和消费者福利损失的了解，使相关部门对银行并购的反垄断管制重新加强。银行并购从豁免到加强管制，主要是基于这样的分析思路：并购→市场集中度提高→银行市场力提高→社会福利损失。

62

（一）银行并购与市场集中度

我们不能一概而论地认为银行并购提高了市场集中度，是否提高要看并购的性质：如果是场外并购，这起并购对本地银行市场的集中度影响很小；如果是场内并购，特别是两家银行在本地市场上存在重大的市场重叠，则这起并购势必提高本地银行市场的集中度。因此，竞争管制权威通常对场内并购的审查更严。20世纪80年代到21世纪初期，银行并购风起云涌，美国银行业市场集中度显著提高。从并购数量看，1980～1989年银行并购平均每年345起，1990～1999年银行并购平均每年550起（Brewer et al.，2000）。从1980～2005年美国约有11 500起银行并购发生，平均每年约440起。也就是说，20世纪90年代是银行并购最多的年代。不仅银行并购数量多，而且并购交易的规模也越来越大。2004年1月，摩根大通收购第一银行，创造了一个1.1万亿美元的银行持股公司（BHC），2003年10月，美国银行收购波士顿舰队金融公司，创造了一个9 000亿美元的银行持股公司，使美国银行成为全美第二大银行持股公司，资产1.4万亿美元（花旗第一大，1.6万亿美元资产）。并购带来两个后果，一是银行数量急剧下降，二是本地银行市场集中度显著提高。商业银行的数量在过去30年急剧下降，1975～1985年数量相对稳定，1980年商业银行数量为16 000家，到2003年下降到8 000家，下降了50%，到2005年又下降到7 500家。在数量下降的同时，美国银行业更趋集中。1985年最大十家银行资产份额为25%，而2005年这一数值达到50%。在大都市地区（Metropolitan Statistical Area，MSA）水平上，[③] 1980～1992年，美国最大的三家国内商业银行存款市场平均份额从66.4%提高到

---

① 1963年费城银行并购案和1964年第一国民银行与路易斯维尼信托（Trust of Louisville）案中，最高法院裁定商业银行与其他产业一样适用于1890年的《谢尔曼法》和1914年的《克莱顿法》。

② 并购对银行业的效率仅有一个最小的效应。大银行间的并购在并购案例中占有很大比重，但仅有最低程度的潜在效率。小银行间的并购对成本效率和利润都有显著效果，但很少发生（Boyd & Graham，1996）。迈克菲和威廉姆斯（MacAfee & Williams，1992）发现，创造一个新的大公司的并购是有损社会福利的。换种说法，他们的判断规则是，没有协同效应，任何创造一个大公司的并购都将受到挑战。

③ MSA由一个城（镇）和它的郊县组成。这一集合体基于从人口普查得到的数据，由美国管理和预算办公室（Office of Management and Budget，OMB）界定。

67.5%；在州水平上，1984～1994 年，存款市场份额从 29.9% 提高到 38.6%；在全国，1984～1994 年，最大 100 家国内商业银行的份额从 50.8% 提高到 66.1%（Amel，1996；Savage，1993）。

(二) 集中度与市场力

主要的市场集中度指标有两个：市场份额和赫芬达尔—赫希曼指数（Herfindahl – Hirschman Index，HHI，也称集中度指标）。相对于市场份额指标，HHI 更好，因为它不仅考虑了在市场上每个银行的市场份额，而且给予了大份额的银行以更大的权重。

用 HHI 衡量垄断程度有其经济学理论，如果我们用勒纳指数 $\left(\dfrac{(p-c)}{p}\right)$ 来度量市场垄断程度，那么勒纳指数与 HHI 间的关系可表示为：$\dfrac{(p-c)}{p}=\dfrac{H\beta}{\varepsilon}$（Cowling & Waterson，1976；Dansby & Willig，1979；Bresnahan，1989；Jacquemin & Slade，1989；Ordover et al.，1982）。β 衡量企业间的行为模式，比如，接受价格的行为（price-taking），$\beta = 0$；古诺行为，$\beta = 1$；纯卡特尔行为，$\beta = \dfrac{1}{H}$。从中可看出，勒纳指数与集中度正相关。

目前各国竞争性权威通常运用集中度指标对银行并购进行初审，如美国对银行并购的规定：

（1）第一临界值标准。根据美国司法部 1982 年发布的《水平并购指南》规定，如果并购后在相关市场上的市场份额（并购双方的市场份额之和）小于 35%，并且并购后的 HHI 小于 1 800 或并购后 HHI 的增长小于 200，美联储和司法部都不会提出反垄断诉讼，并购被获准。这一临界值被称为第一临界值。[①]

（2）第二临界值标准。在零售银行市场，如果存在一些缓释因素（即减轻银行行使市场力的因素），则允许并购超过第一临界值，因此美联储定义了第二临界值，即并购后 HHI 增加小于 250，HHI 小于 2 200 或并购实体市场份额小于 40%。

（3）存款帽标准。根据 1994 年《州际银行和分支效率法》（Interstate Bank-

第三辑

政府管制与公共经济研究丛书（第三辑）

---

① 其他产业的并购，被看成潜在反竞争的并购的临界值是，要么 HHI 增长小于 50 点，要么并购后的 HHI 低于 1 800。但对银行业的并购标准更宽宏大量些。为什么审查标准对银行并购宽容些？因为银行还面临其他金融机构的竞争，如货币市场基金、非存款金融机构等，而这些都没包含进 HHI 的计算中（Gilbert & Zaretsky，2003）。

ing and Branching Efficiency Act），对银行持股公司并购，如果这一购并使它在联邦存款保险公司的存款增加 10% 以上，将被禁止；对银行并购，如果这一购并使它在联邦存款保险公司的存款增加 30% 以上，将被禁止。这被称为存款帽标准。①

市场力是指一个公司或几家公司通过限制产出，将价格提高到竞争性水平之上，并能从中享受到增加利润的能力。因此，英国公平交易办公室认为："指南通常将市场力定义为能持续地和有利可图地提高价格到竞争性水平上。"② 欧盟认为，市场力通常指一个企业通过限制产量来提高价格而不发生明显的销售损失的能力（EC，2001）。理解市场力要注意三点：（1）市场力的实施导致低的产出；（2）市场力的实施必须增加公司的利润；（3）市场力的实施一定是使价格提高到有效竞争水平之上，而产出降低到有效竞争水平之下。在评估是否有市场力存在时，问题不在于是否公司能有利地提高价格，而在于公司能否一直制定一个高于有效竞争水平的价格。

在存在市场力的情况下，可能产生反竞争的后果。有必要强调的是，虽然并购反垄断的核心是市场力的评估与管制，但反垄断的目标不在于消除市场力，而在于推进一个有利于竞争的环境形成。③

公司具有市场力的几个衡量指标：（1）相同的产品、竞争性供应商的数量、市场份额和集中度；（2）进入障碍和潜在竞争；（3）扩张障碍；（4）买方力；（5）盈利能力。集中度指标往往作为市场力的衡量指标，哈佛学派的 SCP 范式为这一结构范式提供了理论基础。

对集中度与市场力关系的实证检验通常有两种方法：一是检查集中度与利润的关系，如果两者正相关，表明集中度提高了企业的市场力；二是检查集中度与价格的关系，即集中是否带来了低的存款利率和高的贷款利率。

吉尔伯特（1984）通过对银行业集中度与利润间关系的文献综述研究，发现二者间的正相关关系。然而把这种关系当成市场力的证据是有问题的，因为有可能高的利润不是来自市场力，而是来自效率。一些银行比其他银行更有效率，因

---

① 但这一存款帽并不必然带来强约束。自 2007 年 6 月 30 日起，被存款帽禁止的唯一交易是：（1）国内存款最多的银行收购第 3～15 名的银行；（2）第 2 大银行收购第 3～6 名的银行。近年来，很少有银行并购被美国反垄断局否决，只有几笔交易被认为是危险的（close calls），在每一个案例中，委员会的计算显示存款帽并没有被违背。

② OFT, 1999. Assessment of Market Power, London, 415.

③ "特许权价值"理论认为，一定的市场力是稳定所必需的。因为市场力与"特许权价值"正相关，"特许权价值"越高，银行破产的机会成本也就越高，从而降低了银行从事高风险行为的动机，因此，市场力与稳定正相关，市场力提供了银行审慎性行为的动机。

此带来高利润，高集中度和高利润都是由高效率产生（Bresnahan，1989）。斯梅罗克（Smirlock，1985）和伯格（1995）通过控制效率变量，发现当考虑效率时，集中度与利润间的关系消失。而伊凡洛夫和佛蒂尔（Evanoff & Fortier，1988）发现即使纠正效率差异，在一个高进入壁垒的市场，集中度与利润正相关。因此，对集中度与市场力的关系仍不明确。

研究市场集中度与价格间的关系则能避免效率问题，因为更高效率意味着低成本，而更大的市场力意味着更高的成本和价格。测量并购对市场力的影响的直接方式就是测量并购对价格的影响。如果并购提高效率，将会降低成本，导致更高的存款价格；如果提高市场力，则有相反的价格效果。这样的研究在20世纪六七十年代很多，但结论是不明确的，很可能是因为那时的价格数据质量差（Gilbert，1984）。20世纪八九十年代的一些研究支持集中度—市场力假设。汉南（Hannan，1991）发现集中度与贷款利率正相关，卡利姆和卡利洛（Calem & Carlino，1991）发现集中度与存款利率负相关。此外，纽马克和夏普（Neumark & Sharpe，1992）发现市场集中度与存款价格存在一个不对称的刚性，也就是说，在高集中度的市场上，当市场利率变化时，银行调高存款利率的速度很慢，但调低存款利率的速度却很快。普拉格和汉南（Prager & Hannan，1998）研究发现，并购增加了美国银行业市场的集中度，产生了一个不利的价格效果。但也有些研究不支持集中度与存贷款利率间的这种关系。阿克哈维恩等（Akhavein et al.，1997）对美国银行业的研究以及萨皮恩扎（2002）对意大利银行业的研究都发现集中度与银行利率间的关系不明确，即使有也很小。维萨那（Vesala，1995）认为，实证检验并不支持银行业的SCP范式，同样的观点也存在于OECD1993年对金融部门的利润、效率和集中度的研究中（Forestieri，1993）。

使用集中度比率去评价市场力依赖于SCP范式的理论预测。根据这一理论，市场份额的集中会便利企业的合谋行为，最终使价格偏离完美竞争标准。任何形势下公司掌握一定的市场力都能制定高于竞争性水平的价格，暗含着消费者的福利损失。SCP范式预测集中度与市场力正相关，它依赖于以下假定：市场集中度是市场结构的相关维度；并购对市场集中度的影响一致性地转换为对价格的预期影响。换言之，假定SCP范式正确地模拟了真实的市场机制，并且HHI反映了市场结构的相关方面。

很多学者对使用集中度指标去测量市场力提出了批评。如卡尔顿和佩洛夫（Carlton & Perloff，1989）认为集中度和市场力不存在线性的关系，而是S型的关系。集中度与市场力正相关的存在依赖于对企业行为的严格约束性假定，即假设公司间的竞争是古诺竞争。在古诺竞争行为下，公司做出一个简单的假设、所有其他公司对自己的价格变化无反应。然而，在更通常的理论模型里，允许企业间的互动，集中度与市场力间的关系不明显。杰克逊（Jackson，1992，1997）评论了伯格和汉南（1989）的结论，认为集中度与市场力间的关系不是单调的。他发现这种关系在低集中度的市场存在，在中等集中度市场不存在，在高集中度市场上甚至会改变方向，即 U 型关系。

下面举两个数字例子：第一，即使没有违反 1 800/200 规则，一个并购也能产生反竞争效应。如，在一市场上有 20 家银行，每个有 5% 的市场份额，HHI 等于 500。假定 5 家银行并购，并购后，这一市场上有一家 25% 市场份额的银行和 15 家各 5% 市场份额的银行，并购后的 HHI 等于 1 000，这将被认为是非集中的市场。然而，新成立的银行拥有 25% 的市场份额，能作为市场上的支配性企业存在，制定非竞争性价格，而剩下的 15 家银行只能作为竞争性外围存在，跟从支配性企业的行为。

第二，市场上有 7 家银行，3 家各 20% 的市场份额，两家各 15% 的市场份额，两家各 5% 的市场份额。并购前最大的 3 家银行有合谋行为，且能被观察，HHI 等于 1 700。现在两家 15% 的银行合并，HHI 等于 2 150，这属于高集中市场，HHI 增加 415，大于 200，这是违反 1 800/200 规则的，但我们知道合谋协议的稳定性与参与者的数量负相关，这一并购的产生将打破原先的合谋行为，恢复市场的竞争。但按反垄断分析程序，这起并购将会被分拆，而这一分拆的受益者是前 3 家银行。

这些数字例子仅是假设，说明我们判断一起并购是否垄断、反竞争或促进竞争，不能仅观察市场结构，要通过对企业行为的直接的实证分析。

因此，现在越来越多的学者认为市场结构指标并不是竞争程度良好的显示指标，使用这些指标去评估竞争存在一些问题：（1）市场上可观测的集中度水平受很多因素影响，特别是如果一家银行更有效，人们会预期这家银行将挣得高利润和获得高市场份额，因此增加了市场集中度。所以将增加集中度等同于降低竞争是一个错误。高的市场份额是市场力的必要条件，但不是充分条件。（2）需要正确地界定市场，特别是对银行业，因为它有很多差异性的和替代性的产品，其中很多由非银行提供。（3）集中度和竞争者数量并不是竞争水平好的显示指标。因此，现在的趋势是越来越多的研究使用度量企业间竞争行为的指标来取代原来的市场结构指标。有两种流行的方法检测市场力：一是潘扎—罗斯（PR）（1987）检验，它通过单个公司的投入产出成本关系来推论行为；二是布雷斯纳汉和罗（Bresnahan & Lau（BL），1982）的推测变量（conjectural variation，CV）模型。

在 BL 模型中，利润最大化的企业让边际成本等于边际收入来决定产品的价格和提供的数量。在完全竞争市场上，边际收入等于价格（称为边际成本定价）。在完全合谋垄断市场中，边际收入不等于产业需求。用 λ 测量公司价格偏离边际成本的程度。如 λ=0，公司表现为完全竞争行为；如 λ=1，公司根据产业的边际收入曲线来定价，这与完全合谋一致；λ 在 0~1 之间则为不同程度的不完全竞争。

PR 模型说明的是投入品价格的变化与收入的关系。潘扎和罗斯（1987）表明，在合谋环境中，假设利润最大化，投入品价格的增加会增加边际成本，降低均衡产出和总收入。在完全竞争环境中，投入品价格的增加将同样增加边际成本和边际收入。H 统计值用来测量收入对投入品价格的弹性。H=1，表示完全竞争；H=0 表示完全合谋；H 在 0~1 之间，表示垄断竞争；H<0 也为完全合谋。PR 模型使用单个公司的数据，并假设市场处于均衡。

德格里斯和翁杰纳（2005）详细描写了这两种方法的优点，PR 模型的数据要求低，并且资料容易取得；而 CV 模型很好地体现了不同类型的竞争行为。然而，海德和佩洛夫（1995）发现，PR 模型对简约形式的收入函数的设定和对投入变量很敏感。科茨（1999）和尼沃（1998）认为 CV 模型对理想的行为变量的说明和鉴定有问题。

还有一些学者使用银行业互动参数（对银行业互动参数的计算以及集中度指标与市场力的讨论见附录5）对银行业的竞争进行了研究。斯皮洛和法瓦罗（Spiller & Favaro，1984）在乌拉圭银行业放松进入管制后，估计了银行业的互动参数。他们对格罗普和罗伯茨（Gollop & Roberts，1979）的方法进行了稍许改良，去观察不同的银行群是否对其他银行群的行为变化有反应。研究拒绝了古诺行为，发现了支配性企业—竞争性外围的证据。盖尔芬德和斯皮勒（Gelfand & Spiller，1987）延伸了对乌拉圭银行业的分析，将银行看成是多产品企业。他们发现非竞争性行为的证据，如互相忍让行为（mutual forbearance）（公司唯恐在其他市场上遭对手的报复，不敢改变在一市场上的行为）和掠夺行为（spoiling）。伯克和金（Berg & Kim，1994）运用这种方法对挪威银行业市场进行了分析，同样拒绝了古诺行为，认为银行的行为就像他们预计到了对手的报复一样。伯克和金（1996）将银行产品市场分为零售与公司银行市场，他们发现在零售银行市场，垄断力较高，在公司银行市场，垄断力较低。有趣的是，HHI 对二市场的分析结论相反。安格利尼和切托雷利（Angelini & Cetorelli, 1989）将商业贷款市场看成是全国性的，分析了 1983～1993 年的商业贷款市场，测定银行业互动参数的平均值。他们发现，用 HHI 分析，其值很低，在 200～260 之间，暗示银行商业贷款市场是竞争性很强的；而用互动参数发现，其值显著不为 0，说明市场不是完美竞争的。以上研究一致性地认为集中度不适合作为评估市场竞争性的指标。

尽管如此，由于集中度指标计算简便，其在竞争性评估中仍然受到管制权威的青睐，在反垄断初审中广泛使用。

（三）市场力与社会福利

银行并购带来的市场力的提高，往往带来社会福利受损。社会福利损失表现在：（1）市场力提高产生更低的存款利率和更高的贷款利率。（2）市场力提高带来"安静生活"。① 伯格和汉南（1995）发现，当集中度上升时，银行变得缺乏效率，运营成本提高，但服务产出未提高。他们的解释是银行管理者利用创租寻求"安静生活"。（3）高集中度有利于银行间的合谋。②

二、银行并购的正效应

并购产生的积极效应称为并购的效率。效率可能是静态的或动态的。通常，动态效率是指那些能使公司在成本、质量、服务或者研发上得到持续改善的协同效应。提高创新能力或创新激励的效率被认为是动态效率。从干中学，消除重复研究、开发支出（development expenditures）和取得在 R&D（研发）中的规模经济都是动态效率的例子；而生产上的规模经济就是一种静态效率。相比动态效率较而言，静态效率发生的改善仅是一次。即使静态效率刚开始很大，但随着时间的推移，动态效率的收益会超过静态效率的收益。

在很多国家的并购反垄断审查中，通常都有效率抗辩原则，如加拿大《竞争

---

① "安静生活"基于希克斯（Hicks, 1935）的论述"所有垄断利润的最好方式是安静的生活"，银行反垄断分析的文献关于"安静生活"假设研究有一个很长的历史（Rhoades & Rutz, 1982; Edwards & Heggestad, 1973），它有两种表现形式：（1）更差的成本效率。伯格和汉南（1998）使用 20 世纪 80 年代的数据对此进行了检验，发现更集中的银行市场上成本效率更差，结论支持这一假设。（2）更弱的风险倾向。伯克斯特舍（Bergstresser, 2001）通过检验银行高风险贷款的百分比与本地市场集中度间的关系，结果发现二者负相关，同样支持这一假设。

② 实证研究并不支持高的集中度会使合谋不可避免的观点，集中度远不是便利合谋的唯一因素，其他产业特质和市场特质也是重要的。

法》第 96 条规定：即使一项并购阻止或减少了竞争，但如果它的效率利益大于阻止或减少竞争带来的损害，则并购就不应被禁止。同样，美国、欧盟、澳大利亚都有这样的规定。效率抗辩的理论基础在于威廉姆森（1968）宣称的"相对小的成本降低能补偿大的价格增加带来的无谓损失"。萨兰特等（1983）证明（非垄断）并购如果没有效率利益是无利可图的，说明了并购中效率的重要性，但威廉姆森效率观存在不足。

（一）对威廉姆森效率的评价与改进

威廉姆森的效率权衡理论的主要不足是它仅考虑了静态效率，没有考虑到动态效率。一些评论家批评竞争权威过于重视短期的价格竞争，对动态效率和非价格竞争缺乏足够重视，因此现在动态效率越来越受到管制权威的重视。美国反垄断现代化委员会（Antitrust Modernization Commission，AMC)[1] 和经济合作与发展组织高度评价了创新这种动态效率的作用，布兰德利（1996）评论道："创新效率提供了产业真实产出增长最重要的因素。"[2] 最近日本公平交易委员会修改了它的并购指南，加入了一些对效率的详细说明，包括动态效率。[3]

威廉姆森的静态模型强调成本和价格，但当并购导致非价格效应或对其他市场的效应时，它的模型就应被修正。考虑到动态效率，我们可对威廉姆森的静态效率作一些修正。

第一，如果动态效率是那种不断降低现存产品成本的效率（如干中学），将有一系列的沿着纵轴不断下降的平均成本线。它的含义是：不像静态效率，动态效率虽然最初小于无谓损失（或无谓损失加上给消费者的福利转移），但仍有机会随着时间推移大于无谓损失。

第二，如果动态效率使并购公司在相同的成本基础上提高目前产品的质量，则需求曲线 D 将外移（见图 3 - 1）。持续性的质量改进将使一系列的需求曲线外移得更远。如果需求曲线平行移动，并购后价格将超过 P_2，即使我们仅考虑消费者效应（而不是总福利），消费者的福利将比并购前更好。

---

① M. Katz and Shelanski H. Merger and Innovation, 74 Antitrust Law Journal 1, 3 (2007); US Antitrust Modernization Commission, Report and Recommendations at 10 (April 2007).

② Joseph Brodley, Proof of Efficiencies in Mergers and Joint Ventures, 64 Antitrust Law Journal 575 (1996) 581.

③ Japanese Fair Trade Commission, Guidelines to Application of the Antimonopoly Act Concerning Review of Business Combination, 28 March 2007.

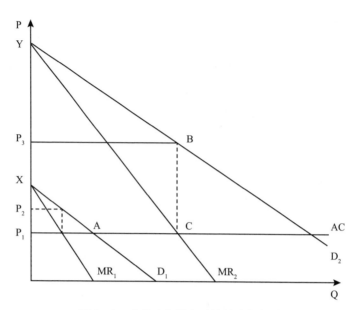

图 3 - 1　考虑动态效率时的并购权衡论

　　并购前，市场是竞争性的，价格 = AC = P_1，消费者福利由三角形 XP_1A 代表。并购后，并购公司有市场力，收取价格 $P_2(P_2 > P_1)$。随着时间推移，并购的动态效率使公司提高产品质量，而不增加额外成本。因此，AC 保持不变，但需求曲线外移。假定 2～3 年后，$D_1 \rightarrow D_2$，因此，公司定价 P_3，消费者福利由 YP_3B 代表。我们能看出，尽管没有完善竞争定价条件下的消费者福利大，但消费者福利仍比并购前大。反映了公司质量改良显著的价值创造（技术上看，YP_3B 不应有图上的这么大，因为还要考虑贴现率。然而，如果贴现率不高，质量改进不需要花费很多时间，或者需求曲线向外移动足够远，YP_3B 缩小的幅度将不会大）。同时，我们注意到，在总剩余标准下，并购的净利益也是大的。总剩余从并购前的 XP_1A 变成并购后的 YP_1CB。

　　第三，如果动态效率导致了全新的产品发展，我们将需要一个全新的图表，它有不同的成本曲线和需求曲线。消费者剩余由需求曲线以下，价格以上的三角形区域代表。厂商剩余由在价格轴上的平均成本与价格之间、数量轴上的 0 到均衡数量间的矩阵面积代表。不管是总剩余还是消费者剩余标准，都会出现全新的剩余。

（二）并购中的动态效率及其评价

1. 并购中的动态效率

动态效率类型：（1）干中学；（2）管理升级（这是有争议的）；（3）联合互补性的分配渠道或营销资产；（4）消除重复性的 R&D；（5）R&D 上的规模经济和范围经济；（6）知识产权的联合开发；（7）更好的风险分摊；（8）更好地实施知识产权；（9）增加 R&D 上的资金；（10）制订标准；（11）熊彼特效应（他认为市场力诱发创新。简言之，拥有市场力的公司比那些没有市场力的公司更倾向于创新，但市场力是暂时的，因为创新是创造性的毁灭力量。这一理论如果正确的话，它暗含着每一个增加集中度的并购将自然会有某种程度的动态效率）。

2. 竞争权威对动态效率的考量

考虑因素通常包括：（1）并购特有的（merger specificity）。并购特有的效率很难存在于高创新型市场上，因为这一效率可以通过策略性联盟获得。很多国家容许竞争者间的 R&D 合资。策略性联盟和合资比并购更少地降低竞争。判断是否是并购特有的创新型效率的第一步是询问当事方预期怎样改善创新能力。调查集中在当事方能否通过一些合理的但更少反竞争的措施安排获得这些宣称的优势。例如，通过合资或知识产权转让协议（IP licensing agreement）。（2）传递要求（pass-on requirement）。权威通常要求制造商至少传递一部分利益给消费者。在很多司法诉讼中，法庭决定与权威的指南要求证明来自并购效率的成本节约将传递给消费者，并且将抵消预期的价格增长。传递要求对分析动态效率产生了不可克服的两难命题。并购很可能会引起价格增加，然而并购在创新上的积极效应会导致有利于消费者福利的新产品。另一可能性是动态效率的成本节约需要几年才能出现，几年后才会使价格极大地下降。在并购案例审查中，会面临这样一个难题：一起并购会引起当前的价格增长，但它又可能几年后会导致更大的价格下降。（3）固定成本的节约。静态效率的分析总是集中在变动成本是否降低，以及降低多少的问题上，因为固定成本的降低不会影响利润最大化的价格，至少在短期是这样。因此，增加消费者福利的静态效率一定来自变动成本节约。对动态效率，更低的固定成本肯定是有利于消费者的，因为这种成本节约能刺激公司承担 R&D 投资项目，而这些项目以前被认为太昂贵或风险太大。事实上，动态效率，例如联合开发 R&D，消除了重复研究，降低了固定成本，而这些成本降低并不会立即以低价的形式使消费者受益，但它们能对消费者产生显著的长期价值——以新的改良的或更低价的产品通过更大的创新投资。（4）对其他市场的效果。存在动态效率的并购可能会在一市场上产生反竞争效果，但在其他一些市场上可能会产生显著的正效果。例如，并购有利于开发新产品。竞争权威们是否会考虑这些效率？欧盟指南在这一点上是模糊的。一方面，第 79 条对市场内的效率没有明确的表态，只是认为效率"从理论上应该在这些相关市场有利于消费者，否则很可能产生竞争性考虑"；另一方面，第 81 条又明确指出消费者会从新产品中受益。美国指南同样提到了对其他市场发生的效率，但没有提供任何明确的说法。其指出，相关市场外的效率由竞争权威自行决定，但同时又认为这不是一个重要因素。（5）定量（quantification）。美国指南要求并购方证实它们的效率宣称，使效率的大小能被证实。"如果效率是模糊的或猜测性的，不能被合理地证实，将不会考虑这些效率。"① 欧盟指南也注意到效率的量化，但没有严格的要求。但欧盟的这扇门没对猜测性的效率放开。"当进行精确的定量分析所必需的数据不可得时，必须可能预见到对消费者清晰的可确认的积极效应，而不是一个边际影响。"② （6）充分性（substantiality）。不管所运用的标准是消费者剩余、总剩余还是总福利，竞争权威都倾向于要求认证的效率是充分的。实践上，这通常意味着效率应超过竞争权威估计的反竞争效果。（7）证实性（verifiability）。对这一标准，不同的权威有所不同。在欧盟指南中，它意味着宣称的效率不得不被证实，以至于理事会能相当肯定地相信效率能实现，并且是重大的能充分抵消并购对消费者的潜在伤害。在美国指南中，证实性要求宣称的效率能被描述、解释和用足够的信息支撑，使竞争权威确认它们的时机、方式和获得的可能性，以及经过适度努力后的规模。推测性的、缺乏支持的、模糊的宣称是无效的。撇开需要证实的范围，一个有用的思考证实性的方式是，一个无关的人能通过审视支持宣称效率的信息得到相同的结论。（8）将来的效率和折扣。在欧盟指南中，"将来效率被预期实现的越晚，委员会赋予它们更少的权重。"③ 在美国指南里，非短期的、直接效果的效率将被考虑，但它们将给更少的权重。也就是说，要给予一个折扣。凯茨和谢兰斯基攻击了指南的效率政策，认为法庭和权威是将不太可能的事件等同于不可能事件，结果是系统地低估了潜在的演进的创新利益。为说明

---

① US Guidelines s. 4.
② EC Guidelines [86].
③ EC Guidelines [83].

这一不合理性，他们讨论了一个假想的并购，由于增加市场力，有 60% 的可能性引起 1 亿美元伤害，40% 的可能性由于效率带来 2 亿美元的消费者剩余。这一并购在现行的美国政策下将受到挑战，但根据期望值则应批准。（9）宣称的节约不是反竞争性的产出降低的结果。（10）举证责任。

鉴别、证实、测量动态效率通常很难，因为：（1）并购方宣称的效率具有不确定性。（2）效率产生的时间问题。动态效率往往需要几年才发生，R&D 投资也要花费很长时间才有效果，这给测量效率带来困难。（3）创新很难测量。人们往往用 R&D 投资、专利或者新产品来测量创新，但这些都存在问题。一方面，R&D 投资与创新没有稳定的可预测的关系。事实上，一些创新发生根本不需要花费任何 R&D 投资。另一方面，不是所有的创新都是有专利的，也不是所有的专利都代表有用的创新；相似地，不是所有的新产品应被自动当作创新——很多是失败的。此外，大量的创新并不产生新产品，而是改进产品程序或提高现存产品的质量。简言之，创新的定量化有很严重的方法问题。（4）创新的福利测量问题。用 R&D 成本节约的形式预计动态效率是复杂的，因为 R&D 成本与消费者福利间的关系不是平滑和稳定的。也就是说，R&D 成本的少量降低有可能导致巨大的消费者福利增加。（5）其他定量和评价问题。第一，创新行为不那么好预计；第二，不容易分离有助于创新的产品或服务构成；第三，当评估价格效应时会产生"橘子对苹果"比较难题。（6）机密性问题。有些效率会涉及商业机密，这给效率度量带来难题。（7）信息不对称和信息空缺。测量效率时，由于并购方与并购审查机关存在信息不对称，审查机关很难相信并购方宣称的效率。

3. 对效率测评的定性方法

以下四个建议，前三个对所有的效率，最后一个仅对动态效率。

（1）自由主义的方法（the laissez-faire approach）。像博克和波斯纳这样的芝加哥学派认为，在单个案例中不考虑效率，通过考虑集中度门槛值来化解效率难题。安全港范围内的并购在多数情况下被认为是效率增进的或至少是中性的。超过门槛值的并购被认为不可能产生足以抵消它们反竞争效果的效率。这一僵化的思想有一些优点：第一，节省时间，容易实施；第二，拿掉了一些随意的东西，提高了权威部门的预见性。但这一方法太悲观。简单机械地运用临界值并不总能产生好的结果，有时还可能会阻止一些高度增进效率的并购。

（2）承诺或"先修理它"（fix it first）的方法。这一思想是让并购方承诺特定的行为作为同意并购的条件。这些责任条款用来保证实现宣称的效率。如同自由主义的方法，它使权威避开了事前困难的分析，但它是把责任转移给了当事方，使当事方要么放弃动态效率的宣称，要么做出承诺实现。这一方法看起来并不怎么可行。如果一公司在被评审时不知道它所要发展的新产品的准确特性，就不可能做出承诺去发展一个成功的新产品。进一步，即使它知道这样的特性，也不可能预计到消费者喜欢这一产品所带来的效用足以抵消并购的反竞争效应。另一个问题是依赖不能实现的承诺，很难劝说公司接受这样的安排。如果惩罚是分拆或一个很重的罚金，采用这一方法的风险可能是很大的，可能会阻止当事方继续并购，而这一并购的效率将会使消费者更好。此外，即使并购方接受这一承诺，分拆的可能性又会妨碍它们获得宣称的动态效率，特别是它们在并购中是竞争对手的情况下。例如，它们预计将来还是竞争关系，则不会完全一体化或分享它们的知识。

（3）等和看的方法。这一思想是给予权威允许并购的灵活性，如果当事方能真正获得它们宣称的效率。当事方有权接受或拒绝这一方法。如果接受，将会有一个见习期允许合并企业有机会证实其宣称。这一时期结束，权威将重新评估案例，判定是否实现了当初宣称的效率。如果满意，并购会被核准；如果公司不能实现承诺过的效率，权威会分解公司，强加罚金，或采取一些其他的补救措施，以恢复竞争性条件。这一方法使公司不再有激励夸大它们的效率宣称。其缺点是：第一，如同布兰德利（1996）所描述的，这一方法仍需要事前甄别以决定是否提议的并购有条件做这样的处理。这种甄别将过滤掉那些不能满足定量性和传递要求的并购。定量性要求会很快排除一些动态效率宣称。第二，假定失败惩罚，很难劝说公司签订这一安排。很难知道见习期应持续多长时间，因为通常不清楚需要花多长时间取得宣称的效率。此外，消费者面临严重的风险（反竞争性效应的伤害）。进一步，罚金并不必然会将消费者从反竞争性并购中拯救出来，分拆也不总是可行的，特别是如果见习期持续几年时间以至于两个公司已经完全一体化了。

（4）从干中学。法克尔曼（Fackelmann，2006）建议建立以前并购的真实的动态效率的案例，进行定期的制度化的事后审计来改进对并购动态效率的评价。[①]这一方法旨在将来做出更好的决策。它对短期决定没有任何效果。通过间歇性的检查，竞争权威能知道过去的案例中对动态效率的理论和假设是否有效，帮助它

---

① Fackelmann, 2006, Dynamic Efficiency Considerations in EC Merger Control: An Intractable Subject of a Promisising Chamle for Innovation? University of Oxford Centre for Competition Law and Policy, Working Paper (L), 09/06, 24-28.

们学会经验和教训。这些教训能运用于接下来的案例。这一方法明显的不足是，如果动态效率的并购案例不足，它需要花费很长时间才有结果。另一个不足是执行审计的花费大。

4. 银行并购的效率

第一，节省管理费用和人力成本。并购具有的规模经济效应和协同效应，可以将以前两个银行花费的管理费用和人力成本变为更小的管理费用和人力成本在一个银行中使用。

第二，扩张了分支网点，能更好地吸收存款和发放贷款，节约营销费用，扩大销售规模。

第三，有利于研究和开发新产品。随着银行竞争的日趋激烈，单靠传统的利差已不能支撑银行的可持续发展，只有持续不断的创新，才能提升银行的差异化竞争；而银行业的创新需要大量的研究和开发投资，需要银行间在科研上的合作。通过并购，并购银行能够集中足够的资金用于研究和开发新的技术和产品，节约科技和设备投资。

第四，合理避税。税收对银行的财务决策有着重大的影响，对不同类型的资产和收入所征收的税率是不同的，例如股息收入和利息收入、营业收入和资本利得就存在很大区别。在银行并购交易中，不仅可以利用并购政策中的免税重组规定来达到避税的目的，而且还可以利用内部贷款、专利和专有技术等无形资产的转让费、管理成本、租赁等形式来实现避税的目的。

第五，通过关闭过剩的分支来实现节约。[①] 证据表明，银行通常愿意运营有明显过剩生产能力的分支，可能是因为热心的顾客偏好"容易接近"（easy access）。伯格等（1997）发现在美国存在相当大的没有利润的分支，而这从利润观点来看可能是最优的，因为额外的分支为顾客提供了便利，这些顾客能给银行带来更多收入。

第六，并购产生的地区分散化降低的风险。在大国，地区分散是重要的，因为不同的地区有不同的商业周期。

5. 银行并购效率的定量分析

虽然并购的效率评估有很多考量因素，但实践上主要考虑这样三个因素：

---

① 在德意志银行与德累斯顿银行并购中，成本效率更多来自关闭合并银行的 2 800 分支中的1/3。也见一些银行（CNN，2000；Dai-Ichi Kangyo Bank，1999；Asahi Bank，1999；Asahi Bank，2000）的银行并购的声明中提到的关闭重叠分支的节约。

（1）给消费者的利益是及时的、显著的、能被实现的。评估标准是消费者在并购后不会更差。（2）并购特有。（3）可证实。并购方必须提供相关的信息证明宣称的效率是并购特有的和可能实现的，必须显示消费者将受益到什么程度。

因此，对银行并购效率的评估：一是要能证实并购银行宣称的效率，二是成本节约要充分地传递给消费者，三是要这种评估抵消并购带来的价格增长需要多大的边际成本节约。所以对银行并购，竞争权威对传递效率的调查包括三个问题：第一，并购产生特有的效率吗？第二，这些效率影响并购方的价格吗？第三，效率的价格降低效果能充分地抵消总的并购的价格增长效果吗？关于银行并购的效率，有许多文献进行了研究（Huizinga et al.，2001；Vennet，2002；Sufian，2007），这里不再赘述，下面重点论述并购效率的传递率以及补偿价格增长需要多大的边际成本节约两方面。

（1）银行并购效率的传递率。

《克莱顿法》中的效率抗辩只针对传递给消费者的效率，不管银行并购产生了多大的总效率。因此，第一步我们评估了银行并购产生的效率，第二步就是分析有多大部分的效率传递给了消费者。

传递率是指价格对边际成本变化的反应，如果用 φ 表示传递率，c 表示边际成本，则 $\varphi = \frac{\partial p}{\partial c}$。例如，传递率为 15%，也就是说，当边际成本下降 1%，价格下降 0.15%。为什么有一些传递率？假设由于并购协同降低了并购银行的成本，并假设在成本降低前并购银行是利润最大的，市场是均衡的，成本降低后就不再均衡。为了恢复均衡，并购银行将根据边际成本等于边际收入的原则，决定自己的销量和价格。因为边际收入像需求一样，是向下倾斜的，垄断者的边际成本曲线下移，引起边际成本与边际收入的交点发生在更低的价格水平上。所以并购后，由于协同，并购银行出于利润最大化的目标，不得不降低价格，这将导致成本降低的一部分传递给消费者。

通常来讲，有三个传递效果（pass through effect）。第一种是自身的传递效果（own pass through），它是一个并购银行的产品价格对该产品自身边际成本变化的反应。它是其中最重要的传递效果，这一效果由该产品需求曲线的曲率决定。自我传递率是大于、小于还是等于 0.5，依赖于需求曲线的凹度。如果需求曲线是直线，则在需求曲线上的每一点，边际成本下降的一半正好被传递；如果是凹的，也就是说，当价格下降时，需求数量以递减的速度增加，则不到 50% 的边际成本降低被传递；如果是凸的，也就是说，当价格下降时，需求以递增的速度增加，大于一半的边际成本降低被传递（自身传递率的说明见附录6）。

在伯川德竞争中，任何一个影响一种产品价格的因素也是影响其他竞争性产品价格的因素，因为每一产品的均衡价格依赖于所有竞争性产品的价格。这种同一银行产品价格的相互依赖有别于对手企业产品价格的相互依赖。并购银行生产至少两种竞争性产品，每一产品价格影响另一产品价格，这引起第二种传递效果。当一个产品边际成本降低引起该产品价格下降时，这一价格下降同时会引起并购银行内部其他竞争产品需求曲线的转移。结果，并购银行对任一产品边际成本的降低都会调整所有销售的竞争性产品的价格。这一传递效果称为交叉传递（cross pass through）。它是并购银行的产品价格对银行内部其他竞争性产品边际成本降低的反应。交叉传递效果为正或负、大或小，主要取决于需求的特殊函数形式。

如果每一并购银行生产单一产品，并且并购协同仅降低了一个产品的边际成本，则对边际成本降低的产品有一个自身传递效果，对另一产品有一个交叉传递效果。这两个效果的联合就是直接传递（direct pass through）效应。

对并没参与集中的非并购银行，也有一个间接传递效果。由于并购，并购银行的价格变化时，它的对手不满意它的价格，它会调整以恢复新的均衡。它们对提价也提价，对降价也降价。因此有一个额外的特别小的传递效果，我们称之为间接传递效果。它来自非并购银行对并购银行价格变化的反应。并购银行的价格增长改变了非并购银行的需求曲线，通常引起非并购银行相应的价格增长。并购协同减轻了并购银行价格的增加程度，减轻了非并购银行相同的反应，引起它们间接地传递成本节约。

这三个传递效果相互作用。例如，并购银行预期到非并购银行适应性的反应（accommodating price responses），它也会调整自己的产品价格，也就是间接传递效果影响自身传递效果。同样，交叉传递效果也会影响间接传递效果等。

所有这三个传递效果依赖于需求曲线的特性，如曲率，这又取决于研究者所使用的需求模型。威登等（Werden et al.，2001）使用线性、logit，几乎理想的需求系统（Almost Ideal Demand System，AIDS）和等弹性需求（isoelastic demand）对斯普林特（Sprint）和世通公司（WorldCom）公司之间的并购进行了分析。这两家公司是 3 家最大长途运输公司的其中两家，还有一家是 AT&T，其他公司都是小企业。他们将 AT&T 和其他小企业统一标识为"非并购公司"，他们计算了斯普林特每一美元的边际成本降低，消费者支付给斯普林特、世通公司和非并购公司价格的变化（见表 3 - 1）。

表 3 - 1　　　　**Sprint 每一美元的边际成本降低对消费者支出的影响**

需求系统	Sprint	WorldCom	非并购公司	总计
线性需求	0.51	0.01	0.17	0.68
Logit 需求	0.91	- 0.08	0.18	1.01
AIDS 需求	1.85	0.11	1.36	3.32
等弹性需求	3.69	- 1.26	0	2.44

资料来源：G. J. Werden, Luke M. F. & S. Tschantz, 2001. The Effects of Merger Synergies on Consumers of Differentiated Products. Available at：http：//papers. ssrn. com/paper. taf？abstract_id = 276372. P. 6.

表 3 - 1 说明，因需求系统的设定不同，自身传递率的差异很大，大的等于 3.69，小的只有 0.51，这种差异来源于需求曲率的差异。需求曲率是需求函数的二阶导数。交叉传递率既可能是正的，也可能是负的（如 - 0.08，- 1.26）；既可能很大，也可能小，取决于不同的需求体系的特殊性质。[1] 最后，间接传递率不可能是负的，但它可能较大（如 1.36）、很小（如 0.17，0.18）甚至为 0，这取决于需求系统的特性。[2] 一般来讲，间接传递效应通常很小，远小于并购公司自身的价格变化。[3]

总之，传递率 φ 大于、小于或等于 0.5，取决于需求曲率；传递率大于、小于或等于 1，取决于需求价格弹性的弹性。

（2）补偿的边际成本降低。

传递率的计算带有明显的主观性，因为它依赖于研究者使用的需求系统。如果并购合法性的检验是协同（或称为效率）的净效应是否能充分地阻止消费者价

---

[1] 用 logit 需求，交叉传递率是负的，弗洛伊伯和威登（1994）证明了这一点。用线性需求，交叉传递率或正或负或零。假设两公司合并，A 公司的需求函数为 $x_1 = \alpha_1 - b_{11} p_1 + b_{12} p_2$，B 公司的需求函数为 $x_2 = \alpha_2 + b_{21} p_1 - b_{22} p_2$，对 A 公司边际成本的变化，B 公司均衡价格的边际效应为 $\frac{b_{22}(b_{21} - b_{12})}{[(b_{12} + b_{21})^2 - 4b_{11} b_{22}]}$，如果 $b_{12} = b_{21}$，它等于 0；否则，它对一方是正，对另一方就为负。用等弹性需求，出现很大的或正或负的交叉传递效应都是可能的。

[2] 例如，等弹性需求没有间接传递效应，因为非并购公司的需求曲线移动时，它们面对的需求弹性不会改变，因此这些公司不会对并购公司的价格变化做出适应性的改变。

[3] 弗洛伊伯和威登（1994）用 logit 需求已经证明了这一点。我们用线性需求也能证明。假设并购公司的需求函数为 $x_1 = \alpha_1 + b_{11} p_1 + b_{12} p_2$，非并购公司的需求函数为 $x_2 = \alpha_2 + b_{21} p_1 - b_{22} p_2$，容易计算对并购公司边际成本的变化，非并购公司的价格的边际效应为 $\frac{b_{12} b_{22}}{(4b_{11} b_{22} - b_{12} b_{21})}$，它为正，但很小（因为 b_{11} 和 b_{22} 一定大于 b_{12} 和 b_{21}，否则会出现两公司的价格增长增加它们销售的情形）。

格增长，则没必要评估传递率，弗洛伊伯和威登（Froeb & Werden，1998）、威登等（2002）建议使用"补偿的边际成本降低"这一指标来评估并购的效应。"补偿的边际成本降低"（compensating marginal cost reductions，CMCRs）是由弗洛伊伯和威登（1998）提出的一个概念，目标在于为恢复并购前的价格和数量，并购后最低程度的边际成本降低。它不依赖于研究者设定的需求系统，而是依赖于价格、市场份额和需求弹性，原因是直接的，如果来自并购的边际成本降低导致并购后的价格和并购前一样，那么并购后的产量和需求弹性也会与并购前一样。如果并购不改变价格和需求弹性，需求曲率（它表示价格变化，需求如何变化）也不会变化。因此，并购前均衡的决定因素（如，需求弹性）也决定 CMCRs 的数量。

在既没有进入，也没有效率的情况下，法雷尔和夏皮罗（1990）证明，并购引起并购公司降低产出，尽管非并购公司可能会对此增加产出，但总产量仍会下降，价格上升。但如果并购降低了并购公司的边际成本，成本降低趋向于抵消并购的价格反竞争效果。如果并购使并购公司的边际成本降低足够大的数量，它将增加产业产量，降低产品价格，那么，这种必需的和足够的边际成本降低是多少呢？弗洛伊伯和威登（1998）提供了一个计算方法。

q_i 代表公司 i 的产量，c_i 代表边际成本，Q 代表产业总产量，s_i 代表公司 i 的产量份额（q_i/Q），p 是产业价格，ε 是产业需求的均衡弹性。利润最大化的一阶条件是：

$$\frac{p - c_i}{p} = \frac{s_i}{\varepsilon} \tag{3-1}$$

$$c_i = (\varepsilon - s_i)p/\varepsilon \tag{3-2}$$

让 j 和 k 代表并购双方，因此并购后均衡的边际成本为：$(\varepsilon - s_j - s_k)p/\varepsilon$。并购前，并购公司加权平均边际成本是：

$$\frac{p[s_j(\varepsilon - s_j) + s_k(\varepsilon - s_k)]}{\varepsilon(s_k + s_j)} \tag{3-3}$$

因此，恢复并购前价格必需的边际成本降低是：

$$\frac{2s_j s_k}{\varepsilon(s_j + s_k) - (s_j^2 + s_k^2)} \tag{3-4}$$

表 3-2 说明了在已知市场集中度和需求弹性的情况下 CMCRs 的数量。

第三辑

政府管制与公共经济研究丛书（第三辑）

表 3 – 2　　　　　恢复并购前价格必需的边际成本降低（CMCRs）百分比　　　单位：%

ΔHHI	需求弹性		
	1	2	3
100	7.6	3.7	2.4
500	18.8	8.6	5.6
1 000	28.8	12.6	8.1
2 500	54.7	21.5	13.4
5 000	100	33.3	20

资料来源：L. M. Froeb & G. J. Werden. A Robust Test for Consumer Welfare Enhancing Mergers Among Sellers of a Homogeneous Product. Economics Letters 58（1998），P. 369.

用并购前价格的百分比表示，必需的边际成本降低是 $\dfrac{2s_j s_k}{[\varepsilon(s_j + s_k)]}$。

如果并购公司是等同的，因此 $s_j = s_k = s$，前一表达式简化为 $\dfrac{s}{(\varepsilon - s)}$，后者为 $\dfrac{s}{\varepsilon}$。$\dfrac{s}{\varepsilon}$ 也就是两家并购公司并购前的边际贡献率（m）。这就产生了一个经验法则：在古诺产业中，阻止并购后的价格增长，并购协同降低并购公司的边际成本至少与并购前边际贡献的规模一样多。

以上是对同质产品产业，即古诺产业中 CMCRs 的计算，如果是差异性产品产业，或者说是伯川德产业中，CMCRs 又该如何计算呢？

在伯川德—纳什均衡中，品牌 i 的利润最大化的一阶条件是 $m_i = 1/\varepsilon_i$

m_i 表示品牌 i 的边际贡献率，这一条件也称为"逆弹性规则"或"勒纳条件"。两个品牌 i 和 j 的销售商的合并，产生两个一阶条件：

$$m_i = \frac{1}{\varepsilon_i} + m_j d_{ij} \frac{p_j}{p_i}$$

$$m_j = \frac{1}{\varepsilon_j} + m_i d_{ji} \frac{p_i}{p_j} \tag{3 – 5}$$

d_{ij} 和 d_{ji} 是从 i 到 j 的转换率和从 j 到 i 的转换率。[①]

在伯川德模型中，两个品牌的并购引起的价格增长用一个简单的公式表示，

---

① 转换率 d 是指一并购公司由于价格增长失去的销售被另一并购公司重新捕捉的部分。

假设两个并购品牌是对称的，$m_i = m_j = m$，$d_{ij} = d_{ji} = d$，假设需求采取以下两种形式：如果需求是等弹性的，也就是说，在需求曲线上的每一点其需求弹性都是相等的，价格增长为 $\dfrac{md}{2(1-m-d)}$；如果需求是线性的，价格增长为 $\dfrac{md}{2(1-d)}$。这些公式对预测真实的并购效果没有用处，但它们有助于理解伯川德产业的单边效果。

这些公式也表明竞争性品牌并购的价格增长程度不仅依赖转换率，而且依赖于需求曲率（curvature）。假定两品牌的转换率都是 1/3，并且并购前两者的边际贡献率都是 0.4，如果需求是线性的，则并购后价格增长为 10%；如果需求是等弹性的，则并购后价格增长为 50%。等弹性时价格增长更多，是因为线性需求的价格增长引起需求更有弹性，使进一步的价格增长缺乏吸引力。

阻止这些并购后的价格增长需要多大的边际成本降低呢？如果是单一产品并购公司，并且它们有相同的成本、市场份额和需求弹性，CMCRs 作为并购前价格的一部分是 md/(1-d)，m = (p-c)/p，d 是转换率。因此，如果 m = 0.5，d = 0.2，则 CMCRs 是价格的 12.5%，是边际成本的 1/4。对单一产品并购公司，计算 CMCRs 的一般公式是：i 公司的 $CMCRs = (m_i d_{ji} d_{ij} + m_j d_{ji} p_j / p_i)/(1 - d_{ji} d_{ij})$，$d_{ji}$ 是从产品 i 到产品 j 的传递率。

计算出 CMCRs 后，将这一数值与估计的并购后的边际成本降低进行对比，如果 CMCRs 大于估计的并购后的边际成本降低，说明并购产生的效率不能阻止并购后的价格增长，不应该同意这起并购，反之则相反。

从纯理论来看，并购产生的正负效应的权衡是一个计算净现值的过程，因为负效应往往是并购后一年或两年内产生的事情，可以将之理解为现值；而正效应需要好几年才能实现，因此需要按照一定的贴现率进行现值计算，再比较两者的大小，最后做出抉择。

最后需要说明的是，尽管对效率的研究有一些新的发展，特别是对动态效率的研究以及对效率的定量分析，但对效率的评估仍然很难，因为它往往受制于所使用的理论或假设。①

---

① Thomas Leary，"Efficiencies and Antitrust：A Story of Ongoing Evolution"，Speech before the ABA Section of Antitrust Law，Washington，D. C.：8 November 2002，P. 1.

第二节

银行并购反垄断的机制

银行并购反垄断的机制可分为五种：相关市场界定机制、市场力测定机制、并购效应评估机制、垄断缓释因素分析机制、分拆机制。

一、银行并购反垄断的相关市场界定机制

（一）银行并购相关市场界定的原则

第一起银行并购反垄断案是 1963 年美国费城银行并购案。在这起并购案中，最高法院裁定商业银行与其他产业一样适用于 1890 年的《谢尔曼法》和 1914 年的《克莱顿法》。这一案例确立了银行并购反垄断的相关市场界定的基础，即相关地区市场界定为"本地市场"，相关产品市场界定为"银行服务群"。

1. 相关产品市场的界定

银行生产多种产品，如果管制权威机构对每种产品都评估并购竞争效应的话，成本太大，所以在 1963 年最高法院对费城国民银行案的判决中，将银行业的相关产品市场界定为商业银行提供的独特的银行服务群。法院明确拒绝了一个产品线是一个单独的产品市场的概念。在相关地区市场上，总存款作为银行产品群的代表［存款是银行主要的负债，并且在银行分支机构水平上，存款（注：在当时）是唯一能获得数据的产品线］。

2. 相关地区市场的界定

反垄断分析中界定一个有意义的地区市场总是很难。经常地，并购申请者希望界定一个尽可能宽的市场以最小化他们的垄断效果；而管制者倾向于更窄的定义。银行相关地区市场被反垄断目的定义为相对小的地区，这一观念是与传统上认为距离远近是银行重要的障碍相联系的。银行管制权威将一个经济上一体化的地区作为一个银行市场。在城市，地理市场更多地界定为 RMAs，也可能界定为

MSAs 和 LMAs。在农村，银行市场被定义为县（郡）（Radecki，1998）。

（二）银行并购相关市场界定的方法

银行并购相关市场的界定方法与其他产业一样，经历了这样一个发展过程：产品功能界定法→SSNIP 检验→临界损失检验→总的转换率检验。

1. 产品功能界定法

这一方法是根据产品功能上的互换性来对相关市场进行界定。从经济学意义讲，产品功能界定法主要采用产品间的交叉价格弹性来判断两种产品是否属于同一市场。如果两种产品间的交叉价格弹性接近于 1，说明这两种产品在功能上很接近，那么这两种产品就应当属于同一市场。否则，两种产品不属于同一市场。不过，这一方法有其缺陷，因为它往往会带来市场界定上的主观随意性，具有不同专业知识背景的人对两种产品功能的判断往往会得出不同的判断。

2. SSNIP 检验

在 1982 年美国司法部颁布的《水平并购指南》中确立了一个市场界定的新方法，即 SSNIP① 检验，这一检验寻求一个最小的市场，在这一市场内，一个假想的垄断者或卡特尔能强加一个小的显著的但非暂时的价格增长。它通过回答"是否这样一个垄断者或卡特尔能至少在一年内维持 5% 的价格增长"来确定相关市场。如果有足够的替代品，或消费者转换使这样的价格提升没有利润，这一公司或卡特尔失去了提价的能力，相关市场就需要延伸去包含其他产品或地区。接下来将最紧密的替代加进相关市场，检验再运用一次，直到一个假想的垄断者或卡特尔能有利可图地强加 5% 的价格增长。有学者认为这一方法忽视了银行已经有了市场力的事实。然而，在评估并购的竞争影响时，关键的不是并购方是否享有市场力，而是并购后它们市场力的提高。因此 SSNIP 检验仍是银行并购反垄断中相关市场界定的主流方法（见表 3 - 3 和表 3 - 4）。

---

① a small but significant and non-transitory amount，译为"一个小的显著的但非暂时的价格增长"，这一方法目前已成为界定相关市场的主要方法。

表3-3   官方渠道承认的 SSNIP

国家	年份	名称
美国	1982	并购指南
欧盟	1992	雀巢/毕雷矿泉水
	1997	市场界定草案通告
加拿大	1991	并购实施指南
新西兰	1996	企业收购指南
澳大利亚	1993	市场支配力指南

表3-4   半官方渠道承认的 SSNIP（通过出版的讨论稿）

国家	年份
英国	1992
意大利	1995

SSNIP 检验出现后，以前用作市场界定的标准，如相似的产品特征和相似的用途、产品功能上的互换性不再作为市场界定的充分条件。

对 SSNIP 法中"小的显著的但非暂时的价格增长"，实践中通常采用5%的涨幅和持续一年的时间，但这一做法遭到了不少批评。有学者建议采用10%的涨幅而不用5%的涨幅；[1] 有学者认为应该根据不同的产业特征来调整价格幅度；[2] 还有学者建议采用附加值或者利润为基准等。[3] 对 SSNIP 方法的另一批评与该界定法所需要的数据有关。SSNIP 界定法要求反垄断机关在界定市场时要考虑这样一些因素：反映客户对显著性价格增长（如5%）的历史记录、计量经济学的最新研究成果、竞争者和客户关于市场边界和价格增长后的看法等信息，由于这些信息难以获得，因而美国的全国检察官协会（The National Association of Attorneys General，NAAG）表示：只有在有充分的证据表明《水平并购指南》中

第三辑

政府管制与公共经济研究丛书（第三辑）

---

① White. 1987. Antitrust and Merger Policy：Review and Critique，Journal of Economic Perspectives，13 (1)，P. 15.

② Baker. 1984. The 1984 Justice Department Guidelines，Antitrust Law Journal，53，P. 327；Harris and Jorde. 1983. Market Definition in merger Guidelines：Implications for Antitrust Enforcement，California Law Journal. 71. P. 464.

③ Levy. 1989. Measuring the Price Increase in Merger Cases：Five Percent of What? 2 ATRS Report 1.

的市场界定方法是可行的并且是确定的情况下，才可以接受 SSNIP 界定法。[①] 在其他情况下，全国检察官协会建议采用另外一种新的市场界定方法，该方法认为如果有 75% 的消费者都认为在价格上具有可比性且存在替代关系的两个产品属于同一市场，那么就应当将这两个产品界定为同一地理市场。

85

3. 临界损失检验

哈里斯和西蒙斯（1989）提出的临界损失分析是 20 世纪 90 年代以来美国反垄断市场界定的新发展。临界损失指的是为使涨价失败所必需的销售额或产出的下降程度。

临界损失分析的基本思路是：给定 x 比例的价格增长，使这种价格增长无利可图，最低限度的销售量降低是多少。如果真实的损失小于临界损失，则企业认为价格增长是值得的；否则，不值得。临界损失分析通常运用于界定相关市场和评估并购的竞争效果。

对 x 比例的价格增长的临界损失是指，使利润不发生改变时的销售量降低的百分比。计算临界损失要求平衡两个效果：（1）给定的价格增长提高了该产品的利润；（2）降低了人们对这一产品的需求。临界损失是使这两个效果平衡时销量降低的百分比。如果真实的销量降低大于临界损失，则价格增长将降低利润；反之，则相反。

假定两公司都有固定的边际成本 c，产品 A 和 B 并购前的价格是 p，并购前 A 和 B 的销售总量是 q。定义 A 和 B 产品的价格增长为 Δp，总销量的改变为 $\Delta q(\Delta q < 0)$。假设的垄断者来自于价格增长的利益是 $\Delta p \times [q + \Delta q]$，垄断者价格增长的成本等于并购前的边际贡献乘以由于价格增加降低的销量，即 $-(p-c) \times \Delta q$，两者相等即 $\Delta p \times [q + \Delta q] = -(p-c) \times \Delta q$。两边同时除以 pq，则 $\Delta p/p$ $(1 + \Delta q/q) = -[(p-c)/p] \Delta q/q$；临界损失是数量上降低的百分比，即 $-\Delta q/q$，

$$-\Delta q/q = 临界损失 = \frac{\Delta p/p}{\Delta p/p + m} \tag{3-6}$$

其中，$m = \dfrac{(p-c)}{p}$，m 为边际贡献率；

$$\Delta p/p = x \tag{3-7}$$

所以，临界损失 $= \dfrac{x}{x+m}$，x 是价格增长幅度。

[①]　The 1993 NAAG Merger Guidelines are reprinted at 4 Trade Reg. Rep. （CCH），13，406，at pp. 21, 202.

上式表明，对一个给定的价格增长 x，边际贡献率越大，临界损失越小。如果边际贡献率为 0.6，对给定的 0.05 的价格增长，临界损失约为 0.77。给定边际贡献率（m）和 5% 的价格增长，我们就能计算出临界损失（CL）（见表 3 - 5）。

表 3 - 5   **不同边际贡献率下的临界损失值**   单位：%

m	40	75	90
CL	11.1	6.3	5.3

自从临界损失分析在 1986 年首次在美国案例法中运用以来，[①] 该分析方法在美国的反垄断实践中得到越来越多的应用与重视。临界损失分析的优点是对数据的要求低，计算简便。临界损失分析主要依赖于初始的价格和平均可变成本这两项资料，这两项资料容易获得。但临界损失分析忽视了两点：一是没能意识到边际贡献其实已经提供了因价格增长而导致销量损失的规模信息。如果并购前价格已经使利润最大化，更大的边际贡献意味着顾客对价格不敏感（否则，一公司能通过小幅降价显著地增加它的销量，而这说明目前的价格不是利润最大化价格）。这意味着当边际贡献很大时，价格增长将导致更少量的销量损失（与边际贡献大时相比）。二是它忽视了替代的重要性（例如，需求交叉弹性和边缘供给弹性）。如果产品是差异性的，交叉弹性越大，公司将从增加一种产品的价格中营利更多，因为它会从增加另一产品的销量来捕捉失去的销量。在假设的垄断者检验中，假设的垄断者总是控制多种产品。不考虑产品间的交叉弹性，不能回答一个价格增长是否有利可图。相似地，因为并购改变了产品系列，当评估并购后价格增长的利润率时，分析者必须考虑交叉弹性。然而，临界损失分析不能做到这一点。基于此，凯茨和夏皮罗（2003）提出了"总的转换率方法"。

4. 总的转换率界定法

凯茨和夏皮罗（2003）的"总的转换率"方法假定：（1）并购前，并购公司没参与协调行为；（2）潜在的需求曲线在并购前价格处没有扭曲；（3）潜在的成本曲线在并购前的产量处没有扭曲。

并购某一方提高其产品 Z 的价格，对这一假设的垄断者而言，它所考虑的是 Z 的价格提高对整个产品群利润的影响，而不仅是对产品 Z 的利润的影响。当 Z

[①] 1986 年联邦贸易委员会诉西方石油公司案，1986 - I Trade vs.（CCH）67，071（D. D. C. 1986）.

的价格上升时，产品 Z 的销售将转移给其他产品（假设其他产品都由假设的垄断者独家所有）。如果这些产品的边际贡献大于产品 Z 的边际贡献，这样的转换增加了垄断者的利润。为使分析简化，我们假设相关市场上所有产品的边际贡献都相同。对给定的产品 Z 的价格增长，总的转换率是产品 Z 由于提价损失的销售被市场上其他产品捕获的部分。例如，产品 Z 价格上升 5%，引起产品 Z 的销量下降 200 个单位，但相关市场上其他产品的销量上升 90 个单位，则总的转换率为 45%（D = 90/200）。转换率总是位于 [0，1] 之间，因此假设的垄断者真正损失的是（1 − D）。凯茨和夏皮罗通过分析转换率、临界损失与真实损失三者关系，得出结论：当且仅当总转换率大于临界损失时，真实的损失才会小于临界损失，在 SSNIP 检验下假设的垄断者是有利可图的。如果 10% 的价格增长引起假设的垄断者的利润高于并购前水平，则利润最大化的价格增长至少高于 5%。因此，使用临界损失检验的规则是：使用 5% 的价格增长门槛值，当且仅当总转换率大于或等于临界损失时，这组产品形成一个相关市场。例如，在 2001 年胜科金仕达（SunGard）案例中，[①] 边际贡献率为 90%，10% 价格增长情况下的临界损失为 10%。假设并购前公司没参与协调定价行为，假设的垄断者控制相关市场上的所有产品，那么，对其中至少一种产品强加 5% 的价格增长，垄断者有利可图的条件是当且仅当转换率不低于 10%。

达尔乔德等（Daljord et al.，2008）对"总的转换率"方法进行了批评。[②] 他们认为这一方法使真实的市场变窄了，而且这一方法计算不正确，因为凯茨和夏皮罗没有考虑这一产品提价后，一些销量转移给了市场上的其他产品（详见附录 7）。

1992 年的水平并购指南对 SSNIP 的阐述没有清晰地界定它是一种价格的增长，还是一些价格的增长，还是所有价格的增长，由于指南的模糊，导致了不同的利润标准。哈里斯和西蒙斯（1989）基于所有产品统一的价格增长，得到临界损失标准；凯茨和夏皮罗针对一种产品价格的增长，得到"总的转换率"标准。这两种标准的区别在于：在 SSNIP 检验中，是让一种产品价格增长，还是让所有产品价格增长？如果产品是对称的，即它们有相同的边际贡献率和需求结构，哈里斯和西蒙斯标准更好；如果产品是不对称的，假设的垄断者对不同的产品提价不同，凯茨和夏皮罗标准更好。

---

① 2001 U. S vs. SunGard and Comdisco，172 F. Supp. 2d 172，182，186 − 192 and n. 21（D. D. C. 2001）.

② Daljord et al.，2008. The SSNIP Test and Market Definition with the Aggregate Diversion Ratio：A Reply to Katz and Shapiro. Journal of Competition Law and Economics，Vol. 4，Issue 2，pp. 263 − 270.

第三辑

政府管制与公共经济研究丛书（第三辑）

（三）相关市场界定的争论

费城银行案后，围绕着市场界定的争论一直没停止过，而且随着银行并购的持续深入，技术创新和法律的变化，反垄断争论的焦点越发集中在市场界定上，不仅学术界争论激烈，甚至在司法部和银行管制权威之间也产生了巨大的分歧。

1. 学术争论

（1）"本地市场"的争论。

"本地市场"假设暗含这样一个前提，即对银行竞争而言，地理位置是重要的。但随着信息技术的进步，银行管制的放松，这一假定前提受到挑战。挑战来自以下几方面：第一，电子银行的出现对本地市场假设的影响。沃尔卡特（Volkart，1998）认为电子银行很大程度上改变了服务于居民和小企业的交易条约，致使这些市场不再是地区性的，而是全国性的。第二，信息技术的发展对本地市场假设的影响。金融业有很多信息技术的改善，包括个人电脑、电子表数据库、因特网等，信息技术的改进大大降低了远距离借贷的不便（Peterson & Rajan，2002）。在信息技术中，一个重要而又独特的对金融业的影响是信用评分方法的使用，它将可得的"硬"信息转化成单一数量的可预测的违约风险信息（Mester，1997）。信用评分方法首先运用于个人，然后又运用到小企业。费埃哲（Fair Isaac）公司在20世纪70年代率先使用它，1993年又建立了一个信用评分模型。1997年对大银行的调查发现，信用评分方法的采用导致对小企业贷款的大幅增长，这有助于降低信息成本（Frame et al.，2001）。据此，有人断言小企业贷款的相关市场应扩展到全国。第三，对小企业贷款距离的实证研究。20世纪80年代经济文献认为小企业贷款的相关市场是窄的，但自那以后，部分小企业借贷发生了较大变化，它们越来越求助于远距离借贷者。美国1993年的小企业金融调查显示小企业和他们的银行的中间距离是4英里，但一些远距离借贷的平均距离超过43英里（Peterson & Rajan，2002）。调查也显示小企业与跟它有交易的非银行金融机构的平均距离是251英里。在70年代它们的平均距离是16英里，90年代是68英里。1998年的调查数据显示从1993～1998年，它们的平均距离翻了一倍（Brevoort & Hannan，2006）。从20世纪以来，小企业与它们贷方的距离正逐渐增加（Peterson & Rajan，2002；De Young et al.，2007）。远程存款收集（remote deposit capture，RDC）降低了小企业对本地银行的存款关系的需求，使银行市场更多地成为一个全国性市场（Scott & Lorenzo，2005；Wachovia，

2007）。同时研究还发现美国银行对中小企业的贷款总是超出传统的 MSAs 或非 MSAs 县（郡），这说明银行业市场的地理范围扩大了（Petersen & Rajan，2002）。罗德基（Radecki，1998）研究指出，在一些州，大银行在整个州制定同一利率，这预示着相关地区市场应扩张至整个州的范围；塞纳克和汉南（Cyrnak & Hannan，2000）利用社区再投资法搜集小企业贷款资料，研究发现，本地市场外的金融机构的借贷份额在 1996～1998 年间显著提高；彼德森和拉扬（Petersen & Rajan，2000）根据 1993 年的小企业调查发现，与本地金融机构建立融资关系的企业比以前少。这些研究都说明银行业并购的相关市场范围扩大了。

　　针对上述挑战，有学者提出了针锋相对的观点：第一，电子银行的发展推翻本地市场的假设还为时尚早。如厄恩斯特和扬（Ernst & Young，2008）认为，电子银行的金融交易占总服务量的比重仅 1%，不足以构成对市场结构的影响。[①] 罗迪斯（1996）也认为，尽管电子银行的发展有很大潜力，但判断说它对银行并购的竞争效应产生了显著影响，还为时尚早。第二，虽然信息技术的发展特别是信用评分方法的发展对相关地区市场界定产生了挑战，但小企业贷款的相关地区市场仍然是本地。要理解这一点，人们必须意识到重要的不是本地银行不再提供的贷款，而是它们仍然要提供的贷款。运用并购指南确立的"假设的垄断者"范式，人们要问是否在一个相关市场上的假设的垄断者将发现降低它们的质量是有利可图的？对一个在本地小企业贷款市场上的假想的垄断者，人们要问是否贷款利率的增长将引起一个充分大的贷款量的转移，即转给地区外的银行？资料显示，仅有很小一部分贷款量从本地银行转出。社区再投资法所搜集的资料显示，2001 年地区外的银行在城市提供了 12% 的小企业借贷量，在农村提供了 17% 的借贷量（Hannan，2002）。地区外的银行虽然有信用评分方法的支持，但仍然囿于信息制约，只能提供极少量的贷款，也就是说，远距离银行主要是竞争小企业贷款。格伦农和尼格罗（Glennon & Nigro，2006）发现，在距离不变的情况下，使用信用评分方法的银行贷款的违约率是 23%，银行贷给 50 英里外的顾客的违约率比贷给 25 英里内的顾客的违约率高 22%。布雷武特和汉南（Brevoort & Hannan，2006）发现小企业与其银行分支的平均距离是 3 英里，银行特别是小银行不愿意贷给远距离的顾客。研究认为"软"信息仍然是重要的，远距离借贷者不是一个显著的竞争者。第三，大量的实证研究表明，银行市场仍然是本地。1992 年美国消费者金融调查显示，94.1% 的居民将本地金融机构作为他们主要的

---

　　① 2007 年，在美国，仅通过网络提供服务的银行的资产达到 1 700 亿美元（Federal Reserve Bank of Richmond，2007），这仅是存款机构资产的 1% 多一点。

金融服务提供者。主要机构中 68% 是商业银行，24% 是储蓄贷款机构和信用社。此外，这些机构离他们的家或工作地很近。一半的调查者将他们的存款账户开在离他们家或工作地 2 ~ 3 英里的机构或分支，3/4 的调查者将他们的账户开在离家或工作地 12 英里内，调查中的大多数居民在离家或工作地 3 ~ 8 英里的机构处得到信贷服务。调查数据也显示本地银行是小企业的主要金融提供者。根据 1992 年美国小企业融资调查，96% 的小企业（小于 500 人）使用本地机构作为主要金融提供者，84% 使用商业银行，9% 使用储蓄机构。与对消费者的调查一样，小企业也主要选择那些离工作地近的机构。特别地，当被问及他们使用的 13 类服务（经常账户、储蓄账户、信用租赁、贷款、现金管理等）时，一半的调查企业在离工作地 4 英里内的机构处获得 13 项中的 8 项。除租赁外，所有服务在 7 英里内。

（2）"群服务"的争论。

人们对"群服务"假设的抨击更甚于对本地市场假设的抨击。前反垄断局副局长李洛文杰（Lee Loevinger）认为："从经济学或反垄断分析的观点看，'群'方法已经变得毫无意义，因为州和联邦对金融机构借贷活动的监管，有可能通过测量商业银行的价格歧视来界定窄的子市场。"[1] 前货币监理署成员卢德威格（Ludwig）批评费城银行案时说道："不像以前，现在（指 1995 年）商业银行的所有服务都会面临非银行的竞争。"[2]卢德威格质疑道："在现代技术的发展、州际间银行壁垒的废除、非银行机构提供大量金融服务的前提下，商业银行是否仍能获得垄断力？"[3] 前货币监理署另一成员克拉克（Clarke）观察到："商业银行不再具有独特的功能，而这是费城银行案中采用'群'方法的关键因素。"[4]

"群服务"假设暗含两个前提：一是商业银行提供独特的服务；二是商业银行不与其他非银行机构竞争。但随着金融管制的放松，法律的变化以及非银行金融机构的发展，大大动摇了这两个前提。第一，法律变化的影响。1980 年前，在美国储蓄机构只能接受储蓄存款，只能给居民提供住房贷款；1980 年后，法律放松了对储蓄机构的一些限制，允许它们更直接地与银行竞争，特别是《1980 年存款机构放松管制和货币控制法》（The Depository Institutions Deregulation and

---

① Michael T. Sheehan, Irving Bank Corp. v. Board of Governors: Recognition of the Submarket Approach in Bank Merger, 9 ANN. REV. BANKING L. 677, 702 (1989).

②③ See Eugene A. Ludwig, Comptroller of the Currency, Remarks Before the OCC Antitrust Conference (Nov. 16, 1995), *available at* http://www.occ.treas.gov/ftp/release/95 - 127. txt.

④ Michael T. Sheehan, Irving Bank Corp. v. Board of Governors: Recognition of the Submarket Approach in Bank Merger, 9 ANN. REV. BANKING L. 677, 701 (1989).

Monetary Control Act of 1980) 和《1982 年加恩斯特—杰门法》(the Garnst Germa-in Act of 1982) 这两部法律显著地增加了储蓄机构的"银行"力（即与银行更类似），并且进一步弱化了商业银行作为单独的商业线的概念。因此美联储于 1987 年将它们考虑进反垄断分析（给 50% 的权重）。第二，以前商业银行独特的、隔绝的服务，由于并购，现在也能被像大众这样的公司提供。汽车制造商进入银行业市场，并与商业银行直接竞争。根据《华尔街杂志》的报道，丰田公司于 2004 年发展了大量的银行产品，包括货币市场账户、大额存单（CDs）和储蓄。专业借贷者能以低于商业银行的利率提供个人小额贷款。费城银行案假定银行与竞争隔绝，但现在看来，这是一个时代错误。不仅是制造商，现在连零售商也能提供传统的金融产品，如诺德斯特龙（Nordstrom）商店通过它的联邦储蓄银行提供很多银行服务。甚至连大学也能提供银行服务，如德雷塞尔大学通过其自办的银行分支提供银行服务。第三，实证研究对"群服务"假设的挑战。艾梅尔和斯塔迈克卢尔（Amel & Starr–McCluer，2001）利用 1998 年的美国消费者金融调查的数据发现，居民户使用非主要存款机构的比例在上升，从 1989 年的 1/4 提高到 1998 年的约 3/5，这说明了居民户不再像以前那样仅从主要存款机构处获得服务。对主要存款机构的"群"购买假设，调查显示是不明确的。一方面，在主要存款机构的所有账户和贷款份额从 1989 年的 56% 下降到 1998 年的 47%，不同类型的账户和贷款份额的变化不同，从主要机构获得的经常账户份额稳定在 3/4 左右，储蓄账户、货币市场账户、CDs 有一点波动，但仍保持在 50% 以上；相对的是，个人退休金账户/401k 计划账户份额从 1989 年的 2/5 衰退至 1998 年的 1/4，抵押、汽车贷款和其他消费贷款也明显下降。另一方面，大多数居民户仍在他们的主要机构购买多种服务，尽管消费者仍有"群"购买的固定偏好，但这种偏好的相对重要性降低了。

也有学者支持"群服务"假设。例如，塞纳克和汉南（1999）在论证"群服务"时，将基于银行贷款的集中度与基于银行存款的集中度进行比较，如果基于贷款的市场集中度能更好地解释银行贷款的价格差异，那么这将支持"群服务"的分离；反之，支持"群服务"。结果显示，使用基于银行贷款的集中度在解释担保贷款的价格差异上并没有使用存款的集中度指标好；在解释无担保贷款的价格差异时，前者更差。结论支持"群服务"假设。

2. 司法部和银行管制权威在相关市场界定上的差异

司法部和各银行监管权威在相关市场界定上的差异主要集中在相关产品市场

界定上。美联储和司法部对产品市场的界定有所不同。美联储与最高法院 1963 年的判决相一致，认为分析银行并购的相关市场是"群服务"，因此美联储使用单一的银行产品（存款）测量市场份额和集中度；而司法部集中在几个不同的会带来特别竞争考虑的产品或服务上，实践中，司法部往往集中在零售银行市场和对中小企业贷款服务上。集中在零售银行市场的原因有：（1）零售银行服务于居民户和小企业，居民户和小企业依赖于方圆 2~3 英里的商业银行，其地理市场被认为是本地的；而批发银行的地理市场要么是全国性的，要么是国际性的。（2）零售银行市场以集中为特征，批发银行市场以大量竞争为特征。司法部之所以单独将中小企业贷款设置为一类商业线，是因为它根据调查，表明中小企业除了商业银行外，很少有其他选择权。小企业趋向于依赖并看重与本地银行的关系，中型企业能接近更大市场的借贷者，但仍不能进入全国性的资本市场，只有大公司才能进入资本市场。中小企业更可能由于银行并购导致竞争缺失而深受影响。反垄断局的克拉梅（Kramer）也认为，个人和中小企业传统上依赖本地银行服务，而大企业有更大的选择集。至少从 20 世纪 80 年代开始，司法部就将相关产品市场界定为窄的服务。在很多并购审查中，司法部发现并购对产品市场的竞争效应主要是对小企业的贷款或对中小企业的贷款。1990 年，夏威夷第一银行与夏威夷第一国际银行（First Hawaiian/First Interstate Bank of Hawaii）的并购得到美联储的同意后，司法部提出了挑战。司法部运用了与美联储不同的方法，抛弃了费城银行案中所确立的银行"群服务"的传统产品市场的界定方法，运用与其他产业并购同样的审查方法，将小企业的商业贷款分离出来作为一个独立的市场进行审查。这一方法也运用于弗林特与诺斯塔金融集团（Fleet/Norstar Financial Group）案。在社会银行与美国信托（Society/Ameritrust）案中，司法部甚至将相关产品市场集中在更窄的小企业营运资金贷款上。

司法部往往根据相关产品市场来定义相关地区市场，并且考虑不同的因素，诸如进入障碍和非银行竞争者。一个基本的潜在假设是每一类银行业务，如大公司顾客、零售存款者、中等市场业务、小企业业务甚至"次级"借贷，都有不同需求的顾客，因此有不同的市场。对大银行并购，司法部定义为全国性市场，因为大银行更可能在更大规模的地区实施运营，这使它们较少地依赖本地经济条件，而且大银行的信息成本也不依赖距离的远近。对小企业贷款，司法部界定为"企业住地内 3~5 英里"，对零售银行业务，司法部又会界定为"顾客生活和工作地"。作为审查的一部分，司法部官员经常与本地银行家会谈，他们帮助政府决定地区市场的规模、"场内"和"场外"市场参与者的竞争程度和其他相关本地市场条件。此外，如果一家银行在本地没有分支，但在该地确实有贷款，司法部认为，这暗示着一个更大的地区市场。

联邦存款保险公司在 1989 年声明"群方法"在现在的环境中不再相关，并且建议重新定义扩展产品市场，包括由非银行（如证券公司、金融公司和存款机构）提供的功能相当的服务。联邦存款保险公司相信这一方法将是一种更现实的竞争分析方法，因为它基于金融竞争，而不是仅限于商业银行间的竞争。

货币监理署在 1980 年决定：市场的现实性和法律现状表明，仅仅依赖传统的商业银行"群服务"去决定是否银行并购会产生一个显著的降低竞争的效果是不再令人满意的。商业银行和储蓄机构提供的服务，其竞争重叠越来越多，不管是在数量上还是在质量上，储蓄机构都是商业银行直接的或潜在直接的竞争者。但货币监理署明显不支持非银行金融机构是重要的竞争者的观点。

可见，在相关市场界定上，司法部、货币监理署以及联邦存款保险公司的观点趋同，都不同意"群分析"方法，但美联储仍使用"群分析"方法。尽管美联储和司法部在某种程度上都承认正在变化的银行市场，认识到改革反垄断相关市场界定的必要，但美联储仍旧使用传统的分析方法，尽管它承认对"群分析"方法正逐渐失去信心。如在 2004 年，美联储同意美国银行收购波士顿舰队金融公司时，认为"群分析"仍是分析这起并购的竞争效果的恰当方法。

（四）趋势

1. 除商业银行外，其他金融机构逐渐被纳入并购反垄断分析体系中

在"群分析"方法中，只有商业银行才被纳入竞争性分析，因为商业银行是"独特的"和"隔绝的"。但随着市场竞争形势的变化，其他金融机构逐渐被纳入竞争性分析，并在 HHI 计算中给予一定权重。例如，货币监理署和联邦存款保险公司在 HHI 计算中，通常给储蓄机构 100% 的权重，美联储给予其 50% 的权重，司法部根据储蓄机构的竞争规模给予权重。值得注意的是，信用社以前通常被排除在 HHI 的计算外，因为：（1）信用社并不提供完全的"产品和服务群"；（2）信用社有人员约束；（3）信用社缺乏广泛的分支机构和自动取款机，获取顾客不易。但在某些特定案例中，如果有重大的证据支持，信用社存款也可能包含进去（尽管只占很小的比重）。这些证据包括：（1）它的市场份额大大超过国家平均水平；（2）自由开放的成员规则，特别地，至少 70% 的居民有资格成为会员；（3）本地居民容易得到服务。

2. 本地市场的范围逐渐扩大

目前司法部对相关市场的界定比以往更宽。费城银行案中，界定了4个县的相关地区市场，即费城及其3个邻县：巴克斯（Bucks）、蒙哥马利（Montgomery）、特拉华（Delaware）。其原因在于当时只允许在这些邻近的县开办分支，而现在开办分支超出了上述范围，现在美联储界定费城这个地区的相关地理市场是宾夕法尼亚州的5个县和新泽西州的4个县。在费城银行案（1970）案中，法院判定相关地区市场仅包含在新泽西州的菲利普斯堡—伊斯顿地区。今天，纽约联储银行认为纽约城市市场不仅包含菲利普斯堡—伊斯顿地区，而且包含宾夕法尼亚邻近地区，它由30个县和其他部分组成。

3. 忽略相关市场上的争论，而将重点转移到并购的分拆政策设计上

在最近的银行并购分析中，明显缺乏对相关地区市场的分析。2006年10月2日，美联银行（Wachovia Corp.）并购金西金融公司（Gold West Financial Corp.），在联储的同意命令中，没有"相关地区市场"一词。在过去几年的并购审查案例中，所有潜在反竞争性的并购最后都导致了一个必要的分拆。司法部认为，它的银行并购政策的成功就在于不需打官司，不需使用强制程序得到信息就能达到阻止反竞争性并购的目标。近年来，并购方并不理会司法部的产品市场界定或集中度测量方法，一旦司法部或其他银行监管机构确认了潜在反垄断问题，剩下的工作就是谈判分拆包。司法部在《银行并购显示指南》的绪论部分毫不掩饰地写道："不管哪里有一个引起明显的反竞争性问题的并购，解决这一问题的可行方法是达成一个适当的分拆计划。"[①] 而1992年司法部和联邦贸易委员会共同制定的《水平并购指南》中并没有这一评论。

总之，通过对银行并购反垄断中相关市场界定的评述，我们可得到如下结论：尽管随着管制的放松、法律的变化以及技术的进步，"本地市场假设"仍然有效，但银行产品市场的"群服务"假设却随着时间推移越来越弱。如果反垄断权威仍然依赖"群假设"，尽管居民户越来越依赖多种金融产品的服务，但仅将本地存款机构考虑进竞争性分析已变得不合时宜，必须改革"群服务"的分析，将相关产品市场的竞争性分析集中在某些对并购市场重叠部分的竞争产生实质影响的商业线上，如中小企业贷款等上面。

---

① Bank Merger Competitive Review Introduction and Overview（1995）.

一些经济学家认为，市场界定没有什么经济学意义，我们应直接关注反竞争效应。[①] 这一方面反映了目前并购反垄断中市场界定的尴尬地位；另一方面反映了并购竞争效应评估的重要性。

二、银行并购市场力测定机制

银行市场力的研究方法可分为两类。第一类是有坚实理论基础的工具，包括勒纳指数（Prescoff & McCall，1975；Maudos & Fernández de Guevara，2004；Fernández jde Guevara & Maudos，2004）、布雷斯纳汉涨价幅度检验（mark-up test）（Shaffer，1993；Shaffer & Disalvo，1994；Suominen，1994）、潘扎和罗斯的H值检验（Molyneux et al.，1994；De Bandt & Davis，2000；Bikker & Haff，2002；Shaffer，2004；Claessens & Laeven，2004）、行为参数检验（Barros，1999；Neven & Röller，1999；Kim & Vale，2001；Canhoto，2000）、托宾Q检验（Keeley，1990）。第二类是没有产业组织模型支撑的方法，如SCP范式和效率结构假设（efficient structure hypothesis，ESH）。

对银行并购市场力的研究主要集中在SCP范式和ESH上。很多研究都将集中度作为外生变量来处理，将利润对集中度进行回归，通常发现集中度与利润正相关。特别是，这些研究往往得出这样的结论：在集中度高的市场上，存款利率低，贷款利率高，价格刚性强（Berger & Hannan，1989；Hannan，1991，1997；Hannan & Berger，1991；Berger，1995）。布雷斯纳汉（1989）分析了这些研究存在的问题，指出价格、利润与集中度的内生性问题。银行市场力研究的另一个倾向是，在静态古诺模型下用猜测变量来分析银行行为，检验银行是价格接受者，还是价格制定者（Gelfand & Spiller，1987；Shaffer，1993；Berg & Kim，1998）。布雷斯纳汉（1989）和梯若尔（1997）认为这一方法会出现非理性的猜测反应。

迪克（2002）为了克服上述问题，发展了一个结构化的离散选择模型来对银行并购市场力进行研究。迪克分析了美国商业银行1993～1999年的市场力。她发现这一期间银行并购轻微地增加了消费者福利，消费者有近1美元的福利改善。此外，市场集中度与福利变化不相关。消费者更看重银行的其他特性，而不

第三辑

政府管制与公共经济研究丛书（第三辑）

---

① Marc Ivaldi and Szabolcs Lörincz. 2005. A Full Equilibrium Relevant Market Test：Application to Computer Servers，CEPR Discussion Paper No. 4917，February. 也见 Kai‑Uwe Kuhn. 2002. Reforming European Merger Review：Targeting Problem Areas in Policy Outcomes，Michigan Law and Economics Research Paper No. 02‑01.

是价格，这意味着考虑价格和集中度来评价并购的福利效果可能是一个错误。因此，运用离散选择模型对银行市场力的研究已成为主流，包括莫尔纳等（2006）对匈牙利银行业的研究，内坎南等（2006）对巴西银行业的研究，何（2007）对中国国有商业银行的市场力的研究，奥利弗（Oliver, 2009）对西班牙银行业市场力的研究。这里以何（2007）的研究为例，说明离散选择模型研究市场力的运用。

何的思路是：构建银行存款的需求模型，回归求出价格的需求弹性系数；构建银行存款的供给模型，通过一阶导，求出边际贡献。价格的需求弹性系数和边际贡献都代表了银行市场力。

第一步：构建需求模型。

何仅考虑对存款服务的需求模型，因为贷款在中国通常受政府的干预，而存款更多反映的是人们的意愿。何将中国银行业设定为 4 家国有商业银行和 M 个本地市场，本地市场界定为一个省。消费者 i 选择第 j 家银行的间接效用函数为：

$$U_{ijm} = x_{jm}\beta - p_{jm}\alpha + \zeta_{jm} + \varepsilon_{ijm} \tag{3-8}$$

x_{jm} 是银行 j 可观察的 k 维产品特征列向量，p_{jm} 是银行 j 的服务收费，ζ_{jm} 代表银行 j 不可观察的产品特征，ε_{ijm} 是随机扰动项，具有独立同分布（iid）I 类极值分布。j = 0，1，2，3，4。j = 0 表示消费者没有选择四大国有商业银行，（k + 1）维向量 θ = （β，α）代表需求参数，这与迪克（2002）和内坎南等（2006）的（k + 2）维列向量不同，因为存款利率并不进入效用函数，在中国存款利率是受严格管制的，各银行都一样。价格竞争局限于服务费竞争。

消费者 i 选择银行 j 的条件是：

$$U(p_{jm},\ x_{jm},\ \zeta_j;\ \theta) \geqslant U(p_{km},\ x_{km},\ \zeta_k;\ \theta) \tag{3-9}$$

对 k = 0，1，…，J。消费者的选择集为：

$$A_{jm} = \{\varepsilon_{jm} | U(p_{jm},\ x_{jm},\ \zeta_{jm};\ \theta) \geqslant U(p_{km},\ x_{km},\ \zeta_{km};\ \theta) \forall k = 0,\ 1,\ \cdots,\ J\} \tag{3-10}$$

对所有消费者而言，银行 j 在市场 m 上的市场份额由属于 A_{jm} 的 ε_{jm} 的概率决定，因此：

$$s_{jm}(p_{jm},\ x_{jm},\ \zeta_{jm};\ \theta) = \int_{A_{jm}} dP\varepsilon_m \tag{3-11}$$

P 是 ε_m 的分布函数。

在市场 m 上银行 j 的需求为 $H_m s_{jm}(p_{jm},\ x_{jm},\ \zeta_{jm};\ \theta)$，$H_m$ 是市场 m 的规模。

在 logit 模型中，s_{jm} 由下式决定：

$$s_{jm} = \frac{\exp(x_{jm}\beta - p_{jm}\alpha + \zeta_{jm})}{1 + \sum_{k=1}^{J} \exp(x_{km}\beta - p_{km}\alpha + \zeta_{km})} \tag{3-12}$$

logit 设定对产品间的替代有一个约束，即交叉弹性相同，自我弹性和交叉弹性仅依赖于市场份额。

为了缓解这一问题，何使用了嵌套 logit 模型，这一模型允许消费者偏好在巢内相关。消费者先决定选择国有商业银行还是其他金融机构，如果是国有商业银行，再决定选择哪一家国有商业银行。按卡德尔（Cardell，1997）的方法，设定下式：

$$\varepsilon_{ijm} = \nu_{igm} + (1 - \sigma)\nu_{ijm} \tag{3-13}$$

ν_{igm} 是 g 组内所有产品的效用，它的分布函数依赖参数 $\sigma \in [0, 1]$，参数 σ 测量组内产品的替代性。如果 σ 接近于 1，组内产品很相关，相互替代性强；如果 σ 接近于 0，分组没意义。

第二步：供应模型——伯川德均衡。

银行 j 的利润函数为：

$$\pi_{jm} = p_{jm}^{l} L_{jm} + (p_{jm} - p_{jm}^{d}) D_{jm} - c_{jm}(L_{jm}, D_{jm}) - F_{jm} \tag{3-14}$$

p_{jm}^{l}，L_{jm}，p_{jm}，p_{jm}^{d}，D_{jm}，$c_{jm}(L_{jm}, D_{jm})$，F_{jm} 分别代表银行 j 的贷款利率、贷款量、服务费率、存款利率、存款总额、变动成本、固定成本。

$$D_{jm} = H_m s_{jm}(p, x, \zeta; \theta) \times 平均账户数 \tag{3-15}$$

式（3-15）的纳什—伯川德均衡为：

$$p_{jm} - p_{jm}^{d} - mc_{jm} = -\left(\frac{\partial s_{jm}(p, x, \zeta; \theta)}{\partial p_j}\right)^{-1} \times s_{jm}(p, x, \zeta; \theta) \tag{3-16}$$

将式（3-14）加总得：

$$\pi_j = \sum_m [p_j^l L_{jm} + (p_j - p_j^d) D_{jm} - c_{jm}(L_{jm}, D_{jm}) - F_{jm}]$$
$$= p_j^l L_j + (p_{jm} - p_{jm}^d) D_j - c_j(L_j, D_j) - F_j \tag{3-17}$$

$L_j = \sum_m L_{jm}$，$D_j = \sum_m D_{jm} = \sum_m H_m s_{jm} \times 平均存款$，$c_j = \sum_m c_{jm}$，$F_j = \sum_m F_{jm}$

式（3-17）的纳什—伯川德均衡为：

$$D_j(p, x, \zeta; \theta) + (p_j - p_j^d - mc_j)\frac{\partial D_j(p, x, \zeta; \theta)}{\partial p_j} = 0 \tag{3-18}$$

这里，$\dfrac{\partial D_j(p, x, \zeta; \theta)}{\partial p_j} = \sum_m H_m \times \dfrac{\partial s_{jm}(p, x, \zeta; \theta)}{\partial p_j}$

$$p_j - p_j^d - mc_j = -\left(\frac{\partial D_j(p, x, \zeta; \theta)}{\partial p_j}\right)^{-1} D_j(p, x, \zeta; \theta) \qquad (3-19)$$

为了控制省际间市场需求的差异性，何使用人口和经济变量作为控制变量，包括地区、人均 GDP 和人口密度。

为了控制需求方程中的价格内生性问题，何使用了两类工具变量。一类是成本切换变量（cost shifters），包括两个组成：一组是劳动成本、利息支出、非利息支出和佣金，它们与价格相关，但与产生内生性问题的不可观察变量不相关。另一组是信用风险变量，如贷款损失准备金/总资产、现金/总资产、所有者权益/总资产等。另一类工具变量是对手可观察的产品特征，如分支密度、人均分支、人均雇员等。

第三步：估计结构模型。

首先估计需求系统，然后使用伯川德定价博弈中的最优反应函数来估计边际贡献。

市场 m 上由银行 j 提供服务的平均效用为：

$$\delta_{jm} = x_{jm}\beta - \alpha p_{jm} + \zeta_{jm} \qquad (3-20)$$

令 S_{jm} 代表银行 j 的市场份额，s_{jm} 代表模型预测的市场份额，则有下式：

$$S_{jm} = s_{jm}(\delta)$$
$$\delta = (\delta_{1m}, \cdots, \delta_{4m}) \qquad (3-21)$$

将消费者选择四大国有商业银行的平均效用规范化为 0，则 logit 模型可表示为下面的需求方程：

$$\ln(s_{jmt}) - \ln(s_{0mt}) = x_{jmt}\beta - \alpha p_{jmt} + \zeta_{jmt} \qquad (3-22)$$

$s_{jmt} \equiv \frac{q_{jmt}}{H_{mt}}$，$q_{jmt}$ 为银行 j 提供的存款账户数量，$s_{0mt} \equiv 1 - \sum_{k=1}^{N} s_{kmt}$。

均衡价格依赖于可观察的产品特征（x_{jmt}）和不可观察的产品特征（ζ_{jmt}），所以模型存在内生性问题。因此用 OLS 估计是有偏的，它低估了需求价格弹性。所以需要用控制函数和工具变量方法。构造下式：

$$\zeta_{jmt} = \xi_j + \xi_m + \xi_t + \xi_{jmt} \qquad (3-23)$$

ξ_j 为银行虚拟变量，捕捉银行间的质量差异；ξ_m 表示省的虚拟变量，它捕捉不同省份间人们偏好的多样性；ξ_t 为年份虚拟变量，捕捉宏观经济条件；ξ_{jmt} 为一个银行—市场—时间具体的需求冲击。

x_{jmt} =（分支密度、人均分支、人均雇员、总分支、总雇员、银行虚拟变量、省份虚拟变量、年度虚拟变量）

对嵌套 logit 需求，需求方程为：

$$\ln(s_{jmt}) - \ln(s_{0mt}) = x_{jmt}\beta - \alpha p_{jmt} + \sigma\ln(s_{j\,|\,gmt}) + \xi_{jmt} \tag{3-24}$$

$s_{j\,|\,gmt}$ 是在巢 g 中银行 j 在市场 m 上的市场份额，这一方程同样存在内生性问题，同样需要用工具变量来处理。

在嵌套 logit 模型中，产品自身价格弹性和交叉价格弹性为：

$$\varepsilon_{jj} = \alpha p_{jmt}\left(s_{jmt} - \frac{1}{1-\sigma} + \frac{\sigma}{1-\sigma}s_{j\,|\,gmt}\right) \tag{3-25}$$

$$\varepsilon_{jk} = \alpha p_{kmt}\left(s_{kmt} + \frac{\sigma}{1-\sigma}s_{j\,|\,gmt}\right) \quad \text{对 } k \neq j \text{ 且 } k \in g$$

$$= \alpha p_{kmt}s_{kmt} \quad \text{对 } k \neq j \text{ 且 } k \notin g \tag{3-26}$$

第四步：估计边际贡献。

伯川德价格博弈的最优反应函数为：

$$p_{jmt} = c_{jmt} - \frac{s_{jmt}}{\dfrac{\partial s_{jmt}}{\partial p_{jmt}}} \tag{3-27}$$

给定嵌套 logit 设定，有：

$$\frac{\partial s_{jmt}}{\partial p_{jmt}} = \alpha s_{jmt}\left(s_{jmt} - \frac{1}{1-\sigma} + \frac{\sigma}{1-\sigma}s_{j\,|\,gmt}\right) \tag{3-28}$$

因此，给定参数 α 和 σ，有：

$$\frac{p_{jmt} - c_{jmt}}{p_{jmt}} = \frac{1-\sigma}{p_{jmt}\alpha\left[1 - (1-\sigma)s_{jmt} - \sigma s_{j\,|\,gmt}\right]} \tag{3-29}$$

如果 $\sigma = 1$，则边际贡献为 0，价格等于边际成本；如果 $\sigma = 0$，logit 设定只依赖于市场份额。

对供应模型加总并计算其伯川德价格博弈的最优反应函数为：

$$p_{jt} = c_{jt} - \frac{D_{jt}}{\dfrac{\partial D_{jt}}{\partial p_{jt}}} \tag{3-30}$$

如果是嵌套 logit，则有：

$$\frac{p_{jt} - c_{jt}}{p_{jt}} = \frac{1}{p_{jt}\alpha}\frac{\displaystyle\sum_{m} H_{mt}s_{jmt}}{\displaystyle\sum_{m} H_{mt}s_{jmt}(1 - (1-\sigma)s_{jmt} - \sigma s_{j\,|\,gmt})} \tag{3-31}$$

第五步：对需求方程进行回归，找出 α 的值，并把 α 的值和估计的 σ 值代入供给函数求出边际贡献。

三、并购效应评估机制

并购效应可分为两种：一是单边效应；二是协调效应。单边效应是指并购方单方面实施市场力，可以长期将价格维持在竞争性价格之上，从而可能对市场产生的反竞争效应；协调效应是指并购方与其他竞争对手通过显性或者隐性的合谋，集体实施市场力，从而引起的反竞争效应。对单边效应的评估，目前已经发展起了较为完善的经济模型，包括经典的古诺（1838）模型、伯川德（1888）模型和福熙海麦（Forchheimer，1908）模型，同时也产生了很多评估方法，最主要方法是并购模拟法。对协调效应的评估，大多数研究以定性分析为主，主要是分析协调效应存在的条件、维持的条件，结合历史记录来判断一起并购是否会产生协调效应。因为第六章将重点研究并购模拟法和对协调效应的评估方法，因此，这里我们重点介绍并购单边效应评估的另外两种方法：转换率方法和向上价格压力法。

（一）转换率方法

1996 年，夏皮罗提出了一种测量差异化产品单边效应的方法：转换率方法。[1] 潜在的反竞争单边效果指标用边际贡献率（gross margin）乘以转换率。边际贡献率等于并购前某一品牌的价格减去该品牌的增量成本，除以并购前这一品牌的价格。即：

$$m(边际贡献率) = \frac{(p - c)}{p} \tag{3-32}$$

转换率（diversion ratio）是并购企业提高其一品牌的价格，这一品牌失去的销量被这一并购企业另一品牌捕获的部分。

假设两单一品牌公司合并，合并后企业拥有 A 与 B 两品牌，则这一并购的转换率方法分析步骤如下：

第一步：考虑品牌 A 的价格增长，比如 10%，由于价格增长，品牌 A 失去的销售部分将被品牌 B 获取。

第二步：基于并购前边际贡献率和估计的转移率，计算并购后的价格增长，假定没有协同或竞争对手供给反应。

第三步：如果对手存在任何可能的和及时的对价格或产品的改变，包括产品

---

[1]　Carl Shapiro. 1996. Mergers with Differentiated Products，Antitrust，Spring 1996，pp. 23 – 30.

再定位和进入，说明这些改变对并购后价格的影响。

第四步：如果有可信的和有文件证明的降低边际成本的协同效应，修正之前的价格估计。

如果这些步骤显示并购实体强加一个显著的价格增长是最优的，则这项并购是反竞争的。这些分析步骤还可简化为：如果大量的消费者认为并购公司的产品是他们第一和第二选择（在并购前），则并购后并购实体将有刺激强加一个有利可图的价格增长（non-trivial price increase）的动机。第一步和第二步是需求边分析，第三步是供应边分析，第四步是解释可能的效率。

第一步是估计转换率。转换率是整个分析方法的核心。转换率与品牌间的交叉需求弹性很相似。夏皮罗证明，如果并购前两品牌的销量相等，则从品牌 A 到 B 的转换率等于交叉需求弹性除以品牌 A 的价格需求弹性。例如，品牌 A 的需求价格弹性为 2（增加 1% 的价格，引起销量下降 2%），两品牌间的交叉需求弹性为 1/2；如果两品牌并购前销售量相等，则转换率为 25%。在一些情况下，从品牌 A 到品牌 B 的转换率与品牌 B 的市场份额密切相关。特别地，如果所有 A 的销量损失被市场上其他品牌所捕获，并且所有的品牌相互间"同样接近"（equally close），则转换率为 $\frac{S_B}{(1-S_A)}$。在更现实的情况下，如果 A 品牌失去的顾客转向了市场外的其他机构，则转换率更低。例如，如果品牌 A 失去的顾客中有 20% 转向了其他市场，则转换率为 $(1-20\%)\frac{S_B}{(1-S_A)}$。公司的市场份额对估计转换率是很有用的。如果市场上没有一个品牌与其他品牌特别近或远，这种情况下转换率与市场份额成比例。例如，品牌 A 有 25% 份额，品牌 B 有 15% 份额，假定品牌 A 提高价格，且品牌 A 原先的顾客不会在市场上降低购买量，则这些顾客将会被市场上其他品牌捕获，转换率为 20% [15% ÷ (1−25%)]。

如果并购品牌特征相似，或者在一个更宽的产品类别内并购品牌有大的市场份额，转换率会较高；特别地，与支配性品牌并购，转换率会很高。如果并购品牌通常销售给不同类型的消费者，或者通过不同的渠道，或者消费者偏好容易被更大范围的产品替代，转换率会很低。

第二步是直接使用估计的转换率、并购前边际贡献和其他产业数据去粗略地估计并购后的价格增长。这里棘手的问题是计算并购后价格增长依赖于需求曲线的特殊形状。假设消费者的需求函数表现出固定的价格弹性。经济学家估计需求通常使用固定弹性的需求函数。使用固定弹性需求，并假设两个并购品牌在并购前是对等的，并购实体的利润最大化的价格增长公式为：$\frac{(p^*-p)}{p}=md(1-m-d)$。$p^*$ 代表并购后价格，p 代表并购前价格，m 代表并购前边际贡献率，它等于 $\frac{(p-c)}{p}$，c 是增量成本，d 代表转换率。例如，假定并购前价格是 100，单位成本是 60，因此 m 等于 0.4，假设 d 等于 0.2，即当 A 涨价时，20% 的销售损失被 B 获得。所以，$\frac{(p^*-p)}{p}=0.4\times0.2/(1-0.4-0.2)=0.2$。

例如：品牌 A 和 B 并购前价格均为 100 元，并购前销量均为 1 000 件，边际成本均为 60 元，因此并购前边际贡献率为 0.4，并购前品牌 A 的利润为 40 000 元，与最优定价一致。假定品牌 A10% 的价格增长，导致 25% 的销量下降，降到 750 件，则 A 的利润为 50 乘以 750 等于 37 500 元，小于 40 000 元。假定 A 与 B 并购，从 A 到 B 的转换率为 30%，也就是说，250 个单位的销量损失有 30% 转移给了 B，即 75 个单位，假定品牌 B 的价格也上升到 110 元，因此品牌 B 的利润上升为 50 乘以 75 等于 3 750 元，并购后利润为 37 500 + 3 750 = 41 250（元），大于 40 000 元。这个例子说明 10% 的价格增长是有利可图的，当转换率至少为 20% 时。

如果需求是线性形式，当价格上升时，弹性也会上升，则最优并购后的价格增长将变小，在这种情况下，得到公式：线性需求下的并购后最优价格增长为 $\frac{md}{2(1-d)}$。

并购品牌在属性上越接近，转换率会越高，步骤二会采用一个较高的价格增长。但如果竞争对手在并购品牌附近再定位其品牌，这种竞争威胁会阻止并购企业的价格增长；或者如果并购品牌的价格高于竞争性水平，进入者会定位它的品牌靠近品牌 A 和 B，这也会阻止价格增长。因此，考虑到竞争对手可能的品牌再定位和进入，就需要对第二步估计的价格增长做出修正。

差异化产品价格竞争的博弈分析表明，当并购方提价时，对手的最优策略也是提价。如果并购后的价格增长是有利可图的，即使考虑到对手的反应和消费替代，并购仍可能是反竞争的。如果并购没有提供显著的效率，即降低增量成本，消费者仍可能被并购所伤害。所以转换率分析的最后一步是对并购可能存在的效率进行分析，以辨别效率是否足以超过由于价格增长带来的对消费者的损害。

（二）向上价格压力法

1. 向上价格压力法的提出

并购的竞争效应通常分为单边效应和协调效应，单边效应因其相对的易测量性成为并购竞争效应研究的主要方面。[①] 单边效应的测量方法包括结构方法和非结构方法。结构方法主要指通过计算市场份额（MS）或集中度指标（HHI）来判断合并后企业的单边效应。这一方法简便易行，是判断单边效应程度的最常用指标，被各国竞争权威普遍采用，特别是在并购审查的初期。[②] 非结构方法目前比较流行的是并购模拟方法。[③] 并购模拟方法因其数据的获取与模型的设定和校准需要较长时间，不太适合在并购审查初期使用；结构方法虽然简便易行，但随着近 30 年产业组织理论和实践的发展，越来越多的理论家和法官逐渐意识到高的市场份额或集中度也能与积极有效的竞争和市场绩效相兼容，在异质性强的产业使用市场份额（或集中度）指标来鉴别并购的单边效应会产生误导（Baker & Shapiro，2008）。因为：（1）很难鉴定相关市场;[④]（2）市场份额（或集中度）不能提供准确的产品间竞争程度的度量；（3）它没有考虑影响单边效应的重要的经济变量，如外部者的价格反应与产品再定位等因素。因此需要发展一种快速而有效的度量单边效应的新方法。

2008 年 11 月 28 日，法雷尔和夏皮罗提出了一种新的度量单边效应的方法——向上价格压力法（upward pricing pressure，UPP），或称为净向上价格压力法（net upward pricing pressure）。这一方法的提出主要是受威登（1996）和布林和萨洛普（Brien & Salop，2000）的启发，用来测量差异性产业的单边效应，它通过比较并购后产生的两种相反的力量，一种是来源于因并购而产生的企业间竞争关系的消失所引发的向上价格压力，另一种是因并购而产生的企业边际成本的下降所引发的向下价格压力，比较这两种力量的净效应。如果净效应为正，即 UPP > 0，则这一并购需要做进一步的审查；否则，这一并购不需要做进一步的审查，应被准许。

向上价格压力来源于并购后企业间竞争关系的消失。假设在伯川德产业中，

---

① 并购实体单方面提高价格所产生的效应被称为"单边效应"。术语"单边"被使用是因为并购公司和它的对手都追求它们单方面的私利。单边效应产生于并购公司间的竞争内化。它通常发生在一次性的（one-shot）寡头垄断博弈情形中，具有纳什非合作均衡特征。单边效应主要归因于异质市场，伯川德模型（Bertrand Model）是描述这一效应的恰当模型。

② 在美国，竞争权威倾向于使用市场集中度，而欧盟倾向于使用市场份额，其差异导源于它们不同的对市场支配力的合法标准。

③ 并购模拟方法通常通过估计需求和供给来模拟并购后的均衡价格，并假定并购只改变产品所有权，而不改变并购后的成本和产品质量（Epstein & Rubinfeld，2001；Hausman et al.，1994；Nevo，2000；Werden & Froeb，1994）。

④ 如同张伯伦所言，如果没有清楚地打破替代链，任何试图对市场"内"产品和市场"外"产品做严格的区分，将是错误的。如果市场内的产品仅是并购产品很"远"的替代品，将它们包含在内则会过高地估计了它们的重要性；如果市场外产品与并购产品有显著的交叉弹性，将它们排除在外，则会低估它们竞争的重要性。

第三辑

政府管制与公共经济研究丛书（第三辑）

并购前有两个生产单一产品的企业 A 和 B，其产品分别记为 1 和 2，1 和 2 具有一定的替代关系，如果 A 企业提高其产品价格 P_1，由于产品替代性的存在，不可避免会导致一部分产品 1 的顾客流失到 B 企业，这种外部性的存在抑制了 A 企业提价的动机；但由于并购，A 和 B 成了一个联合企业，原先提价导致的顾客流失有一部分被 B 企业所获取，就像顾客从"一个口袋转换到另一个口袋"一样（当然并非全部的顾客），这种由于并购导致的外部效应的内部化刺激了企业 A 的提价动机，产生向上价格压力，特别是当顾客将 A 企业的产品视为第一选择，而将 B 企业的产品视为第二选择时尤其如此。向上价格压力取决于外部效应内部化的程度，即两个因素：转换率（d）和另一企业的边际贡献（M，即单价减去单位边际成本）。转换率是指当一企业提高其产品价格时，流失的顾客中有多大比例的顾客被并购中的另一伙伴企业所捕获。所以，产品 1 提价产生的向上价格压力的计算公式为：$d_{12} \times (P_2 - C_2)$，其中 d_{12} 表示从 A 企业到 B 企业的转换率，P_2 表示并购前 B 企业的产品单价，C_2 表示并购前 B 企业的边际成本。

向下价格压力导源于并购产生的效率。由于并购产生的协同效应，降低了 A 企业的边际成本，在其他条件不变的情况下，这将增加每一单位产品 1 的毛利。可以预见，产品 1 的销售越多，边际成本的降低所带来的利润增加也就越多，因此促使 A 企业产生降价促销的动机。这种因并购产生的效率带来的降价动机称为向下价格压力。产品 1 的向下价格压力的计算公式为：$E_1 \times C_1$，其中 E_1 为因并购带来的边际成本节约的比例。

净向上价格压力即为上述二者之差，即：

$$NUPP_1 = d_{12} \times (P_2 - C_2) - E_1 \times C_1$$
$$NUPP_2 = d_{21} \times (P_1 - C_1) - E_2 \times C_2 \qquad (3-33)$$

如果 $NUPP_1$ 和 $NUPP_2$ 都为正，则这一并购需要进行更进一步的审查。

上面对向上价格压力法的介绍，仅是一种逻辑上的推理，并没进行严格的数学上的推导。事实上，法雷尔和夏皮罗（2008）对 UPP 法做过详细的数学上的推导，他们将并购失去的竞争看作是一种外部效应内部化的现象，将 A 企业和 B 企业合并后的企业称为总部，而将 A 和 B 称为两个独立的部门，总部通过对 A 部门和 B 部门实行多轮征税以达到总的联合利润最大，向上价格压力即为度量这种征税的大小。这一方法较难理解。其实我们可以用比较简单的经济学方法来推导向上价格压力。

假定，并购前有 N 个单一产品企业，每一家企业都将其他企业的价格视为固定的，选择最大化自身利润的价格，即实施伯川德竞争。则企业 1 的利润函数为：

$$\Pi_1(P_1) = (P_1 - C_1)Q_1(P_1, P_2, P_3, \cdots) \tag{3-34}$$

对式（3-34）求导，求出最大化利润时的价格，有：

$$\frac{\partial \Pi_1(P_1^*)}{\partial P_1} = (P_1^* - C_1)\frac{\partial Q_1(P_1^*, P_2^*, P_3^*, \cdots)}{\partial P_1} + Q_1(P_1^*, P_2^*, P_3^*, \cdots) = 0$$

$$\tag{3-35}$$

同理其他的企业都这样做。因此，$(P_1^*, P_2^*, P_3^*, \cdots)$ 代表纳什均衡时的价格。

现在假设企业1和2合并。合并后的企业制定 P_1 和 P_2 以最大化总利润，有：

$$\Pi_M(P_1, P_2) = (P_1 - C_1)Q_1(P_1, P_2, P_3, \cdots) + (P_2 - C_2)Q_2(P_1, P_2, P_3, \cdots)$$

如果合并后的企业提价产生的利润能超过并购前的利润，则合并企业有动机这样做。用数学语言来讲，如果利润函数对并购前的价格求导大于0，则企业有动机提价。即：

$$\frac{\partial \Pi_M(P_1^*, P_2^*)}{\partial P_1} > 0$$

$$\frac{\partial \Pi_M(P_1^*, P_2^*)}{\partial P_1} = (P_1^* - C_1)\frac{\partial Q_1(P_1^*, P_2^*, P_3^*, \cdots)}{\partial P_1} + Q_1(P_1^*, P_2^*, P_3^*, \cdots)$$

$$+ (P_2 - C_2) \times \frac{\partial Q_2(P_1^*, P_2^*, P_3^*, \cdots)}{\partial P_1} \tag{3-36}$$

根据式（3-35）有：

$$\frac{\partial \Pi_M(P_1^*, P_2^*)}{\partial P_1} = (P_2^* - C_2) \times \frac{\partial Q_2(P_1^*, P_2^*, P_3^*, \cdots)}{\partial P_1} \tag{3-37}$$

如果式（3-37）>0，并购企业将有动机提高 P_1，也就是，如果 $P_2 - C_2 > 0$，且 $\frac{\partial Q_2}{\partial P_1} > 0$，并购企业将会提高 P_1。因为两并购企业的产品是替代品，P_1 提高增加了对企业2的产品的需求。式（3-37）反映了单边效应的基本思想。如果产品是替代品，企业2的产品有正的边际贡献，并购企业将有动机提高 P_1，而独立的企业不会。这是因为企业1因提价而损失的一些销量被企业2所捕获。对并购企业来讲，这是"从一个口袋到另一个口袋"的转换，这种转换刺激了企业提价。企业1和企业2的产品替代程度越深，即 $\frac{\partial Q_2}{\partial P_1}$ 越大，并购企业提高 P_1 的动机越强。

同时，并购产生的协同效应增加了效率，带来边际成本的下降，这使得并购企业产生降低价格的动机。为说明这一点，我们再次考虑利润对 P_1 的微分。假

设并购降低了 C_1，降低了 $E_1\%$；同时假设 $\frac{\partial Q_2}{\partial P_1}=0$，即两并购企业的产品是非替代品，并购没有单边效应，做这一假设是为了排除单边效应的影响，而集中于效率对价格的影响。在这一假设下，式（3-36）可改写为：

$$\frac{\partial \Pi_M(P_1^*,P_2^*)}{\partial P_1}=(P_1^*-(1-E_1)C_1)\frac{\partial Q_1(P_1^*,P_2^*,P_3^*,\cdots)}{\partial P_1}+Q_1(P_1^*,P_2^*,P_3^*,\cdots)$$

$$=(P_1^*-C_1)\frac{\partial Q_1(P_1^*,P_2^*,P_3^*,\cdots)}{\partial P_1}+Q_1(P_1^*,P_2^*,P_3^*,\cdots)$$

$$+E_1C_1\frac{\partial Q_1(P_1^*,P_2^*,P_3^*,\cdots)}{\partial P_1}$$

$$=E_1C_1\frac{\partial Q_1(P_1^*,P_2^*,P_3^*,\cdots)}{\partial P_1} \qquad (3-38)$$

式（3-38）≤ 0，因为 $E_1>0$，$C_1>0$，$\frac{\partial Q_1(P_1^*,P_2^*,P_3^*,\cdots)}{\partial P_1}<0$

式（3-38）≤ 0，所以并购企业可以通过降低价格而使利润增加。给定并购企业较低的边际成本，并购企业能通过降低价格而获益。因此，并购产生的边际成本的下降成为向下价格压力的源泉。向下价格压力的大小取决于边际成本降低的程度和在并购前价格上的需求斜率。

因此，当存在单边效应和并购效率时，净价格压力是向上价格压力和向下价格压力之和，即：

$$NPP_1=(P_2^*-C_2)\frac{\partial Q_2}{\partial P_1}+E_1C_1\frac{\partial Q_1}{\partial P_1}$$

$$=\frac{(P_2^*-C_2)\frac{\partial Q_2}{\partial P_1}}{\left|\frac{\partial Q_1}{\partial P_1}\right|}+\frac{E_1C_1\frac{\partial Q_1}{\partial P_1}}{\left|\frac{\partial Q_1}{\partial P_1}\right|}$$

$$=(P_2^*-C_2)d_{12}-E_1C_1 \qquad (3-39)$$

式（3-39）即是法雷尔和夏皮罗（2008）提出的向上价格压力的计算公式。

2. 向上价格压力法运用的拓展

法雷尔和夏皮罗（2008）提出的向上价格压力法主要运用于差异性产业的伯

---

① $d_{12}=-\left(\frac{\partial Q_2}{\partial P_1}\right)\left(\frac{\partial Q_1}{\partial P_1}\right)$

川德竞争。莫锐西（Moresi，2010）拓展了向上价格压力法的运用，认为它还可运用于古诺竞争（Cournot Competition）[①] 和投标竞争情形下。

莫锐西（2010）认为，向上价格压力法能运用在同质产品的古诺产业中，只是这时的转换率等于1，公式为：$UPP_1 = (P_2 - C_2) - E_1C_1$。[②] 转换率等于1是因为产品是完全同质的。在差异性产品的古诺产业中，向上价格压力法也能运用，只要将法雷尔和夏皮罗（2008）的数量转换率换成价格转换率即可，其公式为：$UPP_1 = \tilde{d}_{12}(P_2 - C_2) - E_1C_1$，$\tilde{d}_{12}$ 表示价格转换率。所谓价格转换率，可这样理解：当企业1单边降低产量，提高价格时，企业2得到的价格增加相对于它通过直接降低产量增加的价格更大，这时企业1转换给企业2的价格转换率 = 企业2得到的名义价格增长（给定企业2的产量）/企业1得到的名义价格增长，用公式表示为：

$$\tilde{d}_{12} = \frac{\dfrac{\partial P_2(\bar{q})}{\partial q_1}}{\dfrac{\partial P_2(\bar{P})}{\partial q_2}} \qquad (3-40)$$

转换率是理解向上价格压力法的关键。下面举一例来说明数量转换率和价格转换率。有两个航空公司A和B，它们独占上海—悉尼的航线。当人们对国际旅行的需求很低时，A和B的航班上会出现很多空位，因此它们收取相对较低的费用。假定它们的竞争为伯川德竞争。如果A公司单方面提高其收费，它会失去100个顾客，其中60个顾客转向了B公司，那么从A公司到B公司的数量转换率为60%，这是在伯川德模型中使用的转换率，因为伯川德模型假设B公司有过剩的产能。如果人们对国际旅行的需求很高，因为A公司和B公司航班承载量的约束，其只能通过提高收费来使得供求平衡。在这一环境中，一般人们假设A和B公司的竞争为古诺竞争。假定A公司取消一条从上海到悉尼的航班。航班减少，顾客将增加对这条航线上其他航班的需求，导致A公司和B公司提高其他航班上的收费。如果乘客认为A公司和B公司是有差异的，则原来乘坐被取消航班的乘客会选择继续搭乘A公司的航班，这意味着A公司比B公司有更高的提价。假设A公司提高收费100美元，B公司提高收费60美元，则从A公司到B公司的价格转换率为60%。如果顾客认为A公司和B公司是无差异的，则

① 在古诺产业中，供应商首先确定数量或产能，然后调整价格使得需求等于供给，因此是数量驱动价格。

② S. Moresi. "The Use of Upward Price Pressure Indices in Merger Analysis." The Antitrust Source, Feb. 2010.

A 公司和 B 公司的提价一样多，其价格转换率为 1。有趣的是，当一个产业中只有两个企业时，价格转换率等于数量转换率；当一个产业中多于两企业时，一般来讲，价格转换率高于数量转换率。[1] 这表明管制权威在运用向上价格压力法审查伯川德产业和古诺产业时，仅估计数量转换率是保守的。

向上价格压力法还能运用于投标竞争情形中。投标竞争可分为一次性的密封投标递价竞争和多轮的公开拍卖竞争。如果是前者，向上价格压力法的运用只需要将数量转换率变成"中标可能性转换率"（winning probability diversion ratio）。考虑一个假设的密封投标递价，供应商通常在假设对手的出价不变的情形下考虑自己的出价，如果供应商提高其出价，则其中标的可能性会下降，同时增加其他公司中标的可能性。随着企业 1 出价单方面的提高，从企业 1 到企业 2 的中标可能性转换率等于企业 2 中标可能性的增加除以企业 1 中标可能性的降低。直觉上，它是企业 1 中标可能性下降的部分被企业 2 捕获的部分。例如，如果企业 2 的中标可能性从 20% 提高到 24%，企业 1 中标可能性从 30% 下降到 14%，则中标可能性转换率为 25%（4%/16%）。如果是公开拍卖，直接用法雷尔和夏皮罗（2008）提出的向上价格压力法来计算，转换率用市场份额来计算。比如，企业 1 的市场份额为 25%，企业 2 的市场份额为 15%，则从企业 1 到企业 2 的转换率为 25%［15%/（1 − 15% − 25%）］。

3. 对向上价格压力法的批评

法雷尔和夏皮罗（2008）向上价格压力法的提出，立刻在反垄断经济学领域引起了巨大的反响，很多反垄断经济学家纷纷撰文评述这一方法。有些经济学家对这一方法做了一些补充，如上面提到的莫锐西对向上价格压力法的拓展；有些对该方法做了一些修正，如斯马兰西（Schmalensee，2010）认为，真正的净向上价格压力应等于法雷尔和夏皮罗的 UPP 加上 $E_2 d_{12} C_2$，即 $UPP_1^* = UPP_1 + E_2 d_{12} C_2$，因为并购带来的效率不仅降低了企业 1 的边际成本，也降低了企业 2 的边际成本，这导致了企业 2 边际贡献的增加，相应增加了 UPP_1，因此有：

$$UPP_1^* = d_{12}(P_2 - (1 - E_2)C_2) - E_1 C_1$$
$$= UPP_1 + E_2 d_{12} C_2 \tag{3-41}$$

斯马兰西的这一公式看似比法雷尔和夏皮罗的 UPP 更合理，但它更复杂，不直观，不仅要估计企业 1 的效率分值 E_1，而且还要估计企业 2 的效率分值 E_2；

① S. Moresi. "The Use of Upward Price Pressure Indices in Merger Analysis." The Antitrust Source, Feb. 2010.

很显然，只要 UPP_1 大于 0，UPP_1^* 也必然大于 0，也就是说，凡是用 UPP_1 检验需要进一步审查的并购，用 UPP_1^* 检验结论一定也是需要进一步的审查。所以从简约性的角度考虑，还是用 UPP 检验更可取。

也有一些学者对向上价格压力法提出了批评，主要有：

（1）这一方法的一些假设不现实。比如，这一方法所做出的单一产品企业假设，事实上现实中的企业更多的是生产多种产品；再如，当计算一产品的向上价格压力时，通常假设另一产品的价格不变，但现实中两种产品的价格都会变。

（2）埃普斯坦和鲁宾菲尔德（Epstein & Rubinfeld, 2010）指出，向上价格压力法只是并购模拟的一种特例，二者仅有形式上的差别，没有质的差别。向上价格压力的主要创新在于对转换率的分析，而并购模拟模型主要在于对自身价格弹性和交叉价格弹性的分析。二者没有质的差别，因为转换率和弹性实质上是同一的。因为：

$$d_{12} = -\left(\frac{\partial Q_2}{\partial P_1}\right)\left(\frac{\partial Q_1}{\partial P_1}\right)$$
$$= -\left(\frac{\partial Q_2}{\partial P_1}\right)\left(\frac{P_1}{Q_2}\right)\left(\frac{\partial Q_1}{\partial P_1}\right)\left(\frac{P_1}{Q_1}\right)\left(\frac{Q_1}{Q_2}\right)$$
$$= -\left(\frac{\varepsilon_{21}}{\varepsilon_{11}}\right)\left(\frac{Q_2}{Q_1}\right) \quad\quad (3-42)$$

因此从式（3-42）可看出，转换率是以自身价格弹性和交叉价格弹性为基础的，转换率和交叉价格弹性都是测量产品间替代性的指标，二者没本质区别。当然这还不足以说明向上价格压力法与并购模拟的关系，我们可以用两个生产单一产品企业的伯川德竞争模型来说明二者间的关系。从并购模拟模型开始，并购前两企业最大化其利润，其一阶条件为：

$$\varepsilon_{11} = 1/\mu_1 \quad\quad \varepsilon_{22} = 1/\mu_2 \quad\quad (3-43)$$

其中，ε 表示自身价格弹性，μ 代表边际贡献率，即 $\mu = \frac{P-C}{P}$。

并购后的一阶条件是：

$$\varepsilon_{11}s_1\mu_1 + \varepsilon_{21}s_2\mu_2 = -s_1$$
$$\varepsilon_{12}s_1\mu_1 + \varepsilon_{22}s_2\mu_2 = -s_2 \quad\quad (3-44)$$

其中，ε_{21}、ε_{12} 表示交叉价格弹性，s_1、s_2 表示市场份额。

上面的这两个表达式是很一般的表达式，它并不依赖于特定的需求函数的设定。

假定并购产生的效率降低了边际成本，从而改变了边际贡献，但并没改变价格，那么价格弹性和市场份额不会发生变化。如果均衡的并购后的价格不变，我们可以求出并购产生的效率为：

$$C_1 - C_1^* = \frac{\varepsilon_{12}\dfrac{s_2}{s_1} - \dfrac{\varepsilon_{12}\varepsilon_{21}}{\varepsilon_{11}}}{\varepsilon_{11}\varepsilon_{22}\left(1 - \dfrac{\varepsilon_{12}\varepsilon_{21}}{\varepsilon_{11}\varepsilon_{22}}\right)} \tag{3-45}$$

C_1 代表并购前的边际成本，C_1^* 代表并购后的边际成本。

将式（3-44）代入式（3-45）得：

$$C_1 - C_1^* = \frac{d_{12}(P_2 - C_2) + d_{12}d_{21}(P_1 - C_1)}{1 - d_{12}d_{21}} \tag{3-46}$$

UPP 的规则是：
$$C_1 - C_1^* = D_{12}(P_2 - C_2) \tag{3-47}$$

比较式（3-46）和式（3-47）可看出，UPP 是在 $d_{21} = 0$ 时并购模拟模型的一个特例，也就是说，并购模拟考虑了反馈效应（feedback effect），而 UPP 没有。

（3）向上价格压力法的准确性依赖于转换率、边际贡献率和效率分值这三类变量，但获得这三类变量的数据通常很难。从向上价格压力法的计算公式可看出，并购评估权威评估并购的单边效应的有效性依赖于它们是否能正确地计算转换率 d_{12} 与 d_{21}、边际贡献 M_1 与 M_2、效率分值 E_1 与 E_2，但在并购评审的初审阶段，获得这三类变量的信息通常很难，即使能获得，要想准确地计算，也是很困难和费时的。

通常转换率的估计有以下几种方法：①最可信赖的方法是对消费者的需求进行实证分析，但这一方法对数据和时间很敏感。数据的搜集很难。②根据调查资料或企业的损益表估计。但这样的资料一方面有些企业不公开，不易获得；另一方面，数据的整理和计算费时费力，远不是并购评审的初审阶段所能完成的。③最简单的办法是使用市场份额的信息来估计转换率。但这一方法有两个明显的问题。一是计算市场份额就必须界定市场，但向上价格压力法的优点之一就在于它避免了市场界定的麻烦；二是在很多情况下，市场份额并不能很好地表现真正的转换率，因为它需要假设转换率与现存的市场份额成比例（Shapiro，1995），这就意味着假设消费者需求具有"不相关选项的独立性"或称"IIA 性"（independence from irrelevant alternatives）。IIA 性认为两个选项间的选择概率比完全不受其他选项系统性的效用影响，即消费者对两个竞争性产品的选择与其他可得的产品无关。它的消费者需求的含义是消费者视产品是"等差异的"，因此转换率与市场份额成比例。这一假设在很多情况下不现实。在很多现实市场上，消费者不会认为所有其他产品是相等的替代品（Werden & Froeb，1994）。

对效率分值的估计通常也很难。因为它需要边际成本的信息，而边际成本是很难准确度量的。实践中，通常用平均变动成本来代替边际成本，但这一估计是向下偏误的。因为在竞争性条件下，边际成本往往会大于平均变动成本。[①] 所以，法雷尔和夏皮罗建议效率分值采用默认值10%。但这一分值未免过于武断，毕竟不同的并购所带来的效率不同。

同样对边际贡献率的估计也会遇到与效率分值同样的问题。实践中，并购管制权威通常运用拇指法则或以前的经验假定边际贡献率为某一数值。

（4）向上价格压力法最严重的不足是它只是一个向上价格压力估计，而不是预期的价格变化。这一方法仅评估了并购企业有动机提高价格，而不能具体地评估提价的程度，有可能一项并购有很大的 UPP 值，但却只有很小的真实的价格增长。

4. 对向上价格压力法的评价

向上价格压力法于2010年被美国联邦贸易委员会和司法部写进《2010年水平并购指南》，表明这一方法作为一种快速有效地界定单边效应的方法已获得并购管制权威的认同。任何一种新方法，或多或少都有缺陷，但只要它能更好地履行自己的功能，则不失为一大贡献。向上价格压力法同样如此。尽管它有上述的一些不足，但它的主要作用在于为并购初审阶段提供快速有效的识别单边效应的工具。应该说，在这点上，向上价格压力法要好于市场结构法和并购模拟法。

相对于用市场份额和市场集中度指标来识别并购的单边效应，向上价格压力法的优点在于：（1）它不需要界定市场。界定市场是并购反垄断审查中最困难的事情，也是并购管制权威与并购企业争议最大的地方。不管是 SSNIP，[②] 还是哈里斯和西蒙斯（1989）提出的临界损失检验，凯茨和夏皮罗（2003）提出的总的转换率方法，以及沃特斯（2007）提出的近似的转换率方法，都不能准确地令人信服地界定市场。向上价格压力法只要能准确地评估转换率、边际贡献率和效率这三个变量，就能在无须界定市场的情况下，判断向上价格压力的大小。这有助于减少管制权威与并购企业间的纠纷，促进并购审查的顺利进行。（2）它考虑了影响单边效应的经济变量，有强有力的经济学理论支撑；市场结构法建立在

---

① 也有可能当一家企业面临相对无弹性的需求曲线时，边际成本会小于平均变动成本，但这是不典型的情况。

② 它是 small but significant nontransitory increase in price 的英文缩写，即"一个小的显著的但非暂时的价格增长"，也被称为"假设的垄断者检验"（hypothetical monopolist test）。

SCP 范式基础上，而这一范式缺乏强有力的经济学理论支撑，其有效性越来越受到产业组织经济学家的质疑。相对于市场结构法而言，向上价格压力法考虑了一些经济变量，但也有一些学者同时也批评它没有考虑到很多影响并购竞争效应的因素，包括潜在的供应边反应（如进入和产品再定位）、企业的多产品性、价格的相互依赖性和一些动态因素（如网络效应和干中学）。应该说，这些批评指出的问题确实是客观存在的，但如果向上价格压力法将以上一些因素都纳入其分析框架，则失去了其作为快速识别单边效应的作用。即使是并购模拟法，也没能将上述因素都纳入分析，更何况仅是一个并购初审阶段的单边效应的显示器。

虽然有上述优点，但向上价格压力法并不能因此而取代市场结构法，毕竟市场结构法所需要的数据容易获取，计算简单，并购管制权威也能驾轻就熟地运用。因此这二者的关系并不是谁取代谁的关系，而应是相互补充的关系。如果一项并购，不管是用市场结构法，还是用 UPP 法，结论都是要进一步的审查，则可在很大程度上断定这项并购可能存在反竞争性损害，需要接受进一步的审查；如果两种方法的结论都是不需要进一步的审查，则大体上可得出这项并购应得到准许的结论；如果两种方法的结论是相反的，应结合考虑其他影响竞争的因素，如一些缓释因素（包括潜在竞争、市场容量与市场景气度、进入或退出壁垒、公共利益等），具体情况具体分析。

1992 年美国《水平并购指南》采用了以 35% 的市场份额作为并购是否需要进一步审查的临界值。我们可以将 UPP 检验与 35% 市场份额检验做一下比较，图 3－2 是这两种检验的比较。

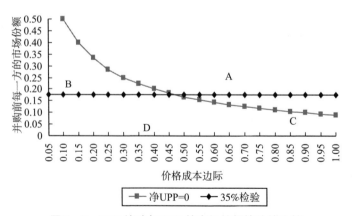

图 3－2　UPP 检验与 35% 的市场份额检验的比较

假定：（1）并购降低成本 10%；（2）企业间的竞争形式为伯川德竞争；（3）并购双方是对称的；（4）用市场份额来表示转换率，即 $d_{12} = \dfrac{S}{1-S}$。[①]

图 3-2 中，向下倾斜的曲线表示净 UPP，这条线以上的区域其净 UPP 大于 0，以下的区域其净 UPP 小于 0。平行于横轴的直线表示 35% 的市场份额检验，因为假定并购双方是对称的，所以每一方并购前其市场份额都为 17.5%。从图 3-2 可看出，如果用 35% 的市场份额检验，那么 A 区域和 B 区域中的并购需进行深入的反垄断审查，而 C 区域和 D 区域中的并购则不需要。如果使用 UPP 检验，A 区域和 C 区域中的并购需要进一步的反垄断审查，而 B 区域和 D 区域中的并购不需要。不管用哪一种方法，A 区域中的并购都需要进一步的反垄断评估，因为落在这一区域中的并购其边际贡献率（或称价格成本边际）和市场份额都高，存在较为明显的单边效应。D 区域中的并购也是一样，两种检验得出相同的结论，因为并购双方的边际贡献率和市场份额都很小，所以反竞争性的可能性小。B 区域和 C 区域较为特殊。B 区域中的并购用 35% 的市场份额检验需要进一步审查，而用 UPP 检验则不需要。因为 B 区域中的并购虽然市场份额高，但边际贡献率小，很可能是因为消费者愿意且能很容易地转向其他竞争性产品，竞争者也不受产能扩张的制约，因此没有反竞争的损害。C 区域中的情形则正好相反，使用 UPP 检验需要进一步审查，但使用 35% 的市场份额检验则不需要。因为 C 区域中的并购虽然联合市场份额小，但边际贡献率高，边际贡献率高很可能是因为存在进入壁垒或者缺少竞争性替代品的结果，因此需要进一步评估。如果将这两种检验结合起来考虑，那么 A 区域中的并购则是并购管制权威需要重点评估的对象，这样可以在并购管制机构人员紧张而并购案件繁多的情况下，节省时间和精力，有利于在初审阶段准确有效地对并购案件做出判断。

与并购模拟方法比较而言，向上价格压力法的优点在于：（1）并购模拟模型受需求模型的影响，而向上价格压力法不受需求模型影响。并购模拟模型通常有 logit 模型、嵌套 logit 模型、线性模型、对数线性模型、等弹性模型、AIDS 等模型，在不同的模型设定下，往往会得出不同的单边效应的值，甚至有时是几倍的差距，因此，模型设定的不同，往往得出不同的结论，很可能用线性模型或 logit 模型得出一个较低的价格增长的结论，而用等弹性模型或 AIDS 模型却得出一个很高的价格增长的判断，因此导致是否需要并购管制的结论也不同。所以并

[①] 这一计算暗含地假设市场需求弹性为 0。但这并不总是正确的，真实的市场需求弹性的绝对值大于 0，转换率将变小。

购模拟模型通常需要进行敏感性分析。向上价格压力法只受转换率、效率分值和边际贡献率的影响，不受需求模型的影响。（2）向上价格压力法更简单，更透明，即使与最简单的线性需求并购模拟模型相比，也是如此。比如在对称情况下，向上价格压力法只需要3个变量：边际贡献率、转换率与效率分值；而在线性需求的并购模拟方法下，按照斯马兰西（2010）的计算，预测的价格增长为：

$$\frac{\Delta P}{P} = \frac{dM - E(1-d)(1-M)}{2(1-d)} = \frac{\dfrac{UPP^*}{P}}{2(1-d)} \tag{3-48}$$

这一式子被斯马兰西称为"线性情况下的价格变化"（price change assuming linearity，PCAL）。但在不对称情况下，则需要6个变量：M_1、M_2、d_{12}、d_{21}、E_1、E_2。夏皮罗（2010）根据斯马兰西（2010）的 PCAL 推导出非对称情况下并购模拟的单边效应计算公式：[①]

$$\frac{\Delta P_1}{P_1} = \frac{\left[2d_{12}M_2 - E_2(1-M_2)(d_{21}-d_{12}) \right]\dfrac{\overline{P}_2}{P_1}}{4 - (d_{21}+d_{12})^2}$$
$$+ \frac{\left[d_{21}(d_{21}+d_{12})M_1 - E_1(1-M_1)(2-d_{21}(d_{12}+d_{21})) \right]}{4 - (d_{21}+d_{12})^2} \tag{3-49}$$

很明显，这比 $UPP_1 = d_{12}(P_2 - C_2) - E_1C_1$ 复杂得多，而且还是在最简单的线性需求模型下。

同样，虽然向上价格压力法相比并购模拟法有上述优点，但这一方法评估并购的单边效应远没有并购模拟法准确。并购模拟法适合对并购案件进行详细的审查与评估，而向上价格压力法只适合对并购案件进行快速的筛选；或者说，向上价格压力法适合并购管制的第一阶段评估，而并购模拟法适合并购管制的第二阶段评估。

总之，向上价格压力法相比市场结构法和并购模拟法有其不可比拟的优点，作为一种快速简单的识别单边效应的方法，它有利于节省并购管制的时间和成本，减少并购管制机构与并购企业在界定市场上的纷争，是一个可行的甄别单边效应的机制。如果将它与市场结构法结合，则能更快更有效地识别那些可能产生重大降低竞争效应的并购，因此这两种方法可以相互补充。但同时我们也不能对该方法寄予过高的期望，希望用它来清晰地鉴别所有并购的单边效应，毕竟它只

---

① C. Shapiro. 2010. "Unilateral Effects Calculations", http：//faculty. haas. berkeley. edu/shapiro/unilateral. pdf.

考虑了 3 个重要的影响单边效应的因素，还有很多重要因素没能纳入分析框架，而且它也只能辨别并购所产生的价格变动的方向，而不能衡量价格变动的幅度。所以并购模拟法仍是鉴别并购的单边效应的最好方法（从目前看），向上价格压力法适合于并购管制的第一阶段，并购模拟法更适合并购管制的第二阶段评估。

转换率方法和向上价格压力法对银行业同样适用，都可用来对银行业并购的单边效应进行分析。

四、垄断缓释因素分析机制

前面一步对并购效应的评估并不是并购评估的终结，一项并购，即使在上一步发现存在反竞争的可能，但如果存在下述的缓释因素，仍有被批准的可能。这些因素包括：（1）市场上存在类似的强有力的竞争者；（2）市场进入容易；（3）顾客的转换成本低；（4）被并购银行是一个失败银行；（5）并购有利于公共利益；（6）人口迁移等。

（一）竞争者分析

随着技术的进步，市场竞争的日趋激烈，商业银行与其他金融机构（如货币市场基金、非存款金融机构）的区别越来越小，业务渐趋同质，这些都没包含进 HHI 的计算中（Gilbert & Zaretsky，2003），因此在新形势下必须对此做出调整，给予它们相应的权重。如果确认它们已经成为商业银行强有力的替代，商业银行不太可能单边提高贷款利率或降低存款利率，也就是说反竞争的动机减弱，可以同意这起并购。

例如，信用社通常被排除在 HHI 的计算外，有几个原因：（1）信用社并不提供完全的"产品和服务群"；（2）信用社有人员约束；（3）信用社缺乏广泛的分支机构和自动取款机（ATMs），获取顾客不易。但如果信用社不是如上述所言，则应该赋予其一定权重甚至 100% 的 HHI 计算权重。

由于技术进步，电子银行的出现已成为一个重要的缓释因素，因为电子银行延伸了并购评估的市场范围，对反垄断相关市场界定的影响大。虽然有人认为电子银行并没有对银行业的竞争产生显著影响，[①] 但不管怎样，电子银行正在或者

第三辑

政府管制与公共经济研究丛书（第三辑）

---

① 如厄恩斯特和扬认为电子银行的金融交易占总服务量的比重不足 1%，不足以构成对市场结构的影响。罗迪斯（1996）也认为，尽管电子银行的发展有很大潜力，但判断说它对银行并购的竞争效应产生了显著影响，还为时尚早。

将要成为银行并购的缓释因素是一个不争的事实。

这一因素是分析银行并购的竞争效应的重要缓释因素，在许多案例中都会分析这一因素。2006 年底，国民银行收购共和银行。合并后的公司称为国民共和银行，成为全美 45 大银行持股公司。美联储仔细检查了两个密歇根银行市场——弗林特和杰克逊。在仔细检查了这些本地市场后，美联储发现即使分拆分支，HHI 集中度也会超过 DOJ 的并购临界值。美联储考虑了很多缓释因素后决定"并购没有明显的反竞争效应"。委员会也发现 HHI 夸大了潜在的反竞争效果，因为：（1）在市场上还有 17 个其他存款机构；（2）社区信用社的竞争是充满活力的；（3）弗林特市场吸引了新的进入者。所以，DOJ 认为并购产生不明显的负竞争效果。

（二）市场进入

按照可竞争市场理论，如果市场进入容易，且进入后不存在显著的沉没成本，则这一市场就成为一个可竞争市场，并购者不太可能在这一市场上实施反竞争性行为。因此，市场进入的难易程度就成了重要的并购评估的缓释因素。

银行业的进入障碍包括：（1）分支；（2）营业执照（它是接收存款的前提）；（3）电子银行网络，包括自动取款机（ATM）、销售点电子转账系统（EFTPOS）等；（3）交换费；（4）顾客惰性（信息困难、交易成本、信誉维护、银行关系是这种惰性的组成因素）；（5）规模经济和范围经济。

对银行业市场进入的评估，通常从以下几方面进行评估：

第一，从原理上分析。就原理来讲，进入是困难的，特别是在中小企业贷款市场。企业家与银行的关系不是一夜之间能建立起来的。建立双重信任关系需要时间和精力。相应地，一个人不能期望很快通过建立分支网络进入贷款市场。这种企业家和银行的关系型投资主要是沉没成本。对企业家而言，面临事后重要的转换成本。这些成本的存在，允许在位银行建立策略性的进入障碍。例如，在位银行能与企业和零售商签订排他性合同。它们能通过更多地延伸分支网络，先发制人地进入，或者通过捕获吸引人的区位进入。

第二，区分非承诺式进入（uncommitted entrant）与承诺式进入（committed entrant）。1992 年美国《水平并购指南》区分了非承诺式进入和承诺式进入。非承诺式进入的概念有效地吸收了供应边替代的观念，这种进入能很快发生，不需要对新产品或设备进行大量投资。这为进入银行提供了一个短期盈利机会并且一旦机会消失能全身而退。承诺式进入则相反，它更有风险，当面临风险时不能全身而退。

第三，TLS 分析。TLS 指这种进入是否是及时的、可能的和有效的（timely, likely and sufficient，TLS）。如果潜在银行的进入是及时的（如 2 年内）、可能的和有效的，那么银行并购后的实体不太可能实施市场力。

第四，沉没成本分析。沉没成本是指总的成本中，如果公司待在市场，它有持续的价值；但如果公司退出，它是不可回收的。新进入者总会遇到这样的沉没成本，如获得市场信息、开发和检验产品设计、安装设备、雇用新员工和建立分配系统。此外，潜在进入者的沉没成本还包括特殊资产的投资和学会如何最优化使用这些资产，克服在位者的声誉优势，克服在位者策略性行为带来的不利影响等。对银行业来说，沉没成本包括建立为发放贷款或提供存款和其他银行产品必要的传输设施、建立或延伸专门的计算机系统等。在评估进入可能性时，竞争当局将考虑那些减少沉没成本的技术发展。然而，这些可能的变化必须既是可能的又能充分地阻止并购后明显的价格增长。例如，一个新进入者仅有有限的分支，不可能被大量的顾客所接受，这样的进入将不会被认为能充分地阻止并购后的价格增长。

第五，场内银行的扩张障碍（barriers to expansion）分析。在竞争分析中，扩张障碍很重要，因为即便进入障碍很高，扩张障碍也可能很低。不考虑扩张障碍会导致错误的判断。例如，当一个银行有很高的市场份额时，我们会得出它有市场力的判断。因为它是进入市场的高障碍。而事实上，当扩张障碍很低时，银行即使有高的市场份额也不会有市场力。沉没成本对扩张障碍的分析也很重要。如果银行需要发生显著的沉没成本来延伸产出，则它可能面临显著的扩张障碍。然而，这也是可能的，即进入市场时，存在显著的沉没成本，而扩张产出时存在低沉没成本。比如，品牌重要时，进入障碍高，但扩张障碍低。因为一旦建立了品牌，扩张销售将不再要求明显的沉没成本。又如，当投资巨大时，进入市场的沉没成本高；但扩张产能到总产能的成本将是低的。

第六，潜在的竞争者成为一个有效的竞争者要花费的时间。时间越短，竞争威胁越大，越有可能作为缓释因素。

罗迪斯（1997）对银行的进入障碍做了一个很好的综述，他发现明显的进入障碍的证据，在位银行能从先动优势中获利。加拿大竞争局同样认为银行业的进入障碍是高的，特别是分支网络的障碍。金融机构的密集性分支网络产生了一个巨大的投资，使新进入者很难复制。此外，分支保本要花费一段很长时间（一般3~7 年）。与新进入者相比，在位银行还有一个优势，即它们已占据了好的区

第三辑

政府管制与公共经济研究丛书（第三辑）

位。此外，新进入者还面临顾客惰性的影响，因为顾客不愿意转换他们的金融机构以及品牌等。

在联邦贸易委员会对佛斯特（Foster）案（2007）中，① 委员会虽然发现市场集中度和市场份额的高增长，但考虑到市场进入容易，仍然同意了这起并购。这说明进入障碍已作为银行并购的重要缓释因素。

（三）转换成本

由于转换成本的存在，银行竞争没有想象中的那么大。转换成本的增加使每家银行面临的需求曲线更陡峭，即使竞争增强，每家银行的市场力也会增加。

由于转换成本的存在，消费者面对最初的购买和紧接着的购买之间有一个兼容性问题，最初购买可称为主市场，而之后的连续购买可称作"配件市场"（aftermarket），这会使消费者锁定于最初的提供者。因此，在初始时期竞争的存在并不能保证竞争在随后的时期持续存在，这就会产生一个自相矛盾的结果，即使一家公司在竞争顾客时没有明显的市场力，但它也会对它获得的顾客实施市场力，这些顾客在某种程度上组成了一个特定的相关市场。

转换成本的来源要么是结构性的（与产业特定外生属性相关），要么是战略性的（由公司创造市场力内生决定）。外生性的转换成本可通过额外的监管干预提高市场竞争程度来缓解；而内生性的转换成本，虽然在理论上可对其进行反垄断实施，但实际上很难，因为这一判断不可避免带有武断成分，需要运用"合理规则"以案例为基础来分析。转换成本通常出现在重复消费的市场上，它有弱化替代品的效应。即使价格竞争在初始时期 t 存在，但当顾客需要重复购买时，这一价格竞争会在随后时期减弱。所以能这样说，在 t + n（n = 1，2……）期，转换成本的存在改变了公司和顾客在相关市场上的关系。

由于转换成本，事前同质产品变成事后异质产品。产生这些成本的原因有多种，经济的与心理的，例如不同的偏好和认知不协调（connitive dissonance）、跨期（intertemporal）产品和服务兼容性、网络外部性（network externalities）（Katz & Shapiro，1985）、企业关系的信息投资等。除此之外，还有可能是赶时髦（bandwagon effect）（Leibenstein，1950），如亚瑟（Arthur，1989）认为消费者希望购买与其他消费者购买的品牌相同或相容的牌子。从理论上说，顾客转换成本赋予公司市场力。因此，公司面临一个选择，是收取低价吸引顾客并锁定他们，

---

① FTC v. Foster，2007 - 1 Trade Cas.（CCH）75，725（D. N. M. 2007）.

还是从已经被锁定的顾客处高价抽取超额租金。

由于信息不对称，银行业的转换成本是普遍存在的，存款市场和贷款市场都存在转换成本。存款市场上的转换成本通常是一个固定的技术成本（Klemperer，1995），包括顾客转换银行的皮鞋成本和其他搜寻成本以及开办新账户、转移资金、关闭旧账户的机会成本等。这些成本对存款者来说大多是外生的，但当银行向欲离开的顾客收取关闭账户的费用时，转换成本是内生的。在贷款市场上，除了改换银行发生的固定的技术成本外，还有信息转换成本。在贷款供应商之间的转换会带来直接的交易成本：关闭一个账户、开设新账户等。一个高质量的借款者转换到另一家银行，会混同于低质量的借款者并面临不利条款（Sharpe，1990；Von Thadden，1998）。这一现象（也被称为"柠檬"问题）在银行出现系统性的问题时会更明显。银行顾客的转换成本是银行租金的来源。每一类转换成本可能很小，不能带来很大的市场力，但是它们的累积效果可能取得实际上的相当大的市场力。

大量的转换成本理论分析使用两阶段模型，第一阶段消费者选择从一公司购买产品，第二阶段被锁定。这种"讨价还价然后撕掉"范式（bargains-then-rip-off pattern）是很多两阶段模型的主题。一个例子是银行为大学生提供礼品和免费服务，诱导他们开账户，接下来的几年制定高的盈利性价格。然而，当新顾客在每一时期都在进入市场，老顾客离开，公司不能区分新老顾客时，这一模型是无用的。

克莱姆佩勒（1995）对转换成本做了一个很好的综述。夏皮罗和瓦里安（Shapiro & Varian，1998）为转换成本对市场行为的影响提供了大量的例子。也有很多关于银行业转换成本的实证研究，如夏普（1997）发现零售存款利率与转换成本密切相关。金等（2003）通过一个市场份额方程和一个供给方程在伯川德行为假设下，将其运用于挪威银行业贷款行为的研究，认为平均转换成本的点估计是 4.12%，约合市场平均贷款利率的 1/3。超过 1/4 的顾客的增加值归因于由这些转换成本产生的锁定现象。约 1/3 的平均银行市场份额归因于它建立的银行—借款者关系（bank-borrower relation）。夏伊（2002）使用价格和市场份额的数据对芬兰银行存款进行研究，发现存款转换成本是 0 ~ 11%。伯格和迪克（2006）通过对 1972 ~ 2002 年 10 000 家银行进行研究，发现早期进入者有市场份额优势。一家银行进入越早，市场份额越大，优势在 1 ~ 15 点。

文献通常认为，增加转换成本将提高平均价格，并导致更高的公司利润（Farrell & Klemperer，2006）。因此，公共政策应努力去减少这样的转换成本。银行通过标准化的"转换包"（switching packs）或引入账户号码携带（account number portability）来降低转换成本。但德格里斯和普罗沃斯特（Degryse & Provoost，2008）认为，当消费者的转换成本差异很大时，降低转换成本的竞争效果主要依赖于这种降低是如何实现的。考虑两种方式的转换成本降低：比例性降低与一次性降低（a lump-sum reduction）。用比例性方式，面临高转换成本的消费者将比那些面临更低转换成本的消费者享受明显的转换成本降低的好处。例如，当公司引入一个友好的使用者指南，介绍顾客如何更容易地从一个供应商转移到另一个供应商，低转换成本的消费者将只从中享受一点利益，而高转换成本的消费者受益更多。迈勒斯（Miles，2004）研究了英国抵押贷款市场，他认为，对借款者特别是对那些金融上无知和那些认为转换到另一个更优惠的抵押贷款者的成本太高而望而却步的借款者来说，转换成本代表了再抵押的障碍。这群人将从转换成本的降低中享利更多，那些有充分金融知识的借款者却受益很少。如果用一次性地降低转换成本方法，不考虑转换成本的初始水平，通过增强兼容性来降低转换成本，则所有的消费者受益同样多。号码携带服务可作为转换成本一次性降低的例子。迈勒斯（2004）发现：（1）比例性方法趋向于被公司拒绝，因为这样会增强跨期竞争。（2）一次性降低转换成本能使竞争弱化。因为一次性降低将增加第二阶段偷猎的利润，所以公司在第一阶段将更少侵略性，降低了跨期竞争。在一次性降低中，两个公司利润都将增加。（3）通过比例性的降低转换成本，社会福利增加。最后结论认为，当政策制定者采取措施允许公司降低消费者的转换成本时，应当小心。

（四）失败公司救济

美国 1992 年《水平并购指南》认为，如果下述条件满足，一个并购不可能创造或增加市场力或便利实施市场力：（1）失败公司在不远的将来将不能履行它的金融责任；（2）在破产法下，不能成功重组；（3）没有并购，失败公司的资产将退出市场。在欧盟竞争政策中，"失败公司救济"第一次运用是欧洲公正法庭（European Court of Justice）审理卡利公司（Kali und Salz AG – Mitteldeustche Kali AG，1998.3.31）案例。意大利银行第一次运用这一原则是在案例萨萨里巴布达银行（Banco di Sardegna – Banca Popolare di Sassari，1993.4.5）。

在美国，《水平并购指南》规定："如果一个并购方濒临于破产，引起这一公司的资产退出相关市场，那么这一并购不可能创造或加强市场力或者便利市场力的实施。"这即是"失败公司救济"条款，这一条款也被美国联邦储备银行在银行并购评估中使用，《银行持股公司法》和《克莱顿法》中的"便利和需要"条款也为失败公司抗辩提供了法律基础。欧盟虽然没有像美国一样用法律来规定失败公司救济，但其在案例法中建立了"营救并购"（rescue merger）概念。这一条款与银行业更为相关，因为监管者不愿意看到一家银行出现高成本的破产清算。只要满足"失败公司救济"条件，并购行动将是没问题的，即使从竞争政策的视角。欧盟的"营救并购"并不仅仅是纯粹的竞争性考虑，还考虑了更多的社会和经济目标，如就业、技术进步、服务提供等方面。

（五）并购符合公共利益

一项银行并购虽然有可能存在反竞争的可能，但如果它符合公共利益，这一并购也可能被批准。美国 1966 年的《银行并购法》规定，即使一项并购有反竞争效果，但如果其公共利益大于反竞争效果，则可被相应的银行监管权威允许，即"便利和需要"（convenience and needs）检验。[①] 实践上最早见于 1970 年的菲利普斯堡国民银行并购案中，法院认为，在《克莱顿法》下，分析一项提议的并购，如果它产生了重大的公共利益效果，即使它违反反垄断指南，这一并购申请也应被接受，即公共利益标准。这一原则在美国、澳大利亚和加拿大等国的银行并购反垄断分析中广泛运用。

（六）人口迁移

凯泽（2002）认为，人口迁移增加了银行的竞争压力，应被视作银行并购的缓释因素，这一结论与夏普（1997）和卡利姆和卡利洛（1991）的研究是一致的，即在人口迁入率高的市场上，存款利率和贷款利率对顾客更优惠。虽然有学者建议将人口迁移作为银行并购的一个缓释因素，但至今还没有一起案例这样做。因此，人口迁移仅能作为一个次要的缓释因素。

五、分拆机制

银行分拆产生于 20 世纪 70 年代的美国，当一项银行并购提议不能通过美国

第三辑

政府管制与公共经济研究丛书（第三辑）

[①]　事实上，即使银行监管权威发现公众的便利和需求胜过反竞争效应，司法部仍然能挑战并购［U. S. v. First National State Bancorporation, 479F. Supp. 1399 (D. N. J. 1979); U. S. v. National Bank of Maryland, 310F. Supp. 157 (D. Md. 1970)］。如果司法部提出诉讼，联邦法庭必须重新评估并购，并使用相同的评估标准（与联邦监管权威当初同意并购的标准一致）。并购银行有责任证明公众的便利和需求超过反竞争效应。

司法部的第一临界值（1800/200）和第二临界值（2200/250）检验，且缓释因素也不足以消除并购的反竞争性考虑时，司法部就会建议对并购实体实施分拆。第一起银行分拆的实践来自于 1982 年美国佛罗里达州的巴莱特银行（Barnett Bank）收购第一海事银行（The First Marine Bank）并购案。分拆既能回避人们对相关市场界定的质疑，也能避开效率评估的不确定性，因此学者们普遍认为分拆是银行并购反垄断救济的通行且有效的方式（Pilloff，2002，2005；Burke，1998）。分拆的有效性取决于分拆后能否恢复并购前的竞争水平，而并购前的竞争水平则取决于分拆买方在相关市场上的市场力。如果分拆买方日后成为相关市场上并购方强有力的竞争对手，则分拆是有效的；如果分拆买方不能成为相关市场上并购方强有力的竞争对手，则分拆是无效的。有时，即使分拆买方成为并购方强有力的竞争对手，也可能受并购方策略性行为的影响，出现"强龙难敌地头蛇"的局面。因此，有效的分拆机制，一方面要能正确地挑选分拆买方，另一方面也要能有效地制约和防范并购方的策略性行为。

（一）理论文献回顾

国内缺乏并购分拆的研究文献，国外有较为丰富的关于并购补救的文献（FTC，1999；Foer，2001；OECD，2003；DOJ，2004；ICN，2005；欧盟的竞争总司，2005），但关于银行并购分拆的文献非常有限，且都集中在对银行分拆效果的分析上（Burke，1998；Pilloff，2002，2005）。

伯克（1998）研究了 1985～1992 年间由美联储同意的 21 起银行并购分拆，这些案例在 83 个本地市场上有 210 个分支被分拆。研究发现：（1）分拆分支有显著的自生力。超过 97% 的分拆分支在整个研究期间都保持良好的运营状况，并且分拆分支的买方在同一市场上还开办了另外的分支。（2）尽管很多买方在分拆后的第一年确实经历了存款流失，但在随后的几年，接近一半的买方重新获得和保持它们原先的市场份额。统计分析显示，分拆分支的买方规模越大，越可能改进它们的绩效。（3）目标公司的分支分拆而不是申请者的分支分拆，效果更好。

皮洛夫（2002，2005）通过研究在美国 1989 年 6 月至 1998 年 6 月间分拆的 751 个银行分支的绩效，认为将分支分拆作为银行业反垄断救济政策是成功的。长期运营的分拆分支与所有其他分支比较，尽管它们在分拆后经历了显著的存款流失，但随后分拆的分支表现了与其他相似分支同样的存款增长，分拆分支在并购前 1 年的 6 月到分拆后的 6 月存款流失 13%，其中 70% 的存款流失是因为并购，而另外 30% 的存款流失则是因为分拆；此后，分拆分支表现出与其他相似分支同样的存款增长。研究结果同时显示：初始流失期间的存款增长，并不与分拆分支是否属于并购申请者、购买者在场内还是在场外、购买者是储蓄机构还是商业银行，以及它的规模相关。在存款流失期间后的 2～3 年，除了存款增长与购买者规模正相关外，其他结论与存款流失期间相同。

123

从国外已有的研究文献看，近乎一致的看法是：在分拆前后的一段时间，分拆分支的存款经历了较为严重的存款流失，但随后市场份额开始回升，表现出与其他金融机构相似的存款增长，因此分拆是银行并购反垄断补救的有效手段。这些实证研究确立了分拆在银行并购反垄断体系中的重要地位，但遗憾的是，学者们并没有进一步研究如何保证分拆有效的机制。本书的贡献在于将分拆看作是并购管制机关、并购银行与分拆资产的买方这三方博弈的产物，认为分拆的有效性取决于并购管制机关对并购银行的道德风险和并购银行与分拆买方之间的合谋行为的防范。本书并没有像以往的研究一样在事后对银行分拆的效果进行分析，而是研究事前的银行分拆的机制设计问题，因为事前有效的机制设计是分拆有效的前提，失去这一前提任何事后的研究都于事无补。

（二）银行并购分拆的基本原理与目标

银行并购分拆的基本程序是：在并购完成的 180 天内，如果一项银行并购经竞争性管制机关审查，发现在它们竞争重叠的市场上存在重大的降低竞争的问题，竞争性管制机关并不是直接拒绝这起并购，而是要求对其进行分拆，将这些市场上的一些分支卖给另一家金融机构。[1] 分拆分支的顾客会收到一封邮件，解释他们的账户所属的分支已经被另一家机构收购，现在他们已是另一机构的顾客。分拆的资产往往是存款，其数量由下述标准确定：分拆后的并购银行在竞争重叠市场上的市场份额或市场集中度不超过竞争管制机关规定的临界值。[2]

自 1982 年第一起银行分拆案后，分拆便成为银行并购补救的重要工具（Burke，1998），几乎只要一项银行并购在相关市场上认定存在反竞争问题，分拆就是不二的选择（表 3-6 列举了美国 20 世纪 90 年代最大的 5 次分拆）。除了分拆能降低效率评估中的不确定性外，分拆之所以成为银行并购管制机关倾向性的工具，还在于其有经济理论基础。分拆的经济学理论基础是由哈佛大学的梅

第三辑

政府管制与公共经济研究丛书（第三辑）

---

① 从 1987～1997 年只有 5 个并购申请因竞争问题被美联储否认。20 世纪 90 年代早期一些大的银行并购成为现实，而这在以前是不可能通过的，这很大程度上归因于分拆制度的存在（Piloff，2002）。

② 比如在美国，其临界值是：合并后的银行其市场份额在相关市场上不高于 35%；或者，在相关市场上的集中度不高于 1 800 且并购后集中度的改变不超过 200。

森、贝恩创立的市场结构—市场行为—市场绩效范式（SCP 范式），这一范式认为市场结构决定企业的行为，企业的行为又决定了市场的绩效（如利润率、效率、技术进步与发展等）。它强调并购反垄断应侧重结构性救济，而非行为救济。结构性救济通常的手段即为分拆，通过分拆，相关市场上的集中度下降，市场结构恢复为以前的竞争性市场结构，引发企业的市场行为随之发生变化，进而导致企业绩效的提高。SCP 范式为分拆提供了理论基础，对银行业 SCP 范式进行的实证检验也为分拆提供了支撑。不少学者对银行业的市场集中度与银行价格和利润的关系进行研究，发现集中度与银行价格和利润正相关，与竞争程度负相关（Berger & Hannan，1989；Cyrnak & Hannan，1999；Kahn, Pennacchi & Sopranzetti，2000；Heitfield & Prager，2004；Pilloff & Rhoades，2002；Hannan & Prager，2004）。因此，实证研究表明分拆有降低并购后集中度的效果，应是支持竞争的。美国司法部也认为："银行并购政策的成功就在于不需打官司，不需使用强制程序得到信息就能达到阻止反竞争性并购这一目标。"（Calvani & Miller，1996）。

表 3 – 6 美国 20 世纪 90 年代最大的 5 次分拆

并购银行	分拆日期	分拆分支数（个）	分拆存款（亿美元）	分拆存款占目标银行存款的比重（%）
弗林特与波士顿银行	1999. 9. 7	306	132	27
美国银行与太平洋保险	1992. 3. 23	213	85	15
国民银行与巴莱特银行	1997. 12. 10	124	41	12
弗林特银行与肖穆特国民银行（Shawmut National Corp.）	1995. 11. 14	64	30	15
威斯法戈与第一洲际银行（Wells Fargo & Co. /First Interstate Bancorp）	1996. 3. 6	61	25	5

资料来源：Robert L. Webb. 2001. "Divestiture：A Prescription for Healthy Competition" Federal Reserve Bank of St. Louis. The Regional Economist，January 2001，pp. 10 – 11.

银行并购管制机关希望通过分拆达到效率与竞争兼顾的目标，即：既能实现并购特有的效率，如规模经济、协同效应等效率，又能转移那些具有良好局面的、能持续盈利的且具有稳定商业贷款关系的分支来创造一个新的竞争者，或者增加现存竞争者的效率，从而降低竞争重叠市场上的集中度，恢复并购前的竞争水平。为了实现银行分拆的目标，美国司法部、美联储都有各自的原则性规定。

美国司法部将上述目标具体化为存款流失最小化，相应的要求是：第一，并购方不能吸收被分拆机构的顾客。第二，并购方不能在没接受特殊准许的情况下将被分拆分支的存款账户转移到另一个没有分拆的分支机构。第三，被分拆分支的区位对购买者应有足够的吸引力，而且被分拆的分支必须有足够多的商业活动（至少2%的资产作为商业贷款），特别是小企业活动。它们希望并购方销售那些具有良好地区覆盖面的分支。因为对银行顾客，分支区位是重要的，好的地区覆盖能使银行对一地区的大部分顾客有吸引力。司法部也特别关心并购对小企业借贷的影响，希望购买者积极参与商业借贷活动。第四，优先考虑单一的购买者，特别要求市场上的一家金融机构购买所有的分拆机构，因为单一的购买者比多个购买者更容易整合分拆资源。司法部通常反对既包括并购者的分支，也包括被并购者的分支的分拆包，因为这样的分拆包不易销售，它们有不同的账户、电脑和其他系统。第五，要求并购方为每一个顾客指派一个单一的分支，然后将那个顾客的所有账户分配到那个分支。这样，对每个顾客而言，他的账户要么在分拆机构，要么不在，流失的可能性减少。司法部希望避免这样一种情况，即一个顾客有一个经常账户在非分拆机构，而大额存单和家庭消费信贷在一个分拆机构。这样，这个顾客在两个银行都持有账户，而顾客更希望只在一家银行保有账户。因此司法部要求银行为顾客指派机构，而这一机构是他们经常使用的（特别是他们经常账户的机构）。第六，优先考虑"干净清扫"（clean-sweep）的分拆，即在竞争重叠市场上获得的分支全部分拆。第七，分拆分支属于并购中没有存续下来的金融机构，以便存款者没有机会在以前机构的另一分支重新开办新账户。

美联储也有自己的银行分拆原则，有些与司法部相同，有些不相同。例如，司法部倾向于将分拆包卖给场内的金融机构，因为场内金融机构更能适应相关市场，更能有效地与并购银行开展竞争；而美联储倾向于将分拆包卖给场外金融机构，因为分拆给场外金融机构的结果不会使场内金融机构的数量发生变化，保持了原有的竞争水平。司法部倾向于分拆给银行，而不是储蓄机构，而美联储没有这种偏向性。司法部在计算相关市场的集中度时，通常不给储蓄机构任何权重，而美联储通常给分拆到储蓄机构的存款以50%的权重。此外，美联储没有像司法部那样关心分拆程序，它更关注分拆规模和分拆对市场结构的影响。总之，美联储关注数量指标，而司法部关注质量指标。

这些原则对实现分拆目标发挥了重要作用，但它们并非是决定性的因素，分拆目标的实现取决于两个因素：一是分拆的规模；二是分拆买方的市场力。美联储将重心放在分拆规模上显然有失偏颇；司法部的原则中虽然上述两因素都有所体现，但原则中对如何保证分拆买方的市场力缺乏全面而又具体的防范对策。其实，分拆买方的市场力完全取决于并购方的选择与行为。如果并购方选择一个竞争力弱的金融机构作为分拆资产的买方，则这一分拆是无效的，因为这一买方不能与并购方进行有力的竞争；① 即使并购方选择了一个能与它进行有效竞争的金融机构，但如果并购方采取了一些不利于分拆买方的策略性行为，如挖走分拆分支的人员和顾客，这一分拆也将是失败的。因此，分拆政策的设计必须深入分析并购方的策略性行为及其防范。

（三）银行分拆中并购银行的策略性行为分析

在银行并购分拆中，参与者有并购管制机关、并购银行、分拆买方三方，分拆就是它们之间的博弈过程，特别是并购管制机关与并购银行间博弈的过程。因此，并购管制机关设计有效的分拆政策必须研究并购银行在博弈过程中的策略性行为。并购银行的策略性行为表现为：一是并购银行与分拆买方的合谋行为；二是并购银行的道德风险。前者表现为并购银行选择一个弱的竞争对手的行为，后者表现为并购银行故意设置障碍，削弱分拆买方市场力的行为。

1. 并购银行与分拆买方的合谋行为

并购管制机关希望通过分拆，为并购银行增加一个强有力的竞争对手，从而恢复并购前的竞争水平；而并购银行正好相反，它不希望市场上重新出现一个新的强有力的对手，它希望分拆资产的买方是一个竞争力差的对手，是一个不能对它产生任何威胁的对手。因此，在选择分拆买方的招标过程中，并购银行试图让这种招标变成一种"圈定"行为，而不是投标方公平竞争的过程，合谋由此产生。合谋既可能是双方的显性行为，也可能是一种隐性行为。前者表明双方存在合谋的显性合同，后者表明双方没有显性的合同，只是并购方单方面的选择行为。

2. 并购银行的道德风险

在并购银行与并购管制机关的博弈行为中，由于双方目标不一致与信息不对称，并购银行往往会出现道德风险问题。这种道德风险按时间分，可分为分拆前的道德风险和分拆后的道德风险。分拆前的道德风险是指并购方"掏空"拟分拆

---

① 实践中，对分拆资产买方的选择并不是由并购管制机构来选择，而是由并购方通过招标的方式来选择的。

126

分支的行为；分拆后的道德风险是指并购方旨在削弱分拆买方市场力的行为。按策略划分，大体可分为以下几种：

（1）"撇奶脂"策略。

这里的所谓"撇奶脂"策略，是指并购方销售盈利性不强或自生力不强的分支给分拆买方，而将目标银行盈利性强的分支留给自己。特别是当分拆目标银行的分支时，并购银行往往倾向于将"坏分支"甩卖出去，而将"好分支"收归已用。之所以会成为"坏分支"，既可能是因为其区位原因，比如位于边远地区或经济不发达地区，或位于非并购银行业务集中地区（增加这些分支不能增强并购银行的竞争力），也可能是因为历史的经营管理原因导致业务亏损（并购银行）正好借此机会将其甩出去。

（2）最大化"渗漏"（seepage）策略。

"渗漏"即顾客转移，并购银行将顾客从分拆的银行分支转移到保留下来的分支。"渗漏"既可能发生在分拆前，也可能发生在分拆后，并购银行最大化"渗漏"采取的手段往往是：利用原来的银行顾客关系主动拉拢顾客；在分拆宣布到正式分拆前的一段时间，故意提供极其低劣的服务或者提供很高的非竞争性利率，诱使分拆分支的顾客转移到并购银行的未分拆分支；当分拆分支的顾客在分拆分支和未分拆分支都有账户时，并购银行只分拆顾客在分拆分支的账户，而不分拆其在并购银行未分拆分支中的账户，这会间接诱使顾客将账户从分拆分支转移到未分拆分支；等等。

（3）拖延策略。

从宣布分拆到正式分拆，总有一定的时间间隔，时间间隔越短，分拆分支的顾客流失越少，分拆分支的价值越大，分拆买方越能及时有效地运营分拆分支；否则，这一时间间隔越长，分拆分支的顾客流失可能性就会越大，分拆分支的价值损失也会越大，分拆分支的买方越不能有效地运营分拆分支。因此，并购银行往往有激励拖延分拆。

（4）"挖墙脚"策略。

并购银行除了最大化"渗漏"，诱使分拆分支的顾客流失外，还可能劝说、利诱、胁迫分拆分支的员工，特别是有重要顾客资源的员工和重要经营管理人才离开分拆分支，转投未分拆分支。这种策略比最大化"渗漏"策略对分拆买方的危害更大，因为存款的流失并不可怕，优秀人才和银行顾客关系的流失才是致命的，"挖墙脚"策略的后果便是分拆银行的空壳化。

（四）银行分拆的机制设计

针对并购银行可能的策略性行为，银行并购的管制机关应在充分分析各种可能策略的基础上，有针对性地设计相应的机制安排。

1. 防范合谋的机制

一般来讲，防范合谋的机制可从三方面着手：一是增加交易的透明度；二是减少合谋的收益；三是提高合谋的交易成本。对并购银行与分拆买方的合谋来说，它们之间的合谋无非是并购银行选择一个不合格的分拆买方的问题，因此防范这一合谋的机制应主要从增加交易的透明度和增加它们合谋的成本着手。第一，并购管制机关应严格评估潜在买方的合适性，要求它们提供自己的商业计划、产品目录、职工和后台支持能力等方面的资料，重点评价它们的可持续发展能力。第二，银行并购管制机关应强制要求并购银行提供有关招标的资料，全程监督分拆资产的拍卖活动。如果并购方选择的并不是投标递价最多的买方，并购银行必须给予合理的解释。第三，分拆买方对分拆资产应有完全的融资能力。分拆买方必须证明收购这笔资产在允许的时间内（通常是 180 天）有充分的融资能力。第四，对分拆买方经营分拆分支强加时间上和经营投入上的规定。例如，经营期限不得少于 5 年等，增加分拆买方合谋的成本。第五，如果并购银行与分拆买方曾有关联交易，或者现在存在关联交易，应禁止这样的买方成为最终的分拆买方。因为关联交易会降低它们之间的竞争，甚至形成并购方对分拆买方的"捆绑"，造成分拆买方对并购银行的依赖。

2. 防范并购银行道德风险的机制

（1）分拆分支选择机制。

如果是"干净清扫"的分拆，即竞争重叠市场上所有分支都分拆，不会存在分拆分支选择问题，但如果不是，则需要防范并购银行的"撇奶脂"策略。防范"撇奶脂"策略，银行并购管制机关最好的办法就是有选择性的分拆分支。分拆谁的分支、哪些分支分拆，决定权都应掌握在管制机关手中。分拆分支选择机制的主要内容有：①分拆前，并购银行应向管制机关提交所有竞争重叠市场上的分支资料。②根据相关市场上的集中度和集中度的临界值标准，确定分拆的分支数量和分拆的存款规模。③分拆分支必须具有较强的流动性和可持续发展能力。④强制回购条款。如果买方事后发现分拆分支缺乏持续运营能力或资产贬值，可强制要求并购银行回购分拆资产，并将这一资产交由管制机关处置。

（2）"渗漏"降低机制。

针对并购银行最大化"渗漏"的策略，管制机关可采取以下对策：①分拆目标银行的分支。原因在于：如果是分拆并购银行的分支，分拆分支的顾客很容易转向并购银行未分拆的分支，而分拆目标银行的分支，这些分支的顾客不太可能转向并购公司；只分拆目标银行的分支，较之于既分拆并购银行的分支，又分拆目标银行的分支（或称为混合分拆），能使分拆买方更容易地整合资源。②为每一个顾客指定一家银行。设想一个顾客既在分拆分支有账户，又在未分拆银行有账户，分拆后，很容易出现顾客将账户从分拆分支转移到未分拆分支的现象。③禁止并购银行在分拆前后拉拢被分拆分支的顾客。这可以通过调查被分拆分支的顾客来了解并购银行是否有上述嫌疑。如果一个分拆分支的顾客坚持撤销其在分拆分支的账户，并且将账户转移到并购银行的未分拆分支，并购银行必须让顾客证明它没有诱使该顾客这么做，而且该顾客在重新开户前，有义务告知分拆买方。④在宣布分拆到正式分拆的这段过渡期，禁止并购银行故意提供极其低劣的服务或者提供很高的非竞争性利率。

（3）强制担保机制。

针对并购银行可能的"挖墙脚"策略，管制机关可强制命令并购银行采取措施，使分拆买方确信顾客和职员都留在分拆分支。这些措施包括：不接受分拆分支的职员，不接受分拆分支的顾客，除非并购银行能给出合理的解释；为职员留在分拆分支提供各种便利，解除其后顾之忧，而不能歧视性地对待职员及其家属；如果担保没能有效履行，并购银行将接受惩罚。

（4）惩罚机制。

如果并购银行实施上述策略性行为，或者管制机关推定并购银行实施了策略性行为（如出现大面积的顾客流失），管制机关有权执行以下惩罚：①强制销售某些"王冠"（crown jewels）资产。②第三方托管制度。对分拆资产的处置，不再由并购银行处置，而是交由另一家委托机构，由它负责销售分拆资产，而不考虑价格。

（5）信息激励机制。

在银行分拆过程中，往往需要由并购银行提供大量的信息，这既增加了并购银行的成本，也增加了银行并购管制机关的负担，管制机关为降低信息负担，可向并购银行实行以下激励机制：①如果并购银行只分拆目标银行的分支，它只需向管制机关提交目标银行的信息。②如果是实行"干净清扫"的分拆，则并购银行和目标银行的信息都不需要提供。这一激励机制满足激励兼容，对双方都有好处。

第三辑

政府管制与公共经济研究丛书（第三辑）

第四章

银行并购反垄断的国际比较

本章选取有代表性的国家或地区［包括经济发达国家、新兴工业化国家（韩国、墨西哥）、中东欧转轨经济国家］，介绍它们的银行并购的管制政策，从价值取向、机构设置、相关市场的界定、并购反垄断临界值的确定、竞争效应分析等方面比较它们在银行并购反垄断政策上的异同，并辅以案例，为中国银行业"走出去"，实施海外并购战略提供经验指导和决策参考。

第一节
经济发达国家的银行并购管制

一、美国对银行并购的管制

（一）银行并购概况

美国比任一发达国家人均占有更多的银行（DeYoung et al.，2002），并且大多数银行是社区银行。1980～2003 年，由于并购，其银行数量从 16 000 家下降到近 8 000 家。到 2006 年，只有 7 900 家被保险银行在美国经营。在 20 世纪 90 年代，平均每年发生 500 多起银行并购，超过 20 世纪 80 年代年均 345 起银行并购的数量（Brewer Ⅲ et al.，2000）。此外，美国银行并购的规模越来越大。2004年 1 月，摩根大通收购第一银行，创造了一个 1.1 万亿美元的银行持股公司

（BHC）；2003 年 10 月，美国银行收购波士顿舰队金融公司，创造了一个 9 000
亿美元的银行持股公司，使美国银行成为全美第二大银行持股公司，资产 1.4 万
亿（花旗第一大，1.6 万亿资产）。合并的趋势不仅限于银行自身，而且延伸到
银行业其他组织。例如，美国的社区银行家协会与美国银行家协会于 2007 年 12
月 1 日合并，合并后，保留美国银行家协会这一名称，它涵盖了超过95%的国内
银行业的 12.7 万亿资产。2008 年美国金融危机爆发后，更是掀起了一股银行并
购的浪潮。图 4 - 1 描述了美国银行业 1995～2009 年由于并购导致的前 5 大银行
的市场集中度（CR），从图中可看出，由于并购，美国银行业的市场集中度呈现
不断上升的走势，即使在 2008 年美国金融危机期间，美国银行业的市场集中度
也在缓慢上升，可见美国银行业的并购这些年来表现出的迅猛发展势头。

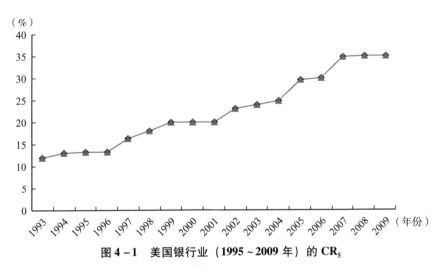

图 4 - 1　美国银行业（1995～2009 年）的 CR₅

资料来源：根据美国联邦储备银行的相关资料整理。

　　表 4 - 1 显示了 2010 年和 2011 年美国各产业的并购概况。总体来看，虽然
2011 年美国并购市场的交易量比 2010 年有所下降，但交易金额上升了 14.4%。
就金融业而言，2011 年的表现逊色于 2010 年，不仅排名（按交易金额）从第 2
位跌落至第 5 位，而且其并购交易的数量和价值都较 2010 年有所回落，特别是
交易价值回落了 39.5%，这表明随着自 20 世纪 90 年代银行并购的大规模发展，
2009 年以来美国银行业的并购有放缓的趋势。

表 4–1　　　　　　2010 年和 2011 年美国各产业的并购交易情况

行业	2010 年			2011 年			变化	
	价值 （10 亿美元）	占比 （%）	交易量 （次）	价值 （10 亿美元）	占比 （%）	交易量 （次）	价值 （%）	变化量 （次）
能源、采矿与公用	177.7	24.8	348	233.5	28.5	260	31.4	-88
制造与化学	70.8	9.9	552	142.3	17.3	620	101	68
医药	91.1	12.7	387	121	14.7	415	32.8	28
科技	60.5	8.4	566	78	9.5	542	29	-24
金融	110.8	15.4	418	67	8.2	360	-39.5	-58
商业	60.8	8.5	522	46.4	5.7	468	-23.7	-54
房地产	11.2	1.56	37	36.7	4.47	25	228.3	-12
消费	59.9	8.3	300	32.1	3.9	331	-46.4	31
通讯	33.3	4.6	38	17.8	2.2	31	-46.5	-7
媒体	4.2	0.6	109	15.7	1.9	109	270.2	0
娱乐	15.6	2.2	118	15.4	1.9	107	-1.7	-11
国防	5.3	0.7	30	6.1	0.7	23	16.4	-7
交通	10.1	1.41	47	4.4	0.54	58	-55.9	11
建筑	5.8	0.8	108	3.8	0.5	85	-34.7	-23
农业	0.3	0.04	18	0.4	0.1	15	53.1	-3
总计	717.3		3 598	820.6		3 449	14.4	-149

资料来源：U. S. M&A Overview：Industry and Geography Breakdown，Mergermarket M&A Round-up for Year End 2011，January 3，2012，P. 30.

（二）银行并购的管制机构

在美国，银行并购受联储（FRB）、司法部（DOJ）、货币监理署（OCC）、联邦存款保险公司（FDIC）的管制，不同类型的银行间的并购，对应不同的管制机构。银行持股公司和在美联储注册的州特许银行受 FRB 的管制；州特许银行（不是美联储成员）相应的管制者是 FDIC；联邦特许银行相应的管制者是 OCC。美国将同意或阻止银行并购的权力交给相关监管权威：FRB、OCC、FDIC。然而，司法部的反垄断局也能独立地检查并购，并将分析报告给监管权威。即使并购被监管权威同意，反垄断局也能在一个月内将相反的意见上诉法庭。银行并购交易首先被恰当的银行管制权威审查，它们在做决定时询问 DOJ 的意见。这样，任何一起银行并购交易都会受到两个联邦机构的审查：一个是 DOJ，另一个是适当的银行监管权威。在银行监管权威做出决定后，有一个 30 天内的宽限期，以便 DOJ 做出自己的评判。私人方，包括州司法部也会对并购决定进行诉讼。州司法部现在越来越多地介入到银行并购审查中，不幸的是，各州有自己的并购指南，它不同于 DOJ 和其他银行监管者运用的标准，这会导致不同的结论，是产生额外冲突的来源。直到 20 世纪 80 年代，州才在并购法实施中扮演积极的角色。在里根执政时期，州司法部的同业协会——全美检察官协会开始活跃起来，在最高法院诉美国商店案中，[1] 州司法部被判定有权对企业并购提出异议，对银行业的并购提起异议是在缅因州司法部干预科凯银行（The Key Bank）并购案中。[2] 自那以后，许多州司法部逐渐介入银行并购。

（三）银行并购的管制法规和指南

《谢尔曼法》《克莱顿法》《塞勒—柯佛法》（The Cellar – Kefauver Act）是控制并购（包括银行并购）的基本法律。1890 年 7 月 2 日通过《谢尔曼法》"禁止对贸易产生不合理约束的并购"。1914 年的《克莱顿法》"禁止一公司收购另一公司的股份，而这一收购会显著地降低竞争，或倾向于在任一商业线产生垄断"。其中第 7 条是禁止那些通过提价和限制顾客产品或服务的可得性来实施市场力的并购。1950 年通过《塞勒—柯佛法》，这一法律被看成是并购控制的新纪元，它拓宽了《克莱顿法》第 7 条的范围，消除了资产收购和股份收购间的人为的区分。

1929 年股市崩盘催生出了与反垄断密切相关的《1933 年银行法案》，即《格拉斯—斯蒂格尔法案》，通过法律赋予通货总监署、美联储和联邦存款保险公司反垄断监管的权力。对银行并购的反垄断分析要追溯到 20 世纪 60 年代。1963 年费城银行案和 1964 年第一国民银行与路易斯维尼信托（Trust of Louisville）案中，最高法院裁定商业银行与其他产业一样适用于 1890 年的《谢尔曼法》和 1914 年的《克莱顿法》，从此开启了银行并购管制的先河，确立了银行并购管制的基本原则。

1956 年国会通过了一个适用于银行合并的法律——《银行持股公司法》，但由于该法仅限于由银行合并组成的银行持股公司，因此于 1960 年和 1966 年两次

第三辑
政府管制与公共经济研究丛书（第三辑）

---

[1] California v. American Stores, co., 495 U. S. 271 (1990).
[2] Maine v. Key Bank of Maine, NO. 91 – 0380 – P – HCD. Me., Dec. 3, 1991.

对其做了修改，使得它最终适用于所有银行。

1960 年颁布《银行并购法》，但其对遏制并购没什么效果。[1] 20 世纪 60 年代早期的银行并购统计资料显示，1960 年的《银行并购法》在反垄断并购上并不完全有效。1960 年 5 月 13 日至 1965 年 5 月 12 日 5 年间，银行并购获批率达 *134* 97%，859 起获批，仅有 28 起遭否决（Warren et al.）。因此《银行并购法》于 1966 年被重新修改，修改后的《银行并购法》有效地采纳了最高法院的方法，直接将银行并购置于《克莱顿法》和《谢尔曼法》下，为处理银行并购的反垄断问题提供了更为详尽的指南，并且建立了评估银行并购的程序。其最重要的变化是允许银行并购有显著的反竞争效果，条件是公共利益超过其反竞争伤害，即"便利和需要"（convenience and needs）检验。

1980 年和 1982 年美国相继通过《1980 年存款机构放松管制和货币控制法》（The Depository institutions Deregulation and Monetary Control Act，1980，也称 Omnibus 银行条例 1980）和《1982 年加恩—圣杰曼法》（The Garn - St Germain Act，1982），这两部法律显著地增加了储蓄机构的"银行"力（即与银行更类似），并且进一步弱化了商业银行作为单独的商业线的概念，使银行业管制权威和司法部意识到储蓄机构是商业银行的重要竞争者。

1994 年通过的《里格尔尼尔州内银行和分支效率法案》（Riegle - Neal Interstate Banking and Branching Efficiency Act），标志着美国银行哲学的转变。此前，人们认为小银行是最好的；此后，人们认为大银行也是好的。加上 1999 年《金融服务现代化法案》（Gramm - Leach - Bliley Act）的实施，使这一时期的银行并购达到顶峰。《里格尔尼尔州内银行和分支效率法案》的一个重要规定是存款帽的规定：对银行持股公司并购，如果这一并购使它在 FDIC 保险的存款增加 10% 以上，这一并购将被禁止；对银行并购，如果这一并购使它在 FDIC 保险的存款增加 30% 以上，这将被禁止。这一规定称为存款帽。[2] 但州对这一域值有自由决策权，有些州将这一域值降低了 10%（Indick & Kini，1995）。

除了上述的法律和法规外，还有一些并购指南用来指导相关管制权威和法庭审理并购案件，最重要的并购指南有两个：一个是《水平并购指南》，另一个是《银行并购甄别指南》（The Bank Merger Competitive Review Screening Guidelines）。

司法部和联邦贸易委员会联合制定的《水平并购指南》包括 1968 年、1982

---

① Reid, Legislation, Regulation, Antitrust, and Bank Mergers, 92 Banking Law Journal 6（1975）.
② 但这一存款帽并不必然带来强约束。自 2007 年 6 月 30 日起，被存款帽禁止的唯一交易是：（1）国内存款最多的银行收购第 3 ~ 15 的银行；（2）第 2 大银行收购第 3 ~ 6 名的银行。

年、1984 年、1992 年、1997 年和 2010 年的《水平并购指南》，具有里程碑式意义的是 1982 年的《水平并购指南》。这一指南清晰地为市场界定规定了一个假设的垄断者模式，这一模式被美国法院和全世界司法部采用。同时，这一指南规定，其他产业的并购被看成潜在反竞争的并购的临界值是：要么 HHI 增长小于 50，要么并购后的 HHI 低于 1 800。但对银行业的并购标准更宽宏大量些，如果并购后在相关市场上的市场份额（并购双方的市场份额之和）小于 35%，并且并购后的 HHI 小于 1 800；或并购后 HHI 的增长小于 200，美联储和司法部都不会提出反垄断诉讼而被获准。

　　但前几次的《水平并购指南》并没有获得银行监管权威的正式认可，它们在并购竞争效应评估上存在一些差异（司法部和银行监管权威在竞争评估上的差异见附录 8），正是这些差异，最终导致了银行竞争工作组（The Bank Competition Working Group）的建立。它由司法部领导，成员来自每个银行监管权威和财政部。他们一起讨论分析框架，鉴别差异来源，发展共同的方法。为最小化各部门之间的矛盾，他们联合起来通过了《银行并购甄别指南》，其中，最重要的是界定相关产品市场和测量集中度的方法。1995 年司法部、美联储、联邦贸易委员会联合通过了银行并购甄别指南，它们第一次开始共同使用相同的指南。[①] 联合通过《银行并购甄别指南》是对不同分析模式的承认，它大大降低了它们之间的分歧。指南的第一部分描写了一些数量标准和 A、B 甄别；指南的第二部分列出了一些潜在的反垄断问题的定性信息。A 甄别体现了美联储分析的要点，并购申请人需要列出所有的重叠市场，使用三个单独的地区市场定义：美联储市场、[②]大都市市场和县（郡），对每一个重叠市场，并购申请人必须完成一个 A 甄别的HHI 计算表。在 A 甄别中，所有储蓄机构 50% 的存款包含在内。乍一看，这好像是司法部的一种妥协。然而，在 B 甄别中，司法部主要集中在中小企业的贷款服务上，并且对储蓄机构的存款不计算 HHI。因此，实际上司法部并没有偏离它以前集中于中小信贷服务的倾向。甄别 B 显然代表了司法部在银行并购甄别指南颁布前的分析套路，即集中于中小企业商业信贷服务的竞争效果的分析上。甄别B 将储蓄机构排除在 HHI 计算之外。此外，与司法部以前的分析风格一致的是，甄别 B 使用了大都市市场和县（郡），没有使用美联储市场。

　　银行监管权威仅使用甄别 A；司法部既使用甄别 A，也使用甄别 B（先使用A，再使用甄别 B）。美联储和司法部对市场份额和 HHI 的计算有所不同。美联

第三辑

政府管制与公共经济研究丛书（第三辑）

---

① 然而，正如司法部副部长宾格曼（Bingaman）所言，这一指南也不能说是唯一通用的分析方法。
② 美联储自己界定的相关市场的范围。

储使用甄别 A，市场规模包括在该地区的所有储蓄机构（thrifts institutions）的 50% 的存款和所有银行的 100% 的存款；① 而司法部使用甄别 B，市场规模是所有银行存款的总和，即它排除了储蓄机构。

如果一项并购后的 HHI 超过 1 800，并且增加值超过 200，并购方就需要向司法部提供《银行并购甄别指南》中第二部分的定性信息。即使甄别 A 和甄别 B 中的 HHI 并没显示出高的市场集中度，司法部也有可能做进一步的调查。特别是，司法部列出了两类需进一步调查的情形。第一，地区市场界定是有缺陷的。例如，如果并购银行位于不同的但相邻的县（郡），甄别 A 中的三个地区市场没有哪一个能正确地捕捉银行间的竞争。第二，如果司法部认为银行监管权威的市场界定太宽，这时，并购银行就需要向司法部提交额外信息。额外信息包括：（1）并购双方彼此不是重要的竞争者的证据。（2）快速的经济变化导致过时的地区市场界定的证据，并且另一可选市场更恰当的证据。（3）市场份额不是适当的竞争显示的证据。比如，被并购银行正在快速丧失市场，或它不具有竞争性的自生力，则其目前的市场份额不具有竞争性意义。（4）进入条件的证据。包括过去两年的进入及其成长；在接下来两年可能的进入，如待定的分支申请；潜在进入的预测及原因，包括进入的合法条件。如果申请者认为甄别 B 不能正确地反映市场集中度和该地区市场的竞争现实，它们也会提供额外信息以解释原因。

（四）银行并购竞争性评估的程序与方法

1963 年费城银行案中，最高法院裁定商业银行与其他产业一样适用于 1890 年的《谢尔曼法》和 1914 年的《克莱顿法》，其检验标准是 "是否会在任何一个商业线和在国家的任何一个部分显著降低竞争……" 为运用这一检验，法院界定银行业的 "商业线" 为 "产品和服务群"（cluster of products and services），界定 "国家的任何一个部分" 为本地市场（local market）。并购对银行业竞争的影响不仅要观察它的直接的立即的效果，而且还要预测它将来的效果，这一预测依赖相关市场的结构，即市场集中度、市场份额和竞争者数量，而且确立了银行并购的竞争分析的两个原则：第一，当评估两个银行并购时，只考虑与其他银行的

---

① 1980 年前，在美国储蓄机构只能接受储蓄存款，只能给居民住房贷款；1980 年后，法律放松了对储蓄机构的一些限制，允许它们更直接地与银行竞争，因此联储于 1987 年将它们考虑进反垄断分析（给 50% 的权重）。信用社的存款很少包括进反垄断分析，但在某些特定案例中，如果有重大的证据支持，信用社存款也可能包含进去（尽管只占很小的比重）。这些证据包括：（1）它的市场份额大大超过国家平均水平。（2）自由开放的成员规则，特别地，至少 70% 的居民有资格成为成员。（3）本地居民能容易得到服务。美联储通常给储蓄机构 50% 的权重，但如果它是积极的商业借贷者，则给 100% 的权重。司法部给储蓄机构要么是 0，要么是 1 的权重，依赖于商业借贷活动的水平。

竞争，不考虑其他存款机构和非存款机构；第二，只考虑并购银行邻近的银行，即本地市场。

现在，美国对银行并购反垄断的评估与当初费城银行案的原则相去甚远，虽然市场份额和市场集中度仍作为并购评估的初始指标，但并不是作为主要的考虑因素，现在更加关注市场现实，更加关注经济性分析的地位，如并购模拟方法的运用、分拆的使用以及效率利益的评估。银行并购评估的基本程序是：第一步，界定银行并购反垄断的相关市场；第二步，计算市场集中度；第三步，评估并购可能的竞争效应；第四步，考虑其他缓释因素，修正之前的判断。

（五）几个重要的案例

在 1963 年费城银行案中，计划合并的两家银行——费城国民银行和吉拉德（Girard）信托谷类交易银行分别拥有费城市场份额的 22% 和 15%，如果合并成功，费城国民银行将成为该地区最大的银行。美国联邦最高法院裁定该项并购为非法，它指出："在某些情况下，国会对集中趋势的极度担忧使得没有必要对市场结构、市场行为或者可能的反竞争效应提供详尽的证明。特别是，我们认为，造成企业控制相关市场份额过大、导致市场集中度大增的合并，与生俱来就极可能削弱竞争，因此在没有证据清楚表明合并不可能具有反竞争效应的情况下，必须对它加以禁止……"① 这一案例的意义在于：（1）它确立了《谢尔曼法》和《克莱顿法》对银行并购的适用性；（2）确立了银行并购的相关市场界定的基本原则。

在 1970 年费城银行案中，联邦最高法院认为："银行产业的商业现实清楚地表现了银行是一个非常本地化的产业。"联邦最高法院认为"群服务"是商业银行作为一个完全不同的商业线的充分的说明，声称相关产品市场由并购企业的性质和所面临的竞争形势决定。法官哈兰（Harlan）嘲笑法院简单的银行并购分析是反垄断算命术（numerology）的一次练习。他批评大多数的产品市场界定，认为它极大地忽视了"微妙的差异"（subtleties）。他不认同费城银行案的判决，认为正确的方法应是与其他产业竞争评估的方法一样，因为非银行金融机构能提供替代性很强的产品或服务。在此案中，法院认为，在《克莱顿法》下，分析一项提议的并购，监管者应考虑在恰当的地区市场上的集中度水平及其变化，如果它产生了重大的公共利益效果，即使违反反垄断指南，这一并购申请也应被接受，

---

① U. S. v. Philadelphia National Bank，374 U. S. 321（1963）。

即公共利益标准。这一判例的意义在于确立了银行并购竞争效应评估的公共利益标准。

费城银行案后约 10 年，在康涅狄格国民银行（Connecticut National Bank）案中，地区法院认为《克莱顿法》第 7 条的商业线分析应包括商业银行和储蓄银行。它们指出费城银行案和费城银行案的教条不应阻止对真实竞争形势的分析，而最高法院却认为储蓄银行在商业银行的并购分析中不相关。它认为地区法院过高估计了商业银行和储蓄银行在州内竞争的重叠程度。地区法院认为，高院认为两类银行不是直接的和激烈的竞争者的想法是掩耳盗铃（ostrich-like）的想法。此案的另一分歧是，是否应将潜在的来自邻近市场的竞争包含进恰当的竞争效应分析中。虽然美联储意识到正在变化的银行业导致了地区界限的改变，但它仍然坚信，本地市场界定合理的反映了金融业的现状。这一案例是对费城银行案的明显挑战，说明对银行并购的竞争效应评估应尊重现实的竞争形势。

1990 年夏威夷第一银行与夏威夷第一国际银行的并购得到 FRB 的批准后，DOJ 提出不同的看法。DOJ 运用与 FRB 不同的方法，抛弃了费城银行案中所确立的"银行服务群"的传统产品市场界定方法，运用其他产业同样的审查方法，即遵从司法部和联邦贸易委员会共同制定的《水平并购指南》的方法。司法部运用这种方法到夏威夷第一银行与夏威夷第一国际银行的并购评估中，把对小企业的商业贷款分离出来作为一个独立的市场进行审查。类似的是，这种方法也运用于弗林特银行与诺斯塔银行并购案中。在社会银行与美国信托并购案中，DOJ 集中考虑了小企业贷款，并且集中在更窄的小企业的营运资金贷款上。使用这种方法，小企业的商业贷款成为反垄断审查的一个市场，此外，现金管理服务也可能构成另一个市场。这种方法对地区市场的界定产生了重要影响，因为随着产品市场界定的变化，地区市场也会变化。这一案例正式表明了相关市场界定与费城银行案的分离。

美联银行在 2006 年 10 月 2 日成功收购金西金融公司，在美联储的同意通知中，"相关地区市场"的字眼不见了。在分析非银行附属机构的竞争效果时，美联储注意到两家银行都参与不同的服务，包括信贷、投资咨询、证券经纪，这些活动的市场是地区性的或全国性的，是非集中的，有大量的服务提供者。相应地，这起并购明显没有反竞争效果。美联储同意这起并购，也同意美联银行收购金西金融的两家储蓄协会以及位于加利福尼亚和休斯敦的世界储蓄银行，还有金西金融的非银行机构。美联储考虑了很多因素，包括剩余的竞争者数量、两家银行的存款、以存款表示的 HHI 和其他市场竞争量度。在美联储的同意通知中，单词"geographic（地区）"仅出现了一次。

这些案例表明，现代银行并购的竞争评估逐渐抛弃了传统的 SCP 范式，更加注重并购的效率利益。

（六）趋势

139

纵观美国银行并购反垄断的发展，我们可以发现如下两点趋势：

第一，更加强调管制权威间的合作。

这种合作，不仅是司法部与联储、货币监理署、联邦存款保险公司间的合作，如 1995 年通过《银行并购甄别指南》，还表现在州司法部与联邦司法部的合作上，现在，州司法部已成为联邦司法部银行并购审查事实上的合作者。

第二，撇开市场界定上的争论，设计可行的分拆包成为银行并购审查的主要方面。

1998 年，美联储同意旅行者集团通过收购花旗，包括它的银行和非银行附属机构，成为银行持股公司。美联储同意了这起并购，有趣的是，没有提及费城银行案及其反垄断检验。2005 年，第一资本金融（Capital One Financial Corp.）收购路易安那地区银行——希伯利亚银行（Bank of Hibernia），美联储几乎没有审查其产品市场、地区市场或产品线就同意了这起并购，它认为这起并购没有直接损害任何相关银行市场，对竞争或集中度没有显著的负效果。2007 年司法部对第一信托公司与主街信托公司（First Busey Corporation and Main Street Trust Inc.）的并购案进行审查时，不是检验市场界定和集中度，而是将分拆作为"银行并购审查的要件"，最终分拆了 5 家分支。

几乎所有潜在反竞争性的并购最后都导致了一个必要的分拆。司法部认为："银行并购政策的成功就在于不需打官司，不需使用强制程序去得到信息就能达到阻止反竞争并购这一目标。事实上，在清晰地表述标准的前提下，我们能进入建设性对话。"司法部在《银行并购甄别指南》的绪论部分中不加掩饰地写道："不管哪里有一个引起明显的反竞争性问题的并购，解决这一问题的可行办法是达成一个适当的分拆计划。"

在 1992 年社会银行与美国信托并购案中，近 13% 的被收购存款被分拆。在 1992 年美国银行和太平洋保险收购案中，因为大量的分支重叠在加利福尼亚州、内华达州、亚利桑那州和华盛顿州，约 90 亿美元或者是 12% 的被收购存款被分拆。在 1996 年富国银行收购第一洲际银行案中，25 亿美元存款被分拆，占被收购存款的 5%。相同的，1997 年国民银行收购巴莱特银行案中，总计达 31 亿美

第三辑

政府管制与公共经济研究丛书（第三辑）

元或9%的收购存款被分拆。1998 年 5 月 4 日，第一商业银行与美国第一银行（First Commerce/Bank One）案中，第一银行同意分拆位于路易安那的 4 个银行市场的 25 个分支，约 6. 14 亿美元存款。

极少数提议的银行并购被否决，根据联邦储备委员会的银行申报条例（The Board's Orders on Banking Applications），在 1997 ~ 2007 年间，几乎只有一例并购被否决。近年来，很少有银行并购被美国反垄断局否决，只有几笔交易被认为是危险的（close calls）。但这并不意味着反垄断政策对银行无效，因为这一方法可能阻止了一些严重反竞争的潜在并购。

二、澳大利亚对银行并购的管制

（一）管制权威

在澳大利亚，银行业的监管权威是澳大利亚审慎监管局（Australian Prudential Regulation Authority，APRA），它对澳大利亚的审慎性监管负责；竞争管制权威是澳大利亚竞争和消费者委员会（Australian Competition and Consumer Commission，ACCC），它对银行业的竞争性负责。对于银行并购来说，由 ACCC 和 APRA 同时对其进行评估并且将它们的报告给财政大臣，财政大臣根据"国民利益"标准做出裁定。这一裁决既包含竞争和审慎性问题，也包括一些宽广的公共政策考虑（如就业、地区发展和银行业效率）。财政大臣有阻止银行并购的保留权力，但没有权力更改由竞争性权威做出的阻止并购的决定。

（二）管制法规和管制标准

澳大利亚的竞争法是 1974 年的《商业实践法》（The Trade Practices Act），它禁止导致显著降低竞争的并购。法规中没有特别的处理金融并购的条款，其实施由 ACCC 执行，它有权实施强制令和其他补救。并购也要服从于 1998 年《金融法》的规定，它运用"国家利益"检验，这一检验仅在 ACCC 决定不采取行动时才生效。ACCC 的方法被金融体系咨询报告（The Report of the Financial System Inquiry，1997；也称"沃利斯咨询"，Wallis Inquiry）影响。报告建议废除所谓的"6 支柱"政策——它禁止澳大利亚四家最大的银行与两家最大保险公司间的并购，改为现行的"4 支柱"政策——禁止国内四家最大银行间的并购。

在澳大利亚，银行并购有政治敏感性。1959 年《银行法》要求银行在销售银行分支、并购或重组前，必须得到财政大臣的同意。此外，政府禁止四大家银行间的并购，这种禁止并不是按照澳大利亚竞争法对并购的规定，政府的禁令是为了维护金融市场的竞争。

（三）银行并购的竞争评估

在澳大利亚，竞争评估仅是银行并购整个管制程序评估的一部分，但却是关键的部分。1974 年《商业实践法》第 50 条禁止在一个重要的市场对产品或服务产生（或可能产生）明显降低竞争的并购。1974 年《商业实践法》主要为评估社会合意的并购提供法律框架。竞争分析的核心概念是市场力——看并购产生的市场力是否对消费者和企业产生损害。竞争评估分为五步：

第一步，界定相关市场。ACCC 将产品市场界定为被该项并购影响的所有产品市场，目标旨在识别并购实体能实施市场力的产品或产品群。对每一产品市场的界定，所有的替代品都必须包含进去，然后弄清这一产品市场的恰当的地区范围。理论上，产品替代能通过计算交叉需求弹性和供给弹性来估计。实践上，由于数据不可得，ACCC 必须使用关于消费者和企业行为更宽的信息（定性和定量）。对银行并购来说，这是一个复杂的工作，因为银行和其他金融机构通常生产大量的在多个地方销售的产品，这意味着大量的产品市场有不同的地区维度。

第二步，计算每一相关市场上合并公司并购后的市场份额，并与集中临界值比较。如果并购后并购实体有 40% 的份额或更多，ACCC 则认为它有潜在的单边市场力。如果并购后有 15% 的份额或更多，并且四家最大的银行的份额 $CR_4 \geq$ 75%，则 ACCC 认为并购具有协调（coordinated）或相互依存的（interdependent）市场力。通常，如果并购方的市场份额低于临界值，则会免于审查；反之，ACCC 会进一步检查。

第三步，评估竞争程度。运用经济方法评估银行并购的单边市场力和协调市场力。

第四步，评估进入障碍。在澳大利亚，评估进入障碍，主要是看两个供应边反应，看它们是否会缓解反竞争性效果。第一是在位银行成功渗透的潜力，第二是新的竞争者进入的潜力。如果这两者均构成了对市场力的有效约束，则不可能明显降低竞争。具体的进入障碍因素有：（1）分支；（2）营业执照（它是接收存款的前提）；（3）电子银行网络，包括 ATM、EFTPOS 等；（4）交换费；（5）顾客惰性（信息困难、交易成本、信誉维护、银行关系）；（6）规模和范围经济。

第三辑

政府管制与公共经济研究丛书（第三辑）

第五步，考虑其他影响竞争的因素，即缓释因素。包括：市场上的抗衡力（countervailing power）程度，市场的动态性（包括增长、创新和产品差异性），并购导致一个有力的和有效的竞争对手撤出的可能性，垂直一体化的性质和程度，还有效率。ACCC 对效率的解释是：通过增加产出、产品创新或降低价格来获得，它不能通过其他方式获得，只能通过并购获得，有助于增加竞争。

（四）重要案例

ACCC 和其前身贸易实务委员会（Trade Practice Commision，TPC）评估了很多银行并购案，其中 3 个具有典型性。1995 年，西太平洋银行（Westpac Banking Corporation，WBC）在西澳收购挑战银行（Challenge Bank），1997 年 WBC 收购墨尔本银行有限公司（BML），2000 年共同财富银行（CBA）收购殖民地有限银行（Colonial Limited）。

1. 西太平洋银行并购挑战银行

1995 年，WBC 并购挑战银行，由 TPC 评估。TPC 的裁决包括：（1）产品市场是银行"产品和服务群"；（2）地区市场界定为"州"；（3）零售银行业存在明显的进入障碍；（4）在澳大利亚银行市场上，地区银行对竞争作用巨大，进入障碍来自密集的零售分支和代理网络、电子银行网络、顾客惰性、规模和范围经济、品牌认知和广告宣传，小的市场规模、显著的沉没成本。尽管 TPC 认为西澳的零售银行市场高度集中，存款份额也超过了临界值，但并没有反对这起并购，因为在当地有一家强有力的对手。潜在的竞争对手从其他州进入被认为是微不足道的，零售银行存在明显的进入障碍，这两个因素不能作为潜在的减轻反竞争的因素。但在最后阶段的评估中，TPC 认为西澳另一家地区银行，即 Bankwest 是一个强有力的缓释因素。因此，TPC 同意了这起并购。

2. WBC 收购墨尔本银行

ACCC 在分析这起并购的竞争影响时，并没有采用"群产品"的产品市场界定，而是将零售银行业分为 6 个产品市场。通过市场份额临界值检验，发现其中 3 个市场不可能显著降低竞争。这 3 个市场是：住房贷款（全国性的），小企业银行产品群（本地，特别是州），个人贷款（州）。同时，检验发现另外 3 个市场存在协调性的可能。这 3 个市场是：交易账户（州），存款/定期储蓄账户（州），信用卡（州）。再做进一步分析，ACCC 认为在维多利亚州仅在交易账户上存在明显降低竞争的可能，并且在这一产品线上缺乏竞争，存在低的进入渗透（由于这类产品线的传输需要分支和远距离传输，如在线银行），高的进入障碍（分支和电子支付网络），大的顾客惰性。因此，ACCC 判定这起并购存在反竞争的可能。最后，并购方根据《贸易实践法》提出了一个可实施的承诺，这一承诺保证使市场进入变得容易，维持以前的非价格竞争。承诺的关键是要求并购方向小竞争对手和新的竞争对手提供电子网络的接入便利。ACCC 认为这一承诺足以弥补显著的降低竞争的损害，最终同意这起并购。这一并购管制的特点是：（1）市场界定从以前的"群"方法转向单个产品线和不同的地区维度，这一方法与加拿大和美国司法部的方法相似，不同于美联储的方法；（2）在维多利亚地区，交易账户产品线界定为明显的降低竞争，而且这一影响不能被"其他因素"克服；（3）推出了一个行为补救措施：WBC 推出了一个"反接管"的收购，即墨尔本银行保留品牌名称，在西太平洋银行集团内保持一定的自治。

3. 共同财富银行（CBA）收购康联有限银行

2000 年 3 月 10 日，共同财富银行宣布购买康联有限银行。CBA 是澳大利亚第二大银行，有 1 610 亿美元资产，在住房信贷和零售存款上份额最大，分支网络最多，有 1 118 个分支，3 900 个代理处。康联有限银行是一个多样化的金融服务集团，有 544 亿美元资产，在银行业务上是澳大利亚第六大金融集团。这是 ACCC 检查的最大和最复杂的银行并购。评估于 2000 年 5 月底完成，ACCC 批准了这起交易。ACCC 面临两大挑战：第一是市场范围的挑战——是界定为零售银行市场，还是比这一范围更大？第二是补救措施的挑战。

CBA 提出零售存款市场的范围是一国，投资产品的市场范围也为一国。ACCC 拒绝了 CBA 的建议。ACCC 排除了对投资产品市场的分析，将零售银行业区分为 4 个不同的消费者金融市场，并且将中小企业（SME）银行业务界定为单独的产品市场，特别是在农业综合性企业的借贷上。因为这两家银行在农业借贷上存在竞争重叠。

在这一案例中有一个关键的问题是市场的动态性，特别是电子银行的影响。

在这起并购中引起竞争考虑的是在塔斯玛尼亚的交易账户、存款产品和 SME 银行业务，在新南威尔士的交易账户和 SME 银行业务，它们的市场份额都超过了临界值。这 5 个市场都可能存在明显降低竞争的效应。ACCC 通过对上述市场进入障碍、进入和其他因素的分析，认为这起并购在塔斯玛尼亚地区的交易账户、存款产品和 SME 银行业务上将导致明显的竞争降低，在新南威尔士农村地区的交易账户和 SME 银行业务上也是如此。

但在这个案例中，ACCC 鉴于分拆面临的难题，决定采用准结构性分拆和行为分拆。

准结构性分拆意在改善塔斯玛尼亚和新南威尔士零售银行市场的可竞争性。
具体地说，包括：以合理的商业条款提供销售点电子转账系统（Electronic Fund
Transfers at Point-of-Sale，EFTPOS）和 ATM 网络的接入便利，提供信用卡和借
记卡的数据处理的接入便利，提供支票和贷款服务的融资便利，提供信息技术和
通信服务的便利。行为分拆要求并购方：在新南威尔士的非大都会地区和塔斯玛
尼亚地区，制定与新南威尔士大都市相同甚至更优惠的利率与费用，并且保证服
务质量；在新南威尔士和塔斯玛尼亚其他地区提供与新南威尔士大都市相同的产
品类别。对这一混合的补救措施，ACCC 认为是充分的。

三、欧盟及其主要成员国对银行并购的管制

（一）欧盟银行业并购概况

从整个欧盟所有产业的并购看，2011 年比 2010 年的并购金额和并购量都有
所上升，并购金额上升 4.8%，并购量增加 366 件。就金融业并购而言，2011 年
相比 2010 年，虽然并购交易量有所下降，但并购交易金额大幅提高，上升
65.5%（见表 4 - 2）。分国家或地区看，金融业并购按交易金额占比最大的是伊比
利亚半岛国家，占比 29.7%，其次是英国和爱尔兰，占比 26.6%（见图 4 - 2）；按
交易量占比看，最多的是英国和爱尔兰，占比 32.8%，其次是日耳曼国家，占比
13%（见图 4 - 3）。

表 4 - 2 　　　　　　　　　欧盟 2010 年和 2011 年并购交易概况

行业	2010 年			2011 年			变化	
	价值 （10 亿美元）	占比 （%）	交易量 （次）	价值 （10 亿美元）	占比 （%）	交易量 （次）	价值 （%）	变化量 （次）
能源、采矿与公用	158.1	23.7	381	159.1	22.8	393	0.6	12
制造与化学	113.0	17.0	969	120.5	17.3	1 153	6.7	184
金融	70.1	10.5	444	116.0	16.6	394	65.5	-50

续表

行业	2010 年			2011 年			变化	
	价值 （10 亿美元）	占比 （%）	交易量 （次）	价值 （10 亿美元）	占比 （%）	交易量 （次）	价值 （%）	变化量 （次）
消费	61.8	9.3	745	70.6	10.1	799	14.3	54
医药	65.5	9.8	322	59.0	8.4	310	-10.0	-12
通讯	52.5	7.9	95	38.5	5.5	66	-26.8	-29
科技	19.8	3.0	365	38.2	5.5	432	92.7	67
商业	33.2	5.0	621	23.4	3.4	704	-29.5	83
交通	40.2	6.0	163	17.9	2.6	192	-55.6	29
房地产	17.9	2.7	90	16.1	2.3	86	-9.8	-4
娱乐	12.8	1.9	189	14.2	2	209	10.8	20
媒体	7.1	1.1	151	11.7	1.7	186	64.2	35
建筑	10.1	1.5	236	10.3	1.5	217	2.7	-19
农业	2.7	0.4	50	1.5	0.2	53	-46.2	3
国防	1.1	0.2	17	0.9	0.1	10	-19.1	-7
总计	665.9		4 838	697.9		5 204	4.8	366

145

资料来源：European M&A Overview，Mergermarket M&A Round-up for Year End 2011，January 3，2012，P. 16.

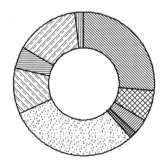

☒英国和爱尔兰
☐日耳曼国家
☒法国
☒意大利
☐伊比利亚半岛
☒比利时、荷兰和卢森堡经济联盟
☐北欧
☒中东欧
☒其他

图 4 - 2　欧盟各国家或地区 2011 年金融业并购按交易金额的占比

资料来源：Deal Drivers EMEA 2011，P. 16. Merrill Datasite.

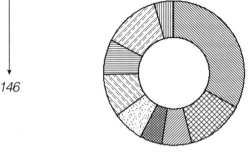

- 英国和爱尔兰
- 日耳曼国家
- 法国
- 意大利
- 伊比利亚半岛
- 比利时、荷兰和卢森堡经济联盟
- 北欧
- 中东欧
- 其他

图4-3　欧盟各国家或地区2011年金融业并购按交易量的占比

资料来源：Deal Drivers EMEA 2011, P. 16. Merrill Datasite.

由于银行并购的发展，导致欧盟国家银行业的市场结构发生了一定程度的变化（见附录9）。无论从市场集中度指标（HHI），还是从前5大银行的市场份额（CR_5）看，荷兰、芬兰、比利时等国的银行业都呈现了非常集中的市场结构。德国以前一直是欧盟各国中银行业市场集中度最低的国家，近几年集中度也开始上升（见图4-4和图4-5）。

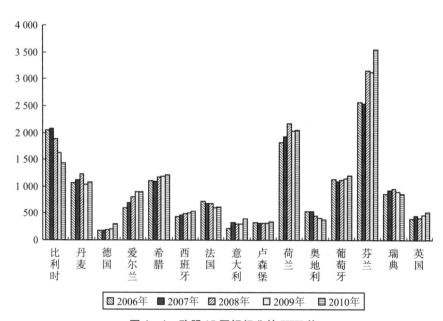

图4-4　欧盟15国银行业的HHI值

资料来源：ECB Statistical Data Warehouse - Structural Financial Indicators.

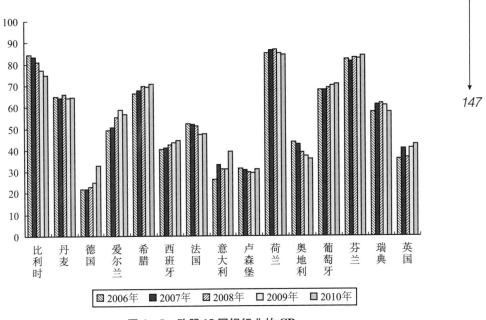

图 4 – 5　欧盟 15 国银行业的 CR₅

资料来源：ECB Statistical Data Warehouse—Structural Financial Indicators.

（二）欧盟对银行并购的管制

1. 欧盟银行并购的管制权威

在欧盟，银行并购仅由竞争性权威评估。欧盟对一起达到"共同体规模"（community dimension）的银行并购由欧洲竞争总司（directorate general competition）下设的并购工作组（the merger task force of the European commission）调查，运用欧盟并购管制（EC Merger Regulation，Council Regulation on the Control of Concentrations Between Undertakings）。并购管制条例运用于所有产业，授权委员会调查一起并购并根据竞争性考虑"是否与共同体市场兼容"来控制并购，它有权向各国并购管制权威索取必要的信息。如果并购管制权威是一个监管权威，如法国或意大利，则委员会向这一监管权威索取资料。一项并购如果没有达到"共同体规模"，则由相应国家的管制权威审查。

2. 欧盟银行并购的管制法规和管制标准

在欧洲，较为完善的竞争法的出现时间与美国大体相当。《罗马条约》第 85

条和 86 条都包含了保护国内市场的竞争，避免成员国贸易的扭曲。在理论上，《罗马条约》并不阻止第 85 条和 86 条在银行中的运用，但实践中在 1980 年前欧盟并没运用它。流行的看法是，银行是一个特殊产业，其商业行为被成员国的货币和金融政策深远影响，特别是被央行和监管权威的政策深远影响（Ghezzi & Magnani，1998）。直到 1981 年欧洲才有真正的反垄断（即 1981 年欧洲公平法院对米奇勒案）。

欧盟对银行并购的管制法规主要有两个：一是《欧盟并购管制》（ECMR），二是《第二银行指令》（The Second Banking Directive）。

欧盟对银行并购的审查首先分析市场集中度（特别是市场份额），根据并购前后市场集中度的变化，来判断是否这起银行并购会导致创设或强化原有的市场支配地位（create or strengthen market dominance），然后再考察整个欧盟或其大部分的市场上的有效竞争是否会因创设或强化原有的市场支配地位而受到实质性的损害（significantly impeded）。同时，欧盟委员会还要考虑诸如并购当事方银行的市场地位、财务能力、用户和消费者的选择、市场准入的条件、科学技术的发展和经济进步等多种因素。

2002 年欧盟对它的政策原则进行了改革，更多地考虑垄断行为的经济性分析，继续保留支配力概念。政策实践直到现在还是在很大程度上基于市场份额评价和定性标准，如进入的难易和买方力，有限地关注经济性分析。2004 年欧盟将它对银行并购的评估标准由支配力标准改为"是否产生显著的对有效竞争的妨碍"，开始注重评估中的经济性分析方法。

3. 欧盟对银行并购的竞争评估程序

欧盟的并购检验程序：第一步，确定"共同体规模"；第二步，界定相关市场；第三步，计算集中度指标；第四步，正式的调查；第五步，并购补救。

第一步：确定"共同体规模"。

在 1997 年以前的欧盟并购管制（ECMR）中，对银行和信用机构的营业额的计算使用的是资产的 10% 作为替代；在 1997 年修订的欧盟并购管制条款的第 5 章第 3 款中，对银行和信用机构的营业额使用收入总额作为替代，它包括利息收入、证券收入、股份和其他变动收益证券的收入、参股利息收入、附属机构股权收益、净运营利润和其他运营收入，这一修正于 1998 年 3 月实施。这种修订是因为与以前使用的 10% 的资产相比，收入是一个更好的标准，它更准确地反映了整个银行业的经济现实，以前使用的方法经常被批评，因为它排除了特定的运营，如金融市场运营。

达到下述两条标准，即达到了"共同体规模"：（1）并购银行的全世界收入超过 50 亿欧元；（2）欧共体内每家银行的收入超过 2.5 亿欧元。具有共同体规模的所有并购都由欧盟并购工作委员会检查，没有达到共同体规模的并购由相应的国家管制权威检查。

第二步：界定相关市场。

美国 1997 年《水平并购指南》明确指出，"市场定义仅集中在需求替代因素，如可能的消费者反应"，供给替代因素没有在市场定义中考虑，但在其他地方考虑。欧盟委员会 1997 年在其《市场定义公告》（Notice of Markets Definition）中采纳了 SSNIP，并将小的显著的价格增长范围限定为 5%～10%。但它对供给替代的态度是模糊的，一方面认为供给替代在竞争性分析阶段考虑；另一方面却认为界定市场时也要考虑。

欧盟总是主张银行活动应被分成三个相关产品市场：零售市场、公司市场和金融市场服务。零售银行业分为私人贷款、存款、信用卡和个人银行业务（如资产管理）。公司或批发银行业务是指对公司的存、贷、国际结算、信用证、现金管理和资产管理。至于金融市场服务，委员会根据相关金融产品的特征来划分，如股票、衍生品和债券。然而，产品市场应细分到何种程度还不清楚，直到现在，欧盟委员会所有的评估都被认为是与共同体市场相协调的，因此，还没有认识到进一步深化产品市场界定的必要。

在界定相关产品市场前，一个必须回答的原则问题是：从消费者角度看，考虑产品的价格、特性与使用，哪一种产品被认为是替代品？欧盟委员会多次遇到这样的问题，特定的银行产品是否会被特定的保险产品替代，反之亦然。银行产品和保险产品可能的替代，委员会检查的一个案例是德国保险公司安联（Allianz）和爱马仕（Hermes）。委员会调查银行服务是否会被认为是信用保险的替代？委员会认为，尽管银行提供的一些产品开始进入市场时，作为潜在的信用保险的竞争者，但由于它们的特性和价格，这些产品还没有足够发展成为替代品，而只是补充。在安联与法国保险公司 AGF 的集中案例中，委员会检查了信用保险的某一部分，如"delcredere"（担保付款）能被银行提供的不同服务如代理和信用证替代的问题。

对地区市场，欧盟也是将它分为零售、公司和金融市场三部分。对零售，考虑分支网络的重要性，委员会通常认为其地区维度应是一国。对批发产品也是同样的结论，即使一些产品的供求是全国的，而另一些是国际的。对其他金融产

149

第三辑

政府管制与公共经济研究丛书（第三辑）

品，地区维度也经常被认为是一国的。然而，在一些案例中，更窄的维度也可能被考虑。例如，并购方积极活动于金融产品的制造和分配，在金融市场上具有支配性地位，分销网络明显重叠。在这些案例中，由于分支网络被作为管理资产的主要分配渠道，竞争分析的地区维度在省的水平。

第三步：计算市场集中度。

与美国重视 HHI 的计算不同的是，欧盟看重对市场份额的计算。

欧盟委员会重视市场份额在银行并购审查中的重要性，但同时也认为，市场份额本身不能确定银行的支配地位，它只代表了在某一特定时刻银行所拥有的相对市场力量，只有长时间保持这种能力才构成市场支配地位。并且，银行的市场份额有很大的易变性，它很难作为衡量银行支配力的确切指标。因此委员会特别指出，在一个剧变的环境里，如果保持市场力量的时间少于三年，不能证明其支配地位的存在。根据欧盟委员会的看法，只占有 10% 的市场份额几乎不可能被认定为具有市场支配地位；市场份额在 20% ~40% 之间，就有必要比较竞争对手的市场份额及其面临的市场进入壁垒；占有 40% 以上的市场份额足以构成"支配地位"，但同样也要适当考虑时间、竞争对手的实力、供求双方的力量对比以及市场进入壁垒等相关因素。

第四步：并购调查。

从市场份额来看，当并购涉及的银行总的市场份额小于 25% 时，不需要正式的调查；当总的市场份额不超过 15% 时，与欧盟竞争总司签订的谅解备忘录只需提供很简单的信息。从市场集中度 HHI 来看，在以下几种情况下，欧盟竞争总司认为该项并购不存在竞争问题：HHI 小于 1 000（不需要进行大量分析）；HHI 小于 2 000 但大于 1 000，且增加值小于 250；HHI 大于 2 000，增加值小于 150。

这一步包括潜在反竞争效果调查、反竞争效果与公共利益效果的权衡。在欧盟，并购调查只调查反竞争效果，而不评估公共利益效果，如潜在的效率。调查意味着评估支配力。当一银行能不考虑其竞争对手和消费者而独立行动时，称其处于支配性地位。评估支配力依赖于这样的标准，如并购银行的联合市场份额，市场上其他对手的竞争力和潜在竞争。支配性地位的检验分为：（1）单边价格增长：对手企业对本公司的价格增长没反应。（2）有意义的价格增长（nontrivial price increase）：对自己的利润有一个负的但不太重要的影响，对并购另一方的利润有正的但重大的影响。这是因为对自己利润的负的影响是一个二阶效果，银行已经最大化了并购前的利润；而对并购另一方银行的利润影响是一个一阶效果，与并购前边际贡献率成正比。

第五步：垄断补救。

从 1990 年欧盟并购管制（ECMR）实施以来，垄断补救就作为重要的消除竞争性考虑的方式。2001 年欧盟委员会第一次发布补救通告。2003 年竞争总司发布补救最优实施指南，它包括两个示范文本（model texts）：分拆范本和受托人协议范本（the model divestiture commitments and a model trustee mandate）。2005 年 10 月，欧盟竞争总司发布《并购补救研究》。至此，一个相对完善的欧盟并购管制的垄断补救框架形成。

欧盟认为，垄断补救的有效性基本上取决于两个因素：买方市场力和分拆分支规模。因此反垄断决定是：（1）买方是一个高质量的公司，能发展合乎情理的竞争；（2）分支的所有资产和负债被完全分拆（clean sweep）。

关闭和禁止开办新的分支在欧盟看来是缺少效率的。给定不同的市场竞争动态，关闭分支的效果也就不同。如果关闭分支后，银行在相同市场上有其他分支，重新分配给其他银行的市场份额将是很小的，并购银行的市场力可能不变。但如果关闭某一市场几乎所有的分支，关闭将是有效的。此外，这一补救也有其他好处。例如，它容易实现，因为不需要买方。在欧盟的补救行为中，不同的措施趋向于同时吸收，如西西里银行与西西卡萨银行（Banco di Sicilia/Sicilcassa）案中，关闭和分拆同时使用。禁止在一定时期内开办新的分支会产生新的问题，要么是因为它们需要并购管制权威的持续控制；要么是限制了市场上分支的数量，损害了消费者的选择机会。但从长远来看，行为补救能限制银行的支配性地位。

4. 两个重要案例

（1）西班牙国际银行集团（BSCH）与钱帕理莫德（Mr. Antònio Champalimaud）金融集团公司的并购案。

ECMR 条例第 21 章第 2 条规定，对一个有"共同体规模"的集中，成员国不能对它运用该国竞争法。然而，ECMR 条例第 21 章第 3 条又规定，成员国可以采取恰当的措施保护合法利益而不是单纯地考虑那些 ECMR 考虑的，包括保护公共安全、媒体多元性和审慎性规则的要求。[①] 这种模糊的规定导致了欧盟与其成员国间的冲突，其中西班牙国际银行集团并购钱帕理莫德金融集团公司就是明证。

1999 年 8 月 3 日，欧盟委员会同意了西班牙国际银行集团并购钱帕理莫德金

[①] The Notes on Council Regulation 4064189 on Article 21 (3).

第三辑

政府管制与公共经济研究丛书（第三辑）

融集团公司。后者是一家私人金融企业，老板是一个葡萄牙人，该公司涉足多个经济部门。在金融业，他直接或间接地占有蒙迪尔护航（Mundial Confiance，一家保险公司）大多数的资本。这一保险公司又控制着几家葡萄牙银行。葡萄牙政府从一开始就对这起并购怀有敌意，但没有采取措施。当并购当事方向欧盟委员会提交申请后，考虑到欧盟很有可能批准这起并购，于是葡萄牙政府于 1999 年 6 月 18 日通过一个法令反对这起并购，因为需要保护国家利益和保护国民经济的战略性部门。欧盟委员会认为，从审慎性角度看，这一法令是不当的，因为它违反欧盟保险指令（EU Insurance Directives）和欧盟财产规则（EU Treaty Rules）关于企业自由建立和资本自由流动的规定。欧盟委员会决定正式起诉葡萄牙，同时于 7 月 20 日和 10 月 20 日两次向欧洲法院控告葡萄牙政府。欧盟认为，就葡萄牙政府基于保护国家和战略利益所采取的措施，违反了 ECMR 第 21 章，因为葡萄牙政府没有通知它们。葡萄牙政府向欧洲法院提交的答辩中，提出三条理由作为其发布禁令的理由：国家利益、程序规则、审慎原则。其实这些所谓的理由都难以成立。其真正的理由是确保葡萄牙的金融控制权不落入他人之手，这点在葡萄牙财政部长索萨·弗兰科（Sousa Franco）在 1999 年接受媒体采访时讲得很清楚："对葡萄牙的银行业进行重组是必要的，但我认为重组应在国内机构间进行，从一开始就将金融集团的控制权转移给外方的做法无论如何都是不对的。有些战略性产业必须被葡萄牙人控制，但我们从来不会通过非法的手段达到这一目的。我们数次对包括钱帕理莫德公司在内的金融机构讲要把控制权掌握在葡萄牙人自己手上。"① 为避免欧洲法院的司法审查，葡萄牙政府提出了一个折中的方法，寻求与欧盟委员会及葡萄牙和西班牙的金融集团达成协议。根据这项协议，钱帕理莫德金融集团分拆给 BSCH 和葡萄牙的第一大国有商业银行——大众保险（CGP），BSCH 获得钱帕理莫德金融集团的两个分公司。1999 年 11 月 29 日并购方将这一并购告知欧盟委员会。2000 年 1 月 11 日委员会批准这起并购。最后，葡萄牙政府撤销先前 1999 年 6 月 18 日的决定。委员会也决定撤回起诉。这一案例对欧盟法律和企业界很重要，因为它显示了委员会能快速行动，并且在并购事务方面有排他性决定权。但此案的结果还不能说是欧盟委员会的全胜，原因在于BSCH 并没有得到欧盟委员会批准的也是他最初想得到的钱帕理莫德金融集团的大部分股权，此案似乎给出了这样一个信号：只有选择那些次要一点的银行进行

---

① Commission Decision of 20 July 1999 Relating to a Proceeding Pursuant to Article 21 of Council Regulation 4064/89 of 21 December 1989 on the Control of Concentrations between Undertakings（Case IV/M. 1616 – BSCH/A. Champalimaud）P. 21.

跨国并购才不会招来被收购银行政府的干预。①

（2）瑞银并购案。

1998 年欧盟委员会同意两家瑞士银行费林银行（Schweizer Bank Verein，SBV）和杰西拉夫特银行（Schweizerische Bankgesellschaft，SBG）并购，并购成为一个新的公司瑞银（UBS）。UBS 那时是最大的欧洲银行，并且其在投资银行业和资产管理业务方面是全球领导者之一。

在这一案例中，欧盟委员会关注的市场是在 200 万瑞士法郎以下的商业贷款，也就是给中小企业的贷款。它鉴别了 25 个地区市场，其中 8 个判断有竞争问题。这一并购并没有导致并购方占有支配性地位，因为它们在业务上重叠很小，同时，也存在大量的强有力的竞争者，如美林、德累斯顿投资银行（Dresdner Kleinwort Benson）等，因此被竞争委员会批准，但鉴于并购存在的集体支配力和单边支配力的风险，竞争委员要求 UBS 接受结构和行为分拆的义务。结构性条件是分拆至少 25 个点的银行网络与分拆一些特定的分支。行为性分拆是对现存的 400 万瑞士法郎以下的商业贷款的条件和期限 6 年不变。选择的临界值为 400 万瑞士法郎是因为假设一个小的或中等规模企业能从并购银行的两方得到 200 万瑞士法郎的商业贷款。限定 6 年是假设一个中小企业找到一个真正的融资方并与其建立良好的借贷关系需要 6 年的时间。关于监控行为条件，UBS 必须每 3 个月提供给竞争总司一份详细的关于 400 万瑞士法郎以下的未偿贷款的报告。

5. 欧盟对银行并购的管制特点

第一，它并不认为对银行并购的竞争性管制有别于其他产业，因此将银行并购的竞争管制等同于其他产业。

第二，两层管制体系。"共同体规模"的并购由欧盟竞争总局审查，不具有"共同体规模"的银行并购由各成员国管制权威审查。

第三，支配性市场力的检验是欧盟竞争评估的核心。

第四，逐渐向美国的并购管制靠拢，特点是在对并购评估的经济性分析上。1997 年欧盟委员会放弃了欧盟一直采用的功能市场法，转而采用美国司法部 1982 年颁布的《水平并购指南》中提出的 SSNIP 法，这被看作是欧盟并购管制从以前重视定性分析转向定量经济分析的一个重要标志。1997 年后，欧盟委员会在市场界定方面和实体分析方面开始大量使用经济学分析方法。2002 年欧盟

---

① Sideek Mohamed, National Interests Limiting E. U. Cross-border Bank Mergers, ［2000］ E. C. L. R. 248, 257.

委员会决定在竞争总局中设立首席经济学家这一职位，首席经济学家的职责就是为每起并购案提供独立的经济评价报告。我们可以看出，欧盟并购管制的分析方法正在逐渐向美国的并购管制方法靠拢。

第五，尽管竞争委员会可以单独对大银行并购进行评估，但实际上，欧盟成员国却有相当大的自主决策权。

第六，并购控制标准从以前的保护竞争者逐渐向保护消费者转变。欧洲并购控制的标准是，并购是否"创造或加强一个支配性地位"，在这一标准下，有可能创造或加强一个支配性地位的并购应被禁止。支配性地位既可能是由并购实体单一的支配，也可能是由包括并购实体在内的联合支配。经济学家倾向于将法律术语"支配地位"等同于市场力，但从来不清楚这样做的法律基础。竞争法中支配性地位的观念来自德国秩序自由主义（ordoliberal）传统，并且是保护公平竞争而不是保护消费者。如波音—麦道 1997 年的并购，双方并购后的市场份额达 70%，波音市场份额增加 6%。按单纯的结构观点，这是一个有问题的并购。然而，在决定中根本没有讨论并购可能对消费者的损害，而更多的是讨论对竞争对手的伤害。事实上，这起交易对消费者有利。2004 年，委员会在新的并购管制中引入了新的判断并购的标准。[①] 检验并购是否将创造一个"对有效的竞争产生显著的阻碍"（significant impediment to effective competition，SIEC），开始接近美国的标准"显著降低竞争"（significant lessening of competition，SLC）。SLC 检验主要集中在对消费者的伤害，因此我们预计欧洲并购控制将主要集中于并购是否会带来对消费者的损害上。

（三）法国对银行并购的管制

在法国，银行并购评估不受《竞争法》约束，也不受竞争权威管制，负责管制的机构是法兰西信贷和投资委员会（comité des établissements de crédit et des entreprises d'investissement），它由法兰西银行（The Governor of the Banque de France）领导，负责金融业的审慎性监管。管制的根据是《银行法》，管制权威主要考虑监管和其他公共政策，稳定性目标压倒竞争性目标。

（四）德国对银行并购的管制

在德国，对银行并购管制与其他产业一样并没什么特别的规则，所不同的

是，其他产业并购管制依据《竞争法》，而银行并购管制既要依据《竞争法》，又要依据《银行法》。在运用竞争规则时，联邦卡特尔办公室（The Cartel Office，FCO）无须取得联邦监管办公室（The Federal Supervisory Office，FSO）的同意就能通过并购。然而，如果它想阻止一项并购，必须征求监管办公室的意见。监管办公室从《银行法》的视角来检查并购，如果新的股东被认为是不恰当的或管理不称职，它能阻止一个并购。联邦经济部长从政治利益出发，有权推翻一个阻止并购的决定，为宏观经济和公共福利考虑同意一项并购。在这种情况下，部长不得不询问独立的反垄断委员会的意见。通常，如果卡特尔办公室和监管办公室从不同的视角出发得出不同的结论，并且不能达成共识，则实际上经济（竞争）和金融（监管）部长将协商寻求一个解决方案。因此在二者观点不一致时，银行并购将会被提交给联邦经济部长进行政治审查，它主要考虑宏观问题和福利问题。

在德国，如果银行并购在欧盟效力范围外，既没有被审慎性监管者阻止，也没有被联邦卡特尔办公室（FCO）阻止，而且没有政治问题，那么这一并购将会被批准。

德国的银行并购有如下特征：没有什么特别的规则运用于银行并购，阻止并购的最后决定权取决于政客，而不是竞争办公室。联邦卡特尔办公室的并购评审严格限定在"纯粹的"竞争问题，但在阻止并购前，联邦卡特尔办公室必须给州管制权威评论的机会。一项并购即使被联邦卡特尔办公室阻止，如果并购方能征得联邦经济部长对这项并购的同意，并购也可顺利实施。而联邦经济部长在同意这项并购前，必须询问垄断委员会的意见。委员会的成员由联邦政府推荐，最后由总统任命，4 年任期。法律规定，委员会成员必须是有资格的专家，并且不与政府、产业协会、雇员或者雇主协会交往。同意一项被联邦卡特尔办公室阻止的并购决定时，部长必须接受联邦卡特尔办公室的合法调查，并且他对公司境况的描述应着眼于并购带来的竞争约束。不像联邦卡特尔办公室的决定，垄断委员会的报告不需要公开发布。在部长做出决定前，必须在公众听证会上讨论。从 1973 年来，只有 16 个被部长干预的并购，5 个被撤回，5 个被拒绝，6 个被同意。

（五）意大利对银行并购的管制

意大利对银行并购的管制与其他国家都不同。其他国家，如果对银行并购的管制权威是竞争权威，则管制依据是《竞争法》或《反垄断法》；如果对银行并购的管制权威是银行监管权威，则管制依据是《银行法》。但在意大利，对银行并购的管制权威是意大利银行（The Banca d'Italia），它是审慎性监管者，但管制依据不是依据《银行法》，而是《竞争法》。与其他国家更加不同的是，意大利银行在评估银行并购时，既要从反垄断视角考虑，又要从监管视角考虑。那么，意大利反垄断局（The Autorità Garante della concorrenza e del Mercato）在其中起什么作用呢？反垄断局仅是对每起银行并购案例向意大利银行给出自己的建议，并且这种建议没有约束力。因此，两个权威就有协商的必要。1996 年 3 月，双方签订了谅解备忘录，备忘录界定了交换信息的范围和程序，并且勾画了相关市场，作为评估竞争的第一步。

意大利对银行并购的管制安排在于对银行业特殊性的认识。其认为银行的特殊性表现在：首先，银行贷款资产的不可转让性，反映了银行降低储蓄者和投资者间信息问题的功能。其次，银行在支付系统中处于特殊地位。它们是唯一能创造购买力的机构，因此当市场紧张时，银行货币在解决交易上的优越性、在提供流动性上的中心地位尤为明显。最后，其特殊性还来自在流动性、易转移的负债和不可转换的资产间的联系。因此，考虑到银行业的特殊性，《银行法》（1993 年第 5 章第 385 条）和《金融中介法》（1998 年第 5 章第 58 条）指定意大利银行负责整个金融系统的竞争和支付系统的效率。

意大利银行竞争分析中有 33 个正式的程序。这么多数量的正式程序很多国家都没有，其中，17 个程序是关于滥用支配地位和合谋协议的，16 个程序是关于并购交易的。

意大利对银行并购的管制特色还在于对银行分拆的要求。意大利银行认为，在银行并购补救中，第一和最有效的是分支分拆，第二是分支关闭，第三是限制并购银行在市场上开办新的分支。所以，对一起反竞争的银行并购案，意大利不仅要求分拆，而且有时要求关闭分支。

（六）英国对银行并购的管制

在英国，银行并购与其他产业并购一样，按相似的规则和程序进行，因此并没有专门针对银行业的并购管制条例。英国对银行并购的管制权威是公平交易办公室（The Office of Fair Trading，OFT），适用银行并购管制的法律是《竞争法》。

在英国，如果一起银行并购未达到"共同体规模"，则由英国公平交易办公室进行竞争评估。公平交易办公室评估后，将相应的报告提交给国务大臣（the secretary of state），再由国务大臣转交给竞争委员会，由竞争委员会进行调查。竞争委员会必须决定这起并购是否违反公共利益。这一概念很广泛，包括：保护和促进竞争，促进消费者利益，促进静态的和动态的效率，保护和促进平衡的产业和就业。如果竞争委员会认为并购对公共利益无害，则无须采取进一步的行动。如果竞争委员会发现并购不利于公共利益，国务大臣也有权推翻这一观点并且准许这起反竞争并购。当然，在此过程中，国务大臣也要咨询英格兰银行和金融服务局（Financial Services Authority，FSA）的意见，但稳定性考虑不占首要位置，金融服务局仅对监管发表评论而不对竞争发表看法。

在 2002 年《公司法》前，英国对银行并购审查的标准是公共利益，此后转为效率目标，特别是能传递给消费者的效率。埃劳德 TSB 和阿比国民银行的并购，虽然被认为具有显著的效率，但因为它的效率不能充分地传递给消费者而被阻止。

在市场界定上，英国并未采用美国费城银行案的标准，而是依靠顾客基础来评估银行并购的相关市场，将相关市场分为零售、家庭贷款、中小企业贷款。

此外，对银行并购，英国直到现在还没有采用"失败公司救济"这一原则。

四、加拿大对银行并购的管制

（一）银行并购的管制权威

在加拿大，对银行并购进行竞争分析的是竞争局，但最终决定权在金融部长（the minister of finance）手上。加拿大竞争局无权允许或不允许金融机构的并购，它的职责是评估提议的并购的竞争效果，并且将它的分析报告给相关方。《银行法》《信托和贷款公司法》《竞争法》第 94 条规定，只有金融部长有最终决定权。任何一项银行并购，都要由两个权威进行分析：一个是竞争局，负责对银行并购的竞争效应进行分析；另一个是金融机构监管办公室（the office of the super-intendent of financial institution），它从监管视角对银行并购进行分析。然后，这两个权威向金融部长提交它们的报告。竞争局分析并购前，首先要与金融部长协商。并购分析后，竞争局主任将把分析报告转给并购方和金融部长。如果竞争局主任判定并购有可能显著地减少或阻止竞争，他将提交竞争特别法庭寻求补救。这时并购银行需要提出自己的补救建议。如果金融部长认为这起并购不合意，并购方想要继续完成并购，则需要提出自己的补救建议，而且这一建议还需要得到竞争局主任和竞争特别法庭的同意。最后，金融部长根据整个金融系统的公共利益做出同意或阻止决定。

第三辑　政府管制与公共经济研究丛书（第三辑）

（二）银行并购的管制目的和标准

银行并购评估程序的主要目标是保护和促进加拿大银行业的竞争，提供消费者高质量产品。竞争局管制银行并购的法律（或法规）是《竞争法》及《并购实施指南》（Merger Enforcement Guidelines）。它的管制标准是《竞争法》第 92 条和第 96 条。第 92 条声明，当并购显著地降低或阻止（或可能显著地降低或阻止）竞争时，竞争特别法庭（Tribunal）将命令补救。同时，第 96 条对反竞争性并购提供了一个效率例外：当充分的成本节约超过可能引起的竞争损害，并且这些成本节约如果没有并购就不会获得时，竞争特别法庭将不会反对这起并购。

显著地降低或阻止竞争是指：没有并购，相关产品在很多相关市场上的价格不可能这么高；价格、质量、服务或多样化差异不可能在两年内被现存的或新的竞争者消除。

一起并购有两种方式能显著地降低或阻止竞争：（1）通过减少竞争者数量，便利公司间的相互依赖行为，包括不是并购中的成员企业。相互依赖行为是指双方通过限制价格、质量、服务、品种或者以其他方式或明或暗地达成联合实施市场力的共识。竞争局也考虑市场条件是否有助于达成、监控、实施这样的市场力。（2）并购公司即使不与市场上的其他公司合作，也能单边地实施市场力，从而很大地降低或阻止竞争，这被称为单边实施市场力。

就单边实施市场力来说，如果并购公司并购后市场份额少于 35%，并购不会被挑战；就联合施加市场力来说，市场上最大的四家公司市场份额少于 65%，并且并购公司市场份额少于 10%，则不会被挑战。

（三）对银行并购的评估程序

分析框架是 1998 年的《银行并购实施指南》。评估程序分为五步：第一步，界定相关市场；第二步，计算市场份额和集中度；第三步，评估市场力；第四步，效率评价；第五步，分拆补救。

第一步：界定相关市场。

它包括界定相关产品市场和相关地区市场。一个相关市场由一群紧密替代的产品组成。每一群代表一个单独的产品市场，并有自己的地区市场。

银行提供的产品可分为：存、贷、抵押、信用卡、经纪服务和其他服务（如财富管理）。是否每一类产品组成一个相关市场依赖于顾客是否愿意或者能够当面临小而显著的、非暂时的价格增长时用其他产品替代，也就是美国 1982 年颁布的《水平并购指南》规定的 SSNIP 检验或称"假设的垄断者"检验。在这一检验下，提供者能有利地维持小而显著的、非暂时的价格增长。这一检验运用于产品市场和地区市场检验。当消费者面对小而显著的但非暂时性的价格增长或者面对质量、服务或产品种类的下降时，他们能转而购买其他产品，其他产品和该产品就构成了一个相关产品市场。从消费者观点看，产品间存在紧密的替代关系，这些产品构成一个相关市场。相关地区市场以同样的方式决定：当并购公司实施市场力，顾客可能转向的地区市场构成相关地区市场，地区市场的范围与产品和顾客的特征相关，也与产品的分配方式相关。

159

对市场界定来讲，重要的不是提供者的身份，而是产品的特征和消费者的转移意愿。例如，不同规模、偿还期、担保品的贷款可能不是紧密的替代品，就不应包含在相同的市场里。只有当借款者能将一种贷款大量地转换成另一种，使贷款银行增加利率无利可图，这两种贷款才被认为是需求替代的。因此不同数额的贷款可能界定为不同的相关市场：贷款利率增加，一个借款者不一定会将 10 万美元贷款转换为 1 万美元贷款。同样，也有不同特征的存款，如规模、到期日、风险等。不同特征的存款也可能位于不同的产品市场。只有足够数量的存款者面对存款利率的明显下降时纷纷转换成其他类型的存款，这些存款才构成同一个相关产品市场。

如果顾客从银行"一篮子"购买比单个购买成本小，那么顾客愿意实行"一篮子"购买，则这些产品属于同一相关市场，竞争局会对这种情况开展事实上的咨询和调研，不会像美联储那样先验性地界定为"群"。

是否一群产品组成了一个相关市场，竞争局会考虑：

（1）消费者是否倾向于从一个机构购买一群产品；

（2）每人购买的产品数量，每人从一个机构购买的产品数量；

（3）消费者偏好；

（4）对相对价格变化的反应，消费者是否会遵循"群"购买。

银行业的地理市场分为本地、区域、一国与国际。一个银行产品的地理市场范围决定于买方认为哪些提供商是紧密的替代者。这反过来决定于产品的特征、顾客的特征、产品传输方式、交易特性。特别是，在银行和顾客的个体接触方面，什么是必需的，成本是什么。个体接触的相对成本很重要。一个只需小额贷款的借款者不会为了少一点点的利率而另一家银行进行个体接触。但对大额贷款却不同，这种接触是值得的。如果有很多面对本地银行价格的增加不能（或不愿意）转换为外地的银行的顾客，这一市场为本地。有这些需要考虑的因素：买方的观点、战略、行为和个性；转换成本、传输成本；本地建立成本（set-up costs）；产品的特殊性；价格关系和相对价格水平；分配渠道；外资竞争。

通勤模式（commuting patterns）是界定市场范围时经常要考虑的因素。如果顾客和银行需要频繁地互动交易，并且交易额小，则市场为本地。这种互动并不需要发生在顾客的居住地，更可能发生在顾客的工作地。发达国家不少人居住在城郊，但他们工作在市中心，城郊的银行如果实施市场力将是无利可图的，因为有很多顾客将转向市中心的银行。① 因此，地理市场不仅应包括城郊，还应包括市中心。

竞争局首先筛选出银行并购不可能有竞争问题的产品和地区市场，再对那些没有被排除的产品和地区市场进行完整的竞争效果分析。

第二步：计算市场份额和集中度。

市场份额的计算既包括目前生产某一产品的现有企业，也包括将来参与该市场生产这种产品的潜在进入企业。在 1 年内有可能对并购银行的价格增长以最小的投资做出产量上反应的银行，将被包含在市场份额的计算中。在 1 ~ 2 年内可能对并购银行的价格增长做出反应或者进入要求相当大的投资，这样的银行在分析进入障碍时应被考虑。

市场份额通常用销量、单位销量或生产能力表示。如果产品没差异并且公司有过剩产能，产能通常比产量更能反映公司的相对市场地位和竞争影响。对银行并购来说，很难确定生产能力。尽管银行提供信用的生产能力由它获得的存款或其他来源的资金部分决定，但还受其他因素的影响，如传输网络的规模（包括分支网络），训练有素的人力资源等。因为银行产品的销售资料比生产能力资料更容易获得，因此市场参与者的份额通常根据真实的销售量决定。

为鉴定有问题的市场，竞争局对每一种产品和地区市场进行了分类：

红：并购后，不管在个人交易账户，还是在企业交易账户上的市场份额都在45% 或以上，并且得到的市场份额至少为 5%。

橙：并购后，不管在个人交易账户，还是在企业交易账户上的市场份额在45% 或以上，并且得到的市场份额少于 5%。

并购后，不管在个人交易账户，还是在企业交易账户上的市场份额都在35% 左右，并且得到的市场份额至少为 5%。

在个人贷款、居民抵押贷款、中小企业周转贷款中的任一市场上的市场份额

---

① 这样的社区被称为睡房社区（bedroom community）。

至少为35%，且并购后得到的市场份额至少为5%。

绿：在任一产品市场，并购后市场份额少于35%。

并购后，不管在个人交易账户还是在企业交易账户上其市场份额介于35% ~ 45%之间，且增加的市场份额少于5%。

在个人贷款、居民抵押贷款、中小企业周转贷款上，并购后的市场份额至少为35%，且得到的市场份额小于5%。

市场分类为"红"，意味着将导致显著的降低或阻止竞争，应被要求补救；为"橙"，将要求进一步检查，决定它们是否将被分类为"红"或"绿"；为"绿"，不会认为有竞争问题。

第三步：评估市场力。

计算市场份额和集中度不能精确地反映并购可能的竞争效果，因此竞争局还需评估市场条件的其他变化，如新的信用工具、新的分配渠道等，特别是电子银行。竞争局要评估这些变化是否可能地、及时地、充分地抵消市场力的增加。

市场力是指公司能有利地影响价格、质量、多样性、服务、广告、创新或其他竞争维度的能力。实施市场力能从几个方面表现出来：降低存款利率、增加贷款利率、提高融资条件、提高对零售企业 POS 终端的费用、增加其他服务的价格。实施市场力也会带来服务质量的下降、可得产品多样性的损失等。

对市场力的评估分为单边市场力的评估和协调市场力的评估。

在一些市场中，银行间的区别在于它们生产的差异化产品；而在另一些市场中，银行间的区别在于它们的生产能力或成本。在差异化产品市场中，当很多消费者认为并购公司的产品是他们第 1 和第 2 的选择时，并购更可能提高并购银行单边实施市场力的能力。在这样的环境里，并购后的价格增长更可能有利可图，因为一个公司价格的增长将增加顾客对并购伙伴的产品需求。竞争局使用一些有用的信息来揭示是否并购银行的产品是大量的消费者第 1 和第 2 的选择，如消费者过去的转换行为和其他银行的再定位行为。

如果银行间的区别主要在于它们的生产能力，产品质量同质，假设某一银行并购了另一银行（这一银行有较大的生产能力），并购后的银行单边提高产品价格，金融消费者不可能从其他银行的生产能力上得到满足，不得不从这家银行购买，这样的并购会受到竞争局重点关注。在银行业，这样的生产能力约束很常见，如缺乏更多的更有效的融资渠道、缺乏相应的训练有素的人力等。

对协调市场力的判断，通常从下述因素来识别：

（1）市场交易的透明度。价格对市场参与者是透明的信息时，欺骗更容易识别。

（2）潜在成本的稳定性。成本变动越大，越不易识别价格上的欺骗。

（3）产品销售的规模和频率。当销量很大并且其发生相对不频繁时，违背更有利可图，有效地制止更难。

（4）是否存在多市场关联交易（multi-market exposure）。这种关联性越强，协调市场力越大。

竞争局也会检查市场参与者以前是否参与过协调行动，也会考虑是否存在"标新立异"银行。

不管是对单边市场力，还是对协调市场力，供应边替代都是一个必要的分析因素，主要是看替代品的供应能否增加或者在两年内可以得到充分的替代品供应。具体的分析有三个方面：（1）竞争性卖方是否有充分的生产能力或能容易地增加生产能力；（2）替代品的总供给是否会充分地增加；（3）买方是否会转换到对足够的替代品的购买。

例如，尽管电话银行服务对大部分零售顾客来说是可得的，但对很多农村居民来说，并不容易得到。在过去的十几年，尽管电子银行交易量大幅增长，新产品持续被引入，但农村居民接受它们至少需要2年多的时间。这样，电子银行在农村市场并不构成对分支强有力的替代。

第四步：效率评价。

《银行并购实施指南》规定，证明效率的责任在于并购方。如果并购方能证实以下两种效率：（1）除了并购外，其他方式都不会产生效率；（2）这种效率将抵消反竞争效果。这样，并购可以继续进行。

第五步：分拆补救。

在被竞争局告知并购的反竞争结果后，并购方必须决定是否愿意继续并购，如果是，则会被要求接受补救。补救原则是：（1）在所有受影响市场，必须排除存在显著地降低竞争的效果。（2）允许可持续的和有效的竞争，以便消费者能继续享受竞争利益。（3）补救必须及时。例如，资产应在完成并购前或在一个指定的时间内销售，不服从将导致资产转移到受托人手中。（4）必须限制监管失察。（5）补救必须是可执行的和透明的。

1999年两家大金融机构——道明银行（TD Bank）和加拿大信托（最大的信托公司）合并，2001年1月金融部长同意了它们的并购申请，条件是分拆13个分支。

上述分析表明，除了在管制权威的安排和管制目的上略有差异外，加拿大对银行并购的竞争分析基本上与美国相似，特别是在竞争分析的程序上。加拿大对银行并购的管制特别具体、详细，可操作性强，值得中国借鉴。

五、日本对银行并购的管制

163

（一）并购的背景和动机

日本银行业的并购属于环境诱致型并购，导源于金融全球化和消化"泡沫经济"时期持有的大量坏账的需要，通过并购、重组业务改善利润、冲减坏账、恢复资产安全性。较大的并购有：2000 年，富士银行（Fuji Bank）、第一劝业银行和日本工业银行并购，总资产达 141 兆日元，成为全球最大金融公司；2001 年，旭日银行（Asahi Bank）、三和银行（Sanwa Bank）和东海银行（Tokai Bank）并购，总资产达 100 兆日元，成为全球第二大金融公司；同年，住友银行（Sumitomo Bank）与樱花银行（Sakura Bank）并购，成为全球第三大金融公司。

（二）银行并购的管制权威

日本的银行并购与其他产业并购一样，都受制于《竞争法》，由日本公平交易委员会（Japan Fair Trade Commission，JFTC）实施竞争评估。公平交易委员会是执行《反垄断法》的唯一权威。在日本，并购银行既需要按《反垄断法》第 15 条的规定向公平交易委员会提交并购申请，又需要向金融服务部（The Financial Services Agency）提交申请。根据《竞争法》，公平交易委员会对银行并购的评估主要是看这一并购是否会显著地降低竞争，如果认为会，则命令银行分拆一定量的业务。金融服务部的监管评估依照《银行法》，考虑地区资金的可得性和顾客的便利性、企业适当合理的控制（如股东和管理者的恰当与否）和避免市场混乱（考虑公平竞争）。两权威通过非正式接触独立地评估并购。

（三）银行并购的竞争评估

日本公平交易委员会对银行并购的竞争评估主要有：相关市场界定、竞争因素分析和缓释因素分析。

相关市场界定又可分为产品市场界定和地区市场界定。日本《反垄断法》产品市场界定称为"银行的市场范围",它由银行提供的服务类别决定,包括存款、贷款和外汇。通常,银行并购的地区市场由银行的交易活动来刻画,对地区性银行来说,由它运营的每一个辖区决定;对在全国市场内运营的银行来说,如城市银行,则是整个日本。

公平交易委员会在竞争性分析时,会综合考虑银行地位和市场条件。市场份额是银行市场地位的基本显示器。如果并购引起市场份额极大增长或者并购后银行的市场份额与竞争者有很大差距,则公平交易委员会将判断该并购存在明显的反竞争效应。对市场条件,公平交易委员会主要考虑两点:一是竞争者数量和集中度。如果仅有少量的竞争者,并购对竞争将会产生明显的消极影响,特别是,如果竞争者的数量下降使市场成为寡头垄断市场,如三家最大银行的市场份额和超过70%,那么合谋极有可能发生,竞争分析就要考虑银行间的协调行为。二是市场进入。主要考虑因素是是否存在进入的法律障碍。

除了分析并购后市场份额的变化外,还要分析并购后并购银行交易能力的变化,包括原材料获得力、技术来源、营销力、融资力、品牌力、广告力等。

有以下三个缓释因素,使银行并购不太可能受到竞争挑战:(1)被并购方债务过重,不再能获得足够的营运资金;(2)有很高的破产可能性,并且在不远的将来从市场退出;(3)除了并购外,很难找到一个更少反竞争的方式挽救失败公司。

(四)重要案例

1995年,三菱银行并购丰田银行。它们通过并购延伸国内外的网络,从而增加国际竞争力。因为它们都是有密集性分支网络的城市银行,所以公平交易委员会主要检查并购在全国范围内对城市银行的竞争影响。分析发现,并购后,并购银行的存款市场份额为14.2%,贷款市场份额为14.7%,都是全国第二。然而,公平交易委员会认为这起并购不会显著地抑制竞争。这是因为:新银行的市场份额预计不会高于15%,仅高于第二大银行两个百分点。同时,在大公司的贷款市场上,城市商业银行的竞争很激烈,有两个原因:一是因为管制的放松,加剧了竞争;二是因为对大公司的贷款很安全,贷款风险低,各家城市银行竞相争取大公司贷款,而大公司也有发行商业票据和债券融资的便利,这加剧了竞争的激烈程度。所以,最后公平交易委员会同意了这起并购。

另一个案例是1998年札幌银行(Hokuyo Bank)收购北海道大户银行

（Hokkaido Takushoku Bank），后者是全国第十一大银行，也是一家濒临失败的银行，因为它几乎不能从短期金融市场上融资，不并购无法存活，因此决定放弃重建，将北海道地区的生意转移给札幌银行。尽管并购后，札幌银行在存贷款市场上的份额估计将提高至20%（存）、30%（贷），公平交易委员会仍然按"失败公司救济"原则同意了这起并购。

------------------------------ 第二节 ------------------------------

新兴工业化国家对银行并购的管制

新兴工业化国家主要包括亚洲和美洲的一些国家，本节我们选取亚洲的韩国和美洲的墨西哥为代表。

亚洲国家金融市场的发展分为三个阶段：第一个阶段是在20世纪90年代早期，大多数亚洲国家采取了自由化和放松管制措施。金融全球化、监管标准化、经济发展、国际金融机构强加的金融改革压力是金融自由化的背景。第二个阶段是在东南亚金融危机后。一些国家遭到了危机，如印度尼西亚、韩国和泰国，为了满足国际货币基金组织（IMF）支持的条件，它们接受了金融重组计划。它们被要求清除不良贷款、建立监管措施以避免裙带关系。其他国家虽然没有上述三国这么严重，但也加强了金融系统安全性的建设。第三个阶段是这些国家完成了IMF的计划后进行了中长期的金融改革。许多国家都制定了本国的金融改革的总体规划。总体规划强调金融市场的开放，强化金融部门的竞争性，特别是强调贯彻国际标准、加强市场基础设施、采用审慎性政策等。因此，亚洲国家的银行并购大多带有政府推动的色彩，国内银行并购的目的主要有两个：一是为了化解历史遗留的不良贷款问题；二是为了促进对外开放，提高国内银行业竞争的需要。

但对亚洲国家的银行并购管制来讲，除了少数国家（如日本）外，很多国家都非常薄弱，不仅银行并购的数量少（见表4－3），而且缺乏《竞争法》的有效规范。

第三辑

政府管制与公共经济研究丛书（第三辑）

表4－3 20世纪90年代的银行业并购

国家或地区	数量（家）		价值（10亿美元）	
	1990～1996年	1997～1999年	1990～1996年	1997～1999年
印度	0	2	0	
新加坡	1	5	18	146

续表

国家或地区	数量（家）		价值（10亿美元）	
	1990~1996 年	1997~1999 年	1990~1996 年	1997~1999 年
印度尼西亚	14	15		
韩国	0	11	0	323
马来西亚	2	21	1	17
菲律宾	14	6		7
泰国	1	2	0	39
巴西	8	38	1	84
智利	6	6		1
哥伦比亚	3	11	1	4
墨西哥	5	7	7	22
秘鲁	5	8	0	1
捷克	1	6	0	0
匈牙利	3	4	4	3
波兰	1 241	5 801		
沙特阿拉伯	0	2	0	7
欧盟	799	427	95	231
美国	1 607	970	190	507

注：主要是合作银行之间。

资料来源：Group of Ten. 2001. Report on Consolidation in the Financial Sector. Bank for International Settlements, Bsel.

除韩国和日本外，大多数亚洲国家最近制定了或正在制订《竞争法》（见表4-4），但都缺乏实施的经验。马来西亚和菲律宾拟订了《竞争法草案》，但时间表尚不清晰。泰国和印度虽然制定了《竞争法》，但它们缺乏指南和有效实施的案例。

表4-4 亚洲国家的《竞争法》

国家	法律名称	权威
中国	《反不正当竞争法》（1993 年）	国家工商管理局
	《反垄断法》（2008 年）	商务部
韩国	《垄断管制和公平交易法》（1999 年）	公平交易委员会

国家	法律名称	权威
印度尼西亚	《反垄断和公平竞争法》（1999 年）	企业竞争观察委员会
马来西亚	讨论中	国内贸易和消费者事务部
菲律宾	讨论中	贸易和产业部
新加坡	《竞争法》（2004 年）	竞争委员会
泰国	《贸易竞争法》（1999 年）	贸易竞争委员会
泰国	《价格控制和垄断防御法》（1979 年）	国内贸易局、商业部
越南	《竞争法》（2004 年）	竞争管理部、竞争理事会（商务部）
印度	《竞争法》（2002 年）、《垄断和限制贸易实践法》（1969 年）	印度竞争委员会

资料来源：M. Kurita, Establishment of International Competition Rules and its Influence to Enactment of Competition Law in Developing Countries. in S. Lmaizumiled, Establishment of International Rules and Developing Countries – Globalised Economic Statutory Reforms（Institute of Developing Economies, JZTKO, 2007）.

一、韩国对银行并购的管制

（一）银行并购的背景

韩国的银行并购是金融改革的一种方式。银行业并购高潮产生于 1997 年东南亚金融危机后，并购是国家克服外汇危机、努力重建金融机构的一部分。韩国第一轮金融改革和重组从 1998 年 1 月至 2000 年 8 月，主要是政府帮助注入资金。为预防系统性风险，韩国政府和韩国存款保险公司一开始就将大量的公共资金注入到银行体系。资本充足率低于 8% 的银行不得不以明显的折扣销售其不良资产给政府的资产管理公司，接受政府股份。从 1998 年开始的 5 起银行并购，[①] 韩国公平交易委员会（KFTC）没有运用它的评估程序，因为它认为这些并购是合法的，因此免于反垄断管制。第 2 轮金融改革和重组从 1999 年开始，政府导入金融持股公司，引导健康银行并购不健康的地方银行，推动健康银行间的并购（见表 4 - 5）。为鼓励并购，政府甚至给予并购银行优惠税收待遇。

---

① 也就是表 4 - 5 中的健康银行并购不健康银行下面的 5 个银行并购案例。

第三辑

政府管制与公共经济研究丛书（第三辑）

表 4 – 5　　　　　　　　　韩国银行业合并（1998. 6 ~ 2001. 3）

类型	内容	时间
购买和承担 （purchase and assumption）	由健康银行通过购买和承担方式接管不健康银行： 大东银行（Daedong Bank）→库明银行（Kookmin Bank） 东南银行（Dongnam Bank）→住房和储蓄银行（Korea Housing & Commercial Bank） 东华银行（Dongwha Bank）→大韩银行（Shinhan Bank） 中涌银行（Chungchung Bank）→韩亚银行（Hana Bank） 京畿银行（Kyungki Bank）→韩美银行（KorAm Bank）	1998.6
并购	政府引导的并购 哈尼尔银行（Hanil Bank）→汉威银行（Hanvit Bank） 长期信贷银行（Korea Long – Term Credit Bank）→库明银行 重庆银行（Chungbuk Bank）→朝兴银行（Chohung Bank） 康元银行（Kangwon Bank）→朝兴银行 自愿并购 博拉姆银行（Boram）→韩亚银行	1999.1 1999.1 1999.4 1999.9 1999.1
变现 （sell-off）	第一银行（Korea First Bank）→新桥资本（Newbridge Capital）	1999.12
政府发起的 金融持股公司	汉威银行，和平银行（Peace Bank），济州银行（Kwangju Bank），庆南银行（Kyongnam Bank），海湾投资银行（Hanavo Investment Banking），第九银行（nine member-bank subsidiaries）→友利银行（Woori Financial Holding Company）	2001.4

资料来源：Monetary and Economic Department, The Banking Industry in the Emerging Market Economies: Competition, Consolidation and Systemic Stability, BIS Papers No. 4, P. 94. 2001. 8.

　　韩国政府为了避免产业资本对银行的支配，对单个人持有银行股份有最高限制（4%）（见《银行法》第 15 章）。然而为了吸引外资，给外资优惠待遇。由金融监管委员会（FSC）授权，外资能拥有 10% 的享有投票权的股权，并且能超越这一临界值。外资吸收一个合资银行时，能达到 50% 的股份。它们也能建立一个本地银行实体，占有 100% 的股份。韩国第一银行，资产 9 800 亿韩元，1999 年 12 月卖给新桥资本，外资作为最大股东占 51% 股份。

（二）银行并购的管制权威和管制法律

　　在韩国，金融监管委员会（FSC）负责接受银行并购申请和批准银行并购。

但同时法律规定，金融监管委员会在同意一项并购前，必须事先与韩国公平交易委员会协商，考虑该项并购可能的反竞争效应。如果金融监管委员会不考虑公平交易委员会的意见，那么，公平交易委员会会独立地审查这起并购。因此，真正的权威是公平交易委员会，它依据《垄断管制和公平交易法》（The Monopoly Regulation and Fair Trade Act）对银行并购实施反垄断。

（三）对银行并购的管制程序

1. 产品市场界定

在评估商业银行并购时，公平交易委员会通常不将非银行金融机构包含在产品市场内，因为商业银行与非银行金融机构存在低的需求/供给替代，竞争弱，所以在产品市场界定时，排除这些服务。但考虑到商业条件如利率和佣金改变时，非银行金融机构提供的专业化产品和银行提供的"群产品"仍然存在较强的竞争，当非银行金融机构提供更优惠的贸易条件如低利率和佣金时，顾客会转到非银行金融机构；特别地，非银行金融机构提供的越来越多的多样化服务和得益于电子银行和金融机构间功能的重新调整，使交易越来越便利，加强了顾客转移这一趋向。所以，公平交易委员会有时也会在产品市场界定时考虑电子银行和非银行金融机构。

韩国长期以来存在对金融资源的过度需求，存款市场竞争激烈，而银行间借贷市场的竞争不足。在这种情况下，存款被作为银行商业活动的有用的测量指标。因此，公平交易委员会在评估银行并购的产品市场界定时主要考虑存款量。

2. 地区市场界定

公平交易委员会通常假定商业银行提供全国性的服务，且分支遍布全国，再加上电子银行的发展，所以银行并购的地区市场通常为全国。

3. 评估银行并购的竞争效应

公平交易委员会在评估银行并购时，着重强调以下几点：（1）是否存在多市场联系。韩国商业银行提供多种相似产品，同时在几个市场竞争，这种多市场联系加大了它们合谋的可能性。因此，公平交易委员会将根据《并购评估指南》对可能的合谋进行检验。（2）市场进入的法律和制度障碍。（3）《垄断管制和公平交易法》的第7章第2款提到了"失败公司救济"，但这一条款并不针对银行并购，银行并购如果涉及问题银行，由金融监管委员会根据 1998 年危机后制定的《金融结构优化法》进行评估，不受公平交易委员会并购评估的制约。

4. 效率评价

如果并购产生了规模经济和范围经济，改善了对消费者的服务，促进了专业化的进展，则这起并购是效率促进的，不存在反竞争效果。

5. 并购补救

韩国对银行并购没有行为补救或结构补救。欧盟和美国盛行的分拆，韩国没有采用。

二、墨西哥对银行并购的管制

（一）墨西哥银行业的并购

墨西哥的银行并购主要表现为外资银行的并购。1994 年前，外资金融机构不能在墨西哥建立附属企业。随着北美自由贸易协定（North American Free Trade Agreement，NAFTA）1994 年 1 月的实施，墨西哥的第一步是向外资开放金融部门。1994 年墨西哥金融危机后，对外资的约束逐渐消失，出现了以下两个现象：一是对外资开放金融体系；二是 1994 年危机后的银行资本化问题为大量的并购创造了条件。

外资银行小的附属银行在危机初期进入墨西哥，在公司贷款、衍生品、国债和货币市场上扮演了主要角色。但 20 世纪 90 年代中期以后它们在零售市场上发展势头迅猛。花旗银行、加拿大的丰业银行（Bank of Nova Scotia）和西班牙对外银行（BBVA）以及西班牙国际银行集团都参与了零售银行业务。西班牙银行在墨西哥第三大金融集团占有大多数的股份，控制了最大的银行外贸银行（BBVA - Bancomer，Santander），加拿大的丰业银行控股第七大银行，花旗银行控股第八大银行。从 1998 年开始，外资允许拥有本土银行 100% 的股份。现在外资银行控制着最大的和第三大的金融集团，管理着 48% 的银行资产和 48% 的银行资本（墨西哥大银行的市场份额及墨西哥银行系统的结构见表 4 - 6 和表 4 - 7）。

表 4 - 6　　　　　　　　　墨西哥大银行的资产（2000.9）

银行	美元（10 亿）	市场份额（%）
外贸银行	40	24
墨西哥国家银行（Banamex）	34	21
桑坦德塞尔芬银行（Santander - Serfin）	23	14
比塔尔银行（BITAL）	19	11
银行家银行（Bancrecer）	12	7
北方银行（Banorte）	11	7
伦佛拉特银行（Lnverlat）	6	4
花旗银行	6	4

资料来源：Monetary and Economic Department, The Banking Industry in the Emerging Market Economies: Competition, Consolidation and Systemic Stability, BIS Papers No. 4, P. 107. 2001. 8.

表 4 - 7　　　　　　　墨西哥银行系统的结构（2000 年 9 月）

银行类型	数量（家）	资本（10 亿美元）	资产份额（%）
本国控股的银行	14	6.9	51.6
大的国外附属银行和外资控股的大银行	4	5.6	46.7
小的外资附属银行	13	0.7	1.7

资料来源：Monetary and Economic Department, The Banking Industry in the Emerging Market Economies: Competition, Consolidation and Systemic Stability, BIS Papers No. 4, P. 106. 2001. 8.

（二）墨西哥银行并购的管制机构

在墨西哥，所有的银行并购都必须接受联邦竞争委员会（Federal Competition Commission, FCC）的竞争性评估和金融与公共信用部（The Ministry of Finance and Public Credit, MFPC）从公共利益角度和银行雇员利益角度的审慎性评估。联邦竞争委员会和金融与公共信用部用它们自己的标准评估并购，它们都能阻止并购，即使另一个部门不会阻止。

联邦竞争委员会依照墨西哥的竞争法——《经济竞争联邦法》（The Federal Law on Economic Competition），以并购是否妨碍公平竞争为标准来评判一起银行并购。墨西哥《竞争法》完全适用于银行业并购。

审慎性监管权威包括金融与公共信用部、国民银行与证券委员会（它是金融与公共信用部的一个部门）、墨西哥央行（Banco de Mèxico）。审慎性监管者不会干预银行并购的竞争方面，它们主要考虑三个方面：机构安全性、产业结构、权威有效履行职能的能力。第三个方面是指一项并购是否会影响权威执行货币政策，是否会妨碍支付体系的完整性，是否会出现"太大而不能倒"或"太大而不能充分地处罚"（too big to discipline adequately）的情形。在这三个主体中，起决定作用的是金融与公共信用部，它根据公众和银行雇员的利益来进行银行并购的裁决，但事前必须与墨西哥央行和国民银行与证券委员会协商。银行债权人在90天内如果反对这起并购，可单独获得支付，而不能延误并购。

联邦竞争委员会在评估银行并购时，通常将银行并购的产品市场定义为"群"产品，将地区市场界定为全国。之所以采用"群"概念，在于：直到现在，墨西哥的很多银行并购主要是由外资银行收购小的失败银行，要么外资银行在国内市场只占小的份额，要么并购前不在国内市场。很明显，这种收购不会引起严重的竞争考虑，不必要进行更多的产品细节讨论。所以"群"方法被用在并购分析中，存款被作为测量工具。之所以采用全国市场，是因为银行执照是全国性的，所以界定为全国。联邦竞争委员会在界定相关市场时不太重视电子银行。

市场界定后，联邦竞争委员会采用两个定量的标准来评判并购：一是 HHI，二是支配力指标。[①] 标准是：HHI < 2 000，ΔHHI < 75；DI 下降或者 < 2 500。

至于竞争性评估的其他方面，墨西哥要么没有，要么认为是正的影响，不必考虑。比如，墨西哥《竞争法》没有"失败公司救济"这一条款，联邦竞争委员会在评估银行并购时通常假定一家资本充足的银行并购一家资本不足银行会带来效率利益，所以不必考虑。

因此直到现在，联邦竞争委员会和金融与公共信用部还没有否决一起银行并购。原因有：（1）大多数并购涉及中小失败银行被其他同规模银行或境外银行收购，这对市场结构没有影响。事实上，即使被收购银行是健康的，并购也会被通过。（2）当外资银行收购中小失败银行时，资本化率明显改善，这被认为是符合公共利益的。（3）这些银行的加强被认为是增强了竞争，因为它们能有效地与三大银行（Banamex，Bancomer and Serfin）竞争，这三大银行占有50%的资产。

---

① 支配力指标（dominance index），$DI = \sum_{i=1}^{n} \frac{a_i^4}{(HHI)^2}$，$a_i$ 是第 i 家银行的市场份额。

中东欧转轨经济国家对银行并购的管制

中东欧转轨经济国家相继于 1990～1991 年制定了本国的竞争制度，它们吸收了欧盟的竞争制度，对银行业没有特殊的条款，与其他行业没什么区别。在这些国家，由一个单一的竞争权威负责实施对所有部门的竞争制度安排，也就是说，它们依照《欧盟条约》的第 81 条和第 82 条来处理竞争问题。因此，这一节的重点不在于介绍各国对银行并购的竞争管制，而是以波兰、捷克和匈牙利三国为例来说明中东欧转轨经济国家的银行并购进程，希望能对中国当前的金融改革有所帮助。

一、波兰对银行并购的管制

（一）转轨初期现状

20 世纪 90 年代初期，波兰经济转轨，当时的波兰银行业国有成分占比很高，商业银行数量很少，1988 年只有 5 家，但经营效益低下，坏账率居高不下，1993 年坏账率为 31.1%，1994 年坏账率为 29%，并且各家商业银行的资本充足率都很低，远达不到《巴塞尔协议》的要求，银行业出现准危机，迫切需要进行彻底的改革。

（二）改革中的波兰银行业并购

面对困境中的银行业，波兰的改革措施主要是产权改革和市场结构改革，具体包括：放开准入限制，引入大量私人银行；关闭问题严重的银行；鼓励银行间的并购；引入外资银行等。

就银行并购而论，可分为两阶段：第一阶段主要是国有银行的私有化和接管处于困境中的私有金融机构；第二阶段主要是引入外资银行。

在转轨初期，波兰放开了对银行市场的准入，因此有大量的私有银行注册，并且它们很容易注册，商业银行数量激增（见表 4－8），因为人们相信自由注册规则会促进竞争，加快金融市场发展。但与人们预料相反的是，这些大量注册的私有银行很快陷入了倒闭风潮，波兰不得不关闭几十家严重资不抵债的私有银行，并对其中经营状况稍好的中小银行进行并购重组。对困境中的国有商业银行，政府的做法是将其私有化。

表4-8 波兰商业银行的数量 单位：家

年份	1988	1989	1990	1991	1992	1993	1994	1995	1996	1997	1998	1999	2000
数量	5	17	43	89	103	104	82	83	81	83	63	77	74

资料来源：Monetary and Economic Department, The Banking Industry in the Emerging Market Economies: Competition, Consolidation and Systemic Stability, BIS Papers No. 4, P. 118. 2001. 8.

但这一阶段的改革并不成功，政府很快意识到没有外资银行的积极配合，发展一个有效的银行体系是不可能的。因此，第二阶段的合并是外资银行并购波兰银行。如，1999年波兰抵押银行被普鲁米耶洛—汉诺威银行（Bank Przemyslowo - Handlowy SA）并购，2000年奥地利信贷银行（Bank Austria Creditanstalt SA）被波泽涅信用卡公司（Powszechny Bank Kredytowy SA）并购，花旗银行被汉诺威银行并购（见表4-9）。外资银行通过国际化募股的方式直接作为机构投资者的方式持有大量波兰银行的股份。

表4-9 几起大的外资银行并购

并购银行	并购前的市场份额（%）	排名	并购后的市场份额（%）	排名
波兰抵押银行与普鲁米耶洛—汉诺威银行	4.2	7	4.5	7
	0.4	31		
波泽涅信用卡公司与奥地利信贷银行	5.1	3	5.7	5
	0.6	24		
花旗与汉诺威银行	5.0	4	7.6	3
	2.6	13		
斯拉斯基银行与荷兰国际银行	4.3	7	5.8	4
	1.5	16		

资料来源：Monetary and Economic Department, The Banking Industry in the Emerging Market Economies: Competition, Consolidation and Systemic Stability, BIS Papers No. 4, P. 121. 2001. 8.

改革后，波兰银行业的所有权结构发生了很大的变化，原先的以国有商业银行为主体的银行体系现在变为以外资银行主导的银行体系（见表4－10）。在1993年，有104家商业银行，2000年，降到74家，仅7家为国有，2002年降到59家；[①] 1993年国有控股银行占比80%，而到2000年降低到23%，而外资银行占比从1993年的3%增加到2000年的70%。这一时期同时还伴随着不良资产的下降和国内银行资本充足率的改进。国内银行的坏账从1993年的31.1%下降到2000年的14.7%，国内银行的资本充足率与外资银行大体相当。

表4－10　　　　波兰银行业的所有权结构（净资产的百分比）　　　　单位：%

银行类型	1993年	1994年	1995年	1996年	1997年	1998年	1999年	2000年
所有商业银行	93	95	95	95	95	96	96	96
国有控股银行	80	76	68	67	49	46	24	23
直接政府所有银行	76	71	63	51	38	37	22	21
民间控股银行	13	19	27	29	46	50	72	73
国内银行	10	15	23	15	31	33	25	3
外资银行	3	4	4	14	15	17	47	70
合作银行	7	5	5	5	5	4	4	4

资料来源：Monetary and Economic Department, The Banking Industry in the Emerging Market Economies: Competition, Consolidation and Systemic Stability, BIS Papers No. 4, P. 122. 2001. 8.

（三）银行并购的管制机构

在波兰，对银行并购的管制权威是竞争和消费者保护办公室（The Office for Competition and Consumer Protection, OCCP）。它依据1990年2月24日颁布的《反垄断实务和消费者保护法》（The Act on Counteracting Monopolistic Practices and Protection of Consumer interests），采用欧盟的管制框架进行管制，对银行业并购没有什么专门的与其他产业不同的方法。

竞争和消费者保护办公室控制下列情形：（1）并购方都是银行，在上一年底，合并参与方的股东权益超过5 000万欧元，这一交易应通知竞争和消费者保护办公室。（2）非银行金融机构并购银行。竞争和消费者保护办公室界定市场时，既要考虑消费者（居民户或自然人、企业），又要考虑提供的产品（存款、

第三辑

政府管制与公共经济研究丛书（第三辑）

[①]　Katalin Mero and Marianna Endresz Valentinyi, 2003. The Role of Foreign Working Banks in Five Central and Eastern European Countries, Magyar Nemzeti Bank Working Paper 2003/10.

外汇存款、贷款、银行账户、储蓄账户、家庭银行业务等）特征。地区市场通常被认为是国内市场，在很多案例中是本地。

二、匈牙利对银行并购的管制

（一）匈牙利的银行转轨改革

从 20 世纪 90 年代初期开始，匈牙利进行了经济和金融转轨改革。银行改革的主要措施是私有化，特别是将以前的国有商业银行卖给外资银行，或国有商业银行被外资银行并购。国有商业银行的出售并不是简单的销售，而是由政府对其资产负债表进行清理，然后再卖给国外的战略投资者。1995～2000 年有 10 家银行通过投标被售出。政府只在银行中保有一股，即金股，对董事会和监事会的成员任命享有否决权。2002 年，匈牙利商业银行 78% 的股份被外资银行拥有。[①]

匈牙利对外资没有直接的法律约束。外资享受国民待遇，甚至没有任何事实上的约束，国民待遇原则是匈牙利对 OECD 的承诺。1997 年 12 月，匈牙利调整《信用机构法》（The Act of Credit Institutions），外资银行只要得到政府金融监管部门的授权，从 1998 年 1 月 1 日起就可以设立分支。一旦设立分支得到批准，它们就会自由地在任何一个地方开办分支，但必须注册登记。

（二）匈牙利银行并购的管制机构

1996 年前，匈牙利关于竞争的法律是 1990 年颁布的《禁止不公平市场实践法》。根据这一法律，银行并购由匈牙利银行业监管司管制；1996 年，匈牙利修改了以前的《禁止不公平市场实践法》，颁布了《禁止不公正的和限制性的市场实践法》，这一法律成为新的匈牙利竞争法，根据这一法律，银行并购的管制权威是经济竞争办公室（The Office of Economic and Competition，OEC），经济竞争办公室是一个独立的机构，结构上不附属于政府，它评价并购时使用公共利益检验。实践上，对银行并购的管制通常由经济竞争办公室和银行监管权威〔2004 年 4 月 1 日后，银行审慎性监管权威是政府金融监管司（State Supervision of the Financial Institutions）〕共同做出。金融机构应提交申请，同时给经济竞争办公室和银行监管权威，并应得到双方的批准。银行监管权威和竞争办公室考虑并购是

第三辑

政府管制与公共经济研究丛书（第三辑）

---

① Katalin Mero and Marianna Endresz Valentinyi，2003. The Role of Foreign Working Banks in Five Central and Eastern European Countries，Magyar Nemzeti Bank Working Paper 2003/10.

平等且独立的，经济竞争办公室的决定依赖于银行监管权威的资料。

它们认为没必要为银行并购制定特殊的规则，一般竞争法完全适用于银行业，但其并没有考虑失败公司。

匈牙利竞争法对失败公司没有明确的特殊处理。《禁止不公正的和限制性的市场实践法》第 30（1）条提出了运用"失败公司救济"的可能。尽管匈牙利有些案例运用了"失败公司救济"，但这不是绝对的。

在分析银行市场进入时，电子银行、规模经济和范围经济都不作为并购分析中的进入障碍。

至今批准的银行并购还没有涉及特殊的政治敏感性。

三、捷克对银行并购的管制

20 世纪转轨初期，捷克国内大银行面临低资本充足率和大量坏账的问题，人们普遍的看法是私有部门比公共部门更有效率。因此与其他中东欧国家一样，捷克的国有银行开始私有化，国家大量发放银行许可证。捷克的第三大银行卖给了一家本国的商业银行。到 2000 年，仅有一家国有银行。然而，私有化的结果是令人失望的，捷克政府又开始为四大国有银行寻找战略性外资合作者。外资银行在 20 世纪 90 年代中期大举进入捷克。从数量上看，外资银行占主体，2000 年总共 41 家金融机构中有 27 家外资银行（见表 4 – 11）；从份额上看，外资银行（包括分支）在 1999 年底占有 39% 的资产份额，2002 年底捷克 81.9% 的商业银行注册资本被外资拥有，[①] 外资银行大多来自德国、荷兰、法国、美国。

表 4 – 11　　　　　　　　　　捷克银行数量（2000 年 7 月）

类别	数量
政府金融机构	1
本国控股的银行	5
本国控股的特别银行	7
外资控股的银行	9
外资银行的子公司	6

① Katalin Mero and Marianna Endresz Valentinyi，2003. The Role of Foreign Working Banks in Five Central and Eastern European Countries，Magyar Nemzeti Bank Working Paper 2003/10.

类别	数量
外资所有的特别银行	2
外资银行分支	10
监管银行	1

资料来源：Monetary and Economic Department，The Banking Industry in the Emerging Market Economies：Competition，Consolidation and Systemic Stability，BIS Papers No. 4，P. 65. 2001. 8.

关于国内银行业的坏账问题，1991 年成立复兴银行（Konsolidacní Banka，KOB）接管 1991 年前累积的坏账，首先是大银行剥离坏账，1994 年开始将重点转向小银行。捷克国民银行和政府为支持银行业的稳定花费的总成本估计大约为 2 000 亿捷克克郎（CZK）。1995 年捷克银行业不良贷款为 30%，2002 年降到 10%，同年外资银行不良贷款率为 8.8%，国内银行和外资银行的资本充足率大体相等。

通过对上述三国银行改革实践的介绍，我们发现，其实它们的改革轨迹是一样的，结果也是相同的。刚开始，盲目私有化并不成功，后来引入外资银行，剥离国有银行的坏账，最后逐渐提升了本国银行的绩效。因为三国银行并购的管制都是采用欧盟的并购管制条例，因此相应的论述不多，事实上，这些国家还没有真正建立起完善的银行竞争制度，对银行并购的反垄断管制还很薄弱。

-- 第四节 --

银行并购管制的国际比较及对中国的启示

一、经济发达国家与发展中国家在银行并购管制上的比较

（一）相同点

发展中国家与经济发达国家在银行并购管制上是一脉相承的关系。发展中国家 20 世纪 90 年代前没有自身的对银行并购的管制政策，由于 20 世纪 90 年代跨国银行并购的扩张，发展中国家才开始借鉴经济发达国家对银行并购的管

制政策，特别是美国和欧盟的政策，逐渐建立起本国对银行并购的管制政策，沿袭色彩很浓。比如，中东欧经济转轨国家对银行并购的管制基本上是复制了欧盟的政策。

（二）不同点

179

1. 并购的动机不同

发达国家的银行并购主要是市场驱动型并购，而欠发达国家的银行并购主要表现为政府驱动型并购。新兴经济体的银行并购不是市场驱动型并购，而是政府引致的并购，其中有的是政府为了重组非效率的银行体系（如拉美），有的是为了干预银行危机（韩国和东南亚各国），但随着放松管制，私有化和外资银行进入，政府驱动型并购有朝市场驱动型并购变化的趋势。在中东欧转轨经济国家，也是政府驱动型并购，其目标在于通过私有化引入外资银行，化解坏账。

2. 并购的主体不同

在很多新兴经济体（如拉美）和中东欧转轨经济国家，外资银行成为并购的主角；而发达国家的银行并购的主体是本国银行。很多新兴市场经济缺乏资本，缺乏商业银行技巧，缺乏有效的银行结构，因此引进外资战略投资者；亚洲和拉美放开银行市场是因为资本缺乏和非效率的市场，因此通过引进外资促进竞争、提升效率。因此，在这些不发达国家，外资银行成为并购的主力军。在中东欧，外资银行的资产份额和资本份额都占 2/3 或更多，使得这些国家的银行是全球最开放的银行。在拉美，外资银行的市场份额从 1990 年前的 7% 上升到 2010 年的 50%。[1] 在亚洲，外资银行也加强了渗透，特别在泰国和菲律宾。印度尼西亚、韩国和泰国允许外资股权在本国银行达到 100%，菲律宾允许 50% 的外资所有权，马来西亚保留了 30% 的外资上限。[2] 外资银行进入反映了大的国际银行和地区银行进军营利市场的愿望，反映了本地政府改善本国金融系统的效率和增加稳定性的意愿，也反映了本国政府希望借此降低国内银行再资本化成本的意愿。

3. 对银行并购管制的理念不同

发达国家对银行并购的管制是为了规范市场的竞争行为，促进可竞争性市场

---

[1]　陈平：《中东欧外资银行进入的动因与效应分析》，上海财经大学硕士学位论文，2007 年。
[2]　伊明萍：《外资银行在东盟四国的跨国经营研究》，厦门大学硕士学位论文，2008 年。

的形成；而欠发达国家基本上没有对银行并购的管制理念，只有对银行并购的监管概念，即从所有权、业务等方面对并购的限制和约束。对许多国家来说，特别是对中东欧转轨国家，银行并购是受政府鼓励的，如果是并购一家失败银行，并购方还可享受政府补贴，根本不存在对银行并购的管制。也可以这样说，发达国家对银行并购的管制是服务于市场和消费者；而很多欠发达国家对银行并购的管制是服务于政府。

4. 银行并购管制体系的完善程度不同

尽管发达国家的管制体系各有不同，但相对比较完善的，表现在：（1）有专门的管制权威和法律。有的国家是竞争权威，有的国家是审慎性权威；有的适用《竞争法》，有的适用《银行法》。（2）都制定了专门的《银行并购指南》或《水平并购指南》，作为详细的指引银行并购的法规。（3）竞争评估程序透明而且公开。（4）银行并购评估不仅有法律法规的指引，经济性分析方法的运用越来越多地被普及。相比之下，欠发达国家对银行并购的管制与发达国家差距很大，表现在：（1）有的国家还没有颁布《竞争法》，没有相应的法律规范银行并购行为；有的国家即使颁布了《竞争法》，但实施的效力和经验不足。（2）大多数国家只有对银行并购的审慎性监管，没有竞争性管制。（3）缺乏相应的金融反垄断人才。（4）程序和方法简单，还没有将经济分析方法运用到银行并购的反垄断中来，很多国家只是简单地运用集中度方法来甄别反竞争性的并购。

二、经济发达国家之间对银行并购管制的比较

（一）相同点

第一，明确了管制权威。不管是单一管制权威，还是复合管制权威，不管是竞争性权威，还是审慎监管权威，经济发达国家都为银行并购确立了自己的管制权威。

第二，制定了详细的并购指南。为指引本国银行并购的顺利开展，规范银行业市场的竞争行为，经济发达国家无一例外地制定了详细的并购指南，并根据经济形势的变化不断修订原来的《水平并购指南》。

第三，有相对完善的竞争评估程序。经济发达国家虽然在竞争评估程序上有些差异，但总体框架大体相同，基本上都包括相关市场界定、市场集中度测量、

竞争效应评估、缓释因素评价等。

第四，经济分析方法成为银行并购分析的潮流。以美国和欧盟为例，现在两者在银行并购的竞争评估中都积极采用经济分析方法，2000 年 9 月，当时的美国联邦贸易委员会主席皮特福斯基（Pitofsky）认为欧盟和美国在并购竞争分析中有 5 个方面是相同的：市场力量的衡量、单边效应、协调效应、效率抗辩和"失败公司救济"。[①] 欧盟也表现出推动两者趋同的愿望。在欧盟委员会发表的对《并购条例》的绿皮书中，欧盟表示愿意按照美国、加拿大、澳大利亚适用的"显著降低竞争标准"重新检讨欧盟《并购条例》中所确定的支配地位标准。[②]

第五，银行并购的管制有政治敏感性。除欧盟银行并购需要与共同体市场兼容外，其他国家的银行并购大多具有政治敏感性，特别是对外资银行并购。比如，在澳大利亚，银行并购必须得到财政大臣的同意，财政大臣根据公共利益原则决定是否同意这项并购。在德国，银行并购也需要获得经济部长的同意，经济部长同意并购的依据是宏观经济和社会福利。

（二）不同点

尽管有上述相同的方面，但发达国家的银行并购管制也存在一些差异，主要表现在：

第一，管制权威不同。有的国家（或地区）是由竞争权威审查（如欧盟、英国），有的国家是由审慎性权威审查（如法国、意大利），有的国家是由竞争权威和审慎性权威共同审查（如美国、澳大利亚、德国、加拿大、日本）。

第二，适用的法律不同。有的国家对银行并购适用《银行法》，而有的适用《竞争法》。一般来讲，如果银行并购审查由竞争权威负责，则适用《竞争法》；如果银行并购审查由审慎性权威负责，则适用《银行法》。但意大利是个例外，它的银行并购管制权威是意大利银行（The Banca d'Italia），是审慎性监管者，但管制依据不是依据《银行法》，而是《竞争法》。

第三，评估标准不同。1914 年《克莱顿法》第 7 条将美国并购案的审查标准确定为显著降低竞争标准，而欧盟在 1989 年的《并购条例》中明确规定将市场支配标准规定为欧盟并购审查的标准。加拿大在 1986 年放弃支配标准转向显著降低竞争标准。澳大利亚在 1974 年采用显著降低竞争标准，1977 年转向支配标准，1993 年又重新采用显著降低竞争标准。新西兰 2001 年放弃支配标准转向

第三辑

政府管制与公共经济研究丛书（第三辑）

---

① FTC：Watch No. 551，25 September 2000.
② Green Paper on the Review of Council Regulation（EEC）No. 4064/89，11 Dec. 2001，P. 160.

显著降低竞争标准。英国从 2002 年开始放弃公共利益标准转向显著降低竞争标准。

表 4 - 12 是各国在上述三方面的差异。

表 4 - 12　　　　　　　经济发达国家间在银行并购管制上的区别

国家（地区）	管制权威	管制法规	评估标准
美国	司法部和银行监管权威	《克莱顿法》《银行并购法》	显著降低竞争
欧盟	竞争总局	《欧盟并购条例》	市场支配力
澳大利亚	竞争和消费者委员会、审慎监管局、财政部长	《商业实践法》	显著降低竞争
加拿大	竞争局、金融机构监管办公室	《银行法》《竞争法》《信托和贷款公司法》	显著降低竞争
英国	公平交易办公室	《竞争法》	显著降低竞争
法国	银行监管部门	《银行法》	银行稳定
意大利	意大利银行	《竞争法》	竞争和稳定
德国	联邦卡特尔办公室、联邦监管办公室、经济部长	《竞争法》《银行法》	宏观经济和公共福利
日本	公平交易委员会、金融服务部	《竞争法》《银行法》	显著降低竞争

第四，相关产品市场的界定不同。在美国，银行并购案的产品市场通常包括小企业贷款市场、中型企业贷款市场、消费者金融市场和大型企业贷款市场。这是从需求角度来进行分类的。与美国类似的还有加拿大，它将银行提供的产品可分为：存、贷、抵押、信用卡、经纪服务、其他服务（如财富管理）等，是否每一类产品组成一个相关市场依赖于顾客是否愿意或者能够在面临小而显著的、非暂时的价格增长时用其他产品替代。与美国和加拿大不同，欧盟在银行业产品市场的界定上采取的是以产品为基础的市场界定方法。在欧盟看来，银行与其他普通的工商企业之间没有什么本质的区别，也不需要为银行业的合并建立与普通工商业不同的标准，因而在银行业并购案中仍然采用以产品为基准的界定法。在富通集团与比利时储蓄银行案①中，欧盟委员会认为银行业可以划分为三个市场大类：零售银行、公司银行和金融市场。零售银行又可以分成若干不同的产品组

① Case IV/M. 342，［1993］5C. M. L. R. 534，at pp. 19 - 22.

合，包括：活期账户、储蓄账户、债券、养老金、短期和长期贷款、抵押贷款和社会投资账户等。"银行提供的每一种产品都是不同的，但不同产品间的替代性又是难以计量的；在银行的产品组合间不存在相互替代性。一般来说，银行不只是向客户提供一种账户或贷款，在零售银行业的产品间存在着一种很强的联系。"[1] 与欧盟类似的还有英国和日本，如日本按银行提供的服务类别来决定产品，包括存款、贷款和外汇；英国依靠顾客基础来评估银行并购的相关市场，将相关市场分为零售、家庭贷款、中小企业贷款。美国和加拿大是从客户需求的角度进行市场划分的，能客观地反映金融市场的真实情况；而欧盟、日本和英国是从银行供给的角度进行市场划分的，难以全面反映金融市场的实际情况。

　　第五，初审临界值不同。具体的临界值如表 4-13 所示。

表 4-13　　　　　　　　主要发达国家银行并购初审的临界值

国家（地区）	初审临界值
美国	并购双方的市场份额之和小于 35%，并且并购后的 HHI 小于 1 800；或并购后 HHI 的增长小于 200，美联储和司法部都不会提出反垄断诉讼而被获准
欧盟	市场份额超过 25%，则需要进一步调查；超过 40%，认为构成支配力。以下三种情况认为不存在竞争问题：HHI 小于 1 000；HHI 小于 2 000 但大于 1 000，且增加值小于 250；HHI 大于 2 000，增加值小于 150
澳大利亚	如果并购后并购实体有 40% 的份额或更多，ACCC 则认为它有潜在的单边市场力，如果并购后有 15% 的份额或更多，并且 4 个最大的银行 $CR_4 \geqslant 75\%$，则 ACCC 认为并购具有协调市场力
加拿大	单边市场力的临界值是市场份额为 35%，如果市场上最大的 4 家公司市场份额少于 65%，并且并购公司市场份额少于 10%，则不会认为具有协调市场力

　　第六，竞争分析框架不同。欧盟及其成员国对银行并购的竞争分析框架是市场支配地位检验加多因素分析，多种因素并没有主次之分；而美国、加拿大、澳大利亚对银行并购的竞争分析框架是重要因素分析，主要对单边效应、协调效应、市场准入、效率与"失败公司救济"五方面重点分析。

　　第七，对银行并购有无特殊的管制。除了美国和意大利认为银行是特殊的、银行并购需要特殊的管制外，其他国家都没有专门针对银行并购的特殊管制条

---

① Case IV/M. 342，[1993] 5C. M. L. R. 534，at P. 21.

款。银行并购管制与一般产业无异。

第八，并购补救上的差异。作为世界上两个最大的经济实体，欧盟和美国在银行并购补救上既有共同之处，又有不同之处。其不同表现为两点：一是规范程度不同；二是强调的重点不同。

从规范程度来讲，欧盟更规范。从1990年欧盟并购管制（ECMR）实施以来，垄断补救就作为重要的消除竞争性考虑的方式。2001年欧盟委员会第一次发布补救通告。2003年竞争总司发布补救最优实施指南，它包括两个示范文本（model texts）：分拆范本和受托人协议范本（the model divestiture commitments and a model trustee mandate）。2005年10月，欧盟竞争总司发布《并购补救研究》。至此，一个相对完善的欧盟并购管制的垄断补救框架形成。1999年美国联邦贸易委员会竞争局发表《有关分拆程序的研究报告》（A Study of the Commission's Divestiture Process），它是全世界第一份系统研究分拆的报告，这份报告考察了自1978年《哈特—斯科特—罗蒂诺法》（Hart – Scott – Rodino Act）实施以来联邦贸易委员会在不同阶段分拆的做法，并着重对1990～1994年的联邦贸易委员会发布的35项包含分拆内容的案件进行了详细研究，总结了经验教训。但相比于欧盟的分拆政策，美国的分拆在规范性上要低一些。从强调重点看，欧盟既强调行为补救，又强调结构性的分拆；但美国更看重结构性的分拆。

第九，对效率抗辩的认识不同。美国有相对完善的对银行并购的效率抗辩制度，特别看重并购中的创新型效率。欧盟在其《并购条例》中并没明确承认效率抗辩，直到2002年在《水平合并通告》中才建立了效率抗辩制度，要求效率为并购所特有，能在短期内取得并能证实。但欧盟的效率抗辩程度与美国还有不小的差距。

从上面的介绍可以看出，虽然各国在银行并购管制上还存在一定的差异，但我们可以发现一些可以借鉴的内容。

三、经济发达国家银行并购的反垄断管制对中国的启示

（一）相关市场的界定应以现实的竞争为依据

对相关市场的界定，各国均放弃费城银行案的"群"产品市场，转向更为现实的单个产品市场的分析；由于电子银行和技术进步，各国均放弃"本地市场"假设，转向更大范围的市场界定（如一国）。这对中国的启示是，当我们界定银

行并购的相关市场时，不能简单依循费城银行案的界定标准，应从该案件的竞争现实出发，具体分析相关地区市场和相关产品市场。

（二）以"显著降低竞争"作为竞争评估的标准

世界各国的竞争评估标准有趋同的趋势，大多采用"显著降低竞争"标准，即使欧盟以前采用"市场支配力"标准，目前也开始逐步转向美国司法部采用的"显著降低竞争"标准。这充分说明"显著降低竞争"标准在竞争评估中的优势，因此，中国在构造银行并购的反垄断管制体系时，也应以"显著降低竞争"作为竞争评估的标准。

（三）重视分拆机制的设计

由于市场界定不可避免地带有一些主观色彩，因此各国竞争权威，特别是美国司法部，现在有弱化市场界定而将重点放在分拆机制设计的倾向。对中国竞争性权威而言，这一倾向同样值得关注。只要分拆机制设计得当，一项有损竞争的银行并购，经过分拆后，同样能够做到效率和公平兼顾。

（四）重视竞争效应评估的经济性分析

各国竞争权威越来越重视对分拆和效率抗辩的分析，越来越重视经济分析，如并购模拟在并购评估中的运用。欧盟以前并不太重视并购反垄断评估中的经济性分析方法的运用，但现在其对银行并购反垄断管制的方法发生了很大的转变，经济性分析方法的使用成为主流。中国目前在这方面还很薄弱，缺乏相应的经济分析人才，因此急需加强这方面的人才储备。

第五章

中国银行业并购反垄断的相关市场界定的实证分析

市场界定是并购竞争分析的基础一环，它的结论对反垄断最后的裁决关系重大。如果相关市场界定过窄，则会使某些本来不具有反竞争性的并购遭受不当的制裁；如果相关市场界定过宽，则会使某些具有反竞争的并购逃脱反垄断的制裁，从而损害市场的公平竞争。因此，准确而合理地界定市场至关重要。但这同时又是最难界定、最具有争议的一环。自从1963年美国费城银行案以来，围绕相关市场界定的争论就没间断过。"群"假设和"本地市场"假设是否已过时？对这一问题的研究成为银行并购反垄断研究的重点。本书拟对这方面的研究成果进行梳理，在此基础上，重点对中国银行业并购的相关市场界定进行实证分析，提出中国银行业并购反垄断的市场界定原则。

-------------------------------- 第一节 --------------------------------

相关文献综述

对银行并购相关市场的研究文献有两个显著的特点：一是研究主要集中在美国；二是研究期间集中在20世纪80年代和90年代。文献集中在美国的原因：第一，美联储在界定银行并购的相关市场时仍然坚持采用费城银行案的相关市场界定标准，即"群产品和服务"的产品市场和"本地市场"的地区市场，这种做法引起了学术上的探讨：费城银行标准是否已过时？第二，在美国，市场划分很完善（有详细的 MSA 市场、FR 市场和非 MSA 县市场），相关数据可获性强，因此对相关市场的研究很便利。美联储每 3 年公布消费者金融调查（SCF）和小企业金融调查（SSBF）数据。第二个特点的原因在于：（1）这个期间是美国银行业并购最频繁的时期；（2）进入 21 世纪以来，美国竞争性权威在银行并购的评估中，逐渐忽略了对相关市场的界定，转而将重点放在分拆政策设计上，这也导致了对相关市场研究的衰退。

对银行并购相关市场的研究文献，可分为对相关产品市场的研究文献和对相关地区市场的研究文献。

一、对相关产品市场的研究

1963 年最高法院对费城银行案的判决中，将银行业的相关产品市场界定为商业银行提供的独特的银行服务群。"群服务"假设暗含两个前提：一是商业银行提供独特的服务；二是商业银行不与其他非银行机构竞争。

埃利豪森和沃肯（Elliehausen & Wolken，1990）的研究指出，很大一部分的居民户在他们的经常账户机构处有一个以上的账户或贷款，这与"群"概念一致。塞纳克和汉南（1999）在论证"群服务"时，将基于银行贷款的集中度与基于银行存款的集中度进行比较，认为如果基于贷款的市场集中度能更好地解释银行贷款的价格差异，那么这将支持"群服务"的分离；反之，支持"群服务"。结果显示，使用基于银行贷款的集中度在解释担保贷款的价格差异上并没有使用存款的集中度指标好；在解释无担保贷款的价格差异时，前者更差。结论支持"群服务"假设。

艾梅尔和斯塔迈克卢尔（2001）利用 1998 年的美国消费者金融调查的数据发现，居民使用非主要存款机构的比例在上升，从 1989 年的 1/4 提高到 1998 年的约 3/5，这说明了居民户不再像以前那样仅从主要存款机构处获得服务。对主要存款机构的"群"购买假设，调查显示是不明确的。一方面，在主要存款机构的所有账户和贷款份额从 1989 年的 56% 下降到 1998 年的 47%，不同类型的账户和贷款份额的变化不同，从主要机构获得的经常账户份额稳定在 3/4 左右，储蓄账户、货币市场账户、大额定期可转让存单（CDs）有一点波动，但仍保持在 50% 以上；相对的是，个人退休金账户/401k 计划账户份额从 1989 年的 2/5 衰退至 1998 年的 1/4，抵押、汽车贷款和其他消费贷款也明显下降。另一方面，大多数居民户仍在他们的主要机构购买多种服务，尽管消费者仍有"群"购买的

政府管制与公共经济研究丛书（第三辑）

第三辑

固定偏好，但这种偏好的相对重要性降低了。

综上，可看出"群"假设的结论是不明确的，其重要性正随着时间的推移而下降。我们也可从商业银行市场份额的变化看出端倪，在美国，商业银行从20世纪80年代中期开始（或许更早）失去它们的市场份额。1960年其资产份额为40%，到2005年则降到25%以下；包括商业银行、储贷协会、互助储蓄银行、信用社的存款市场份额，从1960年的60%下降到2005年的32%。[①] 这说明其他非银行金融机构的地位正在日渐上升。商业银行已不像费城银行案裁决的那样是"独特的、隔绝的产品群"。遗憾的是，至今还没有一项对21世纪以来银行"群"假设的研究成果。

二、对相关地区市场的研究

1963年最高法院对费城银行案的判决中，将银行业的相关地区市场界定为"本地市场"。"本地市场"假设暗含这样一个前提，即对银行竞争而言，地理位置是重要的。对"本地市场"假设的研究文献丰富（见表5-1），既有支持"本地市场"假设的研究，也有不支持这一假设的研究。

表5-1 对相关地区市场的研究结论

作者	样本期间（年）	结论
Kwast，Starr-mccluer & Wolken（1997）	1992～1993	本地市场
Amel & Starr-mccluer（2002）	1989～1998	居民倾向于从本地存款机构处得到交易账户服务，但比重是逐年下降的
Petersen & Rajan（2002）	1993	随着时间的推移，金融机构与其服务的小企业之间的距离越来越远；认为银行反垄断的市场应是更大范围的市场
Wolken & Rohde（2002）	1993，1998	小商业企业与其金融机构之间的距离随着服务类型的不同而不同
Jackson（1992）		本地市场
Jackson & Eisenbeis（1997）		一价定律，全国市场

---

① Amel et al. , Banking Market Definition：Evidence from the Survey of Consumer Finances, Finance and Economics Discussion Series, Federal Reserve Board, Washington, D. C. 2008.

作者	样本期间（年）	结论
Radecki（1998，2000）		一价定律，应比州范围大
Osborne（1988）		全国性市场
Hannan（1991）		本地市场
Cyrnak（1998）		本地市场外的贷方在给小企业贷款中扮演了重要角色，特别是在农村地区，这说明银行市场是一个全国性市场
Heitfield（1999）		本地市场
Heitfield & Prager（2004）		本地市场

资料来源：根据相关资料整理。

基于 1988~1989 年的国民小企业金融调查（National Survey of Small Business Finances），埃利豪森和沃肯（1990）指出中小企业通常与离它们很近的机构做交易。夸斯特等（Kwast et al. , 1997）更新了这些研究，发现在 20 世纪 90 年代早期，居民户和小企业使用金融服务没多大变化。夸斯特等（1997）根据 1993 年的调查得出结论：小企业比消费者更依赖本地存款机构，92% 的小企业使用本地存款机构，8% 的小企业使用非本地存款机构。此外，仅 35% 的小企业使用非存款机构。美联储的消费者金融调查（1998）和小企业金融调查（1998）同样认为居民户和小企业一直深度依赖本地金融机构，特别是商业银行。

大量的实证研究表明，银行市场仍然是本地的。但也有一些研究认为，由于电子银行、信息技术和信用评分方法的发展，相关地区市场的范围已不再是"本地"，而应是更大范围。

20 世纪 80 年代前的文献认为小企业贷款的相关市场是窄市场。自那以后，小企业贷款发生了相当大的变化，越来越转向远距离借贷者。1993 年的小企业调查显示小企业和它们的银行的中间距离是 4 英里，但一些远距离借贷的平均距离超过 43 英里（Petersen & Rajan，2002）。调查也显示小企业与跟它们有交易的非银行金融机构的平均距离是 251 英里。在 20 世纪 70 年代它们间的平均距离是 16 英里，90 年代是 68 英里。1998 年的调查数据显示从 1993~1998 年，它们间的平均距离翻了 1 倍（Brevoort & Hannan，2006）。信息技术的改进大大降低了远距离借贷的不便（Petersen & Rajan，2002）。

艾梅尔等（2008）使用 1992 年、1995 年、1998 年、2001 年、2004 年的

SCF 资料。SCF 每三年进行一次，由美联储与国内税务部门的收入统计局合作进行。SCF 搜集来自居民户使用的超过 6 个（2004 年 7 个）金融机构的信息，将金融机构分为存款机构和非存款机构，前者又分为商业银行、储蓄机构和信用社，后者分为金融公司、经纪人公司和抵押公司等。所有金融机构又被分为本地和非本地，这两类的界限是 30 英里（标准有点武断）。

190

2004 年，57% 的居民户使用至少一个非本地机构，这一比例超过 1992 年的 35%。居民户使用本地信用社的比例轻微上升，但使用本地商业银行和储蓄机构的比重下降很多（尤其是储蓄机构），反映了储蓄机构被商业银行收购的事实和破产的事实。较少的居民户使用多种类型的存款机构，同时，居民使用非本地存款机构的数量上升，使用非本地商业银行和信用社的数量也上升，但使用非本地储蓄机构的数量下降。1992 年居民使用本地非存款机构和非本地非存款机构的比例相同，但到了 2004 年，居民使用本地非存款机构的比例增长 50%，而使用非本地非存款机构增长超过两倍。1992 ~ 2004 年，居民户在金融公司拥有一个账户的比例增长 3 倍，在经纪人公司拥有账户的比例增长 3/4，在抵押公司拥有一个账户的比例增长 2 倍，使用其他的非存款机构的比例增长超过 3 倍。2004 年，95% 的居民将一个存款机构作为他们的主要服务提供者，这比 1992 年有一点下降。在非存款机构当中，虽然其存款增速很快，但总体占比仍较低。如经纪人公司作为非存款公司的主要机构，1992 ~ 2004 年其存款增幅上升近 2 倍，2004 年也仅占 2% 的比重。[1]

总之，资料显示，居民户与使用的本地机构的距离在增加，使用非本地存款机构的数量也在上升，使用非本地的非存款机构数量极大上升。但对银行类的核心产品的使用，如经常账户、储蓄账户和 CDs，90% 都在本地。这一研究表明"群"假设和"本地市场"假设正日益受到挑战，虽然"本地市场"假设还有其存在价值，但这一假设的合理性日益式微。

从相关地区市场的研究文献看，不能肯定"本地市场"假设。我们将这些不同结论的研究稍做比较就会发现：支持"本地市场"的研究通常是在 20 世纪 80 年代或 90 年代早期所做的研究，而不支持"本地市场"的研究通常是在 20 世纪后半期及最近 10 年的研究。因此，我们似乎可以得出这样一个结论：在美国，以前采用"本地市场"假设是合理的，但目前仍然固守这一假设显然不合时宜。

通过对相关产品市场和相关地区市场文献的梳理，我们可以得到这样一个结

---

① Brevoort & Kiser, Who Competes with Whom? The Case of Depository Institutions. Journal of Industrial Economics, 55, 2007, pp. 141 – 167.

论：在发达国家，银行并购反垄断的相关市场界定需要打破费城银行案的模式，根据具体的案例来界定相关市场，不能"一刀切"。发达国家银行并购反垄断的实践也证明了这一点。在银行并购的产品市场界定上，很多国家都是从产品市场的子市场来分析的，而不是从"群"产品来分析的。在相关地区市场界定上，往往根据不同的产品市场来确定相关地区市场，例如，活期存款的地区市场可能是本地，但信用卡的地区市场更可能是全国。

191

中国的金融发展程度与发达国家相比，还有一定的差距，发达国家对银行并购的相关市场的界定，我们不能简单地实行拿来主义，需要进行切合实际的分析。

-------------------------------- 第二节 --------------------------------

对中国银行业相关市场界定的实证分析

一、分析方法

市场界定的定量方法通常有两类：基于产品流的方法（Hogarty & Elzinga，1973）和基于价格行为的方法（Horowitz，1981）。

埃尔津加和霍格蒂（Elzinga & Hogarty，1973，1978）基于产品流（product flows）的方法来界定地区市场。埃尔津加—霍格蒂检验测量在该地区消费的产品在所有该地区制造的产品中的占比以及由该地区制造的产品在该地区消费的所有产品中的占比。如果两个值都高，表明这一地区应是单独的地区市场。他们提出了一个关键检验值。卡塞曼和蔡塞尔（Kaserman & Zeisel，1996）指出这一关键值没有理论或实证合理性。斯蒂格勒和谢文（Stigler & Sherwin，1985）也对此提出批评，认为产品流既不是单一市场的充分条件，也不是必要条件。埃尔津加（1981）承认这一检验只估计了一个最小的市场规模。因此，这一检验很少有人使用，人们主要使用的是基于价格行为的方法。

在价格行为方法中，通常假定市场是马歇尔类型，强调价格在决定市场中的作用。将市场界定为在同一市场内，价格能很快趋向同一。因此，人们可以根据市场中的价格调整行为来判断它们是否处于同一市场。这一方法通常要比上一种方法好一些。因为当几个市场重叠，在一个地区上的供求冲击，即使没有地区间

第三辑

政府管制与公共经济研究丛书（第三辑）

的产品移动，也会引起另一地区的价格变化（Slade，1986）。但要注意，两家银行相似的调整并不必然表明它们在同一市场，但它们不同的调整是它们不属于同一市场的明证（Stigler & Sherwin，1985）。因此价格调整模型就被用来作为界定地区市场范围的定量方法。它通常使用一个简单的分布滞后模型：

$$\gamma_{it} = \alpha + \beta_0 R_t + \beta_1 R_{t-1} + \beta_2 R_{t-2} + \varepsilon_{it} \qquad (5-1)$$

其中，γ_{it} 表示 i 银行在 t 时期在某一存款利率上的月度变化，R_t 表示第 7 年 6 个月的国库券利率，滞后项分别代表前一年、前两年的国库券利率。

但遗憾的是，我们不能使用这一方法，因为中国的存贷款利率是受严格管制的，不存在价格调整。鉴于此，我们只好使用其他方法。我们的目的是验证费城银行案所界定的方法对中国是否合适，并不是验证不同产品（区域）的市场是否处于同一相关市场，因此，我们对"群"假设的检验是：（1）人们是否在同一银行购买他们所需要的全部服务；（2）人们使用其他金融机构的比重。如果人们倾向于在同一商业银行"群"购买，并且使用其他金融机构的比重低，则可以判断"群"假设是合理的。对"本地市场"假设的检验是：在所有影响人们选择银行的因素中，区位是否是人们最重要的考虑因素，如果是，则"本地市场"假设是可行的。所以我们选择的方法是通过问卷调查，根据对数据的分析来判断相关市场。

二、问卷调研

湖北经济学院金融学院货币理论课程组组织了 2008 级金融专业的 25 名学生，由我带队于 2009 年、2010 年暑期对湖北省武汉市进行了调研。我们选择武汉市有这样几个原因：第一，学生的家庭所在地在武汉，语言的沟通比较方便，有利于调查的顺利进行。第二，武汉市大体类似于美国的大都市市场（MSA），能够代表中国广大的城市。第三，选择城市市场而没有选择农村市场是因为中国的农村相对落后，人们的融资渠道少，只有向农村信用社融资，没有其他的融资渠道，同时，电子银行、信息技术对于农村居民和农村小企业来说还比较陌生，因此在中国农村市场，费城银行案的原则应该是合适的。但城市则不一样，所以我们选择了城市市场。调查对象包括 1 500 个城市居民和 200 家企业。调查方式是入户调查和街上随机调查，每份问卷的调查时间约为半小时。我们选择有工作有收入的城市居民作为调查对象，因为没有收入的居民通常不能自主地选择他们所需要的金融服务。对城市的调查内容包括：一是对城市居民使用金融服务的调查；二是对企业使用金融服务的调查。对城市居民的调查主要是关于他们需要的金融服务类型、账户数量、使用的金融机构数量、选择金融机构的因素等方面；对企业的调查主要是关于企业的融资渠道、账户数量、使用的金融机构类型和数量、选择金融机构的因素等方面。对城市居民的调查共发放问卷 1 500 份，调查 1 500 个居民，收回有效问卷 1 450 份；对企业的调查共发放问卷 200 份，收回有效问卷 190 份。

为保证调查数据的质量，我们非常重视调查问卷的设计和调研人员的培训。我们对调查问卷进行了多次修改，在调查前，对所有调查人员进行了认真的培训，培训内容包括本研究的目标、调查方法、调查问卷等，还特别强调了如何在调查中保持严格的中立态度。

本研究采用玛叶指数（Myer's index）、拟合度检验（test of goodness for fit）、Delta 不相似系数和 Gini 集中比对原始数据质量进行检验。结果显示：本次调查数据玛叶指数为 5.712，拟合度检验卡方值为 1.63，Delta 不相似系数为 0.0725，Gini 集中比为 0.0629，表明原始数据质量可靠，抽样具有代表性。

三、对"群"产品市场的检验

（一）对居民"群"假设的检验

我们将居民需要的金融产品分为储蓄存款、贷款、电子银行、信用卡、理财产品、证券投资 6 类产品，根据对居民的调查，[①] 我们发现：

1. 储蓄存款

1 450 份问卷显示，居民通常拥有两类储蓄存款账户：一类是工资存款账户，我们称为基本账户；另一类是专用账户，比如电费存款账户。也有居民只有工资存款账户，没有专用账户，不过占比不大，具体的调查情况如表 5 – 2 所示。

调查表明，居民只有一个基本账户，有的没有专用账户（通过年龄分析发现，这一部分群体尚未结婚），有的有 4 个专用账户，但大多数人只有一个专用账户；对基本账户的使用频率远高于使用专用账户的频率；基本账户和专用账户属于一家金融机构的占比 42%，不属于一家金融机构的占比为 58%。单从是否属于同一金融机构这一点看，结果似乎为居民在储蓄存款上不符合"群"假设，

第三辑
政府管制与公共经济研究丛书（第三辑）

---

① 2008 级金融专业 25 名学生对武汉市居民的调查。

但结合居民对基本账户和专用账户的使用频率分析，我们认为储蓄存款符合"群"假设。

表5-2　　　　　　　　　　居民储蓄账户的使用情况　　　　　　　　单位：人

账户类型	账户数量					使用频率		属于一家金融机构	
	0	1个	2个	3个	4个	低	高	是	否
基本账户		1 450				36	1 414	609	841
专用账户	25	1 038	317	64	6	1 382	68		

2. 贷款

调查发现，1 450个受调查者有890人在最近两年没有贷款，只有560人在最近两年内有贷款。同时，560个接受过贷款的人当中，在同一金融机构贷款的人有387人，在不同机构贷款的人有173人；在基本账户机构贷款的有408人，在专用账户机构贷款的人有134人，在其他机构贷款的人有18人（见表5-3）。

表5-3　　　　　　　　　　贷款者使用机构的情况

在同一金融机构贷款的人数	在不同金融机构贷款的人数	在基本账户机构贷款的人数	在专用账户机构贷款的人数	在其他机构贷款的人数
387	173	408	243	18

从表5-3中可以看出，约69%的居民选择在同一机构贷款；绝大多数居民选择在基本账户机构贷款，占比约73%；极少数居民选择在其他的机构贷款。结果说明以前的交易关系对借贷双方的重要性。通过对在不同金融机构贷款居民的分析，我们发现这些居民往往具有较高的收入水平，更容易获得贷款。结合在同一机构贷款的占比只有69%的事实，我们不能肯定居民贷款市场上的"群"假设。

3. 电子银行

我们将居民对电子银行的服务分为电话银行、网上个人银行、手机银行。通过对不同年龄、职业、收入人群的分析，发现：1 450个受调查者中，年轻人或者受到高等教育的人群倾向于使用电子银行，但占比低，只有316人，占比

21.8%。不使用电子银行的原因：绝大多数居民表示电子银行不太安全，担心信息泄露。同时，对电话银行、网上个人银行及手机银行的使用也各不相同，使用原因也不同，具体如表 5 – 4 所示（注：三项合计大于 316 人，是因为有的人使用多项电子银行服务）。

表 5 – 4　　　　　　　　　　　居民对电子银行的使用情况

电话银行		网上个人银行		手机银行	
使用人数	使用原因	使用人数	使用原因	使用人数	使用原因
121	购买证券	249	查工资、职称报名、购物	25	短信服务、查询

从表 5 – 4 中可以看出，居民对电子银行的使用还不太普及，即使使用频率也很低，很多人只是在职称报名、工资查询等方面使用较多。这说明电子银行对银行业相关市场的影响不大，支持罗迪斯（1996）的观点：尽管电子银行的发展有很大潜力，但判断说它对银行并购的竞争效应产生了显著影响，还为时尚早。这一结论支持"本地市场"假设。同时，由于电子银行往往具有捆绑行为，只有你在某在银行开立有存款账户，才可享有电子银行服务，所以这样看来，居民在电子银行服务上属于"群"购买。

4. 信用卡

不少居民手中往往拥有几张信用卡，被调查者中最多的有 9 张信用卡，少的也有 1 张信用卡，但真正被使用的信用卡很少，有多张信用卡的居民通常仅使用 1 张，最多 3 张，至于为什么办这么多信用卡，大多数人的回答是替朋友办信用卡。居民真正使用的信用卡往往并不一定与他们的基本账户机构一致，通常与他们的使用目的一致。例如，居民需要消费品信用，往往使用招商银行信用卡；需要住房信贷，往往使用建设银行信用卡；需要出国留学，往往使用中国银行信用卡。因此，信用卡的使用不具有"群"购买特征。

5. 理财产品

我们调查的是居民对理财产品的购买是否在其基本账户机构，以及他们选择的原因。调查发现，1 450 个受调查对象中有 1 096 人不在其基本账户机构购买理财产品，他们选择购买理财产品机构的依据往往是收益率及该机构的声誉。这也说明居民对理财产品的购买不符合"群"假设。

第三辑

政府管制与公共经济研究丛书（第三辑）

6. 证券投资

被调查对象中几乎没有人投资购买国债，70%的居民选择购买股票，这也说明费城银行案中商业银行独特的地位正在逐步弱化，其他金融机构正逐步成为居民的投资对象，"群"假设日渐失去其意义。

综上，除了存款市场符合"群"假设外，居民所需要的其他5种服务都不具有"群"假设特征。

(二) 对居民"本地市场"假设的检验

我们的分析思路是：如果居民在选择银行时，特别重视其区位和 ATM 机的数量，则说明"本地市场"假设是合理的，否则是不合理的。因此，我们运用一个离散选择模型——多项 Logistic 回归模型方法对居民选择银行意愿进行数量分析。Logistic 模型建立如下：

$$\ln\left[\frac{p_i}{1-p_i}\right] = \beta_0 + \beta_1\chi_1 + \beta_2\chi_2 + \beta_3\chi_3 + \beta_4\chi_4 + \beta_5\chi_5 + \beta_6\chi_6 + \varepsilon_t \quad (5-2)$$

其中，p 是 Y = 1 的概率，参数 $\beta = (\beta_0, \beta_1, \beta_2, \cdots, \beta_6)$ 为回归系数，是待估计的参数。χ_1 到 χ_5 是控制变量，分别代表性别、年龄、文化程度、职业、平均月收入，χ_6 代表居民选择银行的因素（见表5-5）。

表5-5　　　　　居民选择银行的影响因素变量代号及赋值方法

变量	变量名	赋值方法
χ_1	性别	男性
		女性
χ_2	年龄	18 岁以下
		19~24 岁
		25~40 岁
		41~60 岁
		60 岁以上
χ_3	文化程度	小学
		初中

196

197

续表

变量	变量名	赋值方法
χ_3	文化程度	高中/中专
		本科/大专
		硕士及以上学历
χ_4	职业	农民
		工人
		政府部门
		自由职业者
		金融业
		其他
χ_5	平均月收入	500 元以下
		501 ~ 2 000 元
		2 001 ~ 5 000 元
		5 000 元以上
χ_6	居民选择银行的因素	便利性（区位）
		实力
		服务
		收费
		安全性
		产品
		其他

因变量 Y 是一个 0，1 的虚拟变量，Y = 1 表示选择了银行，Y = 0 表示没有选择银行。β_0 是常数项，自变量 χ_i 服从逻辑分布，包括性别（χ_1）、年龄（χ_2）、文化程度（χ_3）、职业（χ_4）、平均月收入（χ_5）、居民选择银行的因素（χ_6）6 个变量。运用计量软件 SPSS 17.0 建立数据库，对 6 个变量分别做条件 Logistic 单因素分析，然后运用 Wald 概率统计法，向前逐步选择自变量进行回归，得出进入回归方程的因素。模型各变量赋值如表 5 - 6 所示。

从回归的系数来看，在居民优先考虑的因素中，便利性是首选，其次是实用性。为了进一步分析它们的影响权重，我们测定它们的影响权重。居民选择银行的影响因素模型如图 5 - 1 所示。

表5－6 条件 Logistic 多因素分析回归结果

是否选择银行[a]	β	标准误	Wald	df	显著水平	Exp(β)
截距	−12.937	1 748.066	0.000	1	0.994	
［性别=1］	−1.487	0.292	25.977	1	0.000	0.226
［性别=2］	0[b]	.	.	0	.	.
［年龄=1］	−16.406	0.854	369.136	1	0.000	7.501E−8
［年龄=2］	−18.827	0.439	1 836.743	1	0.000	6.663E−9
［年龄=3］	−19.217	0.381	2 537.961	1	0.000	4.511E−9
［年龄=4］	−19.142	0.000		1	.	4.861E−9
［年龄=5］	0[b]	.	.	0	.	.
［文化程度=1］	34.106	3 410.552	0.000	1	0.992	6.486E14
［文化程度=2］	33.709	1 748.066	0.000	1	0.985	4.363E14
［文化程度=3］	34.749	1 748.066	0.000	1	0.984	1.235E15
［文化程度=4］	34.530	1 748.066	0.000	1	0.984	9.914E14
［文化程度=5］	0[b]	.	.	0	.	.
［职业=1］	0.527	0.295	3.193	1	0.074	1.695
［职业=2］	0[b]	.	.	0	.	.
［职业=3］	0.654	0.246	4.877	1	0.887	3.435
［职业=4］	0.432	12.489	223.654	1	0.167	24.438
［职业=5］	0.787	0.257	3.286	1	0.977	2.784
［平均月收入=1］	0.091	0.637	0.020	1	0.886	1.095
［平均月收入=2］	0.684	0.563	1.472	1	0.225	1.981
［平均月收入=3］	1.005	0.542	3.438	1	0.064	2.731
［平均月收入=4］	0[b]	.	.	0	.	.
［优先考虑因素=1］	47.243	2 194.519	0.000	1	0.983	3.292E20
［优先考虑因素=2］	−1.984	0.746	7.077	1	0.008	0.138
［优先考虑因素=3］	−2.144	0.648	10.938	1	0.001	0.117
［优先考虑因素=4］	−1.810	0.648	7.793	1	0.005	0.164
［优先考虑因素=5］	−0.083	0.785	0.011	1	0.916	0.921
［优先考虑因素=6］	15.926	1 197.514	0.000	1	0.989	8 253 566.962
［优先考虑因素=7］	17.708	5 217.347	0.000	1	0.997	4.901E7

注：[a] 参考类别：否；[b] 因为此参数冗余，所以将其设为零。

是

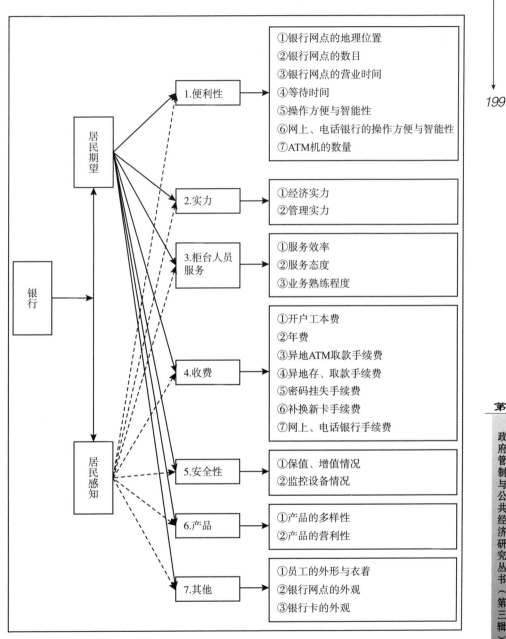

图 5 - 1　居民选择银行的影响因素模型

设 U 为因素的集合，即 $U = (u_1, u_2, \cdots, u_n)$，设 V 为选择程度的模糊集合，即 $V = (v_1, v_2, \cdots, v_m)$，设 R 是从 U 到 V 的模糊逻辑关系，令 r_{ij} 为从第 i

个因素对被选择对象给出的第 j 种选择程度，即（v_{i1}，v_{i2}，…，v_{im}）是 V 上的一个模糊集合，表示从第 j 个因素对选择对象所作的单因素评价。则 R 为 n×m 维矩阵：

$$R = \begin{bmatrix} r_{11} & \cdots & r_{1j} & \cdots & r_{1m} \\ \cdots & \cdots & \cdots & \cdots & \cdots \\ r_{i1} & \cdots & r_{ij} & \cdots & r_{im} \\ \cdots & \cdots & \cdots & \cdots & \cdots \\ r_{n1} & \cdots & r_{nj} & \cdots & r_{nm} \end{bmatrix}$$

设 A 为 U 中各元素的权重集合，即 A =（a_1，a_2，…，a_m），设综合选择结果为 B，则：

$$B = A \times R = (a_1, a_2, \cdots, a_m) \times \begin{bmatrix} r_{11} & \cdots & r_{1j} & \cdots & r_{1m} \\ \cdots & \cdots & \cdots & \cdots & \cdots \\ r_{i1} & \cdots & r_{ij} & \cdots & r_{im} \\ \cdots & \cdots & \cdots & \cdots & \cdots \\ r_{n1} & \cdots & r_{nj} & \cdots & r_{nm} \end{bmatrix}$$

如果测算对象是多层级，则从下向上逐层累积计算，选择结果统计如表 5-7 所示。

表 5-7　　　　　　　　　　　选择结果统计

因素层		子因素层		选择人数（人）
因素	权重	子因素	权重	
		①	0.525	756
		②	0.443	684
		③	0.335	421
1	0.462	④	0.382	424
		⑤	0.347	328
		⑥	0.253	231
		⑦	0.175	144
2	0.058	①	0.618	362
		②	0.382	224

因素层		子因素层		选择人数（人）
因素	权重	子因素	权重	
3	0.218	①	0.331	194
		②	0.453	265
		③	0.216	127
4	0.095	①	0.285	167
		②	0.153	90
		③	0.122	71
		④	0.153	90
		⑤	0.112	66
		⑥	0.067	39
		⑦	0.108	63
5	0.257	①	0.583	342
		②	0.417	244
6	0.032	①	0.495	290
		②	0.505	296
7	0.078	①	0.332	195
		②	0.419	246
		③	0.249	146

201

从测量值可以看出，居民选择银行首重便利性，随着生活水平的逐步提高，居民的时间观念增强，而在便利性中，居民尤其重视银行的区位与银行网点的数量；其次是安全性，基于中国经济发展形势，居民对银行的安全性也比较关注；最后是柜台人员服务，柜台人员的服务态度对居民的影响很深，态度影响金融消费者对银行的忠诚度。

以上分析说明，居民的相关地区市场是"本地市场"。

四、对企业相关市场的检验

（一）对"群"假设的检验

我们选择了位于武汉市的200家企业，其中，50家大中型企业，包括武汉正大有限公司、武汉中元通信股份有限公司、红桃 K 集团股份有限公司、湖北三环信息科技有限公司、武汉钢铁集团股份有限公司等；150 家小型企业，包括湖北穆兰公司、武汉钢实硅钢协力表面处理有限公司、武汉金圣太阳工业润滑油有限公司、武汉博奇装饰布有限公司等。

"群"检验的思路是：假设企业所需要的银行服务是存款和贷款，如果存款和贷款都属于同一商业银行，则相关市场为"群"市场；否则，不是。因此，我们对企业的调查主要是对企业的存款和贷款是否属于同一银行的调查。对 150 家小企业来讲，它们几乎全部都从其基本账户银行获得贷款；对大中型企业来讲，它们既可以从其基本账户银行获得贷款，又可以从其他银行获得贷款，融资的渠道较多。因此，当发生银行并购时，并购对小企业的融资影响大，特别是并购了它们以前的基本账户银行，但对大中型企业的影响小，因为它们还可以从其他渠道融资。所以，"一刀切"地认为不同规模的企业的产品市场为"群"市场是不恰当的。对小企业来说是"群"市场，对大中型企业来说则不是。

（二）对"本地市场"假设的检验

检验思路是：不同规模企业的金融服务是从本地机构获得，还是从外地获得。调查发现，除了少数上市公司能从证券市场融资外，其他武汉本地企业都只能从本地的商业银行获得融资，不管是大中型企业还是小企业都是如此。因此，对企业金融服务的"本地市场"假设是恰当的。

以上分析说明，在中国，费城银行案的"本地市场"假设仍是恰当的，但"群"假设，不管是对居民还是对企业都是不恰当的，需要进行个案分析。

第六章

银 行 并 购 的 竞 争 效 应

并购的竞争效应通常分为单边效应①和协调效应两种。对单边效应的研究，目前主流的分析工具是并购模拟技术，如威利格（1991）所言，过去十几年，并购分析最大的贡献是模拟分析的出现。在中国，并购模拟的研究成果甚少，没有对并购模拟技术进行较系统研究的成果，再加上银行并购模拟②与企业并购模拟并无太大差异，只是在银行机构的供给函数上稍微有点差异，因此本章并不专门对银行并购模拟进行研究，主要是系统地解释和说明并购模拟的程序和方法，并对其局限性进行评价；对协调效应的研究，定性的研究多，缺乏定量的分析，因此本章重点研究对协调效应的定量分析方法。

-------------------------------- 第一节 --------------------------------

银行并购的单边效应：并购模拟方法

一、并购模拟方法的起源

并购实体提高价格的效应被称为单边效应。单边效应产生于并购公司间的竞争内化。过去十几年，并购模拟模型（merger simulation model，MSM）成为分析

---

① 欧盟将单边效应称为非协调效应（non-coordinated effect）。
② 银行并购模拟的研究成果不多（Stéphanie Chort，2003；József Molnár，2008；周晓岚，2008）。

差异化产品并购单边效应的主流工具（Hausman & Leonard, 1997；Werden, 1997；Werden & Froeb, 1996）。MSM 开始于后芝加哥学派的反垄断政策分析（Brodley, 1995；Baker, 1999；Hovenkamp, 2001），后来被欧盟竞争总司引入，现已成为欧洲竞争政策重要的分析工具（Christiansen, 2006；Neven, 2006；Röller & Stehmann, 2006；Budzinski, 2008）。重要的 MSM 研究文献有很多（Baker & Rubinfeld, 1999；Epstein & Rubinfeld, 2001；Weiskopf, 2003；Ivaldi & Verboven, 2005；Werden, 2005）。MSM 越来越受欢迎的原因是多方面的（Baker & Rubinfeld, 1999）：

第一，产业经济学的进展揭示了并购中新的反竞争效果（特别是单边效应理论和拍卖理论），同时也强调并购中正的竞争效果的重要性（如效率利益），而这些单边效应和效率利益都可以用 MSM 模拟。

第二，方法上和计算技术上的进步允许越来越复杂的模拟。

第三，技术进步增强了市场数据的可得性，特别是来自扫描仪的数据资料。

第四，竞争政策越来越支持经济理论和经济工具。

第五，MSM 比市场集中度检验更客观和可信。一些反垄断经济学家一致认为，MSM 比市场集中度检验单边效应更可取。贝克尔（Baker, 1997）认为："当鉴别差异性产品产业的市场力时，界定相关市场对进行反垄断分析没有帮助。"[1] 夏皮罗（1998）认为："更精确地评估单边效应，超越集中度测量而直接观察并购品牌间的竞争程度是更可取的。"[2]克鲁克等（Crooke et al., 1999）指出："并购模拟……消除了并购评估中固有的主观性的和异质性的判断。"[3] 威登和弗洛伊伯（1994）认为："基于联合市场份额的标准是有问题的，因为并购的价格和福利效果对一个给定的联合市场份额变化也很大。"[4] 威登（2005）还认为："用并购模拟，透明的正式的经济模型取代了直觉，并购模拟用客观的和可证实的计算取代了主观的和不可证实的推测"[5]。

第六，MSM 更接近"科学"。并购竞争效果分析的方法有两种：一是"文件

第三辑

政府管制与公共经济研究丛书（第三辑）

---

[1]　Baker, 1997. Product Differentiation Through Space and Time: Some Antitrust Policy Issues. The Antitrust Bulletin, (Spring 1997), P. 183.

[2]　Shapiro, 1998. Mergers with Differentiated Products, Antitrust 10 (Spring 1998), P. 23.

[3]　Crooke, P. L. M., Froeb, S. Tschantz & G. J. Werden. 1999. Effects of Assumed Demand Form on Simulated Postmerger Equilibria, Review of Industrial Organization Vol. 15, P. 206.

[4]　Werden, G. J. and Froeb, S. Tschantz, 1994. The Effects of Mergers in Defferentiated Products Industries: Logit Demand and Merger Policy. Journal of Law, Economics and Organization 10 (October 1994), P. 423.

[5]　Werden, G. J., 2005. Merger Simulation: Potentials and Pitfalls, in: P. A. G. van Bergeijk and E. Kloosterhuis (eds.), Modeling European Mergers. Theory, Competition Policy and Case Studies, Cheltenham: Edward Elgar, P. 43.

法"（documents method）。它的根据是对事实的调查（fact based inquiry）和文件、证词、访谈与顾客和机构的详细资料。二是并购模拟。第一种方法有很长的历史，被司法部广泛接受，但它不是"科学"，而 MSM 是"科学"，或者说更接近"科学"。[①]

二、MSM 的假设

MSM 有 3 个核心假设，最重要的假设是对竞争互动的假设。因为单边效应产生于异质市场，人们普遍认为伯川德模型是分析异质性的寡头垄断市场的首选，[②] 古诺竞争是同质性寡头垄断市场的首选（Kaplow & Shapiro，2007；Froeb & Werden，2008）。因此，在单边效应的分析中，伯川德竞争假设是 MSM 的核心假设。也就是假设企业间以价格作为竞争的变量，而不考虑其他非价格竞争变量，如质量、营销策略等。它不仅假设并购前是伯川德竞争行为，而且假设并购后企业的竞争也是伯川德竞争。

第 2 个假设是考虑边际成本曲线形状，假设边际成本在相关范围内不变化。

第 3 个假设是考虑需求系统，每一个需求系统有某些固有的曲率属性（curvature properties）。选择特定的需求系统很重要，因为每一个需求系统都有特定的曲率，而这又影响模拟结果（Lundmark & Nilsson，2003）（不同的需求函数设定对单边效应预测的影响见附录 10）。并购模拟中广泛运用以下四种需求形式：近乎理想的需求系统（almost ideal demand system，AIDS）、等弹性、线性和 logit 需求。前两种产生明显高估的价格增长预测（见图 6 - 1）。对数线性需求（也就是图 6 - 1 中的等弹性曲线）预测产生最大的价格增长，接下来是 AIDS，而 logit 和线性需求产生明显低的价格增长预测（Crooke et al.，1999）。

[①] 对是否是"科学"的检验标准是：（1）是否基于可检验的理论；（2）能否明确地界定暗含的假设；（3）分析结论能否被复制；（4）结论的准确性能不能被计算。MSM 是"科学"，是因为：（1）基于被大家广泛接受的经济理论。如计量经济学理论、消费者需求理论和寡头垄断理论；（2）暗含的假设被清楚地制定，并且能被检验，需求模型和纳什伯川德均衡假设也能被检验；（3）程序和结果能被复制：第三方按同样的步骤能得出同样的结论；（4）能够计算预测价格变化的标准误。而"文件"方法不是真正的"科学"：（1）与设定良好的经济理论间的联系松散；（2）暗含的假设不能很好地被描述和经常不能检验，顾客访谈容易导致抽样偏误；（3）结论不能复制，两个理性的人对相同的文件会得出不同的结论；（4）没有定量预测；（5）不能得到准确的测度。

[②] 威登（1997）相信在大多数案例中非合作定价行为即伯川德竞争是唯一合理的假设，这也得到了更多经济学家的赞同。用伯川德竞争，可以直接从利润最大化的并购前一阶条件来推断并购前边际成本。

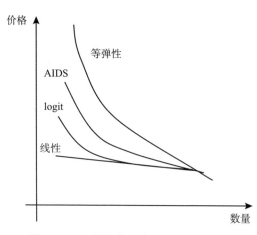

图 6-1　四种需求系统预测的价格增长

在右边最低点，四种需求形式都有相同的竞争性价格数量（即在该点，价格等于假设的边际成本），在这一点都有相同的弹性。等弹性需求曲线有最高的垄断价格，在曲线上的每一点需求弹性都相等。当价格增加时，线性、logit 和 AIDS 需求曲线更有弹性，因为当价格增长时消费者对价格变化更敏感。并购公司将在等弹性需求曲线时提价更少。线性需求曲线产生最低的垄断价格，因为需求弹性上升得更快。

除了这 3 个假设外，还有其他一些假设，但这 3 个几乎是 MSM 不变的假设，也成为研究者批评的对象。但不管怎样，这 3 个假设有其合理性，并且便利了模拟的执行。

三、MSM 的分析步骤

MSM 的思想是直接计算可能的并购后均衡，不是首先界定市场，然后计算市场份额，再进行竞争效应分析，最后评价可能的并购效果，MSM 提供另一种方法，直接计算并购后价格上升的幅度。理论上说，这让我们避免了界定市场的麻烦。

MSM 的程序包括：

（1）选择能恰当地匹配顾客行为的需求函数形式，包括线性、对数线性、logit、AIDS 或多步需求函数。

（2）推导产品自身价格弹性和交叉价格弹性（要么通过估计，要么通过经验演绎）。

（3）决定应包含在模型中的竞争者范围。

（4）需求系统校正。给定的参数使计算的弹性尽可能精确地产生并购市场上真实观察到的价格和市场份额。

（5）决定竞争模型。利用寡头垄断模型描述市场上公司间的竞争。主要的模型有：古诺模型、伯川德模型、拍卖模型。注意：并购前选择的竞争模型一定要延长到并购后均衡。

（6）供给系统的校正，主要是对边际成本的推导。

（7）估计预期的并购后的成本效应。

（8）推测竞争者对并购的战略反应。例如产品再定位、营销战、折扣计划、市场退出。

（9）推测并购后市场进入的可能性。

（10）推测创新活动和对手适应性战略的效果。

（11）其他因素。例如，管制、外部的技术发展、国际化等。

（12）最后，使用并购前的数据和经并购后的市场份额校正的模型来模拟并购后新的均衡。

这些分析步骤过于复杂，有些步骤在研究中很少用到，比如（7）~（11），因此这些步骤可以简化为以下四步。第一步，选择一个最能匹配消费者行为的需求函数。经常采用的需求函数是线性、对数线性、logit 和 AIDS 或者多步骤需求函数。根据假定的需求函数，计算自身的价格弹性和交叉价格弹性。第二步，校正需求系统。第三步是构建恰当的寡头垄断模型。在很多情况下，伯川德模型是首选，因为它允许从利润最大化的一阶条件来推断边际成本。第四步，使用校准的模型来模拟并购后新的均衡。第一步的模拟程序称为"前端"估计（Werden，1997）。第二步到第四步被称为"后端"估计（Werden，1997）。"前端"估计是估计设定的需求系统的弹性参数，"后端"估计是指这些弹性参数与并购前的市场份额和价格一起去预测并购后的价格效果。"后端"估计包括模拟本身以及两个基本的步骤：校正需求系统和揭示边际成本。如果估计的需求系统不适合并购前均衡，则该需求系统不适合用来预测并购后均衡，因此后端估计的第一步是校正需求系统以适应并购前均衡。给定估计的弹性系数，这一步必然包括计算需求系统的移动参数值（shift parameters，截距），使它能精确地预测可观察的并购前均衡。需求系统的校正需要选择一个特别的市场份额和价格的集合来代表并购前均衡。在大多数案例中，这些市场份额和价格是最近时期的价格和份额。这一时

第三辑

政府管制与公共经济研究丛书（第三辑）

期应该有充分的长度以便季节性的和暂时的现象被平均——可能是一年。

四、MSM 分析中的需求函数

不同的需求函数会产生不同的价格增长，即不同的单边效应，因此理解不同的需求函数并掌握在不同的需求函数下并购模拟的计算至关重要。下面我们以线性和对数线性、logit（包括嵌套 logit）、AIDS（包括 PCAIDS）为例，说明 MSM 的使用。

（一）线性和对数线性需求

线性需求和对数线性需求可表示为：

$$q_i = \alpha_i + \sum_j b_{ij}p_j + \sum_k \gamma_{ik}Z_k$$

$$\log q_i = \alpha_i + \sum_j \beta_{ij}\log p_j + \sum_k \gamma_{ik}Z_k \qquad (6-1)$$

这是两种最简单的需求函数。其中，q_i 代表消费者 i 并购公司产品的需求，p_j 代表消费者对并购公司第 j 个产品的需求，Z_k 为需求移动向量。

对数线性需求有一个好处，即自身价格弹性和交叉弹性都是常数，且是回归系数本身。当模拟显著的反竞争性并购效应时，固定弹性假设是有问题的，因为明显影响价格和相对份额的并购也会明显地影响需求弹性，即使小的弹性变化也可能会有明显的价格增加效应。当真实需求系统是线性或 logit 需求时，错误地假设固定弹性会产生价格增长预测多倍于真实值的结果（Shapiro，1996；Werden & Froeb，1994）。而且更严重的问题是，用这一需求系统并不总会存在并购后均衡。因为并购公司自身价格弹性和交叉价格弹性不会随价格增加而改变，在限定的价格或数量上，一阶条件不满足。这在公司间的交叉弹性相对于自身弹性足够高，使并购一方产品提价导致另一家公司产品替代的利益超过这一家公司产品提价的损失情况特别容易发生。

线性需求比对数线性需求更便利，因它为允许对后端的一个简单分析解。但事实上需求不可能是线性的，线性需求通常认为不是一个好的近似。实际上，线性需求假设通常导致负的数量预测，除非强加一个非负约束。

以线性需求为例，说明并购后的价格增长预测（对数线性与其类似）。将需求转换变量 Z_k(shifters) 融入常数项，需求方程可表述为：

$$q = \alpha + Bp \qquad (6-2)$$

B 是 b_{ij} 的矩阵，c 是 c_i 的向量，q 为销售量，p 为销售价格，$D = \{d_{ij}\}$ 使得 $d_{ij} = b_{ji}$，如果产品 i 和产品 j 由同一公司销售；否则，为 0。

并购前和并购后利润最大化的一阶条件为：

$$\alpha - Dc + (B + D)p = 0 \tag{6-3}$$

如果用 D_0 表示并购前的矩阵 D，则

$$c = D_0^{-1}\alpha + (D_0^{-1}B + I)p_0 \tag{6-4}$$

如果用 D_1 为并购后的矩阵 D，则并购后的价格为：

$$p_1 = (D_1 + B)^{-1}(D_1 c - \alpha) \tag{6-5}$$

线性和对数线性很少使用，如果使用，也只能作为一个大概的可能的效果。从对银行并购的实证研究看，没有一项研究使用这两种需求。所有的研究都使用了离散选择需求函数，特别是 logit 或者嵌套 logit。

(二) logit 需求和嵌套 logit 需求

logit 需求通常由随机效用模型驱动，每个消费者从可行集中选择一个能最大化其自身效用的离散决策。很多文献都对 logit 需求模型做了正式的描述（Berry，1994；Berry et al.，1995；Werden et al.，1996）。假定市场上有 N 个公司，每一公司制造一种产品。消费者 i 从 j 公司（i，j ∈ N）购买 j 产品的效用 $U(\xi_i, P_j, \chi_j, \nu_j, \theta)$ 定义为一个随机效用函数，χ_j、ξ_i、P_j、θ 分别代表可观察的产品特征、不可观察的产品特征、价格和需求参数。ν_j 捕捉消费者的特征，但不能被计量经济学家观察。如果进一步假定只有一个消费者特征参数 ε_{ij}，效用函数可写成：

$$U(\xi_i, P_j, \chi_j, \nu_j, \theta) \equiv \chi_j\beta - \alpha P_j + \xi_j + \varepsilon_{ij} \equiv \delta_j + \varepsilon_{ij}$$
$$\delta_j = \chi_j\beta - \alpha P_j + \xi_j \tag{6-6}$$

消费者特征仅通过 ε_{ij} 进入模型，而 ξ_j 作为消费者对不可观察的产品特征（如质量）的平均值。δ_j 是产品 j 的平均效用。如果进一步假定 ε_{ij} 是独立同分布的，产品具有极值分布函数 $\exp^{(-\exp(-\varepsilon))}$，则产品 j 的市场份额（代表它的选择可能性）用 logit 公式表示为：

$$s_j(\delta) = \frac{e^{\delta_j}}{\left(\sum_{k=0}^{N} e^{\delta_k}\right)} \tag{6-7}$$

如果存在外部选择权 s_0，不买场内的产品，它的平均效用正态化为 0，得到：

$$\ln(s_j) - \ln(s_0) = \delta_j \equiv \chi_j\beta - \alpha P_j + \xi_j \tag{6-8}$$

使用估计的参数 α、可观察的价格 P_j 和市场份额 s_j，得到自身的价格弹性和

交叉的价格需求弹性 ε_{jj} 和 ε_{jk}：

$$\varepsilon_{jj} = -\alpha p_j(1-s_j)$$
$$\varepsilon_{jk} = \alpha p_k s_k \qquad (6-9)$$

总需求弹性 ε 能从估计的参数中推断出来：$\varepsilon = \alpha \bar{p} s_0$。

$\bar{p}$ 表示所有产品并购前价格的份额加权平均。

logit 需求模型只包含两个需求参数：一个是总的需求弹性 ε，它控制场内和场外产品间的替代；另一个是 α，它控制场内产品间的替代（Werden，1997）。在给 $x_0\beta$ 赋予一个任意的值后，通过对 $x_j\beta$ 解 logit 概率函数，模拟模型的需求系统最终能被校准（Werden，1997）。logit 需求模型的估计使用最大似然估计（Ben-Akiva & Lerman，1991）。通常，产业经济学家支持 logit 需求模型是因为它计算简单和较少的信息要求（Werden & Froeb，1994；Werden et al.，1996）。

logit 需求模型最大的局限在于它的约束性假定："不相关选择的独立性"（independence from irrelevant alternatives，IIA）（Ben-Akiva & Lerman，1991）。IIA 性指两个选项间的选择概率之比完全不受其他选项系统性的效用影响，即：

$$\frac{s_j(\delta)}{s_l(\delta)} = \frac{e^{\delta_j}/(\sum_{k=0}^{N} e^{\delta_k})}{e^{\delta_l}/(\sum_{k=0}^{N} e^{\delta_k})} = \frac{e^{\delta_j}}{e^{\delta_l}} \qquad (6-10)$$

这意味着顾客因一个产品的价格增长而转向其他产品的可能性与这些产品的相对份额成比例。IIA 性极大地便利了估计，因为模型不需要全集，只需要子集就能估计。此外，它能预测对新产品的需求。然而，在大多数并购案例中，这是不现实的（Hausman & McFadden，1984）。在很多现实市场里，消费者不会认为所有其他产品是相等的替代品（Werden & Froeb，1994）。如果 logit 模型被运用到差异性产品市场，它的数据拟合应该被 IIA 假设所检验（Hausman & McFadden，1984）。不管 logit 模型估计是多么粗略，它仍被认为是"传统反垄断分析的重大飞跃"（Werden et al.，1996）。

嵌套 logit 需求模型是多项式 logit 模型，用来克服 IIA 问题。为了说明不同程度的替代性，ε_{jj} 被分成一个独立同分布的冲击成分和一个特定的巢（nest）成分，巢允许巢间的相关性。在很多文献中，选择集被分为两个子集：外部产品和内部产品，内部产品被分成不同的巢，不同巢间的替代性小于巢内产品间的替代性。在巢内，IIA 性仍然存在（Nevo，2000）。因此，替代可能性的特定约束仍然存在（Werden，1997）。

通常，在先验性的分组是合理的情况下，嵌套 logit 需求模型允许更现实的需求估计，同时保留 logit 需求模型计算上的优点。如果产品能按照多种标准来分类，按照这些标准来分的巢的等级次序则很重要，因为弹性估计对分类标准次序的变化高度敏感（Nevo，2000）。进一步，布雷斯纳汉等（1997）证明，当几种次序在理论上看起来都合理时，没有办法决定哪一种次序是对的。

在嵌套 logit 需求中，N 个品牌或产品被分成 G 个组，表示为 $g = 1，\cdots，G$，并且外部产品放在组 O。这样的选择使相似的产品被放在同一组。消费者 i 从购买产品 j 的效用被给定为：

$$u_{ij} = \delta_j + \zeta_{ig} + (1 - \sigma) \varepsilon_{ij} \qquad (6-11)$$

δ_j 是产品 j 的平均效用值，对所有消费者都一样，依赖于产品 j 的价格、χ_j（产品的可观察特征）和 ξ_j（产品 j 不可观察特征）。

$$\delta_j = \chi_j \beta - \alpha p_j + \xi_j \qquad (6-12)$$

α、β 是待估参数。

ζ_{ig} 和 ε_{ij} 是反映个体 i 偏离平均值的随机变量，ζ_{ig} 是消费者 i 的效用，它对属于组 g 的所有产品都一样，ε_{ij} 是消费者 i 消费产品 j 的效用。

嵌套 logit 估计方程是：

$$\ln(s_i) - \ln(s_0) = \beta^T x_i - \alpha p_i + \sigma \ln(\bar{s}_{i/g}) + \xi_i \qquad (6-13)$$

$\bar{s}_{i/g}$ 是品牌在 i 组 g 中的市场份额。σ（$0 \leq \sigma \leq 1$）测量同组内口味的相关性。用嵌套 logit 需求方程，自身和交叉价格弹性可写成：

$$\varepsilon_{ii} = \alpha p_i (s_i - 1/(1-\sigma) + \sigma/(1-\sigma) \bar{s}_{i/g})$$

$$\varepsilon_{ij} = \begin{cases} \alpha p_j (s_j + \sigma/(1-\sigma) \bar{s}_{i/g}) & j \neq i, \ j \in g \\ \alpha p_j s_j & j \neq i, \ j \notin g \end{cases} \qquad (6-14)$$

参数 σ 在 0 到 1 之间，测量消费者消费属于同一组内不同产品的效用的相关性。如果 $\sigma = 1$，对同一组内产品的偏好是完全相关的，因此这些产品被认为是完全替代品。当 σ 降低时，同一组内产品的偏好相关性下降。如果 $\sigma = 0$ 没有偏好相关性，即当同一组内的产品价格增加时，消费者完全可能转换到不同组的产品，在这一情形下，我们有标准的 logit 模型，产品对称地竞争。

每一潜在的消费者 i 选择能最大化效用的产品 j。为了计算消费者选择产品 j 的可能性，嵌套 logit 模型假设随机变量 ζ_{ig} 和 ε_{ij} 的分布使 ζ_{ig} 和 $\zeta_{ig} + (1-\sigma)\varepsilon_{ij}$ 有极值分布。将外部产品的平均效用水平正态化为 0，即 $\delta_0 = 0$，一个消费者选择产品 j 的可能性 s_j 由下面的公式给出：

$$s_j = \frac{\exp(\delta_j/(1-\sigma))}{D_g} \frac{D_g^{1-\sigma}}{1 + \sum_{g=1}^{G} D_g^{1-\sigma}} \tag{6-15}$$

$$D_g = \sum_{k \in G_g} \exp[\delta_k/(1-\sigma)] \tag{6-16}$$

为使模型与效用最大化一致，α 一定是正的，σ 一定在 0 到 1 之间。在总水平上，选择概率 s_j 与产品 j 的市场份额一致。产品 j 的总销量 $q_j = s_j \times N$（消费者总数）。使用嵌套 logit 模型假设，净消费者剩余 CS 等于 $\frac{1}{2}\ln(1 + \sum_{g=1}^{G} D_g^{1-\sigma})$（Anderson et al.，1992）。

每一家公司 f 制造产品集 F_f。它的利润等于所有产品的营业利润总和减去固定成本 k。产品 j 的营业利润等于产品 j 的总销量乘以边际贡献，所以有：

$$\pi_f = \sum_{j \in F_f} (p_j - c_j)q_j - k \tag{6-17}$$

制造商剩余是所有这些公司利润的简单相加。

方程（6-17）的一阶条件为：

$$\sum_{k \in F_f} (p_k - c_k)\frac{\partial q_k}{\partial p_j} + q_j = 0 \tag{6-18}$$

每一产品 j 的边际成本是固定的，依赖于产品 j 的可观察特征向量 w_j 和误差项 ω_j，它反映不可观察的特征。

$$c_j = \exp(w_j \gamma + \omega_j) \tag{6-19}$$

使用平均效用式（6-12）和边际成本式（6-19）来估计需求方程（6-15）和并购前的定价方程（6-18）。待估参数是 α、σ、β、γ。可观察的变量是价格 p_j，销量 q_j 和特征 χ_j 和 w_j（反映平均值和边际成本）。N 假设为已知，计量误差项是不可观察特征 ξ_j 和 ω_j，它们非线性地进入需求方程（6-15）和一阶条件（6-18）。定价方程（6-18）能被求逆函数和对数线性化以求得 ω_j 的解。遵循伯里（Berry，1994）提议的转换程序，线性化需求方程（6-15）使用非线性三阶段最小二乘来估计转化的需求和定价方程，即可得到单边效应的价格估计。

logit 需求模型中，除了嵌套 logit 需求模型外，还有随机系数 logit 需求模型。随机系数 logit 需求模型允许个体和产品特征间的相互影响（Berry et al.，1995）。对特定产品的效用，它由平均效用和特定消费者对平均效用的偏离两部分构成，依赖于消费者偏好和产品特征间的相互影响（Berry et al.，1995）。随机系数模型使用广义矩量法（general methods of moments，GMM）来估计。随机系数 logit

需求模型较之于简单的 logit 需求模型和嵌套 logit 需求模型有几个优点。最重要的是，它产生的需求弹性更现实，因为它说明了不同水平的替代。然而，这些优点也带来了一些缺点，如计算复杂、需要特定的消费者资料（Nevo，2000）。

（三）AIDS 需求和 PCAIDS 需求

AIDS 由迪顿和米尔鲍尔（Deaton & Muellbauer，1990）发展，它能对任一需求系统给出一个任意的一阶条件近似。它不是基于需求的函数形式，允许灵活的自身价格弹性和交叉价格弹性（Hausman & Leonard，1997；Epstein & Rubinfeld，2001）。

考虑一个由 N 个产品组成的市场，每个公司制造一个不相同的产品。根据 AIDS，产品 i 的市场份额依赖于所有产品的对数价格和其他需求移动变量。

$$s_1 = a_1 + b_{11}\ln(p_1) + b_{12}\ln(p_2) + \cdots + b_{1N}\ln(p_N) + b_{1Z}Z$$
$$s_2 = a_2 + b_{21}\ln(p_1) + b_{22}\ln(p_2) + \cdots + b_{2N}\ln(p_N) + b_{2Z}Z$$
$$\cdots\cdots$$
$$s_N = a_N + b_{N1}\ln(p_1) + b_{N2}\ln(p_2) + \cdots + b_{NN}\ln(p_N) + b_{NZ}Z \qquad (6-20)$$

AIDS 的问题是系数的估计很难，一个市场有 N 个产品，就会产生 N^2 个系数。因此，估计要求很大的数据集（例如，超市扫描仪的数据）或者强加额外的假设以降低估计的需求参数（Hausman et al.，1994；Hausman & Leonard，1997）。然而，即使用扫描仪数据，AIDS 的估计也并非没有计量经济问题，因此，埃普斯坦和鲁宾菲尔德（2001）建议用"比例调整的 AIDS"（proportionality calibrated AIDS，PCAIDS）模型，它降低了需要的参数数量，同时保留了许多 AIDS 特性。但它包含了大量的约束，这使得所有的弹性值依赖于一个单一参数和一组收入市场份额。PCAIDS 不需要估计单一产品的需求系统，只需要估计总的需求，即某一特定种类产品的弹性估计与市场份额估计。与完全的 AIDS 模型相比，PCAIDS 有其优点，它数据要求更少，但对其假设很敏感。

假设一个市场上有 N 种不同产品，如果我们运用 AIDS 的逻辑去分析这些不同产品的需求，我们能写出下面的市场份额方程（S_i），作为价格的自然对数与其他需求移动变量 y 的函数。

$$s_1 = \alpha_{10} + \alpha_{11}\ln p_1 + \alpha_{12}\ln p_2 + \cdots + \alpha_{1N}\ln p_N + \alpha_{1y}y$$
$$s_2 = \alpha_{20} + \alpha_{21}\ln p_1 + \alpha_{22}\ln p_2 + \cdots + \alpha_{2N}\ln p_N + \alpha_{2y}y$$
$$\cdots\cdots$$
$$s_N = \alpha_{N0} + \alpha_{N1}\ln p_1 + \alpha_{N2}\ln p_2 + \cdots + \alpha_{NN}\ln p_N + \alpha_{Ny}y \qquad (6-21)$$

第三辑

政府管制与公共经济研究丛书（第三辑）

a_{ij} 与需求的价格弹性有函数相关性，函数式为：

$$\eta_{ii} = -1 + \frac{\alpha_{ii}}{s_i} + s_i(\eta + 1)$$

$$\eta_{ij} = \frac{\alpha_{ij}}{s_i} + s_j(\eta + 1) \tag{6-22}$$

这里，η 是产品的总需求弹性，η_{ii} 是第 i 种产品的自身价格弹性。

在 PCAIDS 模型中，又另外加了几个主要假设：比例性、可加性和同质性。

在比例性下，假设销量从一种产品转移到其他产品的份额由它们的相对市场份额确定，这意味着交叉价格参数与自身价格参数有下面的关系：

$$\alpha_{ii} = \frac{-s_i}{1 - s_j} \times \alpha_{jj} \tag{6-23}$$

可加性指

$$\alpha_{ii} = -\sum_{j \neq i} \alpha_{ij} \tag{6-24}$$

结合式（6-23）、式（6-24）有：$\alpha_{jj} = \dfrac{s_j(1 - s_j)}{s_i(1 - s_i)} \times \alpha_{ii}$。

同质性（homogeneity）假设是指所有价格同比例的改变对市场份额没影响，即如果所有价格都上升 10%，不同品牌的市场份额不变，即：$\alpha_{ij} = \alpha_{ji}$。

价格系数矩阵可写成：

$$
A = \begin{bmatrix} a_{11} & a_{12} & \cdots & a_{1N} \\ a_{21} & a_{22} & \cdots & a_{2N} \\ \cdots & \cdots & \cdots & \cdots \\ a_{N1} & a_{N2} & \cdots & a_{NN} \end{bmatrix} = \begin{bmatrix} a_{11} & \dfrac{-s_2 a_{11}}{1 - s_1} a_{11} & \cdots & \dfrac{-s_N a_{11}}{1 - s_1} \\ \dfrac{-s_2 a_{11}}{1 - s_1} & \dfrac{-s_2(1 - s_2) a_{11}}{s_1(1 - s_1)} & \cdots & \dfrac{-s_2 s_N a_{11}}{s_1(1 - s_1)} \\ \cdots & \cdots & \cdots & \cdots \\ \dfrac{-s_N a_{11}}{1 - s_1} & \dfrac{-s_2 s_N a_{11}}{S_1(1 - s_1)} & \cdots & \dfrac{s_N(1 - s_N) a_{11}}{s_1(1 - s_1)} \end{bmatrix}
$$

这样价格系数矩阵只包含了 a_{11} 与市场份额参数。

如果有价格和市场份额的资料，则市场份额方程可写成：

$$s_1 = a_{10} + a_{11} \cdot \frac{(1 - s_1)\ln(p_1) - s_2\ln(p_2) - \cdots - s_N\ln(p_N)}{1 - s_1} + a_{1y} \cdot y$$

$$s_2 = a_{20} + a_{11} \cdot \frac{s_2 \cdot [-s_1\ln(p_1) - s_2\ln(p_2) - \cdots - s_N\ln(p_N)]}{s_1(1 - s_1)} + a_{2y} \cdot y$$

$$\cdots$$

$$s_N = a_{N0} + a_{N1} \cdot \frac{s_N \cdot [-s_1\ln(p_1) - s_2\ln(p_2) - \cdots + (1 - s_N)\ln(p_N)]}{s_1(1 - s_1)} + a_{Ny} \cdot y$$

$$\tag{6-25}$$

　　我们假设只有两个价格的信息（p_1，p_2）和 N 个市场份额。则这一系统应被改写以避免将其他（p_3，p_4，$\cdots$，p_N）作为自变量。这可以通过转移变量让价格的自然对数成为因变量，而让市场份额成为自变量。

　　遗憾的是，在 PCAIDS 模型强加的约束下，矩阵 A 是奇异的，因此是不可逆的（前面的操作暗含着矩阵 A 是可逆的）。尽管这样，我们也能清除一行和一列，比如，对应于 $\ln(p_2)$ 和 s_2 的行列，形成一个新的矩阵（$N-1$，$N-1$），我们称为矩阵 B，它是可逆的。

$$B^{-1} = \begin{bmatrix} a_{11} & a_{13} & \cdots & a_{1N} \\ a_{31} & a_{33} & \cdots & a_{3N} \\ \cdots & \cdots & \cdots & \cdots \\ a_{N1} & a_{N3} & \cdots & a_{NN} \end{bmatrix} = \begin{bmatrix} a_{11} & \dfrac{-s_3 a_{11}}{1-s_1} & \cdots & \dfrac{-s_N a_{11}}{1-s_1} \\[2ex] \dfrac{-s_3 a_{11}}{1-s_1} & \dfrac{s_3(1-s_3)a_{11}}{s_1(1-s_1)} & \cdots & \dfrac{-s_3 s_N a_{11}}{s_1(1-s_1)} \\[2ex] \cdots & \cdots & \cdots & \cdots \\[1ex] \dfrac{-s_N a_{11}}{1-s_1} & \dfrac{-s_3 s_N a_{11}}{s_1(1-s_1)} & \cdots & \dfrac{s_N(1-s_N)a_{11}}{s_1(1-s_1)} \end{bmatrix}$$

$$= \begin{bmatrix} \dfrac{-(s_1+s_2)(1-s_1)}{s_2 a_{11}} & \dfrac{s_1(1-s_1)}{s_2 a_{11}} & \cdots & \dfrac{s_1(1-s_1)}{s_2 a_{11}} \\[2ex] \dfrac{s_1(1-s_1)}{s_2 a_{11}} & \dfrac{(s_1+s_2)s_1(1-s_1)}{s_3 s_2 a_{11}} & \cdots & \dfrac{s_1(1-s_1)}{s_2 a_{11}} \\[2ex] \cdots & \cdots & \cdots & \cdots \\[1ex] \dfrac{s_1(1-s_1)}{s_2 a_{11}} & \dfrac{s_1(1-s_1)}{s_2 a_{11}} & \cdots & \dfrac{(s_1+s_2)s_N(1-s_1)}{s_N s_2 a_{11}} \end{bmatrix}$$

$$(6-26)$$

通过下面的变换得到一个（$N-1$）行的单位向量矩阵：

$$B_I = = B^{-1} \cdot (-A_2) = \begin{bmatrix} a_{11} & a_{13} & \cdots & a_{1N} \\ a_{31} & a_{33} & \cdots & a_{3N} \\ \cdots & \cdots & \cdots & \cdots \\ a_{N1} & a_{N3} & \cdots & a_{NN} \end{bmatrix}^{-1} \begin{bmatrix} a_{12} \\ a_{32} \\ \cdots \\ a_{N2} \end{bmatrix} = \begin{bmatrix} 1 \\ 1 \\ \cdots \\ 1 \end{bmatrix} \quad (6-27)$$

因此方程解改写成下面的形式：

$$l_n(p_1) = b_{10} + b_{11} \cdot s_1 + b_{13} \cdot s_3 + \cdots + b_{1N} \cdot s_N + b_{12} \cdot \ln(p_2) + b_{1y} \cdot y$$

$$l_n(p_3) = b_{30} + b_{31} \cdot s_1 + b_{33} \cdot s_3 + \cdots + b_{3N} \cdot s_N + b_{32} \cdot \ln(p_2) + b_{3y} \cdot y$$

$$\cdots\cdots$$

215

第三辑　政府管制与公共经济研究丛书（第三辑）

$$l_n(p_N) = b_{N0} + b_{N1} \cdot s_1 + b_{N3} \cdot s_3 + \cdots + b_{NN} \cdot s_N + b_{N2} \cdot \ln(p_2) + b_{Ny} \cdot y \tag{6-28}$$

将式（6-26）、式（6-27）代入式（6-28）得到：

$$\ln(p_1) = b_{10} + \frac{s_1(1-s_1)}{a_{11} \cdot s_2} + \ln(p_2) + b_{1y} \cdot y$$

$$\ln(p_3) = b_{30} + \frac{s_1(1-s_1)}{a_{11} \cdot s_2} + \ln(p_2) + b_{3y} \cdot y$$

$$\cdots\cdots$$

$$\ln(p_N) = b_{N0} + \frac{s_1(1-s_1)}{a_{11} \cdot s_2} + \ln(p_2) + b_{Ny} \cdot y \tag{6-29}$$

如果没有 p_3，p_4，$\cdots$，p_N 数据，我们不能估计方程（6-29）中的后两个式子，但仍能估计方程（6-29）中的第一个式子，因为仅需要 p_1 和 p_2 的数据。估计方程（6-29）中的第一个式子，可得到 a_{11} 的值，通过下面的转换：

$$\frac{s_1(1-s_1)}{s_2} = -a_{11} \cdot b_{10} + a_{11} \cdot \ln\left(\frac{p_1}{p_2}\right) - a_{11} \cdot b_{1y} \cdot y \tag{6-30}$$

如果把方程（6-30）解释成接受价格的代表性的买方行为，这一公式有额外的好处，即所有它的因变量（p_1，p_2，y）对买方都是外生的。

通过方程（6-30）估计 α_{11}，给出了矩阵 A 的所有参数。

PCAIDS 是一个标准的需求模型，它需要产品市场份额、总的价格弹性和单一产品价格弹性的信息。为了计算的简化，需要做出均衡性、同质性和对称性假设（Coloma，2006）。埃普斯坦和鲁宾菲尔德（2001）认为，均衡性这一严格假设值得商榷。与 AIDS 相比，PCAIDS 保证了对弹性一致性的估计，而 AIDS 有时会产生与经济理论不一致的弹性。此外，PCAIDS 是高度约束的，它的均衡性假设如同 logit 的 IIA 假设一样，也要求用巢参数来克服这一问题（Epstein & Rubinfeld，2004）。

我们用一个简单的例子来说明 PCAIDS 的比例性假设。以方程（6-31）为例，用比例性，销量转移给品牌 2 和品牌 3 的部分与它们各自的市场份额成比例。例如，品牌 2 有份额 40%，品牌 3 有份额 20%，品牌 1 价格的增长将导致品牌 2 的市场份额增长是品牌 3 的 2 倍。正式地讲，比例性假设暗含着与 p_1 相关的交叉效果能用 b_{11} 和可观察的份额表示。

$$b_{21} = -s_2/(s_2 + s_3)b_{11}$$

$$b_{31} = -s_3/(s_2 + s_3)b_{11}$$

$$b_{12} = -s_1/(s_1 + s_3)b_{22} \tag{6-31}$$

216

比例性假设降低了在方程（6-31）中未知的 b 的数量（从 9 到 3）。我们只需知道 3 个自我价格系数（和市场份额）来计算余下的 6 个交叉价格系数即可。更一般地讲，比例性假设在所有的价格变化相关的交叉效果与相应的自我效果上设定了一个直接的关系。含义是在模型里唯一不可知的是 N 个自身价格系数。假设预计的市场份额总和为 1，则未知系数从原来的 N^2 降为 $N-1$。事实上，比例性假设大大降低了 PCAIDS 对信息的要求，并不必要知道所有 N（或 $N-1$）个自身价格效果弹性。PCAIDS 模型能用两个独立的信息（除市场份额外）来校正：单一品牌的需求弹性和产业弹性。比如，仅有产业弹性和品牌 1 的自身价格弹性，就能计算品牌 1 的自身效果系数 b_{11}。

$$b_{11} = s_1(\varepsilon_{11} + 1 - s_1(\varepsilon + 1)) \qquad (6-32)$$

比例性暗含着所有余下的不可知的自身效果系数能用 b_{11} 的倍数来表示。

$$b_{ii} = \frac{s_i}{1-s_1} \times \frac{1-s_i}{s_1} b_{11} \qquad (6-33)$$

我们已经看到一旦 b_{ii} 自我效果被算出来，交叉价格效果能从自我价格效果和市场份额算出来。这意味着知道任一品牌的自身价格弹性和总的产业价格弹性足够得到所有 PCAIDS 模型里所有相关的需求参数估计。

第 i 个品牌的自身价格弹性为：

$$\varepsilon_{ii} = -1 + \frac{b_{ii}}{s_i} + s_i(\varepsilon + 1) \qquad (6-34)$$

第 i 个品牌对第 j 个品牌的价格弹性为：

$$\varepsilon_{ij} = \frac{b_{ij}}{s_i} + s_j(\varepsilon + 1) \qquad (6-35)$$

假设产业弹性 ε 比任一品牌的自我价格弹性更小，PCAIDS 暗含着交叉弹性是正的。此外，这一公式也表明所有交易前的交叉弹性对一给定的价格变化的反应是相等的。即对所有品牌 i，j，k，$\varepsilon_{ij} = \varepsilon_{kj}$。这种相等是比例性假设的结果。产业弹性比任一品牌的价格弹性小，因为品牌替代比产业替代容易。由于缺乏关于产业弹性规模的独立信息，通常将产业弹性定为 -1 作为初步并购模拟的出发点。如果研究的市场是一个相关的反垄断市场，则产业弹性将等于或大于 1。结果，这一假设将是保守的，倾向于高估并购的价格效果。

为说明 PCAIDS，假定 3 个品牌的相应的市场份额是 20%、30%、50%。现在假定公司 1 和公司 2 提议并购，产业弹性为 -1，第一个品牌的自身价格弹性为 -3（具体系数见表 6-1）。

表 6-1   PCAIDS 系数和弹性

PCAIDS 系数				弹性			
品牌	p_1	p_2	p_3	品牌	p_1	p_2	p_3
1	-0.4	0.15	0.25	1	-3	0.75	1.25
2	0.15	-0.525	0.375	2	0.5	-2.75	1.25
3	0.25	0.375	-0.625	3	0.5	0.75	-2.25

资料来源：R. J. Epstein & D. L. Rubinfeld, 2004. Merger Simulation with Brand - Level Margin Data：Extending PCAIDS with Nests. The B. E. Journals in Economic Analysis & Policy, Vol. 4, No. 1. P. 7.

看弹性的每一列，对一给定的价格，交叉弹性是相等的。如第一列，$\varepsilon_{21} = \varepsilon_{31} = 0.5$。用 PCAIDS 模拟并购后单边价格增长（没有效率），对品牌 1 是 13.8%，对品牌 2 是 10.8%。

当产品高度差异化时，比例性并不能总是精确地反映失去的销量的转化，但我们能用"巢"方法来修正 PCAIDS，将属于紧密替代品的一组产品放在一个巢，这一方法类似于 logit 里的巢。

为说明它，转向 3 个品牌的例子，品牌 2 的市场份额为 30%，品牌 3 的份额为 50%，意味着当品牌 1 价格上升时，37.5%（30/80）的品牌 1 失去的部分转换给品牌 2，62.5%（50/80）转换给品牌 3。这一效果能用"可能性比率"（odds ratio）来反映。品牌 2 与品牌 3 的可能性比率为 0.6（0.375/0.625）。

现在假定品牌 2 与品牌 1 的替代性不强，对品牌 1 价格的增长，只有少数消费者将选择品牌 2。假设品牌 2 的替代性仅是品牌 3 的一半，可能性比率为 0.3。这样：

$$x/(1-x) = 0.3, \quad x = 0.231$$

即转换给品牌 2 的有 23.1%，转换给品牌 3 的增加到 76.9%。

在一个巢内，品牌间的转换率具有比例性，转换到其他巢品牌的可能性比率等于比例性假设中的可能性比率乘以一个恰当的分数（0~1）。带有巢的 PCAIDS 允许更灵活的交叉弹性模式，模型不再完全受比例性假设约束。如果品牌 2 是品牌 1 的非紧密性替代品，可以将品牌 2 放在一个单独的巢内，可能性比率为 0.5，使用公式去计算 b 系数和用巢设定计算弹性，表 6-2 说明原来的模型和嵌套模型计算的弹性。仍假定品牌 1 的自我价格弹性为 -3，产业弹性为 -1。

表 6 – 2   带巢的 PCAIDS 弹性与没有巢的 PCAIDS 弹性

没有巢的弹性系数				带巢的弹性系数（可能性比率为 0.5）			
品牌	p_1	p_2	p_3	品牌	p_1	p_2	p_3
1	– 3	0.75	1.25	1	– 3	0.46	1.54
2	0.5	– 2.75	1.25	2	0.31	– 2.08	0.77
3	0.5	0.75	– 2.25	3	0.62	0.46	– 2.08

资料来源：R. J. Epstein & D. L. Rubinfeld，2004. Merger Simulation with Brand – Level Margin Data：Extending PCAIDS with Nests. The B. E. Journals in Economic Analysis & Policy，Vol. 4，No. 1. P. 9.

品牌 2 和品牌 3 对品牌 1 的价格变化的反应的交叉弹性不相同，品牌 1 和品牌 2 对品牌 3 的交叉弹性不相等（品牌 1 和品牌 3 对品牌 2 的交叉弹性相等，但值要低一些，因为品牌 1 和品牌 3 在相同的巢，而品牌 2 在外部）。使用巢方法，品牌 2 对品牌 1 和品牌 3（以品牌 2 对品牌 1 和品牌 3 的更小的交叉弹性及品牌 1 和品牌 3 对品牌 2 更小的交叉弹性显示）是一个更弱的替代，而品牌 1 和品牌 3 成为更强的替代品（以品牌 1 对品牌 3 的更大的交叉弹性和品牌 3 对品牌 1 更大的交叉弹性来显示）。

使用嵌套 PCAIDS 模型预测品牌 1 和品牌 2 并购的单边价格增长（没有效率），品牌 1 和品牌 2 的价格增长都是 10.1%，与原来的增长 13.8% 和 10.8% 相比，单边效果是低的，因为并购品牌是不紧密的替代品。

PCAIDS 模型与 logit 需求模型具有一些相同的特征，如比例性假设（logit 需求使用类似的假设 "IIA"）与正的交叉弹性，仅用两个参数来校正。我们更倾向于用 PCAIDS 而不是 logit，因为：（1）PCAIDS 不要求并购前价格数据。（2）使用嵌套需求的 PCAIDS 框架放弃了不太现实的比例性假设。logit 需求也能用嵌套模型一般化，但 logit 在经济计量上更难以校正并且附加的巢参数不太直觉（Werden & Froeb，1994）。（3）PCAIDS 有精确的 "曲率"（curvature），接近标准的 AIDS 模型的曲率（Crooke，1999），AIDS 的曲率比 logit 需求模型更适合数据，尽管这一观点需要进行进一步的实证研究。

五、MSM 的局限性

虽然 MSM 成为目前预测并购单边效应的主流分析工具，但仍有以下局限性。

第三辑

政府管制与公共经济研究丛书（第三辑）

第一，3个核心假设的局限性。首先是竞争行为假设。在 MSM 中，并购模拟模型作为反垄断工具的可靠性依赖于对潜在竞争形式的设定。结论的质量依赖于伯川德模型和古诺模型对现实市场描述的适宜性。现实世界竞争是个复杂和多面的现象，如果经典的模型与具体的案例不匹配，会产生一些局限性。MSM 假定竞争形式不会因并购而改变，这一假定在很多情况下是没有问题的，但对另外一些情形可能有些牵强（Werden，1997），特别是在存在严重竞争问题的并购中很可能改变市场结构，而市场结构的改变，极可能改变公司间的竞争模式。但竞争方式的改变几乎不能被模拟，因为它们不可预测和非预期，在新形势真的发生变化时它们不存在。其次是固定边际成本假设。MSM 假设边际成本是固定的，即独立于产出，如果边际成本不固定，而是递减的，那么固定边际成本的假设将导致高的价格增长预计；相反，如果边际成本是递增的，那么固定边际成本假设将导致弱的预计的价格效果。最后是需求系统假设。一个很严重的问题是需求曲线的函数形式对预测价格的敏感性问题。函数形式的选择影响模拟的结果，预测的价格变化的规模对函数形式很敏感。[①] 例如，对数线性需求曲线能够比线性需求曲线预测更大的价格增长。因为一个对数线性曲线不能说明这一事实：数量变化对价格变化的敏感性与价格一同增加（即，当价格增加时，需求价格更有弹性）。我们再以目前对银行并购模拟研究中广泛使用的嵌套 logit 模型为例，说明其局限性。在嵌套 logit 模型中，当一种产品的价格上涨 1% 时，引起同一巢内其他产品的需求上涨也是 1%，而其他巢内产品的需求增加少于 1%。直观地说，嵌套 logit 模型在同一巢内强加了一个对称的替代模式，而允许不同巢内是不对称的替代模式。这一假设降低了待估参数数量，但这一替代模式的假设产生了对并购公司有利的效应。同一巢内所有的产品是对称替代，而不是紧密替代，紧密替代是会引起反垄断重点关注的，如果产品真是紧密替代，而我们用的却是对称替代，那么计算会低估价格效果。

第二，资料可得性问题。校正模型需要综合的和准确的资料，以便产生可靠的结论。在很多市场，这样的资料不可得。这是它最大的局限性（Ivaldi，2005）。

第三，忽视非定量的长期竞争效果。目前可得的并购模拟模型集中在短期价

[①] 选择需求函数形式有 5 个标准：（1）使用 R^2 比较模型的适应性（Studen - Mund，1992）。（2）遵循戈弗雷等（Godfrey et al.，1998），我们使用 Reset，它是对设定误差的一般性检验，并且是对不正确的函数形式的有力检验（Guiarati，1995）。（3）使用怀特检验检查模型的异方差（Guiarati，1995）。（4）使用 Jargue - Bera 检验评估扰动项的正态性（Guiarati，1995）。（5）用 Davidson - Mckinnon J 检验去评估哪一种具体的函数形式最理想（Guiarati，1995）。虽然有这 5 个标准，但目前对 MSM 中最恰当的需求函数仍无定论，只能逐一进行敏感性分析。

格和产出上的效果（Bentsson，2005）。潜在的原因是：（1）这些效果对福利的重要性。（2）这些效果的定量性。（3）以产业经济理论为支撑，在并购模拟上已建立了良好的模型。然而，除了短期价格和产出效应外，还有更多的竞争效应，这些竞争效应也是有助于福利的（Farrell，2006）。

221

第四，预测的定量经济证据问题。法庭需要的是事实，而并购模拟模型仅是预测，如果一个人将并购模拟模型的结论用做法庭上的证据，这将会产生悖论。并购模拟模型的结论从来都不可能与遗传指纹一样获得同样的确定性，因为将来的效果不能被完全预知。然而，数量预测需要某种意义上的精确性（事实上是伪精确性）。从美国的实证显示，对定量经济证据的依赖越强，越会不经意间弱化反垄断实施，特别在并购控制方面（Baker & Shapiro，2007）。

第五，带来一些额外的成本。在并购控制程序中使用并购模拟模型有一个清楚的目标利益：改进决策质量，降低错误的决策。然而，正像没有免费的午餐一样，并购模拟模型的使用带来一些额外成本（Voigt & Schmidt，2005；Christiansen，2006）。这包括直接成本如数据搜集、专家费、计算时间、人力费等，还有诉讼延期的成本及法律确定性降低的可能成本（Zimmer，2006）。除了竞争性权威使用并购模拟模型增加成本外，并购方和它的竞争者也要承担额外的成本。一方面，使用模拟工具会增加通告和提交所必要的资料（通常这种成本是没有补偿的）。另一方面，并购公司挑战权威的模拟模型就需要提出自己的模拟模型。在一些案例中，甚至对手也想提出自己的模型以实现自身利益。总之，并购模拟模型不是一个廉价工具。

第六，忽视了其他竞争变量。在市场营销学里有4Ps（产品、价格、促销、分销）的划分。品牌经理考虑所有这四个变量来设计一个产品的营销策略。然而，伯川德竞争模型只将价格作为唯一的战略变量，忽视了其他三个的竞争重要性。简单化的伯川德假设忽视了非价格竞争因素的影响，用它来模拟并购后复杂的战略变化是不得当的。

第七，忽视了产品再定位的可能性。伯川德模型用作并购模拟的一个局限是，如果它不考虑产品再定位的可能性，显著的价格增长预测将是不可信的。基于伯川德模型的并购模拟集中在所有权结构的改变如何影响并购后的定价决策上，并且暗含地假设产品再定位不会发生。因此，认为并购前后产品间的竞争程度相等。现实中，并购后，产品再定位以图更有效地竞争是可能的。如果品牌经理期望竞争性产品成功地再定位，作为对预计的价格增长的反应，他或她会选择一个更温和的价格增长或决定不提价。

第八，忽视了囤积（stockpiling）对数据的影响。经济学家经常使用超市扫描仪数据来估计需求的价格弹性，但当消费者囤积商品时，如 2011 年日本地震后，在中国出现居民囤积食盐的现象，那么作为并购模拟基础的需求曲线和价格弹性的估计将是扭曲的。囤积发生后，购买又急剧下降。当囤积发生时，基于扫描仪数据的自身价格弹性估计将是高估的，即是说，产品会看起来比现实具有更大的价格敏感性。不精确地估计价格弹性，将导致并购效果的不精确预测。因为并购模拟主要依赖价格弹性估计的精确性。居民对银行产品的消费也会有囤积现象产生，如居民对银行促销行为的反应。

第九，使用零售水平的信息去分析制造商之间的竞争互动问题。用零售水平的扫描仪数据得到的弹性估计对制造商的并购做出判断是否恰当？批发价格弹性与零售价格弹性相等只在对制造商价格如何转换成零售价格做出特定的假设基础上。批发价格与零售价格的关系是这一论题的核心。即当制造商改变价格时，零售商做出怎样的应对。零售方通常不会简单地将制造商提价的部分加到售价上。克服这一问题的一种方式是以批发数据估计价格弹性。银行业并购模拟不需要区分零售价格和批发价格，而对制造商的模拟分析中一定要区分。零售弹性和批发弹性是不一样的，尽管这两者有可能密切相关。特别是，制造商面临的批发弹性＝零售水平的需求弹性×零售价格相对批发价格的弹性，即 $\varepsilon_w = \varepsilon_R \times \varepsilon_w^p$。后者弹性是批发价格改变 1%，零售价格变动的百分比。很明显，如果 $\varepsilon_w^p = 1$，则 $\varepsilon_w = \varepsilon_R$。通常我们认为 $\varepsilon_w^p < 1$，则 $\varepsilon_w < \varepsilon_R$。也要注意到在一些情况下批发弹性远高于零售弹性。当批发价格上升时导致零售商放弃这一产品，这时 ε_w 很大。

正如阿钦菲尔特和霍斯肯（Ashenfelter & Hosken，2008）认为的那样，"看起来并购模拟模型的评价还处在萌芽阶段。广泛地使用这些模型，仔细地评估它们的效果看起来路还很长"。[①] 严肃地讲，基于模拟结论的并购控制决策需要更加谨慎，直到得到更多的并购模拟绩效的事后评估。

因此，对 MSM，我们的观点是：

第一，MSM 并不是对竞争效果分析的替代。一个 MSM 必须坚固地植根于特定产业的特殊事实，并且要求进行竞争效果分析。模型没有产业事实的基础是没有用的。这意味着"拿来"的模拟模型，应非常谨慎地使用。例如，伯川德差异化产品模型可能适合某些市场，但并不总是恰当的，我们的想法是只有定制模拟模型才可能是有用的。

① Ashenfelter, O. & D. Hosken, 2008. The Effect of Mergers on Consumer Prices: Evidence from Five Selected Case Studies, NBER Working Paper Series No. 13859, Cambridge, MA. P. 36.

第三辑

政府管制与公共经济研究丛书（第三辑）

第二，MSM 模型表面上的精确性需要小心处理。模型的自变量（如弹性）并不是确定的，因此因变量也就是不确定的。至少，研究者应该为模拟结论报告一个置信区间。我们的分析显示这些置信区间很容易变得很大，以致结论基本无价值。因此这里的信息是不要被表面上的准确性所蛊惑。

第三，MSM 模型遗漏了很多现实中重要的竞争，如零售商和批发商间的互动、非价格竞争、并购后的进入或产品再定位等，只要可能，这些应被包含进定制模型，如果不可能，也应加以考虑。

第二节

银行并购的协调效应研究：定量方法

单边效应理论主要用于差异性产业，而协调效应理论主要针对同质产业。虽然对并购协调效应的研究早于对单边效应的研究，但大多是定性的研究，缺乏定量研究。并购协调效应的研究，经历了竞争者数量重要理论→核对表法→一致同意—甄别—惩罚欺骗模式→"标新立异者"理论的演变，这些研究都属定性研究，很难对银行并购的协调效应做出较为客观的判断。① 本书从弗里德曼（Friedman）的"平衡诱惑均衡"概念入手，不是研究银行卡特尔的形成条件，而是从卡特尔稳定性指标（δ）来判断银行并购的协调效应。

一、并购协调效应的研究综述

在贝恩和梅森等人创立的哈佛学派看来，市场结构是重要的，如果市场高度

---

① 最近，银行间的合谋引起监管者的注意。2011 年 5 月，欧盟委员会对信用违约掉期（以下简称 CDS）市场展开两项反垄断调查。欧委会的第一项调查涉及 CDS 交易所必需的金融信息，将调查包括摩根大通等 16 家投资银行与 CDS 市场金融信息主要提供商英国马克特（Markit）公司。上述银行涉嫌垄断协议或滥用集体市场支配地位，将其定价、指数和其他基本日常指数等信息仅提供给马克特，阻止了其他信息提供商获得有价值的原始数据。同时，欧委会还将调查马克特许可和经销协议中某些条款是否妨碍 CDS 信息市场的竞争。欧委会启动的第二项调查涉及上述银行中的 9 家与主要票据结算机构洲际期货交易所欧洲清算公司（ICE Clear）之间的协议。该协议中有关优惠费率和利润分享的安排可能会促使上述银行将 ICE 作为固定的结算机构，从而阻止其他结算机构进入市场，并侵犯 CDS 市场其他竞争者的自主选择权。上述协议涉嫌违反欧盟关于禁止垄断协议的规定。同时，欧委会还将调查 ICE Clear 提供给上述银行的特别费率机制是否构成对 CDS 市场其他竞争者的歧视性待遇，从而违反欧盟关于禁止滥用市场支配地位的规定。2012 年 2 月 14 日，巴基斯坦竞争委员会突然搜查巴基斯坦银行业协会，发现银行在 ATM 费用上合谋的证据（CPI, CCP Raids Bank Association Office to Find Evidence of Collusion in ATM Fees, Feb 14, 2012）。

集中，特别是该市场仅存少数几家竞争者，这一市场上的并购极可能导致协调效应，这就是"竞争者数量重要"（number of competitors matters）理论。以斯蒂格勒为代表的芝加哥学派认为，高市场集中度仅是形成合谋的必要条件，但并非充分条件，还有很多影响合谋的因素，因此斯蒂格勒（1964）提出核对表法（cheek list of elements），主要是从判断卡特尔的形成条件入手，列出有利于形成卡特尔的一些条件，通过对具体并购案例中这些因素的观察，来判断这起并购案是否会导致协调效应。但这些因素太多，加之有些因素对协调效应的影响不确切，因此很难对并购的协调效应做出较准确的判断。之后，有些学者观察到，判断一起并购的协调效应，不应该仅关注并购合谋协议的形成，但合谋协议很不稳定，判断并购的协调效应一方面应关注其形成，同时还应关注破坏的可能性，以及对破坏者的惩罚等，这就形成了一致同意—甄别—惩罚欺骗模式（consensus-detection-punishment paradigm）；贝克尔（Baker，2002）注意到，标新立异公司（maverick）的重要性，因此提出了标新立异者理论。

（一）竞争者数量重要理论

20世纪50年代到60年代是哈佛学派主宰反垄断理论与实践的黄金时期，其创立的SCP范式成为分析并购单边效应和协调效应的主流工具。当时，并购产生高的市场集中度采用"本身违法"原则，也就是只要一项并购导致了很高的市场集中度，不管其带来的其他后果，如效率等，都会被判定为违法而被禁止。他们用竞争者数量重要理论来分析并购的协调效应。在他们看来，如果一项并购导致了该市场仅存少数几家竞争者，如3~4家，则这起并购将带来显著的协调效应。竞争者数量重要理论运用在以下条件：（1）现时的相关市场只有少量的主要竞争者；（2）降低重要的竞争者的数量可能导致更高的价格；（3）证据不支持单边理论。

这一理论太过于武断，后来的理论和实证的发展，均不支持哈佛学派的这一观点，更多的研究发现，市场集中度指标不太适合作为单边效应或者协调效应的显示器，即使在协调效应中使用，它也仅是一个必要而非充分条件。

（二）核对表法

芝加哥学派是在与哈佛学派的论战中不断成长与发展起来的，他们不仅在单边效应上存在分歧，而且在并购的协调效应上也存在分歧。以斯蒂格勒为代表的芝加哥学派认为，哈佛学派的竞争者数量重要理论不能用来鉴别并购的协调效应，否则会带来重大的误判，因为影响合谋的因素不仅包括竞争者数量，还包括其他因素，对协调效应的判断应对这些因素进行综合权衡，不能仅由竞争者数量片面地决定。因此，他们列出了众多的决定协调效应的因素，这一方法被称为"核对表法"。

这一方法重点在于考察有哪些因素便于卡特尔的形成，然后列出这些因素。这些因素包括：（1）寡头垄断市场。它是一个必要条件，但不是一个充要条件。（2）进入障碍较高。（3）透明度。披露的信息越多，公司越容易找到合谋的共同动机。因此透明度越强，合谋越易。（4）适中的创新。太多的创新容易产生市场的不均衡，而且创新公司不愿意与不先进的公司结盟。（5）合谋的历史。以上是并购审查时的主要考虑因素。以下因素对协调效果的影响是混合的，仅作为辅助性证据：（1）市场结构的对称性（拥有相同的产能、成本结构、战略、市场份额和无差别产品），这种结构企业更容易合谋。（2）存在"沃尔玛"型（Walmart）买方（当买方有很强的力量时，协调难以持久）。（3）存在合谋协议（它并不必然是显性的）。（4）需求稳定。

核对表法综合地考虑了多种影响协调效应的因素，较之于竞争者数量重要理论更全面，但核对表法太粗糙而不能对决定是否产生协调效应有所帮助。特别地，很多产业适合核对表法，但并没表现与协调互动一致的结论。此外，这一方法并没有解释为什么并购会影响协调的可能性。

（三）一致同意—甄别—惩罚欺骗模式

对协调行为，相关市场的高集中度是必要的但非充分条件。如果公司数量少，对达成一致的限制竞争的认识更容易且成本低。除了集中度外，协调行为要求能达成一致的认识，能甄别和制止欺骗行为。即使形成了卡特尔，但这样的卡特尔极不稳定，有的参与者有动机背叛当初的协议，背叛的利益远大于遵守合谋协议的利益，且这种行为不易被察觉和惩罚，那么这样的卡特尔会自然瓦解。只有那些有利于达成一致协议，很容易甄别参与者的欺骗行为，并且能够给背叛以强烈惩罚的卡特尔才是管制的重点对象。也就是说，我们应将考虑的重点放在识别和制止欺骗的因素分析上，而不是卡特尔形成因素的分析。

下面是重要的影响公司能识别和有效地制止欺骗的因素：

（1）市场交易的条件透明。价格对市场参与者来说是透明的信息时，欺骗更容易识别。

（2）成本的稳定性。成本变动越大，越不易识别价格上的欺骗。

（3）产品销售的规模和频率。当销量很大并且其发生相对不频繁，违背更有利可图，有效地制止更难。

（4）存在多市场关联交易（multi-market exposure）。存在多市场关联，提高了背叛的机会成本，降低了欺骗的可能。

226

虽然这一理论较核对表法有所发展，但就其实质看，仍是一种"核对表"，只不过是关注的重点发生了转移。不管是简单的核对表方法或一致同意—甄别—惩罚范式都要求市场和交易性质以及其他市场充分简单和透明。"充分简单"的要求是为了使一致同意可行并且能甄别对一致同意的背叛。"充分简单"也是为了使惩罚可行。如何评估市场是充分简单和透明的？这两种方法是不够的。因为这么多影响因素，不可能一项并购都满足，如果一项并购仅满足其中一项或两项，怎么判断这起并购存在协调效应？

（四）标新立异者理论

这一方法从1984年美国的《并购指南》中就被承认，但直到近年来才被理论化（Baker，2002）。[①] 反垄断法律中很早就有关于"并购减少了一家公司，便利了公司间的合谋"条款，但这一条款人们很少进行深入的研究，虽然"标新立异公司"在1992年并购指南中被定义为"比大多数对手有更强的经济刺激违背协调条款"，但将其理论化一直到2002年才被贝克尔实现。

这一方法基于观察，卡特尔通常是不完善的、不完全的。"标新立异"公司有以下两个特征：（1）与竞争者不同的产品定位或成本结构；（2）它对抑制合谋协议有充分的经济权重。在实践层面，第一件事是去鉴别在并购前是否有标新立异者。第二件是查实并购对这一公司的影响。如果这一公司直接卷入并购，影响将是最大的。

标新立异者理论的提出，简单化了对协调效应的判断，因为我们不需要按核对表法那样一个一个因素去分析，只需要对"标新立异者"进行分析，但这一分析方法也是不完全的，因为：（1）不一定只有存在标新立异者，合谋才不稳定；（2）公司的性质不是天生的，而且它会发生变化，包括"标新立异者"，因此这一方法不完善。

上述方法都有一个共性，即都是对协调效应的定性研究，都不可能对协调效应形成较为准确的判断，只有将定性分析与定量分析结合起来，才可能对协调效

---

① Jonathan, B. Baker. 2002. Mavericks, Mergers, and Exclusion: Proving Coordinated Competitive Effects Under the Antitrust Laws. New York University Law Review, Vol. 77: 135 – 203.

应进行准确的判断。

二、协调效应的模拟：定量分析

遵循一致同意—甄别—惩罚欺骗模式的分析思路，借鉴弗里德曼的"平衡的诱惑"（balanced temptations）概念，我们尝试着提出对并购协调效应的定量分析方法，并用一个数学例子进行模拟。

（一）分析思路

我们赞同一致同意—甄别—惩罚欺骗模式的分析思路，将重点放在卡特尔的稳定性分析上，但我们不寻求对影响卡特尔稳定性的因素逐一进行分析，而是寻找一个能描述卡特尔稳定性的指标。试想，如果一家银行是急功近利的，只看重短期利益，不太重视长期利益，也就是说，它对未来收益的贴现率高，它就有强烈的动机违背合谋协议。因此，我们似乎可以用贴现率这一指标来刻画卡特尔的稳定性。但这有一个问题是，这一参数是多元化的，不同的银行有不同的贴现率。解决这一问题是我们的难点。弗里德曼（1971，1977，1983）提出了一个解决多样化问题的方法。他运用非合作博弈，集中于卡特尔稳定性而不是卡特尔的形成，令所有公司的临界贴现值相等，得到这一解（δ^*）。他将这一解称为"平衡的诱惑"概念，指的是在这一解下，所有的公司对背叛与否是无差异的，它有唯一的合谋均衡，且仅有一个参数，即共同的临界贴现因子（the common critical discount factor），它能测量卡特尔的稳定性。

（二）分析步骤

对卡特尔协议的分析，必须对以下三个问题做出回答：（1）并购前和并购后企业以什么方式竞争？（2）激励相容约束是什么？（3）卡特尔最大化什么？

对第一问题来说，大多数反垄断经济学文献对差异化产品产业的分析采用伯川德竞争模型，对同质产业采用古诺模型。考虑到银行业更多体现为差异化产业，因为声誉、区位、服务质量等原因，所以我们采用伯川德竞争模型。

有两类模型用来处理第二个问题。第一类是"一触即发"战略（trigger strategies）模型，假设惩罚欺骗使所有的公司恢复以前的竞争性均衡（Friedman，1971）。第二类是"胡萝卜加大棒"战略（Abreu，1986；Abreu et al.，1986）我们主要论述第一类。

在"一触即发"战略下，每一个合谋协议具有特征集（δ_1，δ_2，…，δ_i，…，δ_n）。每一个参数代表一家银行的临界贴现率。它是合谋行为的最小贴现率（评估将来的合谋利得）。对每家银行来说，这一比率由下式给出：

$$\delta_i = (\pi_i^s - \pi_i^c)/(\pi_i^s - \pi_i^b) \tag{6-36}$$

其中 π_i^c 为 i 银行的合谋利润，π_i^s 为 i 银行背叛合谋协议获得的报酬，π_i^b 为 i 银行竞争性（伯川德）利润。

这样的参数构成卡特尔稳定的一个显示器，越低，卡特尔稳定性越强。这一参数的多元化（或者说可能的合谋均衡的多元性）为评估并购的协调效应带来了困难，除非并购以同方向调整所有的参数，但这是一个不太可能的假设。

第三个问题通常的回答是最大化合谋者的联合利润，但这并非绝对。[1] 卡特尔有很多协议，只要这一协议是帕累托改进的，也就是说，参与银行参与合谋的利益至少不少于不参与的利益，就有可能吸引银行参与。

假设银行1和银行2合谋，界定可能的合谋利润集合为 A，集合右上边界代表所谓的"帕累托效率前沿"，也就是说，对其他任一银行的任何利润，在这条线上都能找到该银行最大可得利润。B 点表示没有合谋情况下所得的利润。N－B－JPM 是 A 的子集，表示两家银行的合谋利润高于它们的竞争性利润的集合（见图6-2）。

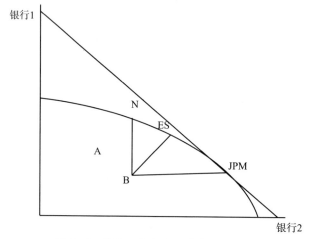

图6-2　银行1与银行2的合谋利润集

---

[1]　只有在成本和需求结构对称的情况下，联合利润最大假设才是合理的。很多研究协调效应的文献通常对并购公司的成本和需求结构做对称的假设，在这一假设下，并购后的实体不需要考虑垄断利润的分配，只需要考虑联合利润最大化问题。然而，对称性假设是一个很强的假设，不现实，当我们考虑并购公司和需要结构的不对称性时，它们之间的垄断利润的分配很关键。

评估协调效应，我们需要一个理论模型来清晰地规定独特的合谋均衡和稳定性，它能从观察欺骗可能性这一参数中推断得出。我们设想卡特尔可能采取的三种规则：（1）联合利润最大化；（2）平均主义解（equalitarian solution）；（3）维护稳定的规则。

让我们做一个单纯的假设，合谋者固定价格以求最大化联合利润。在图 6-2 中，这一点为 JPM。这一假设由帕廷金（Patinkin，1947）提出。尽管符合直觉，但通常不正确。如贝恩（1948）所言，当公司有不同的成本，并且不允许单边支付时，完美合谋（即联合利润最大化）不是一个选择。原因是直观的。在不同成本情况下，联合利润最大化意味着合谋利益的不平等分配（在同质产品情况下，严格坚持联合利润最大化原则意味着只有最有效率的公司才有积极性）。在图 6-2 中，银行 2 好于银行 1。联合利润最大化也有可能使某些银行所得利益甚至还小于竞争性均衡。这一规则是不可行的。贝恩判断次优合谋协议（虽然他没有详述）更可信。联合利润最大化只有在合谋者间在成本、市场份额、需求等方面对称的情况下才能达成。在不对称情况下，合谋者间采用联合利润最大化规则的唯一可能是寻求单边支付。但单边支付在现实中很难，也被《反垄断法》禁止。平均主义解（egalitarian solution）看起来是一个克服前一规则这一局限性自然的方式。服从这一分成的方法，银行得到一个合谋超额利润的公平的部分。这一规则与很多解兼容，这些解位于偏离竞争性均衡的平分线上，最有利的解在这条线与帕累托前沿的交点处可得（即 ES）。尽管显而易见，但这一规则很难实施，因为它要求获得关于所有的成本和需求特征的知识。进一步，它看起来是一个极端的和不可置信的解：为什么弱小者与更成功和有效的公司（考虑产品的成本或质量）得到同样的份额？最终，这种解会被不稳定所瓦解。第一种方案被弱小公司反对。第二种方案被强者反对，遵循这两种规则的卡特尔不久将会被欺骗打败。第三种可能的合谋方案基于维护稳定的规则——介于上述两种之间。由实证文献我们可知，卡特尔通常采用一些简单的规则，允许它们的成员得到与它们的竞争性利润成比例的卡特尔利润的一部分：提价或统一降低质量通常属于这一类。描述这一类的模型包括纳什讨价还价解和弗里德曼的"平衡的诱惑"模型。纳什讨价还价解是处理谈判利益分配问题的合作博弈。运用这一模型的文献不多，代表性的有：斯马兰西（1987）和哈云顿（Harrington，1991）关于同质产品的合作博弈，弗什特曼等（Fershtman et al.，2000）关于差异性产品的合作博弈。这一方法基于几个假设，最重要的有：（1）均衡必须在帕累托前沿；（2）对称；（3）IIA 性。基于以上假设，纳什认为最大化下列函数才能达成合作

第三辑

政府管制与公共经济研究丛书（第三辑）

均衡。

$$(u_1 - \hat{u}_1)(u_2 - \hat{u}_2) \qquad (6-37)$$

其中，u_i 代表 i 公司参与合谋协议的效用，$\hat{u}_i$ 代表 i 公司背叛协议的效用。

这样的解似乎是最大化总效用的解与平均主义解的中点。纳什讨价还价均衡被认为是双方相互妥协的结果。将效用变为利润，纳什解可以很快转换为卡特尔解。纳什解允许我们解合谋均衡的多重性问题，但不能解决控制卡特尔稳定性的参数多样化问题。我们能很容易地证实在纳什讨价还价解均衡的公司有不同的临界贴现值（δ）。这些临界值保持在一个窄的区间，当成本或需求更相似时区间缩小。用对称的需求和成本，纳什解对所有公司都产生同样的临界贴现值。也必须注意到当需求和成本变得更对称时，γ 参数（一个刻画对称性的参数）位于帕累托前沿的均衡点，收敛于 0.5。

弗里德曼（1971，1977，1983）提出另一个解决多样化问题的方法。他运用非合作博弈，集中于卡特尔稳定性而不是卡特尔的形成；此外，他没有像纳什一样强加 IIA 假设。与纳什相似的是，合谋弗里德曼均衡也在帕累托前沿，基于对称性假设。令所有公司的临界贴现值相等，得到这一解。

$$\delta_1 = \delta_2 = \cdots = \delta_i = \cdots = \delta_n = \delta^*$$

也即是：
$$\delta_i = (\pi_i^s - \pi_i^c)/(\pi_j^s - \pi_j^b), \ i \neq j \qquad (6-38)$$

这里，π_i^s 为欺骗利润，π_i^c 为合谋利润，π_j^b 为伯川德利润。

通过将这一约束加进帕累托前沿条件，我们能得到所有产品的合谋价格。帕累托前沿通过最大化联合利润的加权函数而得到。有两个银行，在每一银行仅提供一个产品的情况下，平均利润函数为：

$$\Pi_t = \lambda^* \Pi_1 + (1 - \gamma)^* \Pi_2 \qquad (6-39)$$

在区间 $[0, 1]$ 改变 γ 形成帕累托前沿。帕累托前沿上的价格是 γ 的函数，它们的解通过求下面两个一阶条件得到：

$$d\Pi_t/dp_1 = 0 \qquad d\Pi_t/dp_2 = 0 \qquad (6-40)$$

弗里德曼解的满足性不仅依赖于均衡的唯一性，同时也依赖于它仅产生一个参数（δ^*，它控制卡特尔稳定性）这一事实。它能用作测量并购协调效果的恰当的指示。

弗里德曼解也可运用一个合作博弈来说明，银行间相互妥协以达成一个满意的合谋均衡。下面我们描述这样一个博弈。开始，一个银行提出一个合谋的价格结构，包含每一银行具体的合谋利润和欺骗利润。我们预期最小的临界贴现率（δ）的银行倾向于妥协（即改变最初的合谋价格结构为了增加其他银行的合谋利润）。这是因为这家银行最重视协议。相反，一家银行具有相对高的临界贴现率将会更多地从欺骗而不是从合谋中受益。因为它不太重视协议，更不愿意妥协。因此，具有最低贴现率的银行改变它的价格以降低其他银行的临界率。当所有的合谋激励相等时，相互妥协的进程结束。我们猜测为了得到弗里德曼均衡，相互妥协的进程必须从位于前沿的点开始。弗里德曼也注意到，平衡的诱惑均衡（BTE）与纳什均衡很相似，因为它们有共同的假设。这一结论被哈云顿（1991）和贝（Bae, 1987）所证实。实际上，使用线性需求函数和固定边际成本，纳什讨价还价利润与 BTE 间的差异是二阶的。此外，用 BTE 得到的贴现临界因子总是在用纳什解得到的临界因子变动区间的内部。

现在让我们来模拟并购的协调效应，先做三个假设：（1）伯川德竞争，银行遵循非合作战略；（2）银行合谋时遵循弗里德曼平衡诱惑均衡；（3）采取"一触即发"战略维护卡特尔均衡。分析分为 3 个阶段。

1 阶段：为事前的市场结构估计平衡诱惑均衡。注意到临界贴现率必须对每一银行计算而不是对每一产品。通过令所有银行的这一比率相等，我们会得到合谋的价格和利润。这样的估计将提供并购前有效的市场对称性程度（参数 γ）和卡特尔稳定性（参数 δ^*）的显示。特别地，我们考虑 M 个银行，每一银行提供 n_i 个产品，市场上销售的总数量是 $N = \sum n_i$，j 银行的利润函数为：

$$\Pi_j = (p_{j1} - c_{j1})^* q_{j1}(p_1 \cdots p_N) + (p_{j2} - c_{j2})^* q_{j2}(p_1 \cdots p_N) + \cdots$$
$$+ (p_{jn} - c_{jn})^* q_{jn}(p_1 \cdots p_N) \tag{6-41}$$

加权的总利润函数为：

$$\Pi_t = \Pi_1^* \gamma_1 + \cdots + \Pi_j^* \gamma_j + \cdots + \Pi_m^* (1 - \gamma_1 - \gamma_2 - \cdots - \gamma_{m-1}) \tag{6-42}$$

$\gamma_j > 0$，且 $0 < \sum \gamma_j < 1$

我们计算 N 个一阶条件得到帕累托前沿约束：

$$d\Pi_t/dp_1 = 0, \quad d\Pi_t/dp_i = 0, \quad d\Pi_t/dp_N = 0 \tag{6-43}$$

然后我们对方程强加一个相等的临界贴现率约束：

$$\delta_1 = \delta^* \cdots \delta_j = \delta^* \cdots \delta_m = \delta^*$$
$$\delta_j = (\pi_j^s - \pi_j^c)/(\pi_j^s - \pi_j^b) \tag{6-44}$$

通过解（m + n）个未知参数、（m − 1）个 γ_j 参数、δ^* 和 n 个产品价格以及（m + n）个方程（从帕累托和弗里德曼约束）可找到弗里德曼均衡。

2 阶段：模拟并购的单边效果。假设伯川德竞争（对差异性产品），考虑两银行间的并购（每一银行只提供一种产品）。新银行的利润函数是：

第三辑

政府管制与公共经济研究丛书（第三辑）

$$\Pi_c = \Pi_1 + \Pi_2 \tag{6-45}$$

解下列一阶条件可得到并购的单边效果的价格。

$$d\Pi_c/dp_1 = 0, \quad d\Pi_c/dp_2 = 0, \quad d\Pi_3/dp_3 = 0 \cdots d\Pi_i/dp_i = 0, \quad d\Pi_N/dp_N = 0$$

$$\tag{6-46}$$

3 阶段。用新的预测价格（并购的单边效果价格）再次估计平衡的诱惑均衡。我们得到新的临界贴现率。如果它低于以前的计算，并购产生支持合谋的效应。此外，我们也需要控制参数 γ 来评估因为并购带来的对称性的改变（考虑成本和需求）。补充这样一个额外的检验是明智的。并购后，虽然临界贴现率降低了，但不能因为有所降低就认为存在合谋，可能它仍然太高而不能合谋。在这种情况下激励兼容约束不能满足。通常来讲，协调效果与单边效果具有正相关关系。由于缩小了欺骗利润集，并购对卡特尔稳定性产生了正的影响，由于并购，新实体的临界率总是低于事前的临界率。如果银行遵循弗里德曼均衡来串谋，会产生一个抑制临界率的效应，使合谋更稳定。

（三）数字模拟

假设两家银行具有如下的线性需求：

$$Q_x = \alpha_x + b_{xx}p_x + b_{xy}p_y$$
$$Q_y = \alpha_y + b_{yx}p_x + b_{yy}p_y \tag{6-47}$$

固定的边际成本为：$c_x = c_{mx}Q_x$, $c_y = c_{my}Q_y$

我们从评估需求不对称性与"平衡诱惑均衡"的关系开始。首先赋予两银行以相同的边际成本（$c_{mx} = c_{my} = 5$），并且我们使用两个需求函数，它们除了在系数 b_{xy} 与 b_{yx} 不等，其他都相等（$\alpha_x = \alpha_y = 140$, $b_{xx} = b_{yy} = -3.5$）。通过改变这些系数，我们能改变需求不对称性的程度，并控制它对均衡的效果（见表6-3）。

表6-3　　　　卡特尔稳定性与对称性和产品差异性的数字模拟

	伯川德利润	合谋利润 BTE	欺骗利润 BTE	临界贴现率（δ）	对称性（γ）
$b_{xy}=1$	x→1 755	x→1 933	x→2 133	0.529	0.72
$b_{yx}=3$	y→2 992	y→3 429	y→3 913		
$b_{xy}=2$	x→2 737	x→3 795	x→5 287	0.585	0.592
$b_{yx}=3$	y→3 501	y→5 009	y→7 133		

	伯川德利润	合谋利润 BTE	欺骗利润 BTE	临界贴现率（δ）	对称性（γ）
$b_{xy} = 3$	x→4 135	x→9 453	x→21 607	0.696	0.5
$b_{yx} = 3$	y→4 135	y→9 453	y→21 607		
$b_{xy} = 0.5$	x→1 346	x→1 374	x→1 404	0.507	0.75
$b_{yx} = 2$	y→2 106	y→2 188	y→2 272		
$b_{xy} = 1$	x→1 665	x→1 765	x→1 872	0.516	0.64
$b_{yx} = 2$	y→2 216	y→2 389	y→2 574		
$b_{xy} = 1.5$	x→2 033	x→2 268	x→2 532	0.529	0.561
$b_{yx} = 2$	y→2 332	y→2 629	y→2 962		
$b_{xy} = 2$	x→2 457	x→2 926	x→3 483	0.543	0.5
$b_{yx} = 2$	y→2 457	y→2 926	y→3 483		
$b_{xy} = 0.3$	x→1 212	x→1 218	x→1 225	0.502	0.789
$b_{yx} = 1$	y→1 525	y→1 540	y→1 555		
$b_{xy} = 0.5$	x→1 311	x→1 325	x→1 340	0.503	0.628
$b_{yx} = 1$	y→1 540	y→1 564	y→1 588		
$b_{xy} = 0.7$	x→1 415	x→1 440	x→1 465	0.504	0.568
$b_{yx} = 1$	y→1 556	y→1 588	y→1 621	0.504	0.568
$b_{xy} = 1$	x→1 580	x→1 626	x→1 672	0.507	0.5
$b_{yx} = 1$	y→1 580	y→1 626	y→1 672		
$b_{xy} = 0.6$	x→1 132	x→1 136	x→1 140	0.503	0.937
$b_{yx} = 3.4$	y→2 875	y→2 932	y→2 989		

资料来源：Sabbatini P. , 2006. How to Simulate the Coordinated Effect of a Merger. Autorità Garante della Concorrenza edl Mercato, Temi e Problemi, 12. P. 26.

首先，它能很容易地证实，合谋均衡受需求不对称相当大的影响。两个系数的值越接近，γ 越大，越向中间值（0.5）收敛。注意，特别地，合谋均衡总是有利于有较小系数的银行。这样的银行在联合利润最大化合谋中获利小，因为价格的增加诱使内部需求（来自另一银行的消费者）更小的增加，因此，"平衡诱惑均衡"通过增加一些银行的合谋激励来获得均衡的卡特尔稳定性的结果，否则，这些银行将会得到更小的合谋利益。

第三辑

政府管制与公共经济研究丛书（第三辑）

我们可以看出，需求不对称程度与卡特尔稳定性不相关。不对称性程度的降低有两种方式：一是增加小的价格系数；二是降低大的价格系数。增加小的价格系数，意味着两产品间的交叉价格弹性增加，两产品的替代性增强，它们的"平均距离"降低；降低大的价格系数，意味着两产品间的交叉价格弹性下降，两产品的替代性减弱，它们的"平均距离"增加。我们观察卡特尔稳定性与需求不对称性的关系发现：降低大的价格系数可取得卡特尔的稳定性，而增加小的价格系数并不能取得卡特尔的稳定性。当增加小的价格系数时，δ^*系数增加，表明合谋的可能性更低，卡特尔不稳定；相反，当通过降低较大的价格系数（两产品间的平均距离增加）得到对称性时，卡特尔更稳定。这表明"平均距离"效果明显超过对称性效应。

一个更直接的方式是，通过运用一个特别的需求函数——它包含两个特殊参数，一个与对称性程度相关，另一个与差异性相关（产品间的"平均距离"）来检查这两个参数对卡特尔稳定性的影响。这一函数第一次被利维坦（Levitan）（Motta，2004）使用，下面是一个稍微经过改动的版本，市场上有两家银行竞争。

$$Q_x = 0.5(\nu^*\alpha - p_x(1 + m/2) + m/2p_y)$$
$$Q_y = 0.5((1 - \nu)^*\alpha - p_y(1 + m/2) + m/2p_x) \qquad (6-48)$$

因为我们想控制需求对称性与临界贴现率间的关系，我们假设银行的边际成本相等。注意，在这种情况下 α 的值（两种产品市场规模的变量）不影响临界率，因为在这一比率的所有组成成分（π^c，π^s，π^b）中，α 只是作为一个乘系数，因此我们能使 $\alpha = 1$ 简化关系。"m"参数测量差异性：当它等于 0 时，差异性最高，需求函数只依赖自身价格。当"m"增加时，产品越来越相似，替代性增强。参数 ν 测量对第 1 种产品的偏好程度：当假定它为中间值（0.5）时，消费者对两产品有相同的偏好，并且需求函数完全对称。当这一参数接近（0，1）区间的极值，消费者对某一具体产品的偏好增加，需求函数越发不对称。因此，通过修改这两个参数，我们能评估"平衡诱惑均衡"性。

在表 6 - 4 中，我们能看出"m"对卡特尔稳定性有主要的影响，而 ν 参数（代表对称性）没有效果。这些结论与以前的经济学文献一致，它强调产品差异性的作用。

检查成本对称性和卡特尔稳定性的关系，我们得到相似的结论（见表 6 - 5）。保持需求结构不变且对称，通过修正边际成本从最初的高度不对称到其对称。成本不对称影响合谋价格（和利润），但与卡特尔稳定性无关。

表 6 - 4　　不同的 v（代表对称性程度）和 m（代表差异性）所对应的临界贴现率

v	m									
	1	2	3	4	5	6	7	8	9	10
0.1	0.513	0.534	0.556	0.577	0.597	0.615	0.632	0.648	0.662	0.676
0.2	0.511	0.530	0.552	0.573	0.593	0.611	0.628	0.644	0.659	0.672
0.3	0.510	0.529	0.551	0.571	0.591	0.610	0.627	0.643	0.658	0.671

资料来源：Sabbatini P. , 2006. How to Simulate the Coordinated Effect of a Merger. Autorità Garante della Concorrenza edl Mercato, Temi e Problemi, 12. P. 28.

表 6 - 5　　　　　　　　成本对称性对卡特尔稳定性的影响

	伯川德利润	联合最大利润	合谋利润 BTE	欺骗利润 BTE	临界贴现率（δ）	不对称指标（γ）
$c_x = 5$	x→2 343	x→2 749	x→2 817	x→3 381	0.544	0.512
$c_y = 1$	y→2 807	y→3 381	y→3 312	y→3 913		
$c_x = 4$	x→2 456	x→2 903	x→2 938	x→3 511	0.544	0.506
$c_y = 2$	y→2 688	y→3 219	y→3 185	y→3 777		
$c_x = 3$	x→2 570	x→3 060	x→3 060	x→3 643	0.544	0.5
$c_y = 3$	y→2 570	y→3 060	y→3 060	y→3 643		

资料来源：Sabbatini P. , 2006. How to Simulate the Coordinated Effect of a Merger. Autorità Garante della Concorrenza edl Mercato, Temi e Problemi, 12. P. 29.

　　因此，我们可得出以下结论：（1）BTE 受需求对称性程度强烈影响；（2）需求对称性与卡特尔稳定性无关；（3）卡特尔稳定性受产品差异性明显影响；（4）成本对称性对稳定性很不显著。结论的含义是：对卡特尔稳定性影响最重的是产品差异性，这与对单边效应的评估一样，如果一起银行并购单边效应越强，其协调效应也越强。

　　为了进一步说明协调效应的定量方法，考虑一个 3 个产品市场的并购，每个产品由单一产品银行提供。为更好地评估合谋效果，我们检查 3 个不同的合谋均衡：联合利润最大化（JPM）、纳什讨价还价解和 BTE（见表 6 - 6），使用线性需求函数和固定边际成本，需求系统为：

$$Q_1 = 80 - 3p_1 + 2p_2 + p_3$$
$$Q_2 = 140 + 2p_1 - 4p_2 + p_3$$

$$Q_3 = 100 + p_1 + p_2 - 3.5p_3 \qquad (6-49)$$

成本：$C_1 = 5Q_1$，$C_2 = 10Q_2$，$C_3 = 7Q_3$

利润加成为：$\Pi_t = \Pi_1\gamma_1 + \Pi_2\gamma_2 + \Pi_3\gamma_3 (0 < \gamma_j < 1, \sum \gamma_j = 1)$ （6-50）

236

表 6-6 　　　　　　　　　　　事前竞争性和合谋均衡

均衡类型	价格			利润			临界贴现率			总的利润权重		
	p_1	p_2	p_3	π_1	π_2	π_3	δ_1	δ_2	δ_3	γ_1	γ_2	γ_3
伯川德均衡	31.62	33.8	27.13	2 126	2 265	1 418						
JPM	83.7	77.6	61.73	3 619	3 957	2 477	0.67	0.62	0.59	0.33	0.33	0.33
纳什讨价还价解	84.2	78.6	60.39	3 564	3 729	2 747	0.68	0.67	0.50	0.33	0.32	0.35
BTE	83.1	77.7	62.3	3 786	3 905	2 359	0.63	0.63	0.63	0.34	0.33	0.33

资料来源：Sabbatini P. , 2006. How to Simulate the Coordinated Effect of a Merger. Autorità Garante della Concorrenza edl Mercato, Temi e Problemi, 12. P. 36.

让我们现在来模拟单边和协调效应：（1）银行 1 和银行 2 合并；（2）银行 2 和银行 3 合并（见表 6-7 和表 6-8）。

表 6-7 　　　　　　　　事后竞争性合谋均衡（银行 1 和银行 2 合并）

均衡类型	价格			利润		临界贴现率		总的利润权重	
	p_1	p_2	p_3	π_2	π_3	δ_2	δ_3	γ_2	γ_3
伯川德均衡	52.2	51.4	32.6	5 731	2 293				
JPM	83.7	77.6	61.7	7 576	2 477	0.36	0.89	0.50	0.50
纳什讨价还价均衡	86.5	80.0	58.72	6 817	3 153	0.57	0.54	0.44	0.56
BTE	86.3	79.8	58.8	6 860	3 119	0.56	0.56	0.44	0.56

资料来源：Sabbatini P. , 2006. How to Simulate the Coordinated Effect of a Merger. Autorità Garante della Concorrenza edl Mercato, Temi e Problemi, 12, P. 37.

表 6-8 　　　　　　　　事后竞争性合谋均衡（银行 2 和银行 3 合并）

均衡类型	价格			利润		临界贴现率		总的利润权重	
	p_1	p_2	p_3	π_1	π_{23}	δ_1	δ_{23}	γ_1	γ_{23}
伯川德均衡	33.9	38.1	32.1	2 504	3 955				

续表

均衡类型	价格			利润		临界贴现率		总的利润权重	
	p_1	p_2	p_3	π_1	π_{23}	δ_1	δ_{23}	γ_1	γ_{23}
JPM	83.7	77.6	61.7	3 619	6 434	0.73	0.51	0.50	0.50
纳什讨价还价均衡	82.0	78.9	62.7	4 204	5 822	0.6	0.62	0.52	0.48
BTE	82.0	78.8	62.6	4 168	5 861	0.61	0.61	0.52	0.48

资料来源：Sabbatini P. , 2006. How to Simulate the Coordinated Effect of a Merger. Autorità Garante della Concorrenza edl Mercato, Temi e Problemi, 12, P. 38.

从表 6 - 6 和表 6 - 7 可看出：（1）纳什讨价还价均衡与"平衡诱惑均衡"很相似。（2）银行 1 和银行 2 的并购显示了一个强的单边效应，因为一个市场平均价格增长超过 40%。根据 BTE 的评估，并购也有一个强的支持合谋效果：临界贴现率从 0.62 降到 0.56，表明并购后卡特尔比以前更稳定。如果我们假定合谋者最大化它们的联合利润，这一结论不会出现。并购后，由联合利润最大化均衡（JPM）计算的临界贴现率显著分散，因为它们之一上升得很快（超过 0.89）。在这一条件下，我们能假设一个银行有强烈的欺骗动机，卡特尔不稳定。

与银行 1 和银行 2 的合并相比，银行 2 和银行 3 合并的单边效果是温和的，平均竞争性价格（伯川德）增加 12%。当用 BTE 评估时，δ 轻微地下降。这证实了单边效果与协调效应的强相关性。

第七章

外资银行在华并购的竞争效应及
应采取的并购管制政策

本章基于发展中国家的视角，研究外资银行并购对发展中国家的影响，特别是外资银行并购对中国的影响，以及中国管制政策设计。本部分分析以下几个问题：一是外资银行在华并购的动机；二是外资银行并购对发展中国家的影响；三是外资银行进入对中国银行市场的竞争效应；四是对外资银行并购的管制政策。

第一节

外资银行在华并购的动机：发展中国家视角

一、全球外资银行的发展概况

随着金融全球化和金融自由化的发展，外资银行的发展非常迅猛。1995 年有 19 个国家没有外资银行，2009 年变为只有 11 个国家（埃塞俄比亚、海地、冰岛、伊朗、利比亚、阿曼、卡塔尔、斯里兰卡、也门、沙特阿拉伯）没有外资银行；1995 年只有 18% 的国家外资所有权超过 50% ，2009 年有 42% 的国家（地区）［约 54 个国家（地区）］外资所有权超过 50% ，在布基纳法索、匈牙利、卢森堡、马达加斯加、莫桑比克和赞比亚超过 90% 的银行为外资所有（具体见附录 11）。图 7 - 1 描述了 1995 ~ 2009 年外资银行在全球的数量和份额的变化，从图中可看出，1995 年外资银行的数量约 800 家，到 2009 年上升到 1 300 多家，上升 62.5%；1995 年外资银行的市场份额约 20%，到 2009 年上升到 36%，提高了 16%，增长幅度为 80%。

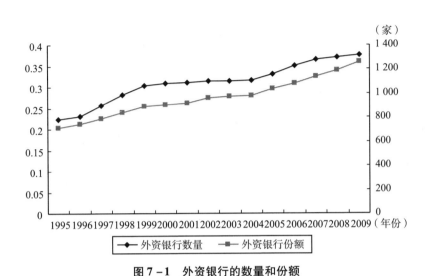

图 7 - 1　外资银行的数量和份额

资料来源：Stijn Claessens & Neeltje Van Horen, 2012, Foreign Banks：Trends, Impact and Financial Stability, IMF Working Paper, WP/12/10, P. 27.

二、外资银行在发展中国家的并购动机

传统上，往往用国际贸易理论来分析外资银行的并购动机，这些理论包括：比较优势理论（Lees, 1974；Aliber, 1976）、产业组织理论（Grubel, 1977；Goldberg & Saunders, 1981）、国际投资理论（Brimmer & Dahl, 1975；Kelly, 1977）、内部化理论（Rugman, 1981）、国际生产折衷理论（Dunning, 1977, 1980；Gray, 1981；Yannopoulos, 1983）。但这些理论既不适合分析外资银行并购的动机，也不适合分析外资银行并购发展中国家银行的动机。我们认为，外资银行并购发展中国家银行的动机不外乎两个：一是经济动机；二是制度动机。

（一）经济动机

1. 发展中国家巨大的市场机会

这是外资银行并购发展中国家银行的最大动因。发展中国家银行私有化、转

轨重组和危机重组浪潮给外资银行提供了大量获取丰厚收益的机会。外资银行通常会选择在发展中东道国发生经济危机或金融危机、出台相关金融改革措施进行市场开放的时候，以收购的方式进入发展中国家。这不仅可以绕开严格的进入壁垒，而且可以获得更多的优惠政策和市场机会，同时还可以有效利用东道国原有的银行体系，节约进入成本。这可从外资银行进入拉美和东南亚金融市场看出。实证研究的结果也表明了这一经济动机的存在。实证显示：（1）从增长前景的角度看，外资银行更倾向于进入增长前景较好的东道国。（2）从东道国银行体系的效率看，东道国银行平均成本越高、净利差越小、现金流越高，外资银行进入的规模就越大。在这种情况下，外资银行可以利用自身的专业优势和人力资源优势对效率低下的东道国银行进行重组。（3）从东道国银行的规模看，东道国银行的平均规模越小，外资银行进入数量就越多，这意味着外资银行容易对规模小的东道国银行进行收购，而且在市场重组后，外资银行增加市场份额的可能性增加。[①]由此可见，对实力雄厚的外资银行来说，效率低下的发展中国家银行业市场存在大量的机会，而处于转轨、私有化和危机重组过程中的发展中国家的市场机遇更大，吸引力更强。

2. 追随客户

向投资海外的原有客户继续提供金融服务。这些服务的质量也许与它们在本国所从事的服务质量没有区别，但对于银行业来说，接近客户并与客户保持长期稳定的关系至关重要。随着发展中国家市场的开放，跨国公司的大量涌入，相继带动了外资银行的进入。实证研究表明，外资银行的进入反映了"跟随客户"的倾向（Sabi，1998；Brealey & Kaplanis，1996；Gormley，2007）。

3. 追随同业

这种从众心理在外资银行并购中也有发生。追随同业能够降低信息搜集成本，享受"搭便车"的利益。所以经常可见银行在提供服务中的"扎堆"现象。就发展中国家来说，由于以前不开放，信息不透明，发达国家的跨国银行获取信息的成本高，通过追随同业，就可降低这类信息成本。

---

① Focarelli, D. and A. Pozzolo, 2000: "The Determinants of Cross – Border Shareholding: An Analysis with Bank – Level Data from OECD Countries", Paper Presented At The Federal Reserve Bank of Chicago Bank Structure Conference, May.

4. 获取比较利益

通过并购在海外发展能够获取比在本国发展更多的收益，特别是在发展中国家，银行市场竞争不激烈，东道国银行的技术、管理等方面与外资银行相比，存在较大的差距，外资银行正好可以利用其比较优势而获利。

5. 分散金融风险

基于"所有的鸡蛋不要放在同一篮子里"的认识，人们通常认为银行跨界并购会降低银行破产风险（Segal，1974；Vander Vennet，1996；Berger，2000）。同时投资不同类型的货币于不同的地理区域是防止利润下降的有效手段。也就是说，国际化程度较高的银行能够比地区性银行获得更多种的资产风险组合，具体表现为不同币种资产以及不同市场的利率差异的组合。发展中国家信息技术的发展，降低了外资银行经营的成本和风险，为外资银行并购创造了条件。

6. 内部化收益

外资银行不仅向客户提供最终产品，而且还提供研究开发、员工培训、形成独具特色的服务技术和管理技能等中间产品，并利用转移价格通过外资银行网络销售这些中间产品（Buckley & Casson，1991）。由于信息不对称，这些中间产品很难定价，因而存在不完全市场。通过并购发展中国家的银行，既可保留对中间产品的定价权，又可防止中间产品的扩散。菲利克（Fieleke，1977）在研究美国银行扩张时，发现了一些证明内部化收益的证据。他在为波士顿联邦储备银行写的《关于美国银行业海外成长的分析报告》中指出："美国银行将坏账从国内总行报表中全部勾掉，而海外支行却不是这样，这说明跨国银行利用管理手段产生贷款的内部市场；美国银行还让海外分支机构负担整个银行的借款利息，而资本却大部分留给总行使用，这表明银行在利用转移价格经营信贷资金和资本的内部市场。"

（二）制度动机

大多数的研究集中于外资银行并购的经济动机上，忽视了制度因素对并购的影响。其实外资银行并购的实质就是一种制度交易，是不同国家的经济体制、政治体制、文化体制、法律体制在银行机构层面上的制度交易。因此，分析外资银行并购离不开制度因素。以亚洲地区为例，东南亚金融危机以前，亚洲地区的外

第三辑

政府管制与公共经济研究丛书（第三辑）

资银行比重很低，金融危机后，很多国家放松了对外资银行的管制（见表 7 – 1），这种制度上的"松绑"，大大加快了外资银行进入进程。

表 7 – 1   **部分亚洲国家对外资银行管制制度的变迁**

国家	对外资银行管制制度的变迁历程
印度尼西亚	·1988 年，银行业对外开放：（1）允许建立合资银行但有地域限制，合资银行只能在规定的 6 个城市营业，每个城市最多设立两家分支机构；（2）对外资银行分行没有数量限制，但有业务限制，比如，出口信贷要占外资银行分行贷款业务的一半；（3）金融危机前对外资银行的总量有限制，不愿批准更多的外资银行进入本国 ·1997 年以后，国内银行业受到金融危机的严重影响，无力参与自身重组，因此逐步放松了对外资银行的管制：（1）放松了合资银行中外资股权的比重限制，上限由 85% 提高到 99%；（2）放松了外资银行分行的数量限制
韩国	·1990 年以前，没有对外资银行实施国民待遇，而且对外资银行的业务范围给予一定限制。不过，20 世纪 80 年代中期取消了对外资银行分行的数量限制 ·1990 年以后，逐步对外资银行实施国民待遇 ·1997 年以后，彻底取消了附属行和合资银行中外资所有权的上限
马来西亚	·最初外资银行只能与国内银行一起发放贷款，而且规定合资银行的外资所有权上限为 30% ·1989 年出台了《银行和金融机构法案》，规定所有外资银行都必须在 1994 年底之前与当地银行合并 ·1995 年以后出现了外资 100% 控股的银行
泰国	·金融危机前的情况：（1）近 20 年间没有批准新的外资银行进入；（2）外资银行只能在曼谷设立一家分行；（3）法律规定，合并银行的大多数股份应由泰国人持有，所以外资银行不以合资或外资控股附属行的形式进入 ·金融危机后，放松了对外资银行的管制：（1）放松了银行股份中对外资股份的上限，允许外资在近 10 年内持有金融机构的大多数股份，2001 年出现了 4 家外资控股的合资银行；（2）批准了外资银行设立一些新的分行

资料来源：Hawkins, John & Dubravako Mihaljek, 2003："The Banking Industry in the Emerging Market Economics: Competition, Consolidation and Systemic Stability – An Overview"，BIS Paper. 转引自王佳佳：《发展中国家的外资银行：竞争效率与稳定》，人民出版社 2007 年版，第 75～76 页。

外资银行选择并购进入东道国市场，就是看中了东道国制度安排对它的吸引力。这种吸引力有两层含义：一是双方的制度能很好地兼容和耦合。比如，双方在经济体制、意识形态、语言、文化等方面的相似性，吸引了外资银行的进入。二是东道国不健全的法律制度吸引了外资银行的进入。因为外资银行可以利用东道国的法律漏洞获取超额利润。所以可以把这种制度动机分为两种：正当的制度动机和不正当的制度动机。

正当的制度动机是外资银行并购的主流制度动机。观察一下外资银行并购发生较多的地区，如北美、欧盟和澳洲等地，它们都有相似的制度特征，例如，实行国民待遇原则、银行私有化程度高、银行资本的股份化程度高、产权交易证券化、市场化程度高、支付方式自由化等。除了这些在经济上相似的制度外，在法律制度上，也存在一些相似之处，例如，都有较为完善的银行并购法律制度，对私有产权的保护程度高等。因此，这些制度上的相似性，为外资银行的并购提供了便利，降低了外资银行并购的制度风险。

不正当的制度动机应该说是非主流的制度动机，但我们不能忽视其存在。这种动机导致的银行并购具有以下特点：（1）掠夺性。它以攫取高额垄断利润为目的，以独占市场为目的。（2）风险高。因为它是以攫取高额垄断利润为目的，因此极可能遭到东道国政府的反对甚至没收所得利润的风险，政治风险和经济风险高。（3）短期性。外资银行钻东道国法律空子所得的高额利润一旦成为事实，必然被其他外资银行所仿效，一旦这些外资银行跟进，一方面会加剧竞争，降低这一市场上的平均利润；另一方面会引起东道国政府的注意，相应出台一些限制性措施。为防止外资银行的这种不正当的制度动机，我们的工作是完善自身的制度设计，限制外资银行寻租的空间。

三、外资银行在华并购的动机

中国加入 WTO 以来，在华外资银行一直保持着稳健有序发展的良好势头，已成为中国银行体系的有机组成部分和重要市场参与者。尽管席卷全球的金融危机给国际银行业发展带来了深远影响，许多跨国银行集团面临战略调整压力以及监管改革带来的不确定性，但外国银行对中国区的业绩表现和中国经济发展信心十足，持续加大对华投资和支持力度。自国际金融危机爆发后，已累计有 40 多家外国银行追加投入了 280 亿元等值人民币资本（或营运资金），部分外国银行进一步强化了中国区在联通欧亚市场方面的作用，更加积极地拓展中国业务。目前，外资银行制造业贷款比例为 42.67%，中型企业和小企业贷款比例分别为 32.3% 和 33.1%，均高于银行业平均水平，在"调结构，促发展"方面发挥了积极作用。①

---

① 《加入 WTO 十年来中国银行业开放与外资银行监管》，2011 年 12 月 16 日，中国银行业监督管理委员会网站，http://www.cbrc.gov.cn/chinese/home/docViewPage/109909.html。

（一）在华外资银行的发展状况

1. 外资银行机构设置进一步优化，合理布局趋于形成

（1）营业网点数量稳步增加，服务便利性得到提升。截至 2011 年 9 月末，外国银行在华已设立 39 家外资法人银行（下设 247 家分行及附属机构）、1 家外资财务公司、93 家外国银行分行和 207 家代表处。与中国加入 WTO 前相比，外资银行分行数增加 175 家，支行数则从 6 家增加到 380 家。①

（2）法人化趋势明显，已成为在华主要经营形式。为实现本地化发展，31 家外国银行将在华分行改制为本地注册法人银行。截至 2011 年 9 月末，外资法人银行数已是中国加入 WTO 前的 3 倍，营业网点数量占外资银行营业网点总数的 87%。外资法人银行资产占外资银行整体份额从中国加入 WTO 前的 5.24% 跃升至 87.66%，存款份额更高达 95.56%。② 其中，排名前五的外资法人银行资产均超过千亿元，达到全国性股份制商业银行水平。

（3）来源国和经营类型丰富，为中国银行体系提供了有益的补充。2011 年，中国已吸引来自 47 个国家和地区的银行来华设立机构，其中俄罗斯、瑞典、挪威、西班牙、埃及、印度、印度尼西亚等国家和地区的银行在加入 WTO 后首次来华设立营业性机构。与中国加入 WTO 前相比，外资银行中还增加不少经营中小企业融资、农业金融、航空航运融资、大宗商品贸易融资、资产及财富管理、托管、结算等专项领域业务的银行。

（4）网点布局范围广阔，逐步深入内陆省份及二三线城市。除西藏、甘肃、青海和宁夏外，外资银行已在全国其他省（自治区/直辖市）的 48 个城市设立营业网点，比中国加入 WTO 前增加了 28 个城市，填补了 12 个省区的空白。在监管部门的鼓励和引导下，外资银行积极响应国家区域振兴和发展战略，在东北和中西部金融欠发达地区设立了 119 个营业网点，为促进当地银行业竞争和金融服务环境改善贡献力量。③

2. 外资银行业务经营持续发展，促进了银行服务的多样化

（1）资产规模稳步增加，整体经营稳健有序。截至 2011 年 9 月末，外资银行资产总额为 2.06 万亿元，与中国加入 WTO 前的 3 730 亿元的资产规模相比，

---

①②③　《加入 WTO 十年来中国银行业开放与外资银行监管》，2011 年 12 月 16 日，中国银行业监督管理委员会网站，http://www.cbrc.gov.cn/chinese/home/docViewPage/109909.html。

年均复合增长率达19%。① 据调查，外资银行资产平均增速数倍于境外母行（或总行），其中74%的外资银行资产增速超过境外母行（或总行）在其他国家或地区设立的分支机构，17%的外资银行持平。在资产规模稳步增加的同时，外资银行经营基本面健康，目前资产质量良好，不良贷款率为0.41%，低于全国银行业平均水平，法人银行拨备覆盖率达270.72%；整体流动性充足，流动性比例达70.94%，境内资产负债比为152.41%；法人银行资本充足、资本质量高，平均资本充足率和核心资本充足率分别为18.2%和17.77%。②

（2）产品日益丰富，综合服务和品牌效应逐步显现。外资银行依托产品设计、风险定价和国际化优势，注重业务发展的专业化和多样性。据统计，外资银行在华经营的业务品种已超过240种，服务能力与中国加入WTO前比有了质的飞跃。一些产品和服务逐渐在消费者中形成品牌效应，如供应链融资、"幸福时贷"和"现贷派"等个人贷款产品，以及"卓越理财"等理财服务。外资银行还凭借全球网络积极为中资企业"走出去"提供咨询与服务，跨境人民币结算业务也成为经营亮点。在2000年以来发展较快的衍生品交易市场中，外资法人银行交易份额已占34.6%，仅次于5家大型中资商业银行，部分外资银行自营和做市交易量位居市场前列。③

（3）本地化经营程度提高，发展潜力较大。一是本地客户群体逐渐形成。与中国加入WTO前主要服务于外资企业、外籍人士和极少数中资企业相比，外资银行已拥有相当比例的中资企业和中国居民客户，约占全部客户数量的54%。2011年，外资银行对中资企业的贷款已占各类客户贷款的37.89%，比中国加入WTO前增加了31个百分点；对中国居民的贷款也从零起步，目前已占个人贷款总额的一半。二是人民币业务份额稳步攀升。有35家外资法人银行和45家外国银行分行获准在华经营人民币业务，外资银行人民币资产份额从中国加入WTO前的12%已稳步提高到70.44%。三是员工和管理层本地化趋势明显。据调查，外资银行已在中国聘用了3.3万名员工，占外资银行员工总数九成以上。自中国加入WTO以来，外资银行已累计培养1 300多名本地高级管理人员，目前平均聘用本地高级管理人员比例达45%。④

（4）法人银行资金结构得到实质改善，经营稳定性加强。中国在加入WTO时取消了对外资银行境内吸收资金比例的限制，并逐步取消了对外资银行经营地

第三辑

政府管制与公共经济研究丛书（第三辑）

---

① 《加入WTO十年来中国银行业开放与外资银行监管》，2011年12月16日，中国银行业监督管理委员会网站，http：//www.cbrc.gov.cn/chinese/home/docViewPage/109909.html。

②③④ 《外资银行在我国加入世贸组织十年间发生三大变化》，中国政府网，2011年12月13日，ht-tp：//www.gov.cn/jrzg/2011 – 12/13/content_2019450.htm。

域和客户对象的限制，大大改善了外资法人银行资金结构。目前，外资法人银行存款占负债比例为71.44%，比中国加入WTO前提高47个百分点。[①] 资金来源分散化增加了外资法人银行经营的稳定性，为其在华持续发展提供了有力的资金支持。

3. 外资银行积极参股中资银行

近年来，在华外资银行的进入方式发生了明显的变化：除了新设机构外，还积极参股中资银行。由于切实可行、简单快捷，参股、收购国内银行成为现阶段外资银行进入中国市场、在短时间内增加网点数量和经营规模的首选方式。

中资银行相对广泛的分支网络、雄厚的客户基础、对中国市场的了解等优势，与外资银行先进的管理经验、外币的优势、人力资源管理的优势，成为双方合作的基础。外资银行通过参股并购中资银行可以迅速实现业务扩张，加快进入中国银行业市场，实现本土化经营的进程，而中资银行在引进资本和技术的同时，股权结构和法人治理结构也得到了进一步的优化。

目前，已有多家外资银行参股中资银行，参股的中资银行已由地方商业银行和规模较小的股份制商业银行迅速扩展到包括上市银行、全国性商业银行在内的银行（参股中国上市银行的情况见表7-2）。外资银行对中资银行的管理也从原来的不派驻董事会到派驻董事会代表（从1999年上海银行开始），到同时派驻总经理（西安市商业银行），到董事会、总经理领导层各出一半代表（招商银行、中信银行），到全盘接管董事会、经营管理层（深圳发展银行曾被新桥投资收购）。由此可见，外资银行参股中资银行正向纵深发展。

表7-2   **外资银行参股中资银行情况（截至2011年6月30日）**

中资银行名称	参股中资银行的外资银行	参股份额
华夏银行	德意志银行卢森堡股份有限公司	9.28%
	德意志银行股份有限公司	8.21%
南京银行	巴黎银行	12.68%
北京银行	荷兰银行	16.07%

[①] 《外资银行在我国加入世贸组织十年间发生三大变化》，中国政府网，2011年12月13日，http://www.gov.cn/jrzg/2011-12/13/content_2019450.htm。

续表

中资银行名称	参股中资银行的外资银行	参股份额
中国建设银行	美国银行	10.23%
	富登金融	5.65%
浦发银行	花旗银行	3.39%
兴业银行	恒生银行	12.8%

资料来源：东方财富网各上市银行 F10 资料。

（二）外资银行在华并购动机

中国金融业改革长期以来步履维艰、徘徊不前，国有商业银行改革处于典型的"制度需求不足"状态中，在这种状态下，改革必然难以推进。在内部改革压力和阻力增大，各方利益主体矛盾难以消弭、改革推行成本加剧的时候，中国希望通过扩大对外开放、引进外资银行，构建一个竞争性的金融环境，强化中国银行业的竞争，改进银行治理结构，从而走出银行业改革的困境，推进中国金融业改革。中国推行了渐进型的开放政策，对外资银行的开放可分为五个阶段：

第一阶段：20 世纪 70 年代末到 20 世纪 80 年代初，允许外资开办代理处。

第二阶段：20 世纪 80 年代到 20 世纪 90 年代初，允许外资银行在经济特区开办分支。

第三阶段：20 世纪 90 年代中期，改进对外资银行的监管办法，允许外资银行在 23 个城市运营。

第四阶段：从 1996 年起，允许外资银行在全中国开办分支。在上海浦东试点外资银行的人民币业务。在上海和深圳允许外资从事更广的业务。

第五阶段：2006 年 11 月 11 日，国务院修订颁布《中华人民共和国外资银行管理条例》（以下简称《外资银行管理条例》）。11 月 24 日，银监会发布《中华人民共和国外资银行管理条例实施细则》（以下简称《外资条例实施细则》）。自2006 年 12 月 11 日起，取消对外资银行经营人民币业务的地域限制，取消对外资银行在华经营的非审慎性限制。

外资参股并购这种方式得到了中国银行监管部门的鼓励。2003 年 9 月，时任银监会主席刘明康明确表示中国鼓励外资银行向中资银行参股。随后，2003 年底，银监会公布《境外金融机构投资入股中资金融机构管理办法》，并将单个海外投资者对国内金融机构的投资上限从 15% 提高到 20%。2004 年 6 月，中国银监会负责人再次表示，欢迎合格的境外战略投资者按照自愿和商业原则参与中国银行业的重组和改造。除这种需求吸引外资银行并购外，外资银行自身也有强烈的并购动机，这种动机也可分为经济动机和制度动机两类。

1. 经济动机

（1）巨大市场机会。中国目前的 GDP 总量仅次于美国，是第二大经济体，同时是全球经济增长最快的地区，平均经济增长速度保持在 9% 以上，而且随着居民收入水平的提高，中国居民的消费能力得到极大提升，这样一个有 14 亿人口、经济仍保持高速增长的大国，对每一家外资银行来说，都是一块巨大的"蛋糕"，他们不想失去抢占中国市场的先机。这是外资银行并购中资银行的主要动机。

（2）协同利益。中资银行的优势在于：有分布密集的分支网络、存款资源丰富，品牌认识度高，聚集和培养了一大批优秀的经营管理人才和操作人才，政府在业务经营、法律、政策等方面的宽松政策，更了解中国市场、体制、政策与文化。不足在于：管理水平低，经营效率低，公司治理落后，风险防范能力差。而外资银行与中资银行正好互补。外资银行管理水平高，经营效率高，公司治理完善，风险防范能力强，但缺乏密集的分支网络，对中国市场不了解，因此通过并购正好实现协同利益。外资银行可以利用中资银行密集的分支网络和广泛的客户基础，推广其产品和服务，特别是在信用卡、住房按揭贷款和汽车消费贷款等领域实现在本国经营得不到的利益。

（3）客户跟随。随着中国改革开放进程的不断深入，外商投资企业也加快了进入中国市场的步伐（见图 7-2）。1998~2010 年，平均每年新增的非金融类外商投资企业数量为 31 099 家，2004 年和 2005 年达到高潮。2004 年新增的非金融类外商直接投资企业数量为 43 664 家，2005 年达到 44 001 家。与此同时，伴随着外资企业的涌入，外资银行也加紧了进入中国市场的脚步（见图 7-3）。2004~2011 年，外资银行进入的步伐并没有受金融危机的影响，整体呈现上扬的趋势。

（4）比较利益。一方面，外资银行在华经营能够得到比在本国经营更大的收益：一是因为中国市场的规模；二是因为中国银行业市场竞争还不够激烈。另一方面，外资银行相对于中资银行来说，有更成熟的风险管理能力，有提供更高质量的产品和服务的能力，对市场经济的驾驭能力更强。此外，外资银行不必负担公共企业贷款，能用更复杂的产品吸引更好信用的需求者，有雄厚的

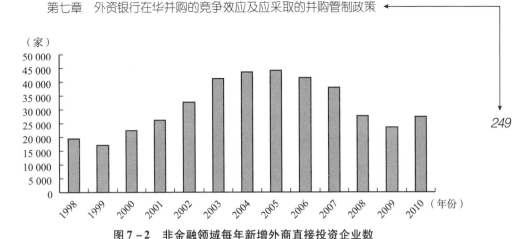

图7-2　非金融领域每年新增外商直接投资企业数

资料来源：1998~2010年每年的《国民经济和社会发展统计公报》。

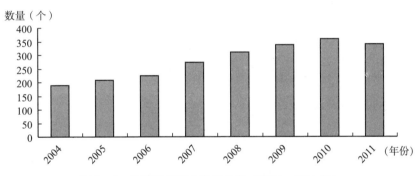

图7-3　外资银行营业性机构数（2004~2011年）

注：营业性机构包括法人机构总行、分行和附属机构以及外国银行分行。

资料来源：2004~2010年《中国银行业监督管理委员会年报》，2011年资料见中国银行业监督管理委员会银行三部：《加入WTO十年来中国银行业开放与外资银行监管》，2011年12月16日，http：//www.cbrc.gov.cn/chinese/home/docViewPage/109909.html。

财务（deep pockets）弥补早期的损失，他们比东道国银行更有优势，因此在与中资银行的竞争中能获得较好的比较优势，成本效率和经营绩效较好。实证研究对此提供了证据。克拉森斯等（Claessens et al.，2001）分析了80个国家从1988~1995年间外资银行进入国内市场的效果，他们发现在发达国家国内银行比外资银行更有利润，但在发展中国家相反，外资银行比本土银行更有效率。有不少学者研究中东欧外资银行进入和银行私有化的后果（Bonin & Wachtel，1999；Berglöf & Pajuste，2003；Majnoni et al.，2003；Bohl Havrylchyk，2006），很多研究集中在中东欧（CEE）外资银行绩效与国内银行绩效的比较上，这些作者一致认为外资银行有比国内银行更高的盈利和效率。

2. 制度动机

除了中国巨大的经济增长潜力外，对外资银行具有强大吸引力就是中国的市场经济制度日趋成熟与完善，制度因素成为重要的外资银行并购动机。

（1）国民待遇原则。中国银行业认真履行开放义务，取消对外资银行经营地域、客户对象和其他方面的非审慎性限制，在 WTO 承诺基础上对外资银行实行国民待遇。

（2）平等竞争的制度环境。根据 WTO 承诺和银行业审慎监管需要，中国修订和颁布了包括《外资银行管理条例》在内的一系列法律、法规和规章，建立了中外资银行统一适用的审慎监管体系，为中外资银行创造了平等的经营和竞争环境。目前，在中国注册的外资法人银行业务范围以及监管标准与中资银行一致，可以经营对企业和个人的外汇及人民币业务，并遵守与中资银行相同的资本充足、授信集中度限制、存贷比、流动性和拨备计提等审慎监管要求。外国银行分行可以经营外汇业务以及对除中国境内公民以外客户的人民币业务，获准经营人民币业务的外国银行分行还可以吸收中国境内公民每笔不少于 100 万元人民币的定期存款。

（3）构建了符合外资银行特点的风险监管框架。针对外资银行全球运营的特点，中国构建了以全面风险评估、法人银行骆驼评级法（CAMELs）评级、外国银行分行罗卡评级（ROCA）和母行支持度评估（SOSA）为核心的监管评价体系，根据评级对外资银行实施分类监管，确保监管资源向高风险机构和高风险领域倾斜。

上述制度安排减轻了外资银行面临的风险，为外资银行的进入提供了便利，构成了外资银行并购的重要动因。以上这些是外资银行并购的正当的制度动机，同时我们也不能排除某些外资银行不正当的制度动机。比如，中国还没建立较为完善的银行并购反垄断管制体系，这样的制度缺陷可能成为某些外资银行并购的诱因，因为中国既没有可以依循的法律法规，也没有管制经验。虽然这不是主流，但其影响极坏，它会破坏中国银行业的公平竞争环境，甚至会有损中国金融安全。因此研究外资银行在华并购动机，分析外资银行并购的影响，制定对外资银行并购管制政策非常重要。

────────────────────────── 第二节 ──────────────────────────

外资银行并购对发展中国家的影响

一、外资银行并购对发展中国家的影响

外资银行并购是一柄"双刃剑",它既有正效应,又有负效应。

金融结构理论认为,引进外资银行(包括外资银行并购)是迅速提高发展中国家金融发展水平的一种重要方式和途径。金融对经济增长的推动作用可以通过提高储蓄转化为投资的效率和提高资金配置效率这两条渠道实现。而外资银行可以在上述两方面发挥积极作用:一方面,外资银行可以通过增强竞争、引进先进技术的方式降低银行业的 X—非效率和经营成本,提高储蓄转化为投资的比率;另一方面,先进的外资银行具有丰富的项目评估、信息收集和风险分担经验,可以有效地提高资金配置效率。实证研究发现外资银行进入改善了一国银行市场的功能:一方面增加了竞争性;另一方面带来了大量新产品和更好的风险管理技术(Claessens & Klingebiel,1999)。

一般来讲,外资银行并购会产生竞争压力效应、技术转移效应、监管制度创新效应、吸引外资效应和产业竞争力提高等正效应,但也有可能带来以下负效应:降低对小企业的信贷、增加银行业的系统性风险、加大信贷波动和经济波动、增大金融风险国际传递的可能性、对东道国银行产生挤出效应、垄断效应等。

（一）外资银行并购对发展中国家的正效应

1. 竞争压力效应

这一效应我们通常称为"鲶鱼效应"。外资银行并购打破了东道国国有银行的垄断局面,促进了银行间竞争机制的发育。外部竞争机制的引入将迫使国内银行提高效率,关注消费者偏好,改进服务质量,增加服务种类,使消费者可以以更低的价格获得更好的服务,实现社会福利的帕累托改进。外资银行进入对国内银行体系的发展和效率通常产生有利的竞争效果(Chopra,2007)。

2. 技术转移效应

外资银行并购，特别是通过参股的方式并购，通常会产生技术溢出效应（Lensink & Hermes，2004）。银行业属于技术密集型行业，信息技术的发展以及由此引发的金融业务、机构、制度的创新大大提高了银行业的效率。发展中国家银行缺乏先进的技术与知识，外资银行并购后，一方面，并购后的银行能够复制外资银行先进的技术和管理经验；同时，这样的技术和经验也会产生外溢效应，被其他东道国银行模仿和复制。在巨大的外部竞争压力下，发展中国家银行有较强的学习和创新动力，从而保证了技术转移的高效性。另外，东道国银行从业人员的流动也为技术扩散和外溢提供了可能。

3. 监管制度创新效应

外资银行并购可以促进发展中国家金融部门的发展，增强其金融部门的透明度，加快评级、审计、会计和信贷组织的建立和完善（Lensink & Hermes，2004），同时也有利于东道国银行业监管体系和法律制度的完善。外资银行并购有助于金融监管人才的培养和监管技能的提高，而且外资银行出于自身利益也会成为推动东道国政府金融监管国际化和保持政府持续性和稳定性的主要力量。相对完善的国际监管制度不仅有助于规范竞争性金融市场的形成，而且有助于减少许多不确定性风险。

4. 吸引外资效应

外资银行并购可以增加发展中国家的资本流入量，并为制造业外资的进入提供良好条件，缓解发展中国家投资资金和外汇资金的"双缺口"压力。外资银行不仅直接发放商业贷款、代理发展中国家政府和企业发行证券，而且间接地吸引和带动跨国公司向发展中国家投资。实证研究表明，金融部门的开放与外国直接投资正相关，外资银行会追随其客户在海外设立分支机构，而外资银行的进入刺激了发展中国家改善投资制度和环境的动力，这又反过来带动了跨国公司的进入，带来了发展中国家急需的资金。

5. 产业竞争力提高

银行业效率的提高有助于整个经济体系的资源配置和风险管理水平的提高。银行业效率的提高会降低其他产业的生产成本，进而提高产业竞争力。同时，银行部门在利用和传播急需技术方面是最高效的部门，它可以将相关技术向下传递到企业，横向传递到其他银行，向上传递到政府的立法和监管机构。而外资银行并购所引发的先进技术的使用，可以以最经济的方式促进其他产业的技术创新与升级，最终提高整个产业的竞争力。因此，虽然外资银行进入可能减少国内银行的利润，但会对整个发展中国家的经济带来正的福利效应。

253

（二）外资银行并购对发展中国家的负效应

1. 降低对小企业的信贷

有几个实证研究发现外资银行在发展中国家的并购降低了对小企业的信贷。德特拉贾凯等（Detragiache et al.，2008）发现外资银行进入贫穷国家带来更少的私人信贷；伯克和佩里亚（Beck & Peria，2007）对墨西哥的研究发现，外资银行带来持续的存款和贷款账户下降，银行集中服务于富人和城市，导致对小企业的信贷下降；克拉克等（Clarke et al.，2002）也发现外资银行的进入降低了发展中国家小企业获得信贷的可能性；波默里诺和沃伊塔（Pomerleano & Vojta，2001）注意到外资银行在储蓄信用卡业务上获得了大的市场份额，但在小企业信贷上不是，这也证明了外资银行对小企业贷款的谨慎。对这一现象，可用信息不对称理论来解释。在大多数新兴经济国家，由于对东道国企业的了解有限，外资银行对贷款给小企业很小心。信息不对称的银行理论证明：银行间的竞争越强，越会降低小企业的信贷可得性（Petersen & Rajan，1995）。获得本土公司信息的高成本会使外资银行"撇奶脂"，即它们只借给那些更多利润的本土公司（Arricia & Marquez，2004；Sengupta，2006），对依赖东道国银行的小企业产生不利影响（Gormley，2006）。外资银行并购也会对东道国银行的信贷行为产生影响。更强的竞争破坏了东道国银行投资于信息的动机，降低了它们对信息密集型借款者的借贷，即对小企业的信贷。不仅是在发展中国家，而且在美国和欧洲也发现，随着外资银行的并购、竞争的加剧，关系型借贷下降（Boot & Schmeits，2005）。外资银行"撇奶脂"和国内银行贷款的系统性下降，降低了小企业的信贷可得性。

也有相反的观点，纳伯格等（Naaborg et al.，2004）分析了在欧洲转轨国家银行的借贷模式和盈利，发现外资银行比国内银行给私人部门的贷款更多；阿杰勒（Agénor，2003）研究发现，外资银行进入将增加信贷供给和改善效率，因为外资银行不受政策性贷款的影响。

2. 增加银行业的系统性风险

管制的放松是外资银行并购的重要诱因，但伴随着管制的放松，往往会引发或者加剧发展中国家宏观经济和金融监管的问题。20 世纪 70 年代阿根廷、巴西和智利金融部门的自由化和国际化进程是以银行危机的发生为标志结束的。1994~1995 年墨西哥比索危机引发的"龙舌兰"效应对东亚国家的金融管制放松、外资进入和资本账户自由化产生了负面效应。世界银行的研究表明，金融自由化、放松管制和银行业危机之间存在着一定的关系，尤其是在国内银行没有做好足够的准备之前进行金融自由化和国际化可能会带来较高的系统风险。但同时也有研究认为外资银行并购进入降低了银行脆弱性（Barth et al.，2004）。因此外资银行并购与一国银行部门的系统性风险的关系，取决于该国的基础条件和制度安排。

3. 加大信贷波动和经济波动

一种观点认为本土银行更忠实于国内经济，它们与顾客建立了长期的关系，更有爱国心。外资银行在全球范围内寻找借贷机会，忽视东道国的经济，如果它预计经济恶化或者在其他国前景更好，会在东道国经济发展不好或者遇到危机时大规模撤资，也不可能在衰退时期听从东道国权威的劝告维持借贷关系。此外，外资银行的行为也会受国内事件的影响，一个例子是当日本银行在本国市场上面临困难时从亚洲其他市场上撤退。因此，外资银行的并购加大了发展中国家的信贷波动和经济波动。对此，也有相反的观点。另一种观点认为外资银行更能经受得起一国经济衰退时的考验，因为它们能更容易地在国际资本市场上融资或者从母国动员信用限额。进而，它们有更好的分散化的资产负债。拉美的实证分析表明，在危机期间，外资银行比本土银行在贷款上有更小的波动性和明显的信贷增长，在坏时期仅有离岸信贷倾向于收缩（Crystal et al.，2001；Mathieson & Roldos，2001；Peek & Rosengren，2000）。外资银行的运营也能让国际市场更好地了解一国形势，减缓国际资本的撤出（如沙特阿拉伯在海湾战争期间），或者降低危机期间居民资本的流出（因为居民通常认为外资银行是安全的）。

4. 增大了金融风险的国际传递

外资银行通过并购进入发展中国家的同时，不仅带来了先进的技术和管理经验，而且带来了国际金融市场上的风险。国际金融市场上的风险会通过外资银行这一载体传递给发展中国家。

5. 对国内银行产生挤出效应

发展中国家市场上的外资银行具有名牌效应、与跨国企业良好的合作关系、高质量的金融服务提供能力、有效的金融创新能力等方面的优势，经营效率往往高于东道国银行，所以外资银行可以通过开展零售、批发、投资银行等全方位的金融服务来获取更高的利润。而本土银行经营管理能力低、竞争力差，外资银行的并购进入在加剧发展中国家竞争程度的同时，也有可能导致发展中国家银行的退出。由于外资银行拥有雄厚的财力，可以承受初期的亏损，因此，如果外资银行与本土银行展开激烈的价格竞争，最终退出市场的会是本土银行。

6. 垄断效应

如果没有适当的对外资银行并购的管制政策，外资银行的并购可能带来高集中度甚至垄断的本地银行市场，这会扭曲银行业市场结构，损害一国金融安全。

总之，对外资银行并购的效应，我们要辩证地看待，正效应是主流，但不能忽视负效应，可以采取一些措施和制度设计来减轻或者避免。

二、外资银行并购对中国的影响

1994 年，中国人民银行发布的《关于向金融机构投资入股的暂行规定》是最早规范入股中资银行的政策，该规定明确禁止外国金融机构投资中资银行。在我国正式加入世界贸易组织以前禁止外资参股银行业的原因在于我国的银行体系较为脆弱，是威胁我国宏观经济稳定与长远增长的最大风险因素。按照我国正式对外公布的数据看，按四级分类标准，2002 年末金融机构不良贷款率为 21.4%，按五级分类标准，四大国有商业银行不良贷款率为 26.1%。如此高的不良资产需要大量的自有资本才能消化。而且由于巨大的历史包袱以及不断引发的新增不良贷款，我国的银行体系实际上存在着巨大的系统性风险。正因为如此，银行体系的对外开放成为我国入世谈判中最为艰难、最为敏感的议题之一。入世谈判的结果是，我国接受了入世 3 年后开放外资银行的境内公司人民币业务；5 年后再放开外资银行的境内零售人民币业务。我国加入世界贸易组织以后，加快了对外资开放的步伐。2001 年底之后就放开了外资银行入股中资机构的限制，但须个案报批，单家机构投资比例不得超过 15%，所有机构投资不得超过 20%。2003 年 12 月银监会发布了《境外金融机构投资入股中资金融机构管理办法》，将境外金融机构向中资银行入股的比例从 15% 提高到 20%、总体入股比例从 20% 提高至

25%。2006年，我国进一步放开了对外资银行的非审慎性限制，对外资银行实行国民待遇。在这种背景下，外资银行加快了进入中国市场的步伐。

对外资银行来讲，通过参股或者并购的方式进入中国是一种低成本的有效的方式，而并购的首选则是并购中国的城市商业银行。在一些经济发达的东部沿海地区，城市商业银行发展相当快。而且在盈利能力以及资产质量方面，最好的城市商业银行能与最好的上市国有银行或股份制银行一较高下。但总体而言，我国城市商业银行由于历史包袱较重和经营管理不善等原因，总体资本充足率低，不良资产的拨备覆盖率低。由于城市商业银行既不能得到政府财政的大力支持，又不能像一些股份制商业银行可以在资本市场上融资，整体上提高充足率的办法目前只能引进外资和民营资本。我国的银行监管部门也曾多次向一些资本充足率低、资产质量差的城市商业银行发出退市准备的警示。"引进外资、跨区经营、寻求定位"已成为我国城市商业银行突围的三大关键。因此，城市商业银行成为外资银行并购的首选。

从这些年外资银行并购的现实看，影响是积极的。中国引进外资银行的目的是希望通过体制外的制度改革，提升中国银行业的竞争水平，优化市场结构，提高银行业的资本充足率，完善银行机构的公司治理。从目前的情况来看，应该说很好地达到了预期效果。

1. 市场结构进一步优化

市场结构进一步优化，已经形成以大型商业银行为主导，多种类型银行业金融机构有序竞争、共同发展，协同为国民经济提供多层次、多方面金融服务的银行体系（见图7-4）。

从图7-4中可看出，2003～2010年五大商业银行的资产份额从58%下降到49%，而股份制商业银行、城市商业银行和外资银行的资产份额分别从2003年的10.7%、5.29%、1.5%提高到2010年的15.64%、8.24%、1.83%。中国银行业市场多元化的竞争格局正在形成，市场结构进一步优化。

2. 资产质量明显提高

截至2010年底，商业银行不良贷款余额和比例分别为4 336亿元和1.13%，主要商业银行不良贷款余额和比例比2002年底减少1.9万亿元和下降22.50个百分点，比2005年底减少8 506亿元和下降7.80个百分点[1]（主要商业银行的

---

① 2010年《中国银行业监督管理委员会年报》，第26页。

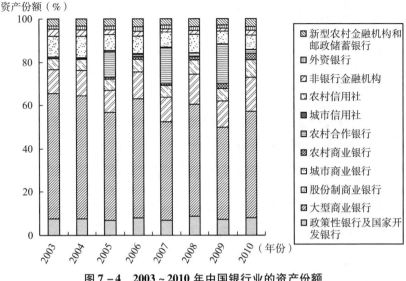

图 7-4 2003～2010 年中国银行业的资产份额

资料来源：2003～2010 年《中国银行业监督管理委员会年报》。

不良贷款率及其构成见图 7-5）。从图 7-5 可看出，2003 年中国银行业的不良贷款率为 17.9%，而到了 2010 年下降到仅 1.13%，说明外资银行进入后，中国银行业的资产质量得到极大的改善。此外，从 2010 年各主要商业银行的不良贷款率看（见图 7-6），外资银行最低，仅为 0.5%，而最高的两个是农村商业银行和大型商业银行，分别是 1.9% 和 1.3%，说明在资产质量上，中资银行与外资银行相比，还有不小的差距，外资银行的经验还有待中资银行学习。

3. 资本实力和充足水平显著提升

商业银行整体加权平均资本充足率从 2003 年底的 -2.98% 到 2004 年转为正值，2005 年为 4.91%，2010 年底提升为 12.16%。[1] 特别值得一提的是，近两年，在应对国际金融危机冲击、信贷投放大幅增加、资本质量要求明显提高的情况下，商业银行资本充足率保持了 2008 年底的水平。资本充足率达标商业银行从 2003 年的 8 家增加到 2010 年底的全部 281 家，达标银行的资产占商业银行总资产的比重从 0.6% 上升到 100%（见表 7-3）。商业银行杠杆率在全球标准中处于安全区间。

---

① 2010 年《中国银行业监督管理委员会年报》，第 26 页。

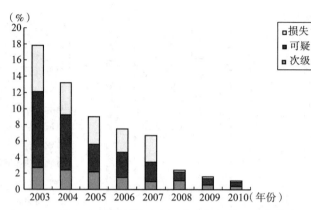

图 7 - 5　2003 ~ 2010 年中国银行业主要商业银行的不良贷款率及其构成

资料来源：根据 2003 ~ 2010 年《中国银行业监督管理委员会年报》整理。

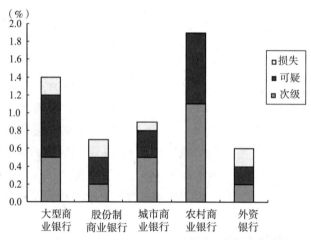

图 7 - 6　2010 年中国境内商业银行的不良贷款率及其构成

资料来源：2010 年《中国银行业监督管理委员会年报》。

表 7 - 3　　　　　　　　2003 ~ 2010 年中国银行业资本充足率达标情况

年份	2003	2004	2005	2006	2007	2008	2009	2010
达标银行数（家）	8	30	53	100	161	204	239	281
达标资产占比（%）	0.6	47.5	75.1	77.4	79.0	99.9	100.0	100.0

资料来源：2003 ~ 2010 年《中国银行业监督管理委员会年报》。

4. 盈利水平明显上升

银行业金融机构税后利润从 2002 年的 616 亿元增加到 2005 年的 2 533 亿元，2010 年达到 8 991 亿元。商业银行资产收益率和资本收益率由 2003 年底的 0.1% 和 3.0%，上升到 2005 年底的 0.7% 和 15.6%，2010 年底达到 1.03% 和 17.5%。259 图 7 – 7 描述了 2007 ~ 2010 年各主要银行机构的资产利润率的变化，除了非银行金融机构的资产利润率明显高出其他银行金融机构外，其他银行，包括大型商业银行、股份制商业银行及外资银行的资产利润率差别不大，甚至国内商业银行的资产利润率还高于外资银行。这说明国内银行与外资银行竞争不一定处于劣势，甚至还有主场优势。

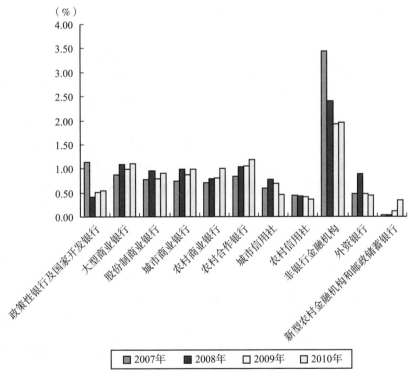

图 7 – 7　2007 ~ 2010 年中国境内运营的各银行金融机构的资产利润率

资料来源：2007 ~ 2010 年《中国银行业监督管理委员会年报》。

———————

① 2010 年《中国银行业监督管理委员会年报》，第 26 页。

虽然外资银行并购给中国银行业带来了一些积极效应，但我们同时也要注意外资银行并购可能带来的负面效应，如外资银行并购可能带来的反竞争问题，外资银行"撇奶脂"行为带来的小企业信贷下降问题，外资银行并购可能带来的国家金融安全问题等。因此，对外资银行并购，一方面，我们应该为外资银行并购创造条件；另一方面，要加强对外资银行并购的制度建设，防范其可能的负面影响。

第三节

外资银行进入中国市场的竞争效应：实证分析

一、银行竞争的相关文献综述

银行业的竞争分析，至少可分为三种理论范式：哈佛学派的结构—行为—绩效范式（SCP 范式）、芝加哥学派的效率—结构范式（ESH 范式）和新实证主义的产业组织理论范式（NEIO 范式）。前两种范式使用的实证方法被称为结构方法，其主要分析指标包括市场份额（MS）、市场集中度（CRn）、赫希曼—赫芬达尔指数（HHI）以及基尼系数；后一种范式使用的实证方法被称为非结构方法，主要包括三种非结构模型：爱瓦塔（Iwata，1974）模型、罗（Lau，1982）和布雷斯纳汉（1982）模型以及潘扎和罗斯（1987）模型（以下简称 PR 模型）。结构方法作为传统产业组织理论的经典实证方法，从 20 世纪 50 年代以来得到广泛的运用，但如今遭到越来越多的批评，如克拉森斯和雷文（Claessens & Laeven，2004）认为，用机构数量和集中度比率来衡量市场结构的竞争程度并不恰当，市场集中度与竞争程度并不必然相关；比克（Bikker，2004）也认为用市场集中度比率来刻画竞争程度会误导政策建议，因为 CRn 和 HHI 指标容易夸大竞争水平（特别在小国），并且当银行数量少时，这种方法不可信赖。随着结构方法的日益式微，非结构实证方法越来越受到学者们的青睐，成为目前分析银行业竞争程度的主要方法，尤其是 PR 模型。①

---

① 爱瓦塔（1974）模型仅有谢弗和蒂萨沃尔（Shaffer & Disalvol，1994）运用过一次。PR 模型与罗（1982）和布雷斯纳汉（1982）模型相比较，不仅数据更易获得，而且具有以下优点：PR 模型使用的简约型的收入方程比结构方程更易估计；避免了市场范围的界定；不需要非银行金融机构的数据（Bikker & Haff，2002）；给定个体银行的数据，利用 PR 模型能研究不同银行内部的竞争（如大银行与小银行、外资银行与内资银行）（Claessens & Laeven，2004）。

PR 模型通过计算 H 统计值来判断银行竞争状况，这一方法基于勒纳（Lerner，1934）对垄断力量的度量，爱瓦塔（1974）对寡头垄断的度量，以及罗（1982）、布雷斯纳汉（1982）、潘扎和罗斯（1987）对可竞争市场的竞争状况的检测。运用这种方法对银行业的竞争状况进行的实证研究始于谢弗（Shaffer，1982），他分析了美国纽约银行业的竞争状况；此后内森和利物（Nathan & Neave，1989）用类似方法分析了加拿大银行业的竞争；洛伊德 – 威廉姆斯等（Lolyd – Williams et al.，1991）对日本银行业进行了分析。对欧盟银行业竞争状况的研究始于莫利纽克斯等（Molyneux et al.，1994），随后，一些学者（Vesala，1995；Coccorese，1998，2004；Rime，1999；Hondroyiannis et al.，1999；Bikker & Groeneveld，2000；De Bandt & Davis，2000；Weill，2004；Staikouras et al.，2006）对欧盟银行业的竞争状况运用 PR 模型的 H 统计值进行了实证分析。除莫利纽克斯等（1994）对意大利银行市场的分析是垄断结构以及少数年份某一国家银行业的市场结构是完全竞争或垄断外，大多数学者对发达国家银行业竞争状况的结论是垄断竞争。[①] 运用 PR 模型的 H 统计值对发展中国家银行业竞争程度进行的研究多见于对南美、中东欧国家的研究（Gelos & Roldos，2001；Yildirim & Philippatos，2002，2007；Ion Lapteacru，2007），也有对其他发展中国家银行业的分析，如布奇斯和马诗森（Buchs & Mathisen，2005）对加纳银行业的分析、帕萨蒂那和米楼（Pasadilla & Milo，2005）对菲律宾银行业的分析及阿尔穆哈那米等（Al – Muharrami et al.，2006）对阿拉伯国家银行业的分析等。相对于对发达国家颇为一致的结论，学者们对发展中国家银行业竞争状况的结论存在较大的差异，既有垄断或寡头垄断的判断，也有垄断竞争的结论。这与发展中国家在经济发展水平、市场发育程度等因素上存在很强的层次性和差异性是有关的。

国内学者运用 PR 模型的 H 统计值对中国银行业的研究较少，有代表性的仅有叶欣等（2001）与赵子依等（2005）。叶欣等（2001）认为，中国银行业正由高度集中的寡头垄断结构向竞争性较强的垄断竞争型市场结构转变；赵子依等（2005）研究了 1993～2003 年的中国银行业竞争状况，结果表明：中国银行业整体上处于垄断竞争的市场结构，且竞争程度有下降的趋势；如果把四大国有商业银行分开考虑，则四大国有商业银行之间的竞争接近完全竞争，其他银行间的竞争程度明显低于四大国有商业银行间的竞争程度。

———————

① 具体见附录 13。

综观国内外学者的研究，我们发现，现有研究主要集中在对一国国内银行业竞争程度的分析上，而对外资银行进入的竞争效应研究较少，国内尚无相关研究成果，国外的研究成果也较少，并且分歧较大。如克拉森斯和雷文（2001）对 80 个国家外资银行进入对国内银行业竞争程度的影响进行了研究，发现外资银行进入提高了国内银行业的竞争程度；克拉森斯和雷文（2003）对 53 个国家的分析，格楼思和罗德思（Gelos & Roldos，2002）对拉美和欧盟 8 国的分析，以及耶尔德勒姆和菲利帕特斯（Yildirim & Philippatos，2007）对 11 个拉美国家的分析都得出了同样的结论；但耶亚蒂和米科（Yeyati & Micco，2003）对 8 个拉美国家的分析却得出外资银行渗透弱化了银行业竞争的结论，马里蒂勒斯和默迪（Maritines & Mody，2004）对拉美五国的经验研究也得出了同样的结论。由此带来的问题是：外资银行进入对中国国内银行产生了怎么样的影响，是强化了竞争或是弱化了竞争，还是竞争程度没有变化？

我们的研究思路如下：运用 PR 模型，计算 1995～2010 年间中国银行业每年的 H_t 统计值，分析外资银行进入的数量与规模与 H_t 值之间的关系，以解释外资银行进入对中国银行业竞争产生的影响；但计算 H_t 统计值有一个前提，即银行必须在长期均衡上经营，所以我们在分析外资银行进入对中国银行业竞争影响时，必须先进行均衡性竞争检验。考虑到 PR 模型分析的完整性，我们除了分析均衡性竞争检验外，顺便也计算 1995～2010 年间中国银行业的 H 统计值，来验证叶欣等（2001）和赵子依等（2005）的结论。

二、模型与数据

（一）实证模型构建

根据考韦尔和戴维斯（Colwell & Davis，1992）的划分，模型化银行业投入产出的实证方法分为产品法（product approach）和中介法（intermediation approach），它们都运用古典微观经济理论，但对银行业务的性质存在分歧。产品法（Benston，1965；Bell & Murphy，1968）认为，银行是运用劳动力和物质资本作为投入品来为借贷双方服务的多产品部门；中介法则认为，银行的存款和贷款业务有根本的区别，存款是可分的、流动的、短期和无风险的资产，而贷款是不可分的、非流动、长期和有风险的资产，且二者在数量上并不必然相等，因此，银行是运用劳动力、物质资本和金融资本作为投入品来制造贷款的单一产品部门。① 这一思想与西利和林德利（Sealey & Lindley，1977）提出的银行多级产品程序思想相一致，即银行的制造程序是使用劳动力、金融资本、物质资本作为基本投入品，将存款作为中间输出品，最后输出贷款的过程。PR 模型采纳了中介法，将劳动力、金融资本、物质资本作为基本投入品，建立了一个简约形式的收入方程（reduced-form revenue equation），以收入作为因变量，以劳动力、金融资本、物质资本以及其他银行特性的指标作为自变量，在利润最大化的假定下，通过考核收入变量对三大投入品变量的弹性和来衡量银行业市场的竞争程度，并将这一弹性和命名为 H 统计量。根据潘扎和罗斯（1987）的研究可知，H 统计量的大小影响银行业的市场竞争条件。在一个共谋性市场中，利润最大化的约束条件使投入要素价格上升导致边际成本上升，从而降低均衡产出和均衡收入，因此，对垄断市场、完全共谋市场或者同质猜测变量寡头垄断市场（a homogeneous conjectural variations oligopoly），H≤0；在完全竞争市场上，投入要素价格的上升使边际成本和边际收入上升相同比例，因此 H = 1；在垄断竞争市场中，0≤H≤1（见表 7 - 4）。

263

表 7 - 4　　　　　　　H 统计量对应的市场竞争类型

H≤0	垄断市场、完全共谋市场或者同质猜测变量寡头垄断市场；成本上升，产出下降，价格上升，收入下降
H = 1	完全竞争市场；成本上升迫使一些企业退出，价格上升，存活企业的收入上升，且上升比率与成本相同
0≤H≤1	垄断竞争市场；成本上升，收入上升，但上升比率低于成本的上升比率

资料来源：Panzar & Rosse. 1987. Testing for monopoly equilibrium. Journal of Industrial Economics，35；443 - 456.

PR 模型同时使用以下主要假定：（1）银行在他们的长期均衡上经营，且是一个追求利润最大化的经营实体；（2）银行的绩效受市场中其他参与者的行动影响（完全垄断市场除外）；（3）成本结构同质，生产函数是标准的柯布—道格拉斯函数（具有固定规模回报）；（4）需求价格弹性大于 1。②

① 汉科克（Hancock，1991）支持产品法；休斯和梅斯特（Hughes & Mester，1993）、休斯等（2001）支持中介法。
② 后来格楼思和罗德思（2002）又补充了两点假定：第一，银行被假设为单一产品企业，使用劳动力、金融资本、物质资本作为投入品；第二，高的投入价格与产生高收入的高质量服务无关。

为衡量外资银行进入对中国银行业的竞争效应，鉴于难以获得在中国境内经营的外资银行的财务数据，我们的分析分为两步：第一步分析 1995～2010 年中国银行业的市场竞争程度，获得 H_t 统计值；第二步以 H_t 统计值为因变量，以外资银行的机构数、总资产等变量为自变量，分析外资银行进入对 H_t 统计值的影响。沿袭格楼思和罗德思（2002，2004）、布奇思和马诗森（2005）的方法，我们使用两个简约形式的收入方程，构建第一步的实证模型：

$$\ln TR_{it} = h_1 \ln PF_{it} + h_2 \ln PL_{it} + h_3 \ln PK_{it} + \beta_1 \ln EQTY_{it} + \beta_2 \ln LOATA_{it} + \beta_3 \ln TA_{it} + \varepsilon_{it}$$
$$(7-1)$$

$$\ln TRI_{it} = h_1 \ln PF_{it} + h_2 \ln PL_{it} + h_3 \ln PK_{it} + \beta_1 \ln EQTY_{it} + \beta_2 \ln LOATA_{it} + \beta_3 \ln TA_{it} + \varepsilon_{it}$$
$$(7-2)$$

其中，TR 表示总收入，TRI 表示总利息收入，PF、PL、PK 分别表示贷款费用率、人均费用率、资本费用率这三项银行经营的重要投入要素指标。具体来说，PF 表示贷款费用率，即贷款的单位价格，由于中国商业银行的利率市场化程度不高，单一的利息支出不足以衡量贷款费用支出，因此我们用利息支出与营业费用之和比总存款表示；PL 表示人均费用率，即劳动力的单位价格，一般用员工工资费用支出比员工人数，由于中国商业银行福利除了员工工资、奖金外，还有其他隐性费用支出，如住房补贴支出，因此我们用总支出取代单一的工资支出表示员工费用，同时由于中国银行业缺失 1999 年前的员工人数数据，格楼思和罗德思（2002，2004）、布奇思和马诗森（2005）曾用存款与贷款之和来代替，本书也采用这一做法①；PK 表示资本费用率，即资本的单位价格，一般用非利息支出成本比固定资产表示。EQTY、LOATA、TA 分别表示银行特性的控制变量，其中前两个是用来表示两类不同银行风险的指标，分别用股东权益/总资产、总贷款/总资产表示，后一个表示银行规模，作为银行经济规模或非经济规模的替代，用总资产表示。ε_{it} 为误差项，i 表示第 i 家银行，t 表示时间。

上述模型需要说明以下三点：

第一，以前的研究大多使用一个比例因变量（如收入/资产或利息收入/资产）作为被解释变量（Molyneux et al., 1994；Bikker & Groeneveld, 2000；Yildirim & Philippatos, 2007；Yeyati & Micco, 2003），他们认为这样做有助于剔除不同银行在规模上的差异；而目前更多学者则认为使用比例因变量，会使 PR 模型从一个收入方程变为一个价格方程（Vesala, 1995；Coccorese, 1998；De

① 有的研究用总资产来替代（Molyneux et al., 1994；Bikker & Groeneveld, 2000；De Bandt & Davis, 2000）。

Bandt & Davis，2000；Bikker et al.，2007），而 PR 模型却是一个收入方程。如维萨那（1995）认为，使用比例因变量会带来偏误，因为 PR 模型将银行总资产作为内生变量来处理，而使用比例因变量则是将总资产当做外生变量来处理了；比克等（2007）进一步分析了这一设定偏误问题，指出这一设定偏误虽然不会导致对市场结构错误的结论，但它会高估 H 统计值。因此，本书采用非比例因变量（TR 和 TRI），避免高估 H 统计值（国内外学者计算 H 统计值使用的因变量具体见附录12）。

第二，虽然卡苏和吉拉德恩（Casu & Girardone，2006）、罗扎斯（Rozas，2007）都仅使用收入/总资产或净收入/总资产作为因变量，并且认为在目前利息收入和非利息收入之间的区分并不相关，但我们考虑到中国国情，特别是中国银行业的收入大部分仍来自存贷利差，中间业务并没有得到很大发展的现状，因此也使用利息收入因变量，而且这样做能使我们辨识中国目前的银行是否还是传统的金融中介。

第三，$H = \sum h_i$（$i = 1, 2, 3$）。PR 模型假设银行在长期均衡市场上经营，因此在计算 H 统计值之前，必须检验中国银行业研究样本是否在长期均衡市场上经营，此时，银行业的资产回报率应等于市场风险回报率，即资产回报率应与投入要素成本无关，因此为检验 H 统计值的竞争均衡性，构建下述模型：

$$\ln(1 + ROA_{it}) = h_1 \ln PF_{it} + h_2 \ln PL_{it} + h_3 \ln PK_{it} + \beta_1 \ln EQTY_{it} + \beta_2 \ln LOATA_{it}$$
$$+ \beta_3 \ln TA_{it} + \varepsilon_{it} \qquad (7-3)$$

其中，ROA 表示资产回报率（净利润/总资产），因为 ROA 可能为负数，[①]效仿克拉森斯和雷文（2004）、乌特尔罗 – 共扎尔茨（Utrero – Gonzalez，2004）的做法，我们将（1 + ROA）作为因变量。其他变量与模型（7 – 1）、模型（7 – 2）相同。

下一步的分析模型构建如下：

$$\ln H_t = \alpha_0 + \alpha_1 \ln CR_4 + \alpha_2 \ln(n/N) + \alpha_3 \ln(FBTA/TA) + \alpha_4 \ln II_t \qquad (7-4)$$

其中，CR_4 表示中国最大的 4 家银行的资产市场份额，n/N 表示外资银行的机构数/国内银行机构数，FBTA/TA 表示外资银行总资产/中国银行业总资产，II_t 表示银行业的不稳定系数（Hymer & Pashigan，1962），$II_t = \sum_{i=1}^{N} [\,|S_{i,t} - S_{i,t-1}|\,]$，其中 $S_{i,t}$ 表示第 i 家银行在 t 期的资产市场份额，$S_{i,t-1}$ 表示第 i 家银行

第三辑

政府管制与公共经济研究丛书（第三辑）

───

① 中国农业银行 1998 年和 1999 年 ROA 为负数，广东发展银行 2006 年 ROA 为负数。

在 t–1 期的资产市场份额，II_t 越大，银行业的不稳定性程度越大。

通过这一方程，可以辨识：（1）竞争程度与集中度的关系，验证 SCP 假说；（2）外资银行的机构数与资产数与竞争程度的关系；[①]（3）竞争程度与银行业稳定程度的关系。[②]

266

（二）数据描述

H 统计值和 H_t 统计值的计算，我们选取的样本为中国工商银行、中国农业银行、中国银行、中国建设银行、交通银行、中信实业银行、华夏银行、中国民生银行、广东发展银行、深圳发展银行、招商银行、兴业银行、上海浦东发展银行 13 家银行。[③] 正如德扬和哈山（1998）所言，为保证竞争性均衡检验，需要排除那些刚刚成立或成立时间不久的银行，因为它们的行为不典型，所以我们不把浙商银行、渤海银行等银行列为研究对象。样本期为 1995～2010 年，[④] 数据为面板数据和每年的截面数据，[⑤] 根据《中国金融年鉴》（1996～2010）、中国人民统计季报以及国泰安信息研究中心的银行财务数据库等资料汇总计算而来，并且均以 1995 年为基期按 CPI 指数进行了价格调整。由于这 13 家银行在资产、存款、贷款三个指标上都占到了银行业总规模的 90% 左右，因此样本选择是有代表性的。

在《中国金融年鉴》中各个银行的资产负债表和损益表的统计口径不尽相同，我们根据需要进行了必要的调整。某些年份有些银行的财务数据缺失，[⑥] 由于面板数据模型的计量要求样本为平衡样本，考虑到剔除这些银行会影响样本的代表性，因此我们采取补充数据的办法，对 1995 年的缺失数据，采用横向对比的方法，与相似规模的银行比较类推得到；对 1995～2010 年间的缺失数据，采用纵向的时间趋势平滑法补充。对面板数据，在整个样本期间，共搜集到 208 组

第三辑
政府管制与公共经济研究丛书（第三辑）

---

① 克拉森斯等（1998）和赫伊津哈（Huizinga，2001）发现，外资银行的数量增减比其资产规模更能影响东道国银行业的市场竞争程度，为验证这一观点在中国的适用性，我们同时选择外资银行的机构数和资产数作为自变量。
② 对银行业竞争与稳定之间的关系，经济学家莫衷一是，既有认为正相关的（Perotti & Suaret，2002），也有认为负相关的（Matutes & Vives，1996），还有认为不相关的（Allen & Gale，2004）。我们引入银行不稳定系数 II 的目的是想验证中国目前银行业竞争与稳定的真实关系。
③ 光大银行缺 2004 年和 2005 年的财务数据，无法补充数据，因此样本中没包括光大银行。
④ 选择 1995 年为样本的起点，是因为 PR 模型假设银行是追求最大利润的经济实体，中国 1994 年成立三家政策性银行，可将此后的中国银行企业大致认为是追求利润最大化的实体，虽然它们由于制度环境和经济环境的约束仍存在较强的软预算约束行为。
⑤ 面板数据用来分析中国银行业 1995～2010 年的 H 统计值，横截面数据用来分析中国银行业 1995～2010 年每年的 H_t 统计值。
⑥ 1995 年缺华夏银行、民生银行、招商银行和上海浦东发展银行的某些财务数据，1996 年和 1997 年缺招商银行的利息收支，2005 年缺广东发展银行的部分数据。

数据，其中原四大国有商业银行数据 64 组，其他股份制商业银行数据 144 组。截面数据每年搜集 13 组数据。

外资银行进入的竞争效应测度模型所选取的数据是 1996～2010 年的中国银行业的 H_t 统计值、前 4 家银行的资产市场份额（CR_4）、外资银行的机构数与中国银行业总机构数的比值（n/N）、外资银行总资产与中国银行业总资产的比值（FBTA/TA）以及中国银行业的不稳定系数（II_t），5 个序列 15 组数据。[①]

三、中国银行业的长期均衡性竞争检验

中国银行业的 H 统计值的计量，由于使用的是面板数据，因此必须明确以下两点：一是决定使用固定效应回归模型，还是随机效应的回归模型；二是如果是固定效应回归模型，还必须考虑是使用普通最小二乘（OLS），还是使用其他加权方法。对第一点，有些学者先验性地使用固定效应的回归模型，也有学者通过豪斯曼（Hausman）检验来决定取舍（Trivieri，2005）；Casu & Girardone，2006；Mkrtchyan，2005）。为了模型使用的科学性和准确性，我们采用计算豪斯曼值来决定回归模型的方法。由于 Eviews5.0 分析软件并没有直接进行豪斯曼检验，因此我们套用豪斯曼公式来计算其值。运用 Matlab 编程进行矩阵的运算，得到模型（1）、模型（2）、模型（3）的豪斯曼值分别为 38.9447、14.5436、20.6549。因为豪斯曼值服从自由度为 n 的 χ^2 分布，所以当自由度为 7 时，在 0.5% 的显著性水平下，$\chi^2(7) = 20.264 < 20.4387 < 36.9866$，说明模型（1）和模型（2）的回归分析应拒绝豪斯曼检验的原假设——随机效应好于固定效应，接受固定效应的回归模型；同样，在 5% 的显著性水平下，$\chi^2(7) = 14.123 < 14.3768$，模型（3）也应拒绝豪斯曼检验的原假设，接受固定效应的回归模型。这一结论与大多数文献采用固定效应的回归模型分析银行业的竞争效应是一致的。接下来还须决定回归方法的选择，即 OLS 还是其他。早期 PR 模型分析多使用 OLS，但为了消除数据可能存在的异方差，现在的文献多使用广义最小二乘（GLS），如古铁雷斯和罗扎斯（Gutiérrez & Rozas，2007）。通过对模型残差散点图的观测，模型可能存在异方差，因此我们同样使用 GLS。基于上述选择，运用 EViews 5.0 分析软件，模型（7-1）、模型（7-2）和模型（7-3）的回归结果如表 7-5 所示：

第三辑 政府管制与公共经济研究丛书（第三辑）

---

① 以 1996 年为起点，是因为 II_t 的计算要滞后一期。

表 7 – 5   中国银行业 1995 ~ 2010 年间的 13 家银行的 PR 模型回归结果

解释变量	lnTR			lnTRI			ln(1 + ROA)		
	系数	t 值	p 值	系数	t 值	p 值	系数	t 值	p 值
lnPF	– 0.0321	– 0.7133	0.4769	0.394	4.822	0.0000	0.0023	2.317	0.022
lnPL	0.848	14.5331	0.0000	0.292	2.753	0.0067	– 0.0016	– 1.383	0.1688
lnPK	– 0.021	– 1.3895	0.1669	– 0.059	– 2.043	0.0429	0.0006	1.486	0.1395
lnEQTY	0.0452	1.6201	0.1075	0.0778	1.463	0.1458	0.0024	3.406	0.0009
lnLOATA	0.4135	7.2472	0.0000	0.501	5.109	0.0000	– 0.0018	– 1.272	0.2057
lnTA	0.9885	47.6362	0.0000	1.037	26.709	0.0000	– 0.0009	– 1.939	0.0545
H 值	0.7949			0.627			0.0013		
R^2	0.9959			0.9919			0.6132		
F 值	1 827.17		0.0000	936.668		0.0000	12.066		0.0000
DW 值	1.362			1.24			0.853		
Wald(H = 0)	184.024 *		0.0000	6.426 *		0.0123	39.656 *		0.2012
Wald(H = 1)	1.316 *		0.2476	27.057 *		0.0000	407 360.9 *		0.0000

注：t 值均为 5% 显著性水平下的 t 值；* 表示的系数为 Wald 检验的 F 统计值。

从表 7 – 5 可知，比较模型（7 – 1）和模型（7 – 2），模型（7 – 2）更优。虽然两个模型的 R^2 都很高，接近于 1；F 值和 DW 值也都很好，但模型（7 – 1）存在两个问题：一是在 5% 的显著性水平下，对 H = 1 的 Wald 检验的 F 统计值不仅偏小，而且其概率等于 0.2476，说明模型不能拒绝 H = 1 的假设，即中国银行业的市场结构是完全竞争型的市场结构，但这与模型（7 – 1）的 H 值（= 0.7949）不一致；二是部分 t 值在 5% 的显著性水平下不能通过检验，说明模型存在多重共线性可能。而模型（7 – 2）则不存在这样两个问题，Wald 检验的 p 值都很小，说明在 5% 显著性水平下，应拒绝 H = 0 和 H = 1 的假设，接受 0 < H < 1 的假设，即认为中国银行业是垄断竞争型市场结构，这与模型（7 – 2）的 H 值（= 0.627）是相吻合的；同时，所有的 t 值在 5% 的显著性水平下都能通过检验。因此，用利息收入作为 PR 模型的被解释变量在中国目前是最恰当的，这也说明了中国银行业还处在传统的银行中介阶段，即主要的收入来源是利差。

从竞争性均衡检验的回归结果来看，H = 0.0013，接近于 0；同时在 5% 显著性水平下，Wald(H = 0) 的 p 值为 0.2012，说明不能拒绝 H = 0 的假设；Wald(H = 1) 的 p 值很小，说明拒绝接受 H = 1 的假设，因此 H = 0 通过假设检验，说明 1995～2010 年间中国银行业是在长期均衡水平上运营。模型唯一的不足是 R^2 偏小，可能的解释是我们对 ROA 进行了处理，即都加了 1，影响了模型的准确性。

四、外资银行进入的竞争效应分析

由于 1995～2010 年间中国银行业是在长期均衡水平上运营的，因此我们可对这期间的每一年计算 H_t 值，以它为被解释变量，加入外资银行的相关变量，考察外资银行进入对 H_t 的影响；同时加上 CR4（中国最大的 4 家银行的资产市场份额）和 II_t（银行业的不稳定系数）两个解释变量，以反映市场集中度和银行业的不稳定程度对 H_t 的影响。变量取对数的作用体现在不仅可能得到平稳的时间序列数据，消除数据中存在的异方差，而且不会改变时间序列的性质和相互关系，由此构建如下模型：

$$\ln H_t = \alpha_0 + \alpha_1 \ln CR_4 + \alpha_2 \ln(n/N) + \alpha_3 \ln(FBTA/TA) + \alpha_4 \ln II_t \quad (7-5)$$

模型（7-5）有这样几个目的：（1）回归计算市场份额与市场竞争程度 H_t 的相关性，验证 SCP 假说；（2）回归计算不稳定系数与市场竞争程度 H_t 的相关性，验证稳定与竞争的相关性；（3）检验外资银行机构数和资产市场份额与市场竞争程度 H_t 的因果关系，以验证克拉森斯等（2001）认为的"外资银行进入发展中国家的效率改进效应与外资银行进入的数量而不是其所占据的市场份额相关"这一结论；（4）检验外资银行机构数和（或）资产市场份额对市场竞争程度 H_t 的显著性，说明外资银行进入的竞争效应。

由于是时间序列数据，而现实中大部分时间序列变量为非平稳变量，对非平稳的时间序列数据进行回归会导致伪回归，因此在回归前必须进行平稳性检验。目前解决这一问题的常用方法是运用增强的迪基—福勒检验（augmented dickey-fuller，ADF）检验法进行单位根检验。我们运用 ADF 检验对模型（7-5）的 5 个序列进行单位根检验，第一步：确定滞后期。最优滞后期的选择主要依据是赤池信息准则（Akaike Information Criterion，AIC）和施瓦茨信息准则（Schwarz Information Criterion，SIC）两个准则，以回归后得到的最小的 AIC 值和 SC 值为标准，具体结果如表 7-6 所示。第二步：对水平（level）数据在相应滞后期情况下进行单位根检验，如果不平稳再对一阶差分数据进行单位根检验。具体结果如表 7-7 所示：

表7-6　　　　　　　　　　每个序列滞后期的单位根检验

项目	$\ln H_t$	$\ln CR_4$	$\ln(n/N)$	$\ln(FBTA/TA)$	$\ln II_t$
滞后期 p	1	2	1	1	0
AIC 值	−5.71	−6.47	−2.25	−2.49	−0.78
SC 值	−5.65	−6.5	−2.18	−2.42	−0.82

表7-7　　　　　　　　　　模型（7-5）的单位根检验结果

变量	检验类型		ADF	临界值（99%）	临界值（95%）	P 值
$\ln H_t$	原值	(c, 1, 0)	−2.588	−4.583	−3.321	0.1328
	一阶差分	(c, 1, 1)	−7.415	−4.421	−3.26	0.0003
$\ln CR_4$	原值	(c, 2, 0)	−0.419	−4.583	−3.321	0.8604
	一阶差分	(c, 2, 1)	−3.411	−4.803	−3.403	0.0495
$\ln(n/N)$	原值	(c, 1, 0)	−2.296	−4.421	−3.26	0.1918
	一阶差分	(c, 1, 1)	−3.528	−4.583	−3.321	0.0476
$\ln(FBTA/TA)$	原值	(c, 1, 0)	−2.267	−4.421	−3.26	0.2009
	一阶差分	(c, 1, 1)	−3.574	−4.583	−3.321	0.0432
$\ln II$	原值	(c, 0, 0)	−2.101	−4.297	−3.213	0.2475
	一阶差分	(c, 0, 1)	−3.824	−4.421	−3.26	0.0226

注：检验类型栏中，括号中的 c 表示常数项，第二个数表示滞后期，第三个数表示差分阶数（如为 0，说明没有差分；如为 1，说明是一阶差分）。

ADF 检验结果表明，所有变量原时间序列都是一阶单整的时间序列变量。所有变量的原值在 1% 和 5% 的显著性水平下均无法通过显著性检验，说明存在单位根，不能拒绝零假设 H = 0：p = 1；一阶差分后，H_t 序列在 1% 的显著性水平下拒绝了存在单位根的假设，其他变量序列在 5% 的显著性水平下拒绝了存在单位根的假设，说明所有变量具有一阶单整性 I。对同阶单整性的非平稳序列只要通过协整检验，我们就可进行回归分析。对变量之间协整关系的检验，通常有两种方法：一是恩格尔和格兰杰（Engle & Granger，1987）提出的基于协整回归残差的两步检验法；二是约翰森和朱利叶斯（Johansen & Juelius，1990）提出的基于 VAR 的协整系统检验。本书采用前者来检验变量之间的协整关系，因为约翰森协整检验比较适合对大样本的分析，但我们的样本量较小，因此我们采用对残差序列 e 做单位根检验以判断模型协整关系的方法。通过对残差序列 e 做 ADF 检验，我们得到 ADF 检验值为 -4.015，小于显著性水平 5% 时的临界值 -3.213，因此可认为估计残差序列 e 为平稳序列，表明模型（7-4）具有协整关系，能对它进行回归分析。

在模型（7-5）是平稳的状态下，我们先对其进行格兰杰因果关系检验，根据 AIC 值和 SC 值标准确定滞后阶数为一阶，相应的回归结果如表 7-8、表 7-9 所示：

表 7-8　　　　　　lnH$_t$ 与 ln(n/N) 的格兰杰因果性检验

原假设	观察值	F 值	P 值
ln(n/N) 不是 lnH$_t$ 的格兰杰因果性原因	10	0.11739	0.74194
lnH$_t$ 不是 ln(n/N) 的格兰杰因果性原因	10	2.47037	0.16001

表 7-9　　　　　　lnH$_t$ 与 ln(FBTA/TA) 的格兰杰因果性检验

原假设	观察值	F 值	P 值
ln(FBTA/TA) 不是 lnH$_t$ 的格兰杰因果性原因	10	4.65876	0.047
lnH$_t$ 不是 ln(FBTA/TA) 的格兰杰因果性原因	10	0.12968	0.72939

从表 7-8 和表 7-9 可以看出，外资银行机构数与市场竞争程度 H$_t$ 不存在因果关系，而外资银行的资产市场份额是市场竞争程度 H$_t$ 的格兰杰原因。因此我们对模型（7-5）做修正，剔除外资银行机构数这一变量，建立如下模型：

$$\ln H_t = \alpha_0 + \alpha_1 \ln CR_4 + \alpha_2 \ln(FBTA/TA) + \alpha_3 \ln II_t \qquad (7-6)$$

对模型（7-6）做回归，其回归分析结果如表 7-10 所示：

表 7-10　　　　　　模型（7-6）的回归分析结果

解释变量	系数	t 值	P 值
lnCR$_4$	-1.35519	-1.539196	0.1677
ln(FBTA/TA)	0.193093	0.446611	0.6686
lnII	-0.02509	-0.210002	0.8396
R^2	0.8227		

第三辑

政府管制与公共经济研究丛书（第三辑）

解释变量	系数	t 值	P 值
DW 值	15 318		
AIC 值	-2.2042		
SC 值	-2.0595		
F 值	10.829		0.00507

272

从表中反映的 R^2、DW 值、AIC 值、SC 值以及 F 值可看出，模型的拟合程度较好。从解释变量与被解释变量的关系看：（1）市场集中度（CR_4）与市场竞争程度（H_t）呈一定程度的负相关关系，这与经济理论是一致的，即市场越集中，市场的垄断程度越高，这在一定程度上验证了"SCP 假说"，这一点也可直观地从表 7-5 中这两者的数据看出；（2）外资银行市场份额（FBTA/TA）与市场竞争程度（H_t）呈一定的正相关，但显著性程度不高；（3）市场稳定程度与市场竞争程度（H_t）呈现很弱的负相关。这一结果不支持艾伦和加尔（2004）的观点。

根据上面的实证结果，我们可得出这样一些判断：

（1）"SCP 假说"的成立说明市场结构对中国银行业的行为进而对绩效产生重大影响，因此市场结构的改革仍是我们改革的重点。虽然从 1995～2010 年中国银行业的市场结构改革取得了很大进展（从表 7-6 中 H_t 值的不断提高可看出），但竞争程度仍较低（H 值为 0.627），仍需继续深化市场结构的改革。

（2）外资银行进入对提高中国银行业市场的竞争程度起到了一定的促进作用，但影响不显著，可能的解释是外资银行目前的市场份额太小，还难以对中国银行特别是原四大国有商业银行构成威胁，因此对提升竞争的作用有限。如果随着其进入的不断深化，所占市场份额的不断提高，对竞争的影响会逐步体现。

（3）外资银行机构数与 H_t 统计值不相关，外资银行资产份额是 H_t 统计值的格兰杰原因，这与克拉森斯等（2001）对 80 个国家 7 900 家银行所得出的判断不一致，可能的解释中国在原有的计划经济体制下形成了国有银行一家独大的局面，目前虽然正在市场结构改革，包括在国内设立新的股份制商业银行，从国外引入外资银行，但短期内还难以撼动国有银行的寡头垄断格局。特别是如果引进的是小规模的外资银行，其对国有银行的影响则更有限，因为小规模的外资银行会采取与国有银行差异化的市场竞争定位，不会与国有银行产生正面竞争，其对国有银行的竞争效应难以体现。

（4）人们通常认为，外资银行的进入，势必会带来一国国内市场的不稳定，进而导致该国市场竞争程度的变化（要么是垄断的加深，要么是竞争的强化），但实证结果表明，外资银行的进入虽然会使稳定性有所下降，但这种影响太小，几乎可以忽略不计。

273

-------- 第四节 --------

对外资银行并购的管制政策

20 世纪 90 年代以来，随着金融管制的放松、信息技术革命的发展以及实体经济部门的日益全球化，掀起了外资银行并购的浪潮。据 2004 年英国《银行家》杂志公布了对世界 1 000 家大银行的排名，排在世界前 10 位的大银行中，有 6 家是自 1995 年以来通过跨国并购实现规模扩张的。外资银行并购实践的发展为理论研究提供了沃土，因此国内外学者纷纷展开对外资银行并购的研究，相关文献不断涌现，其中，国外学者对外资银行并购的研究主要集中在并购动机（Goldberg & Saunders，1981；Brealey & Kaplanis，1996；Seth et al.，1998）、影响因素（Vennet，1998；Buch，2000）、并购风险（Segal，1974；Berger et al.，2000）、并购绩效（Claessens et al.，2001；Vennet，2002）四方面。国内学者的研究有两条主线：一条是法律视角的银行并购分析（薛誉华，2006；高晋康，2007；席月民，2008）；另一条是基于《巴塞尔协议》对外资银行并购所引起的审慎性监管分析（蔡弈，1999；郭春松、朱孟楠，2004；何德旭等，2003）。综观国内外文献，鲜有对外资银行并购行为的反垄断经济学分析，[①] 这不能不说是一大遗憾，尤其是在大量外资银行进入中国市场并展开如火如荼并购的情形下。理论上的滞后来源于实践上的缺失，中国目前既没有专门的法律来规范外资银行的并购行为，也没有专门的管制权威机构去评估审查其行为可能带来的反竞争效应，由此带来的后果很可能是外资银行并购的反竞争效果的产生，造成对中国金融体系的稳定性和金融安全的严重损害。因此对外资银行并购进行反垄断经济学分析，进而设计中国对外资银行并购的反垄断规制政策非常必要。

第三辑

政府管制与公共经济研究丛书（第三辑）

---

① 国外学者有对一般意义上的银行并购的反垄断经济学分析，但很少有专门针对外资银行并购的反垄断经济学分析；国内学者对银行并购的反垄断经济学分析都很少见。

本节拟从外资银行在华并购的现状及中国反垄断管制的缺陷出发,借鉴美国的经验,从而设计中国对外资银行并购的反垄断管制政策。因此,以下部分这样安排:第一部分,外资银行在华并购现状与中国反垄断管制缺陷;第二部分,借鉴美国银行并购的反垄断管制经验,建立健全中国对外资银行并购的反垄断管制政策。

一、外资银行在华并购现状与中国反垄断管制缺陷

伴随着中国银行业改革开放进程的深化,外资银行加快了进入中国市场的步伐。越来越多的外资银行加速进入中国市场,是因为它们已经意识到进入中国市场意味着将进入一个拥有 4 万亿美元资产的金融市场,而且该市场正出现迅速增长,并无放缓迹象,这是海外投资者所认为的最具价值的投资机会之一,而这样的机会激发他们进入中国金融市场的热情。目前中国商业银行存款相当于国内生产总值(GDP)的近 200%,银行系统贷款相当于 GDP 的 130%,从而使中国几乎成为全球最大的存款持有者。外资银行布局中国市场并与其银行企业竞争的战略通常有三种:市场利基(market niching)战略、市场挑战(market challenging)战略、策略性联盟(strategic alliance)战略(Leung & Chan,2006)。市场并购无疑是实施这三种战略的最好策略,特别是对市场挑战战略。如果说此前属于外资银行的市场布局阶段,并购只是零星的小规模的进行的话,那么今后收购无疑会进入加速时期,因为外资银行在华的经营网点数比较少,在取得人民币的经营权后,短时间内无法进行营业网络的建设,而通过收购中国区域性的商业银行能够快速在业务上进行扩张。外资银行将凭借经营创新、风险管理、资讯、产品与服务、技术优势向更多的高端客户提供优质服务,以保持其在与中资银行竞争中的优势地位。所以最近几年以及今后几年外资银行的并购对象主要集中在城市商业银行身上。

到目前为止,外资银行并购的重点是城市商业银行,而且主要集中在经济发达地区,但也有向经济欠发达地区及原国有商业银行扩散的趋向。比如,加拿大丰业银行收购西安商业银行 2.5% 的股份,苏格兰皇家银行收购中国银行 5% 的股份,美国银行收购中国建设银行 5% 的股份,而且美国银行还获得以首次公开募股价格将其持股比例提高至 19.9% 的非独家、为期 5 年半的选择权。这种趋势显示了外资银行并购的战略目标,并购城市商业银行不仅是因为城市商业银行账目清楚、并购成本低,更是因为它为下一步外资银行的市场渗透奠定了基础,特别是为下一步并购大的区域性银行甚至是大的全国性银行准备条件。

外资银行并购对东道国银行来讲是一把"双刃剑"，一方面它能获得外资银行先进的技术及管理经验，提升自身的公司治理能力；另一方面如果管制不力，则会使外资银行增强垄断倾向，损害东道国金融安全。同时，当外资银行存在"撇奶脂"即逃避社会普遍服务责任，单纯集中于高收益业务的倾向时，随着其并购市场份额的扩大，其对消费者福利的损害就越大。因此世界各国普遍加强了对外资银行并购的反垄断审查。过去 40 年来，各国金融立法实践普遍加强了对外资银行并购的管制。如 1978 年美国的《联邦国际银行法》、1979 年和 1987 年的《英国银行法》、1984 年《法国银行法》、1977 年和 1989 年第一、第二号欧共体银行指导及巴塞尔委员会的有关协议。但在中国，既没有专门的法律规范外资银行并购行为，也没有专门的机构去评估审查其并购可能带来的反竞争效应，中国在外资银行并购的反垄断方面存在诸多缺陷。具体来讲，其缺陷主要有：

1. 立法上的缺陷

（1）无法可依。虽然中国涉及外资银行监管的法规法律不少，但至今还没有一部有关外资银行并购的反垄断审查的法律。自 1983 年中国人民银行颁布了第一部关于外资金融机构管理的部门规章——《关于侨资、外资金融机构在中国设立常驻代表机构的管理办法》以来，中国相继颁布了《中华人民共和国经济特区外资银行、中外合资银行管理条例》《上海浦东外资金融机构经营人民币业务试点暂行管理办法》《中华人民共和国外资金融机构管理条例》《中华人民共和国外资金融机构管理实施细则》等法律法规，这些法律法规基本上都是涉及外资银行审慎性监管方面的，没有一部涉及外资银行的垄断问题。（2）监管依据不一致。在中国，对外资银行的监管主要依据的是国务院颁布的《中华人民共和国外资金融机构管理条例》，没有进一步上升到法律层次的基本法，而对中资商业银行监管主要依据的是经全国人大审议通过的《商业银行法》。同一监管当局对外资银行和中资银行所依据的监管法律在效力层次上的不一致性，易使被监管者对监管当局监管的公平性和执法的可靠性产生疑问。

2. 没有专门的机构负责银行反垄断或外资银行垄断问题

反垄断的主管机构设置问题一直是中国没有解决的难点问题。现行的金融监管格局为"一行三会"，但却无具体实施金融反垄断的监管部门。对外资银行并购可能产生的垄断，其主管机构是中国人民银行或银监会？是另设一个反垄断局？还是商务部抑或国家工商行政管理总局？这个问题至今没有答案。

第三辑

政府管制与公共经济研究丛书（第三辑）

3. 重稳定轻竞争性考虑

中国对外资银行的管制只有审慎性监管，没有从竞争性角度考虑外资银行的垄断及其反垄断规制问题。比如，银监会于 2003 年 12 月颁布了《境外金融机构投资入股中资金融机构管理办法》，对境外金融机构入股中资金融机构应当具备的条件、最高比例、申请材料、审批时间等做了具体规定，并且赋予了银监会对外资银行投资入股中资银行的行为进行监督管理的合法权利。以上这些都是审慎性监管，缺乏竞争性分析。

4. 专业性人才缺乏

反垄断分析不仅需要法律知识，更需要管制经济学知识，它是一门专业性很强的学问，中国目前不仅缺乏一般性的反垄断分析的人才，更缺少金融领域的反垄断分析的人才。

二、美国对外资银行并购的反垄断管制及对中国的启示

（一）美国对外资银行并购的反垄断管制

美国是世界上反垄断规制体系最为完善的国家，对银行并购的反垄断也不例外。因此分析美国对外资银行并购的反垄断规制政策对设计中国的政策具有很强的借鉴意义。

自 20 世纪初，美国一直关注金融反垄断问题。1929 年股市崩盘催生出了与反垄断密切相关的《1933 年银行法案》，即《格拉斯—斯蒂格尔法案》，通过法律赋予通货总监署（OCC）、美联储（FRB）和联邦存款保险公司（FDIC）进行反垄断监管的权利。美国司法部将作为联邦反托拉斯的综合执行部门。1956 年虽然国会通过了一个适用于银行合并的法律——《银行持股公司法》，但由于该法仅限于由银行合并组成的银行持股公司，因此于 1960 年和 1966 年两次做了修改，使它最终适用于所有银行。纵观美国 40 多年的金融反垄断政策，我们可以看到其在外资银行并购中反垄断政策的几个特点：

1. 经济性分析在银行并购的反垄断分析中占主角

外资银行并购与一般银行并购的反垄断分析过程是一样的，通常包括四步：

第一步是决定相关产品市场。通常法院界定银行业的相关产品市场是"产品和服务群"。第二步是决定相关地区市场。通常法院将本地市场作为分析反竞争效果的前提。第三步是计算 HHI 指数。第四步是如果 HHI 显示并购会引起潜在的竞争考虑，然后再考虑缓释因素（mitigation factors）。这些缓释因素包括：潜在竞争、市场上银行和储蓄机构的相似程度、被并购银行的强弱、市场景气度、其他存款机构的激烈竞争、其他非存款机构或本地区以外银行的激烈竞争、被并购银行不被并购就会破产、① 并购后的银行资产小于 1 亿美元等。这些分析步骤要用到大量经济性分析，如采用需求价格弹性和 SSNIP 的方法来定义相关市场，② 采用 HHI 指数和剩余需求弹性的方法来分析单个银行的市场力。

2. 内松外紧

银行业是美国开放程度最低、管制最为严格的行业之一，对外资银行的限制十分严格。1978 年的《联邦国际银行法》、1990 年的《外国直接投资和国际金融统计改进法》、1991 年的《加强对外国银行监管法》和《联邦存款公司改进法》都加强了对外资银行的监管。例如，《加强对外国银行监管法》的颁布使在美外资银行的监管审批的双重体系发生了变化，出现了州注册分行或代理行权力的联邦控制。1991 年的《联邦存款保险公司改进法》对外资银行的监管规定：任何外资银行要想收购美国银行 5% 以上的股权必须事先得到美联储的批准，而过去这一限额是 25%。1992 年 12 月 19 日（即该法生效日）之后，美联储一旦发现州银行监管当局批准设立的外资银行的分行、代理行或代表处违反美国法律或在美从事不安全、不稳健的业务，或者其母行所在国没有充分、全面的监管，便可以终止该外资银行在美的经营资格。这一法案大大加强了美联储对外资银行的检查和审批权，弱化了州对外资银行的控制权。美联储曾以资本充足率过低和呆账比例过高为由严格限制中国商业银行在美设立分行。例如，中国银行在旧金山设立分行的申请，美国联邦委员会久拖不批，而且不断地提出一系列问题要求答复。但美国对国内银行业的并购政策则较为宽松，体现在：（1）较之于其他产业，银行业并购的反竞争审查较为宽松。根据美国司法部（DOJ）1982 年发布的《水平并购指南》规定，其他产业的并购被看成潜在反竞争的并购的临界值时，要么 HHI 增长小于 50，要么并购后的 HHI 低于 1 800。但对银行业的并购标准更宽宏大量些，如果并购后在相关市场上的市场份额（并购双方的市场份额之和）小于 35%，

---

① 这被称为"营救并购"（rescue merger）。

② SSNIP 方法全称为"一个小的显著的但非暂时的价格增长"，这一方法目前已成为界定相关市场的主要方法。

并且并购后的 HHI 小于 1 800，或并购后 HHI 的增长小于 200，美联储和司法部都不会提出反垄断诉讼而被获准。这一临界值被称为第一临界值。（2）在零售银行市场，如果存在一些减轻因素，则允许并购超过第一临界值，因此美联储定义了第二临界值，即并购后 HHI 增加小于 250，HHI 小于 2 200，或者并购实体市场份额小于 40%。难怪罗迪斯（1996）指出，美国大部分本地银行市场的并购其临界值已超过 1 800。（3）美国司法部计算 HHI 只包括相关地区市场的所有银行机构，给银行 100% 的权重；美联储计算 HHI 包括相关地区市场的所有银行机构和储蓄机构，分别给予 100% 和 50% 的权重；货币监理署 1984 年后扩大了银行竞争者的范围，计算 HHI 时不仅给储蓄机构以权重，而且还给非银行公司包括金融公司和经纪公司权重。这可看出相关地区市场的范围扩大了。（4）1962 年，美联储通过引入"可能的将来竞争"这一概念来否定并购，1962～1969 年否定案例有 9 个（Rhoades & Yeats，1972），1979～1981 年有 5 个（Cymak，1982）。但 1981 年第五上诉巡回法院抛弃了此前的这一概念，支持得克萨斯州两个银行的并购，推翻了 1980 年美联储的决定，此后支持并购的观点达到顶点。

3. 合理原则作为核心原则

有关银行并购的案例，本身违法原则的运用很少，大多采用合理原则，不仅要看结构因素，更要看潜在的竞争效果。

4. 以国家金融安全和金融竞争力为目标

这一目标体现在美国内松外紧的银行并购政策上，允许甚至鼓励国内大银行间的并购以及国内大银行的跨国并购，但对外资银行的并购却实行严格的审查，其目标无非是为了本国金融安全以及提升本国银行业的竞争力。

5. 政策的灵活性

除了上面提及的合理原则外，政策的灵活性还表现在随着金融管制的放松，相关市场的界定也逐渐发生变化。例如，2003 年，美国 370 个 MSA 中，有 49 个被重新定义。① 计算 HHI 原来只包括银行，后来逐渐将储蓄机构、非银行金融机构也包括在内。这些变化均可看出美国反垄断政策的灵活性。

---

① 美联储主要使用 MSA 来界定城市市场范围，可译为"城市人口集合体"，这一集合体来自从人口普查得到的数据。

（二）美国对外资银行并购反垄断对中国的启示

1. 合理原则和国家金融安全与金融竞争力目标

外资银行并购中的反垄断应以"合理原则"为核心原则。原因在于：（1）它体现了政策灵活性的要求，避免了"本身违法原则"实施中的武断性。（2）有效协调了国民待遇原则和保护国家金融安全与提升金融竞争力之间的矛盾与冲突。内松外紧的政策实施会与国民待遇原则产生冲突，"合理原则"则能有效协调它们之间的矛盾与冲突。（3）体现了结构主义与行为主义的协调。"合理原则"的实施既考虑了市场结构对竞争的影响，又考虑了缓释因素对竞争的影响。

外资银行并购中的反垄断政策目标应优先考虑以国家金融安全和提升金融竞争力为目标。由于金融在国民经济中的特殊地位，不仅美国，世界各国都将金融反垄断的目标定为保护国家金融安全和提升金融竞争力，在中国金融竞争力不强、金融反垄断规制体系尚未建立之际，将保护民族金融安全、提升金融竞争力作为目标尤其具有重要意义。在金融全球化的竞争环境中，中国银行业反垄断管制政策的制定和实施不仅要考虑维护市场竞争活力，也应将国家战略利益和国内产业竞争力的提升纳入《反垄断法》所参照的目标体系当中。

2. 统一的《银行并购法》

综观国外银行并购的法制实践，普遍重视通过银行法对银行并购问题做出指导性规范，并借助专门的《银行并购法》来系统规范银行并购涉及的主要法律问题。前已述及，由于中国对国内外银行进行监管的法律不同，由此带来了一些问题，建议制定统一的《银行并购法》，为各种类型的银行并购提供统一原则和基本规则，这也体现了 WTO 所要求的国民待遇原则。可以考虑先由国务院制定统一的《银行并购条例》，条件成熟后，再由全国人大或者人大常委会制定《银行并购法》。

3. 科学合理的对竞争效果的经济分析体系

中国在这方面几乎还是空白，但我们可以借鉴美国的经验，建立起中国自身的银行并购的反垄断分析体系。包括相关地理市场和相关产品市场的界定、市场力的计算（市场份额、HHI 指数等定量指标）、需要考虑的缓释因素及反垄断补救等。

279

第三辑

政府管制与公共经济研究丛书（第三辑）

4. 激励性和约束性相容的反垄断管制政策

中国对外资银行并购的反垄断管制政策设计一方面应具有激励性，激励外资银行不采取垄断行为；另一方面，也应具有约束力，如若有垄断行为，则必须使这种约束是可信的。金融反垄断管制政策框架应建立在激励机制的基础上，金融机构、其他市场参与者和监管者作为一个整体，共同维护金融体系的稳定，提高金融部门的效率。目前我们迫切需要做的是，设计约束外资银行并购行为的激励政策，提高其他市场参与者的信息搜集与编码能力，加强银行管制权威的反垄断分析与审查能力。

三、对外资银行并购实施反垄断管制的难点与对策选择

(一) 对外资银行并购实施反垄断管制的难点

发展中国家经常无力应对跨国银行卡特尔或者垄断本国市场的威胁。往往是，虽然发展中国家制定了竞争法，但无力使跨国银行愿意服从它们的法律（Fox，2000，2003；Jenny，2003）。因此，发展中国家通过运用单边适用的域外效力来约束和管制跨国银行的行为。虽然这一原则在很多案例中成功使用，但它显露出了几个劣势，不能完全保护一国不受国际私人反竞争行为的伤害（Griffin，1999；Zanettin，2002；Fox，2003）。单边适用的银行合并规制的域外效力可能引发一系列的政治问题和实际问题，从而大大降低合并规制本身的效力。这些问题包括：首先，这可能导致实体法上的冲突或不协调，因为一个行为可能在一国不违法但却在另一国属于违法范畴；其次，容易诱发贸易冲突，引起他国的报复甚至导致两国关系紧张；再次，域外适用的一个现实问题就是资料收集难的问题；最后，域外适用还有执行中的问题，经常会碰到他国不配合的局面。① 近年来银行并购越来越呈现出全球化的趋势，由于并购规制域外效力的存在势必要求当事方的多重申报和不同国家并购管制部门的多重审查。多重申报和多重审查不仅给并购方银行带来了沉重的负担，更为严重的是，如果不同国家的管制权威得出不同的结论时怎么办？因此，加强国际协调是推动跨国银行并购深入发展的重要因素。

---

① Mario Monti, Cooperation Between Competition Authorities—A Vision for the Future, Washington D. C., 23 June, 2000.

（二）国际协调的方式

1. 双边协议

双边协议能够避免由效果原则带来的一些问题。因此，双边协定在过去近30年中广泛使用。对竞争性权威来讲，有以下几种合作方式可供选择（Budzinski，2002）：（1）通告。竞争性权威相互通告即将到来的反垄断程序。交换常规的信息，但它们的决定是完全自治的，不考虑他国。（2）磋商。竞争性权威对具体案例交换更加详细的信息，特别是技术方面（如市场定义等），这是完全自愿的、无条件的。这一方式保留了一国权威的自由处置权、独立决策权。（3）相互援助。合作双方相互援助以便克服域外管制在调查和实施上的困难。然而，相互援助只在双方利益一致的情况才可行。（4）消极礼让和积极礼让。消极礼让是指：一个国家在实施竞争法的过程中可能对另一个国家的重要利益产生影响，在不伤害本国利益的情况下，就尽可能地对另一国的利益给予充分和同情的考虑。积极礼让是指：一个国家要求另一个国家在竞争案件中公开或扩大法律实施行为以便纠正在该国领土上对另一个国家利益所产生的实质性和不利的影响。两者都是关于一个国家法律实施对另一个或一些国家的影响，但有差异。从主体上看，消极礼让关注的是请求国在执行竞争法时如何避免或减少对其他国家的伤害，即最初的礼让；而积极礼让是被请求国应该考虑采取某些措施以遏制发生在其领土内的反竞争行为，如果该行为已对请求国产生了损害。从形式上看，消极礼让表现为一种单方面的行为，是否礼让完全取决于请求国（行为国）自己的考虑，通常会在考虑他国利益的基础上做出不行为的决定；积极礼让突破了一国单方面的行为模式，是一个双方行为，只有当请求国向被请求国提出某种请求而被请求国予以考虑时才构成积极礼让，这种礼让只能在国家合作中表现出来。从目的上看，消极礼让表现为被动，要避免反垄断行为的实施伤害其他国家的利益，积极礼让更多表现为通过被请求国的行为来援助受到反竞争行为伤害的国家。

大多数现存的合作协定集中在通告和磋商上。1991年积极礼让写入美—欧盟反垄断合作协定（只在卡特尔）（1998年进一步修改），但直到现在不能有效地实施。通常，双边协定改善了双方的信任和沟通。由于持续的交换政策方面的信息和意见，国与国之间能协调它们的观点，降低了冲突的程度，最终发展了一个共同的竞争文化。然而，双边协定也存在一些局限性，不能消除不同国家反垄断法上的巨大差异。而且，因为国际竞争管制措施通常影响2个以上国家，仅双边合作是不够的。试图通过双边协定来协调大量的诉讼问题不太现实，更可能产生不和谐。因此，在持续深入的跨界市场合并的世界中，多边协议产生。

2. 多边协议

为了克服上面的监管漏洞和冲突，保护国际竞争，迫切需要建立和实施全球性的反垄断体制。有以下几种方法：（1）由一个能胜任的全球性反垄断权威以中央集权的方式来贯彻有约束力的全球反垄断法。这样一个统一的竞争体制是完全的解决办法，但忽视了官僚作风无效率问题和地方主义问题。此外，将主权转交给一个国际机构，很难得到主权国家的一致同意。这一方法不现实。[①]（2）先决定一系列的最低标准，然后一步步协调各国竞争法。这些标准最初限定在能使各国都同意的问题上（比如，核心卡特尔诉讼），然后慢慢地扩大，最终目标是建立一个集中的和统一的全球体制。（3）建立多级体系，成立超国家的反垄断权威应对存在跨界效应的竞争约束问题，而一国反垄断权威在其他案例中实施本国国内的竞争法。这需要很好地界定它们的能力边界。（4）建立多边合作协议以获得合作利益，而不被双边协议所限制。这里，实际上是基于网络治理的国际体制作为一种更不正式的方法来组织国际关系。问题是这种合作意愿是否很强，以至于足以有效地保护国际竞争。

在过去 70 年中，国际竞争政策问题上有几个多边努力。第一个是 1948 年的《哈瓦那宪章》，它建立了国际贸易组织（ITO）。ITO 试图去阻止公共的与私人的跨界竞争约束，而公共竞争约束的监管已经包含在 1947 年的《关税及贸易总协定》（GATT）中，因此 ITO 试图去批准对私人约束的监管，但因为美国的反对失败了，1950 年《哈瓦那宪章》失效。在 1967 年 OECD 试图为其成员建立一个论坛来讨论国际竞争问题，并对竞争政策给出基于一致同意的建议。然而，给出基于一致同意的竞争政策建议未获成功……联合国贸易与发展会议（United Nations Conference On Trade and Development，UNCTAD）1980 年也建立了一个多边框架，但也不成功。目前有两个重要的多边协议：一个是 WTO，欧盟提议在 WTO 框架内统一国际竞争法及其实施；另一个是由美国提议形成 ICN 作为一个多边合作论坛。现在，这两种方式正在被积极地尝试。这两种方式究竟孰优孰劣，下面我们做一下比较。

---

① D. P. Wood，The Impossible Dream：Real International Antitrust（1992），U. Chi. Legal F. 277.

（1）可行性。

WTO 是一个信誉良好、经验丰富的国际组织，它的工作基于非歧视和透明的一般原则。它的管辖权在于取消贸易壁垒，阻止公共竞争约束，解决贸易争端。就目标而言，贸易和竞争问题具有互补性，因此 WTO 被视为统一国际竞争体制的一个可行机构（Tarullo，2000；Fox，2003）。然而，就它的运营来讲，不具有互补性，一个组织集中在贸易问题上，就不能正确地集中于竞争问题。因此，只有当竞争约束对自由贸易产生影响，实施有约束力的国际竞争规则才是可能的。而且 WTO 的贸易部长的专长在于消除贸易壁垒，并不在于甄别私人反竞争性实践。因此，不得不建立一个由竞争政策专家组成的新部门，这需要精力和成本（Janow，1998，2003；Tarullo，2000）。

ICN 成立于 2001 年，时间短，在处理国际问题上没有太多经验，没有 WTO 那样的声誉。然而，它有很多竞争专家作为支持者，引起越来越多的关注（Janow，2003）。ICN 的主要优势在于它仅关注竞争问题。因为它的非正式性和非约束性（Pons，2003；Todino，2003），竞争权威更可能在 ICN 中参与和合作。然而，它的自愿性、非约束性也是它最大的劣势。WTO 的国际竞争政策能够用 WTO 规则来约束，但 ICN 不具有约束力。

（2）可接受性。

要使它可行，这一机构必须被竞争权威、政府、非政府组织和协会所支持和接受（Graham，2003）。最初，通过 WTO 来协调国际竞争被美国反对，因为它不想放弃它的权力，也被发展中国家反对，因为它们害怕被压制。经过多哈会议调整后，所有成员同意了这一新办法。尽管，WTO 竞争政策体制被接受，但仍有很多挑战（Pons，2003）。因为这一方法强加了对一国竞争主权的约束，也可能对非竞争性的国家利益强加一些限制，使它得到一致同意很难。此外，很多发展中国家仍在质疑是否在这一体制内它们的利益会得到关注。它们害怕这一协议将使国外跨国公司进入更加容易，而不能改善它们在其他国家的竞争力（Drexl，1999；Graham，2003）。

ICN 有很强的政府支持，因为政府在其中具有很强的自治力，不涉及权力从一国权威转移到国际性权威手中。ICN 作为一个全球网络，各国竞争权威和专家一道讨论国际竞争问题，发展非约束性的建议，这不会妨碍一国的主权，因此在可接受性上 ICN 更优。WTO 和 ICN 都有很多成员，支持发展中国家引入竞争法，参与它们的组织。看起来发展中国家更愿意参与 ICN。

（3）效率。

WTO 努力建立一个协调一致的国际竞争法，其程序相对透明。此外，这样

第三辑 政府管制与公共经济研究丛书（第三辑）

一个约束性的安排，包括非歧视原则和 WTO 机制监督的原则，一国很难以损害他国利益为代价来取得本国利益，因此在国际案件中明显降低了分歧和冲突的程序（Granam，2003；Schoneveld，2003；Budzinski，2004）。总之，程序效率的增加是 WTO 方法的一个主要优势。然而，基于最小约定规则建立的这个框架也可能导致非效率，特别是如果这个规则太弱而不能达到 WTO 方法的意料的目标。考虑到国家竞争法的差异，一个不充分的最小标准协议可能导致有更高标准的国家调整它们的监管，出现"逆向竞争"（race to the bottom），直到所有国家的竞争政策都达到最小水平。最终，保护国际竞争可能比开始更缺乏效率（Davison & Johnson，2002）。

ICN 的各国反垄断权威和专家在国际竞争问题上通过不断的接触、持续的互动和合作，协调了反垄断程序，促进了效率的提高。这种协调降低了管理成本，消除了公司承担多边司法评估的成本。作为信息中介，ICN 在成员间收集和分配相关信息，增强了各国竞争权威间的透明度，降低了信息不对称和交易成本，增加了效率（Budzinski，2002，2004）。然而，事实上，各国并没有强制性的义务遵守协定，也不能强迫其履行协调程序，因此产生了非效率。特别是，考虑到分歧性的法律或政策利益，单独的程序协调不能产生合意的结果（Budzinski，2004）。

（4）谈判和实施国际竞争规则。

达成在全球竞争问题上的一致同意需要公平的和持续的谈判，而且国际竞争政策体制必须具有能实施这些规则并要求成员承担责任的能力（Graham，2003）。在这一点上，WTO 方法更好。但这一方法也会遭到主权国家的拒绝，一国竞争权威不可能放弃它们的主权，同意程序上和实体上与国内不同的标准。在 ICN 中，竞争权威讨论反垄断问题，给出建议，分享经验。尽管程序上和实体上的差异，持续的互动能导致竞争规则的"软收敛"（soft convergence）。与 WTO 比较，ICN 方法最大的不利是它没有能力实施约束性规则。

（5）解决冲突的能力。

WTO 拥有成功的和可信赖的争端解决机制，这也使它能处理国际竞争争端。此外，它处理冲突的能力高，被认为是合法的和公平的。然而，对反垄断案例，WTO 也是一个新领域。WTO 倡导的各国趋于一致的竞争法将使冲突的解决更加简化（Tarullo，2000；Schoneveld，2003）。ICN 没有正式的争端解决机制，解决和阻止潜在的冲突是通过合作性的互动、交换意见、参与和信任。尽管非正式，但也有解决冲突的潜能。然而，由于承担责任的自愿性，严重的冲突将不可能解决。从这点看，WTO 更好。

（6）适应性。

在动态环境中，变化和创新将对现存的治理机制产生持续的挑战，考虑到反垄断政策，有两个演变值得注意：（1）反竞争实践的演化。（2）理论演化。作为可持续的国际竞争政策体制，适应能力代表了一个重要的演化要求。分析和比较 ICN 成员的反垄断实践，能归纳出最佳的竞争政策准则，这种标杆竞争的效应产生了有利的制度动态变化。ICN 作为一个信息中介，消除了信息不足和不对称，但反过来妨碍了标杆竞争。这两种方法，可持续和永久的适应力并不强。

综上，不能简单地说孰优孰劣，WTO 和 ICN 各有优劣，在反垄断的国际协调中处于平行地位。

（三）协调对外资银行并购反垄断的对策建议

上述难点的解决，除了正确运用合理原则、适用除外原则和域外适用原则外，最重要的是进行反垄断的国际协调。银行业反垄断的国际协调包括两个层面：一是商务部与国外竞争权威的双边和多边协调；二是银监会与外国银行监管机构的国际协调。

1. 商务部与外国竞争权威的双边协议

自 1996 年中俄两国签署政府间关于反不正当竞争与反垄断领域的合作交流协定以来，两国每两年签订一次合作谅解备忘录，这是为了使两国之间的合作进入常态化，进而更好地开展深入的合作。中国还进一步加强了与美国、欧盟、日本等发达国家的双边合作。2004 年 5 月，中国与欧盟签署了一份关于在中国与欧盟之间开展竞争政策对话的协议，正式启动了中欧竞争政策对话机制。2005 年中国与欧盟签署了《欧盟与中国在竞争政策领域双边对话协议》（对话范围中包括了跨国并购规制问题），决定建立中欧竞争政策交流与合作机制，成为中国建立的第一个竞争政策对话机制，为中国在跨国并购领域迈出了重要的第一步。

中国应在现有的基础上进一步构建更广泛、更深入的双边合作。根据近年来涉及中国的外资并购形势和趋势的分析，与中国有经常性的国际并购、投资往来的国家或地区签订双边协定，降低无目的性的谈判成本的付出。在双边合作的大方向上，中国应注意维护本国利益以及从发展中国家的角度开展双边合作。应当把双边合作的重点放在严格规制外资并购的垄断界定问题，以及外资并购实质性审查标准的统一问题上，从而最大限度地维护中国市场上的公平、自由竞争秩序。与此同时，中国与之开展双边合作的多是发达国家，中国应以发展中国家的姿态，充分利用双边合作的契机，积极向发达国家学习，完善本国外资并购反垄断法律体系，做好中国银行海外并购的后盾，在双边合作的深度与广度上更上一层楼。

2. 商务部与 WTO 和 ICN 的多边协议

鉴于 WTO 和 ICN 在反垄断国际上各有优势，因此，中国应积极主动地参与这些组织在银行反垄断领域的合作。一方面，认同并坚持 WTO 基本原则，积极参与 WTO 框架下全球统一的外资银行并购反垄断规则的制定，力争在谈判中体现中国的意志，坚持发展中国家的立场，结合我国当前的经济水平和法制程度，提出有利于我国的最低标准方案，而不应迁就、顺从一些国家的主张。另一方面，ICN 是专门致力于竞争政策的论坛，这是它相对于 WTO 的一个明显优势。ICN 是一个开放性的、非正式的论坛，中国参与 ICN 的讨论可以学到其他国家的反垄断执法经验和立法经验，以促进中国的反垄断立法。

3. 中国银监会与外国银行监管机构的国际合作

中国银监会应积极参与国际金融监管标准改革和建设进程，提高发展中国家在国际监管改革中的话语权。通过签订监管合作谅解备忘录①和组织国际监管联席会议等各种方式，加强与母国、东道国之间持续、有效的信息沟通交流。推进与国际组织和境外监管机构的国际合作，积极防范风险的跨境传染，促进建立全球性金融危机应急和救助机制，提高共同应对危机的能力。

---

① 见附录 14：双边监管合作谅解备忘录和监管合作协议一览表。

第八章

中国银行业并购反垄断的政策设计

本章主要探讨两个问题：一是中国银行业并购反垄断的政策设计；二是中国银行业的竞争政策设计。第二个问题是对第一个问题的深化。第一个问题主要论述银行并购反垄断的机构设置，反垄断的原则、标准与目标，银行并购申报制度、竞争评估制度、并购救济制度等；第二个问题主要论述构建中国银行业竞争政策的意义与内容。

-------------------------------- 第一节 --------------------------------

银行业并购反垄断政策

银行并购反垄断政策是银行竞争政策的重要组成部分，它对促进一国竞争性金融市场的发展、维护一国金融安全、保护消费者权益具有十分重要的作用，但中国目前在这方面还是空白，既没有恰当的管制机构，也没有有效的对银行并购进行反垄断管制的程序和方法，因此，急需加强这方面的制度建设。

银行并购反垄断的政策选择需要回答以下五个问题：（1）反垄断控制由谁决定？（2）反垄断控制使用什么样的评估标准？（3）超过临界值时，并购申报是强制还是自愿？（4）银行并购反垄断分析由哪些程序组成？每一程序的分析方法是什么？（5）有例外吗？也可表示为：（1）反垄断实施者；（2）反垄断标准；（3）并购申报；（4）反垄断程序和方法；（5）除外制度。

一、银行并购反垄断机构的设置

机构设置涉及以下几个问题：（1）是新设机构赋予其对银行并购的反垄断职责，还是将这一职责赋予现有的机构？（2）如果是现有的机构，是授予反垄断主管机关，还是授予行业主管机关？（3）是单一权威还是多重权威？（4）如何协调行业主管机关与反垄断主管机关间的关系？

2006 年 5 月 11 日，经合组织的爱德华·怀特合恩（Edward Whitehorn）在"竞争政策、法律和机构设置"讨论会上就提出过第一个问题，他指出："像中国这样一个刚刚开始引入竞争的国家，面临一个有趣的选择：是为新政策建立一个新的机构，还是把新的责任赋予现有机构？"在怀特合恩看来，"为了让竞争法和竞争政策有效实施，政府需要建立推动竞争的主管机构"。但他并没给出答案。

其实，中国目前并不缺乏反垄断的主管机关，有多个部门都负有反垄断的职责，包括发改委、国家工商行政总局和商务部。发改委负责操纵价格的反垄断，国家工商行政总局下设的反垄断与反不正当竞争执法局负责滥用市场支配地位以及禁止垄断协议（除价格以外的不当竞争），商务部下设的反垄断局负责经营者集中的反垄断。有这么多的部门负责反垄断执法，根本不需要新建反垄断主管机构，否则，只会带来资源的浪费、官僚机构的臃肿，我们所需要的是整合现有的资源，确保反垄断主管机关的权威性和独立性。

如果选择现有的机构，也有三种选择：一是将反垄断的职责赋予现有的反垄断机关；二是授予金融业的主管机关（对银行业并购的监管，行业主管机关包括中国人民银行和银监会）；三是二者共同负责。如果是授予现有的反垄断主管机关，是授予单一权威还是多重权威？如果是授予金融业的主管机关，是授予中国人民银行还是银监会？还是如同美国模式一样，两者都有反垄断职责？这些问题涉及这样两个方面的权衡：一是反垄断主管机关与行业主管机关的权衡；二是单一权威与多重权威的权衡。

谁将执行银行并购中的竞争法，需要做出权衡。一方面，银行监管者拥有并购决定的相关信息，也能更有利地监控并购的行为补救；另一方面，竞争性权威拥有分析技巧，能较快较准确地做出并购的竞争性评估。因此，将银行并购的反垄断职责授予竞争性权威还是银行业主管权威，没有一定之规。从世界各国的实践看，大多数国家都将银行并购反垄断的权力授予了竞争性权威，如欧盟、加拿大、澳大利亚等国家或地区。现在较为一致的观点是：竞争政策需要更清楚地与审慎性监管分离。几乎所有的中央银行因稳定性原因而控制并购，而竞争性权威主要是因竞争性原因而控制并购。最近几年，包括德、法、意、加拿大等国，认识到寻求一个有效率和有效果的金融机构功能分离是最好的方法，反垄断权威对银行并购反垄断负全责，仅有少数国家的司法部既考虑竞争，又考虑稳定。巴西央行对银行并购负责（既考虑竞争，又考虑稳定），但这会产生利益冲突（Carletti & Hartmann，2002）。因此，对银行业实施竞争性管制的权力应当赋予竞争主管机关。

　　单一监督权威对多重监督权威的成本与利益的争论持续了很长时间，从金融稳定或从金融服务业效率的观点看，没有简单的答案。在设计竞争政策时，必须考虑由哪个组织来充当管制权威。很多国家选择了单一权威，如爱沙尼亚、哈萨克斯坦、韩国、尼加拉瓜、英国等（尽管这是一个倾向，但并不具有一般性）。有一些国家则将系统稳定留给央行，但审慎性和市场行为监管分别给两个独立的权威。从中国的现实看，多重监督权威往往会带来太多的协调、太多的冲突、太多的不一致。竞争政策分散在不同的权威手中，会导致对竞争政策不一致的运用。因此，单一监督权威更适合中国实际。

　　综上，对银行并购的反垄断管制应由单一的竞争性权威执行。但到底由谁来执行，需要做仔细的权衡。发改委负责操纵价格的反垄断，国家工商行政总局负责市场行为的微观管理，范围从交易和商标注册到城管。工商行政总局下设反垄断与反不正当竞争执法局，由它来执行反垄断方面的事务。商务部是在 2003 年政府机构重组中合并以前的外贸和经济合作部以及以前的经贸委组建而成的。2004 年末，商务部建立了一个反垄断局，它内设办公室、竞争政策处、商谈处、法律处、经济处和监察执法处，由它执行企业集中方面的竞争事务。从这三个部门的职责看，银行并购的竞争评估属于商务部反垄断局的职责。事实上，商务部反垄断局已经在企业并购方面发布了一些法规、文件，处理了一些企业集中的案件，对企业并购案件的处理积累了相对成熟的经验，因此，综合起来看，商务部反垄断局更适合作为银行并购反垄断的主管机关。

　　虽然将银行并购的反垄断审查权力授予了反垄断主管机关，这并不等于说在银行并购的反垄断审查中不需要行业主管机关，恰恰相反，对银行并购的反垄断审查，银行主管机关的地位非常重要，不可或缺。因为：（1）银行需要从监管处获得执照，需要履行最低资本要求，对管理者进行任职资格审查（fit and proper test）等，一起并购可能会产生一个新的公司，或者带来新的管理者，逻辑上这需要由银行监管者根据《银行法》进行监管。（2）在很多国家，银行失败通行的做法是执行重组计划,这经常涉及由健康银行并购问题银行的行为,以避免大规模的银行倒闭。因为审慎性监管权威拥有更好的信息,它们在这种重组计划中扮演了很重要的协调甚至领导地位。(3)"特许权价值"假设认为太强竞争的银行部门更容易遭受不稳定,使很多国家在竞争导向的反垄断评估与稳定导向的银行并购的监管评估间寻求平衡。所以需要寻求反垄断主管机关与银行主管机关的职责平衡。正如国务院反垄断法立法专家顾问委员会委员、对外经贸大学法学院黄勇教授指出:就中国现状而言,从部门法律协调的角度出发,处理竞争主管机构和产业主管机构的最好办法就是保障竞争主管的独立性、权威性和专业性的基础上,建立一个尽可能完善的部门间协调机制,就垄断案件的管辖、调查和处理沟通协调,确保国家反垄断执法的统一有效。① 现在的问题是,由商务部反垄断局负责银行并购的反垄断管制职责时,与其进行银行并购信息交流的主体是中国人民银行还是银监会?因为在有些国家,央行有权决定银行并购的管制;而在有些国家,银行监管部门有权决定银行并购的管制。这取决于一国中央银行的职能与一国金融监管体制的演变。从大多数国家的实际来看,中央银行只负责金融的稳定,而不负责金融业的竞争评估,越来越多的中央银行专事于货币的稳定及货币政策的制定与执行。以欧盟为例(见表8-1),所有的欧盟成员国的中央银行都负责金融稳定,大多数成员国的中央银行不是银行监管者,大多数央行主要考虑系统性问题,而银行监管者主要负责审慎性和对市场行为的监管。因此,由银行监管部门协同竞争主管部门负责对银行并购的反垄断评估更为合适。从中国实际看,中国"一行三会"金融监管体制的确立,同样说明了这一道理。

表8-1 2004年以来欧盟金融监管体制中中央银行的地位

国家	监管权威数量	中央银行负责金融稳定	中央银行干预金融监管	中央银行干预金融监管的形式			
				中央银行是银行监管者	中央银行不是银行监管者		
					中央银行管理银行监管者	中央银行涉及银行监管的特定工作	中央银行和银行监管者共享资源
澳大利亚	1	是	是	否	是	是	否
比利时	1	是	是	否	是	否	否
丹麦	1	是	否	否	否	否	否

① 2006年5月11日在"竞争政策、法律和机构设置"会上的发言。

国家	监管权威数量	中央银行负责金融稳定	中央银行干预金融监管	中央银行干预金融监管的形式			
				中央银行是银行监管者	中央银行不是银行监管者		
					中央银行管理银行监管者	中央银行涉及银行监管的特定工作	中央银行和银行监管者共享资源
芬兰	2	是	是	否	是	否	是
法国	6	是	是	否	是	否	是
德国	1	是	是	否	否	是	是
希腊	3	是	是	是			
爱尔兰	1	是	是	否	否	否	是
意大利	3	是	是	是			
卢森堡	2	是	否	否	否	否	否
荷兰	3	是	是	是			
葡萄牙	3	是	是	是			
西班牙	3	是	是	是			
瑞典	1	是	是	否	是	否	否
英国	1	是	是	否	是	否	否

资料来源：Rym Ayadi & Georges Pujals. Banking Consolidation in the EU：Overview and Prospects，CEPS Research Report in Finance and Banking，No. 34，April 2004.

　　关键的问题是，银监会如何协调与商务部的关系？从发达国家银行并购反垄断的实践看，二者的协调包括正式的合作和非正式的合作。正式的合作包括：赋予竞争性主管机关强有力的执法权，通过法律赋予竞争性主管机关决定特殊行业市场力的行业监管权，建立强制性的和非强制性的交叉咨询机制，规定由相同的上诉机关处理争议等。非正式合作包括：日常沟通、人员和学习交流、会议以及建立联合工作组等方式。

　　银监会作为中国银行业的监管机关，目的在于促进银行业的合法、合规和稳健运行，维护金融消费者对银行业的信心，保护市场的公平竞争，提高银行业的竞争力，因此，银监会对银行业的竞争性管制应有一定的管辖权。王晓晔（2007）曾提出："行业监管机构主要处理市场准入和与互联互通相关的案件，而在企业并购、垄断协议以及一般的滥用行为等方面，管辖权则应交给反垄断执法机构。"① 因此，在银行并购反垄断领域，应加强银监会和中国反垄断管制机关（如商务部）的合作，合理划分双方的权限。在这一问题上，应由国务院制定《反垄断法实施细则》给予明确。对此，我们的建议是，凡涉及银行并购、滥用市场支配力以及串谋协议等行为，由反垄断管制机关管辖；涉及银行的设立、变更、终止以及业务范围的审批，涉及对不合规经营的银行的处理，以及对"问题银行"的接管等行为，应由银监会予以管辖。如果是银行并购，商务部虽然有决定权，但同时也应赋予银监会下述权利和义务：根据整个金融业的利益向商务部提出建议的权利；对银行并购进行初步审查的权利；向商务部提供银行并购的相关信息的义务；与商务部建立协调沟通机制的义务等。

292

总之，中国银行业反垄断监管职能的设置应合理划分银监会和竞争性管制机关双方的权限，形成双方通力合作的局面，并通过法律赋予管制机关强有力的独立性和权威性。这样做，既可以提高竞争性管制机关在专业性极强的金融领域的行动能力，又可以使银监会更好地协调银行反垄断，规范银行行为，促进经济金融的发展。

二、银行并购反垄断的原则、标准与目标

（一）银行并购反垄断的原则

根据中国的国情和当前国际上对银行并购的管制实际，中国银行业并购反垄断的原则可概括为以下两原则：

1. 合理原则

本身违法原则（per se illegal rule）和合理原则（rule of reason）是法院用来分析反垄断案件的两个重要原则。本身违法原则是指对市场上的某些限制竞争行为，不必考虑它们的具体情况和后果，即可直接认定这些竞争行为严重损害了竞争，构成违法而应予以禁止。合理原则源自 1911 年的美国标准石油公司案，② 怀特法官认为，国会的立法意图应该被解释为只禁止对贸易的"不合理"或者"不正当"的限制。如果对一切限制贸易的行为都予以禁止，既不符合现实情况，也不是国会立法者的合理意图。因此，在分析垄断行为时，应该分析行为的目

---

① 王晓晔：《垄断行业改革的法律建议》，载于《学习时报》2007 年 2 月 2 日。
② Standard Oil Co. v. U. S. , 221 U. S. 1 (1911).

的、行为人的市场力量以及行为的实际后果等。对并购行为的分析，合理原则尤其适用，因为并购既可能带来有损消费者福利的市场力的滥用，也可能带来消费者福利提高的效率增进，因此，在并购案例中广泛采用合理原则。对中国银行业的并购，更应以"合理原则"为核心原则。原因在于：（1）它体现了政策灵活性的要求，避免了"本身违法原则"实施中的武断性；（2）较好地协调了产业政策与管制政策、国民待遇原则与保护国家金融安全目标之间的矛盾与冲突；（3）体现了结构主义与行为主义的协调。"合理原则"的实施既考虑了市场结构对竞争的影响，又考虑了缓释因素对竞争的影响。

2. "内松外紧"原则

目前，对银行并购的反垄断来说，"内松外紧"原则几乎成为各国一条不明文的原则。对本国内银行的并购，非常宽松，甚至有人戏称银行并购反垄断制度为"橡皮图章"。不管是美国，还是欧盟，对境内银行的并购，很少禁止。最近亚洲有两例银行并购，同样畅通无阻。[①] 但对外资银行的并购，则要严格得多。美国即是如此（第七章做过详细论述，这里略去），这体现了美国对金融安全与金融民族竞争力的考虑。考虑到中国银行业的现实，中国银行业的并购管制更应以"内松外紧"为原则。

（二）银行并购反垄断的标准

并购反垄断的评估标准出现过四种标准：一是美国 1914 年《克莱顿法》第七条所确立的"显著降低竞争"（SLC）标准；二是欧盟 1989 年《合并条例》规定的支配力标准；三是 2004 年后欧盟采用的"显著阻碍有效的竞争"（SIEC）标准；四是英国等少数国家以前采用的"公共利益"标准。

第一种标准被美国等大多数国家所采用。它是指这样一种情形：企业合并导致的相关产品的价格应当显著高于没有合并情况下的价格，而且这种价格差异难以在 2 年内消除。至于什么样的价格差异才能称为显著，根据美国反垄断法的判例，价格显著的幅度随产业的不同而不同，也不必一定要高于 SSNIP 市场界定法

第三辑

政府管制与公共经济研究丛书（第三辑）

---

　　① 2011 年 3 月 10 日，韩国公平交易委员会（KFTC）批准韩亚金融集团收购韩国外汇银行。KFTC 认为尽管两家公司合并后在外汇兑换市场的市场份额超过 39%，但由于该领域存在来自其他主要银行的强劲竞争，本次交易不会限制市场竞争，也不会对储蓄和拆借市场产生影响。12 月 13 日，印度尼西亚商业竞争监督委员会（KPPU）根据事后强制申报制度，批准印度尼西亚人民银行（Bank Rakyat）并购阿格罗尼加（Agroniaga）银行案。KPPU 称，该并购不会导致市场集中度的实质性提高，因此不会产生竞争问题或损害消费者利益。

所要求的5%的幅度，在某些情况下也可以低于5%。

欧盟的支配力标准的含义是：如果一项合并创设或加强了合并方的市场支配地位，并由此导致欧盟共同体市场或其中相当大的一部分市场上的有效竞争受到显著妨碍的话，那么该项合并就被认为与共同体市场不符，就会被欧盟委员会禁止。支配力标准在分析合并案时，着眼于考察合并是否创设或强化原有的市场支配地位。

上述两种标准的比较，较多的观点认为"显著降低竞争"标准要好于支配力标准。原因有：（1）"显著降低竞争"标准比支配力标准更具弹性。"显著降低竞争"标准重点考察企业市场行为和企业的动态竞争上，而支配力标准将重点放在集中度上。（2）"显著降低竞争"标准允许更多地使用经验证明和经济学分析方法。（3）"显著降低竞争"标准透明度更高，并可准确预测未来。（4）"显著降低竞争"标准更有利于发现问题和找到解决问题的办法。（5）"显著降低竞争"标准有利于引入效率分析。[①]支持第一种标准的人认为支配力标准存在缺口问题。因为企业合并除了通过创设或强化市场支配地位导致竞争的显著降低外，还可能通过改变市场结构从而导致合并后的厂商走向合谋以造成市场竞争的显著降低和合并后企业行使单边市场力导致市场竞争的显著降低，第一种标准对这三类竞争显著降低的行为都可以进行规范，而支配力标准只能规范前一类的行为，这被称为"缺口"问题。

第三种标准是欧盟对支配力标准的改革，是欧盟向"显著降低竞争"标准的迈进，但它是一种不彻底的改革。第四种标准由于太过于抽象和宽泛，现在很少有国家采用，英国现在也没有采用它，转而采用第一种标准。包括一些以前采用支配力标准的国家现在也开始转向"显著降低竞争"标准，如加拿大、澳大利亚、新西兰等国。

中国《反垄断法》第28条规定审查的标准是"具有或者可能具有排除、限制竞争效果"，抛弃了仅以集中度或垄断地位确认违法的标准，这一规定是得当的。这一规定对银行并购反垄断审查同样适用。

（三）银行并购反垄断的目标

一般来讲，并购反垄断的目标可归纳为两个：社会总福利目标和消费者福利目标。威廉姆森（1968）的"效率权衡"论使用的就是社会总福利目标。通常

① LECG, Background Note for the Conference on Transatlantic Competition Policy/EC Green Paper on Review of Merger Regulation, 22 March 2002, Hotel Jolly, Brussels.

来讲，这两种目标有其一致的地方，消费者福利增加，往往意味着社会总福利的增加；社会总福利增加，也意味着消费者福利的增加，因为可分的"馅饼大了"；但这二者并不能画等号。究竟哪一种目标更好，成为学术界和实务界探讨的课题。从最近文献的研究看，支持消费者福利目标的占主流，如皮特曼（Pittmam，2007）认为，消费者剩余更适合作为反垄断实施的目标。[1] 不少学者认为，反垄断应更强调消费者选择导向，保护消费者选择的自由（Lande，2001；Averitt & Lande，2007）。并购评估中使用社会总福利目标也就意味着福利的转移是中性的，消费者的福利向厂商福利的转移对整个社会是无差异的。但这不符合并购评估的目标，因为并购反垄断就是要管制厂商滥用过大的市场力导致消费者剩余向厂商转移，因此福利转移中性观点不适合用于并购的反垄断评估，消费者福利目标更贴近反垄断目标。在实践中，美国司法部往往运用消费者福利目标来审查银行并购。因此，中国银行业并购的反垄断评估目标应是消费者福利目标，这也顺应当前"后危机"背景下各国加强消费者权益保护的做法。

三、银行并购申报制度

银行并购申报制度是指为了确保反垄断管制机关在事前对是否会产生显著降低市场竞争效果的银行并购做出判断，并更好地采取措施，而要求并购银行在实施并购前向反垄断管制机关进行申报的制度。日本 1949 年最早建立并购事前申报制度，此后，各主要国家纷纷采纳这一制度。[2] 并购申报是并购反垄断管制的首要环节，申报机制设计的质量优劣直接关系到后续管制成本和对并购活动的控制程度。一个完备的并购申报制度至少包括以下几个部分：自愿申报、强制申报与事后备案、检验标准、申报标准、信息要求。

（一）自愿申报、强制申报与事后备案

从世界范围看，有两类通行的申报机制：一是强制申报机制；二是自愿申报机制。在强制申报机制下，管制机关往往会根据并购交易主体规模和（或）交易

第三辑 政府管制与公共经济研究丛书（第三辑）

---

[1]　Russell Pittman. 2007. Consumer Surplus as the Appropriate Standard for Antitrust Enforcement. Economic Analysis Group Discussion Paper 07 – 09.

[2]　2006 年 8 月，世界上最大的律师事务所联盟（LexMundi）在其官方网站上公布了该联盟对 56 个国家和地区企业并购申报制度的调查结果，统计结果表明：在被调查的 56 个国家和地区中，国家法律规定要求建立申报制度的国家和地区有 46 个，包括事前强制申报制度、事后备案制度及自愿申报等形式，占比达 82%；而未规定申报制度的国家和地区仅有 10 个，占比为 18%，由此看出世界上大部分国家和地区都建立了并购申报制度。

规模设定一个申报临界值，超过这一临界值的并购必须向反垄断管制机构申报，否则会面临惩罚；反垄断管制机关在收到并购企业的申报后，对并购行为进行反垄断审查，审查后如果确认该并购会严重损害竞争，则会禁止并购，或者有条件的通过并购（如分拆）。美国、日本、加拿大、欧盟等主要西方国家和地区目前

都采用的是强制申报机制。在自愿申报机制下，并购企业有权选择是否向反垄断管制机构申报并购交易。如果并购企业向反垄断管制机构申报了并购交易，则反垄断管制机构对并购进行反垄断审查；如果并购企业没有向反垄断机构申报并购交易，并购企业则会面临反垄断机构调查评估的风险，一旦反垄断管制机关审查后确认这一并购存在严重损害竞争的效果，并购企业则会遭到反垄断制裁措施。新西兰、澳大利亚、英国、印度等少数国家采取自愿申报机制。

此外，还有一种辅助性的事后备案机制，它仅针对部分特定的并购，要求并购完成后在国家反垄断主管机关进行备案。

根据莱克蒙迪（LexMundi）事务所对所调查的 56 个国家和地区的情况看，在 46 个规定有申报制度的国家和地区中，规定事前强制申报制度的有 27 个，占比为 58.7%；规定事后备案制度的有 7 个，占比为 15.2%；规定事前强制申报和事后备案都可以的有 4 个，占比为 8.7%；规定自愿申报制度的有 8 个，占比为 17.4%。考虑到并购一旦进行，并购企业就会投入巨额收购资金，如果事后再被勒令分拆，企业必然损失惨重，而人事变动、外部关系重整等又会给社会带来不必要的动荡，所以大多数国家的竞争法都要求或者允许并购前将并购方案通报给竞争主管机关，由竞争主管机关事前对并购的合法性做出评判。事前申报制度的优点是：（1）有利于事前控制垄断行为的发生，避免事后高成本的干预；（2）有利于维护市场的公平竞争秩序，保护国家经济安全。但其也有缺点，即政府反垄断管制部门的执法成本高，效率较低。自愿申报制度的优点是：（1）虽然这一制度给并购双方充分的自由申报权，但其威慑力量巨大，迫使并购方不得不考虑不申报的后果；（2）减少了反垄断管制机关大量的审查负担和执行审查的成本，有力地提高了管制效率。其缺点是：要求该国有严格的并购法律制度进行约束。事后备案制的好处在于只需在并购交易完成后及时向反垄断管制机关备案，操作程序简单，有利于并购企业选择恰当的时机实施并购，降低了并购交易的成本，提高了并购的效率。特别是在被并购企业面临破产或其他危机的情况下，合并可以作为一种救济手段，及时挽救一些处于困境中的企业。

2007 年 8 月 31 日出台的《中华人民共和国反垄断法》第 21 条规定："经营者集中达到国务院规定的申报标准的，经营者应当事先向国务院反垄断执法机构

申报，未申报的不得实施集中。"这一条款表明了中国目前实施的是强制申报机制。2008 年 8 月 3 日出台的《国务院关于经营者集中申报标准的规定》第 4 条规定："经营者集中未达到本规定第三条规定的申报标准，但按照规定程序收集的事实和证据表明该经营者集中具有或者可能具有排除、限制竞争效果的，国务院商务主管部门应当依法进行调查。"这一规定暗示着中国也有可能实行自愿申报机制。2009 年 11 月 21 日商务部颁布的《经营者集中申报办法》第 16 条规定："经营者集中未达到《规定》第 3 条规定的申报标准，参与集中的经营者自愿提出经营者集中申报，商务部收到申报文件、资料后经审查认为有必要立案的，应当按照《反垄断法》的规定进行立案审查并作出决定。"这一条款表明了中国对申报门槛值以下的并购实施自愿申报机制。所以，中国对企业并购申报制度实行混合申报制度，对门槛值以上的并购实施强制申报制度，对门槛值以下的并购实行自愿申报制度。这一混合申报制度同样适用于银行并购申报。

（二）检验标准

申报门槛有不同的检验，通常有以下几种。

1. 市场份额检验

基于竞争法原则评估一个公司的市场份额不是一门精确的科学。第一，界定相关产品市场和地区市场通常很难，经常是基于不可靠的和不可检验的假设。合并后企业的市场占有率并不等同于合并前各企业市场占有率之和，且不同行业的市场集中程度不尽相同，很难划定统一申报标准。即使是欧洲委员会集中了很多该领域的权威专家，它们也不情愿在界定相关市场时有清晰的立场，除非没有选择。退一步，即使界定了市场，也很难确切地评估相关市场份额，毕竟，不能与竞争对手交换这样的数据。欧洲委员会也没有期望并购方提供绝对精确的市场份额数据，它只是要求它们真诚地给出最佳的估计，然后委员会再去通过市场调研来审核和调整它们。

2. 交易规模和企业规模检验

当债务被接收，或者购买价格涉及另一方没有公开交易的股份，或者它们的股份以非市场价值购买时，很难证实交易的绝对值。相似地，全球来看，公司资产评估的标准也不是协调一致的，并且不一定是理性或正确的。比如，JP 摩根并购贝尔斯登的股票，价格几天内从 2 美元到 10 美元。因此使用交易规模或企业

第三辑　政府管制与公共经济研究丛书（第三辑）

规模检验来决定是否一个交易应进行并购申报，似乎并不可信赖。如果假设熟悉市场的买方对目标公司的真实价值判断完全出错，作为监管权威怎么能将这一价值作为实施审判的依据？

3. 营业额检验

这一检验最简单易行。一般来说，使用营业额标准时，既要考虑参与企业的全球营业额，也要考虑它们在本国的营业额。只看本国营业额是不够的，因为这样做会低估大型跨国公司的潜在市场力，它们当前在特定国家的投资规模也许不大，但这不代表它们没有实力做得很大。而只考虑全球营业额，则会走向另一个极端：这会惩罚那些目前在一国没有进行实质性投资的跨国公司，并且人为地制造出大量无谓的申报工作量。

商务部制定的《经营者集中申报办法》和《经营者集中审查办法》已于2010年1月1日起正式施行，两办法明确规定营业额是判断一起经营者集中是否需要申报的基本依据。这说明中国对企业集中申报的主要检验标准是营业额检验。

对银行并购申报而言，市场份额通常不能作为申报检验标准，因为市场份额不是银行市场力的一个好的显示器。通常的检验标准是资产或收入。如，在以前的欧盟并购管制（ECMR）中，对银行和信用机构的营业额的计算使用的是资产的10%作为替代；在修订的欧盟并购管制第5章第3款中，对银行和信用机构的营业额使用收入总和作为替代，它包括利息收入及类似收入、证券收入、股份和其他变动收益证券的收入、参股利息收入、附属机构股权收益、净运营利润和其他运营收入，并于1998年3月实施。修订的含义是因为收入比以前使用的10%的资产更好，它更准确地反映了整个银行业的经济现实，以前使用的方法经常被批评，因为它排除了特定的运营，如金融市场运营。这样看来，中国银行业的并购申报也应以营业收入作为主要检验标准。

（三）申报标准

这里需要明确两个问题：一是对银行业需不需要特定的申报标准？二是银行并购申报标准的具体门槛值多少才比较合适？

1. 银行业是否需要特定的申报标准

中国《反垄断法》并没有任何条文提及按行业实行特别的集中申报规则或其

他规则。因此，在《反垄断法》的总体框架中引入分行业的申报标准似无必要。不过，由于第 21 条授权国务院制定具体的申报标准，有了这种模糊而笼统的规定，我们也不能说不可以制定这样的特殊标准。在欧盟，基本上不存在分行业的申报标准。《欧共体兼并条例》对信用机构、金融机构和保险公司实行特别的营业额计算标准，但这并不算采用有别于统一申报标准的特别标准。这当中的原因是：《欧共体兼并条例》恪守本分，只关注竞争问题，而竞争总司也只是一个中立的竞争主管机关，从不涉足产业政策。此外，考虑到成员国之间的行业监管体制差异很大，而且很多产业涉及敏感的政治问题，要在欧盟层面实行分行业申报标准是很困难的。在成员国层面，情况则稍微不同。各成员国有权自行制定分行业的申报标准，而有一些成员国也确实这样做了，虽然这种做法总体上说并不占主流。欧盟各国实行的分行业申报标准基本上可以分成两大类：第一类也是最主要的一类，涉及传媒行业，这一行业的申报门槛要比其他行业低；第二类则涉及金融业，这一行业虽然适用的是普通的申报门槛，然而计算营业额的方法在不同成员国之间差异很大。很多欧盟成员国对金融业都制定了自己的申报规则，和欧洲委员会根据《欧共体兼并条例》所实行的标准相差很远。例如，意大利规定："参与集中的银行和金融机构的营业额门槛为其总资产的十分之一，但备查账户（memorandum accounts）不予计算；参与集中的保险公司的营业额门槛则为其实收保费的十分之一。"[①] 不过，意大利的规定并不能算是对金融业适用特别的行业申报标准，因为这只是特别的营业额计算方法而已。

分行业的申报标准属于例外情形，不是主流。在欧盟，这种标准实际上仅存在于传媒行业之中。而即便是针对传媒集中制定特别申报标准，在欧盟也仍然是少数，而且和成员国的历史与国情密切相关。银行和金融机构所独有的营业额计算方法倒是值得借鉴，而且还应当把中国金融业的具体情况和国内申报要求结合起来。但这并不需要制定不同的申报标准。

上面的分析表明，对银行业并购申报，不需要制定特别的申报标准，可以在营业额的计算方法上有所不同。当然，我们可能认为：金融是国民经济的命脉，外资并购关系到国家金融安全，应该规定特有的申报标准。这类担心完全可以通过行业监管规则来消释，例如外资管制、行业主管机关审批等。对敏感行业实行单独的集中申报标准完全是叠屋架床，还会人为地催生出不确定因素，并且有可能造成中国各政府部门之间滋生出敌意、混乱和其他问题，但却不会带来任何实

第三辑

政府管制与公共经济研究丛书（第三辑）

---

① 《意大利竞争法》第 16 条第 2 款。

质性的好处。不过，以上仅是对欧盟经验的介绍，其经验是否适合中国，还要看中国的具体情况，即商务部规定的并购门槛是否适合银行业的实际。

2. 银行业并购的申报标准

在给出具体的申报标准前，首先需要明确的是，有哪些因素影响并购申报的标准。

（1）影响并购申报标准的因素。

第一，一国的经济规模（以 GDP 或以其他数据来衡量）。规模越大，则申报门槛应当越高。但是，这只是思考的起点，并不能作为"数学公式"来使用。看看欧盟的情况便很清楚：2006 年欧盟的 GDP 达到 11.6 兆亿欧元，而它规定参与集中企业中至少有两家的欧盟营业额必须能单独达到 2.5 亿欧元（第一套申报标准）或 1 亿欧元（第二套申报标准）［第二套申报标准是指合营企业营业额（或者合营活动的营业额）要达到 1 亿欧元，因为低于 1 亿欧元的经营者集中可以适用简式申报程序］，换算成比例就是 1∶46 400 或者 1∶11 600；而法国的要求是，参与集中企业的全球营业额总和能达到 1.5 亿欧元，且至少有一家企业的法国国内营业额能达到 5 000 万欧元，以法国的 GDP 值 1.79 兆亿欧元计，其国内营业额门槛与 GDP 的比率为 1∶17 800，这与欧盟层面的比率要差很多，可是法国经济与欧盟整体经济的构成相差并不大。

第二，一国国内关于并购交易的数量、金额和规模等各种统计数据。一般来讲，一国并购的数量和金额越大，申报标准就越高。

第三，人力资源和政策考量。中国会成立什么样的反垄断执法机构？从"法律生效日"开始，会有多少审查员和其他行政官员参与经营者集中的审查工作？如果对这两个问题有答案，大概就能估算出反垄断执法机构在初步调查阶段能够处理多少案件了。就人力资源与政策考量来说，需要注意这样几点：①在中国目前有相当经验、可以处理案件的专家并不多。无论这支执法队伍有多么能干、工作多么忘我，它能够进行认真审查的申报交易不可能太多。如果申报数量超过了可控制的范围，使执法机构在一开始就被淹没在公文和数据里，忙得不可开交，将会导致社会评价较差。果真如此的话，那就很有可能出现以下几种情况：要么只对申报进行匆忙而肤浅的审查，提不出任何实质性的意见，纯粹是在"凑数字"；要么处理过程中不断出现程序性和实质性纰漏；再就是想尽办法拖延程序，例如无谓地要求申报企业提供信息，或者是要求其提供根本无法收集的信息，以此来替审查工作争取时间；等等。这些情况都不是人们愿意看到的。所以说，在集中审查制度开始运作的阶段，反垄断执法机构对申报案件的处理原则应当是宜少不宜多；只有当主管官员积累的经验越来越多，同时机构的编制不断充实时，工作量才可以逐步增加。要达到这个目的，申报的门槛一开始可以定得高一些，但又应当容许日后通过简单的行政机制对门槛进行调整（而不是又要通过制定新法律的办法"从零开始"）。②假如中国政府希望鼓励中小型国内企业进行整合，那就应当避免设置无谓的集中申报要求，或者是人为地使审查程序复杂化，因为这些做法对实现整合目的并无补益。事实上，《反垄断法》第 15 条就把"提高中小经营者效率，增强中小经营者竞争力"作为禁止垄断协议的例外情形。这就意味着，如果把中国国内营业额作为申报的其中一个标准，则这个标准必须定得相当高，以免使中小型企业的整合过程变得过于复杂。③如果让中国政府更忧心的是国外企业并购国内企业的话，可以把相关企业的全球营业额总和这个门槛定得低一些。参考德国的标准，门槛可以定在 55 亿元人民币。当然，这个数字可以再调低一些，不过要是低很多的话就不妥当了，因为中国经济的规模和增长前景都非常乐观。

从上面的分析可看出，在中国目前对银行并购的申报标准宜相对宽松。

（2）中国银行业并购申报标准的设计。

2008 年 11 月 27 日，商务部公布《国务院关于经营者集中申报标准的规定》，在第 3 条明文规定，经营者集中达到下列标准之一的，经营者应当事先向国务院商务主管部门申报，未申报的不得实施集中：①参与集中的所有经营者上一会计年度在全球范围内的营业额合计超过 100 亿元人民币，并且其中至少两个经营者上一会计年度在中国境内的营业额均超过 4 亿元人民币；②参与集中的所有经营者上一会计年度在中国境内的营业额合计超过 20 亿元人民币，并且其中至少两个经营者上一会计年度在中国境内的营业额均超过 4 亿元人民币。

第 3 条最后专门附上"营业额的计算，应当考虑银行、保险、证券、期货等特殊行业、领域的实际情况，具体办法由国务院商务主管部门会同国务院有关部门制定。"以上规定表明：①中国企业集中申报标准采用的是营业额标准；②营业额标准既考虑全球营业额，也考虑中国境内营业额；③对银行业的并购申报，没有特别的与其他行业不同的申报标准，都是全球营业额 100 亿元，境内营业额 4 亿元，仅是其营业额的计算办法与其他行业不同，其他行业营业额就是营业额，不需要调整，而对金融业，需要对其营业额的计算进行调整。可见，这一部文件深受欧盟并购条例的影响，有明显的欧盟并购条例的痕迹。

2009 年 7 月 15 日，商务部会同中国人民银行、中国银监会、中国证监会和中国保监会制定《金融业经营者集中申报营业额计算办法》。该办法规定，申报中的银行业金融机构的营业额要素包括以下项目：利息净收入、手续费及佣金净收入、投资收益、公允价值变动收益、汇兑收益、其他业务收入。经营者集中申报营业额的计算公式为：

$$营业额 = (营业额要素累加 - 营业税金及附加) \times 10\%$$

这一办法明确了金融业并购申报的营业额的计算办法。如果按这一办法计算的中国境内营业额合计为 29 亿元，一家营业额为 10 亿元，另一家为 19 亿元，则这一并购交易需要向商务部进行申报。这一计算办法有一个缺陷，即只规定了并购银行申报的主体规模，没有规定并购中的交易规模，而交易规模对决定并购后实体的市场力至关重要。因此，本书尝试提出中国银行业并购申报中的交易规模标准，并对主体规模标准进行测试。

我们首先以假设的中国民生银行与华夏银行并购为例，说明银行业集中的申报标准，并评估其合理性。两家银行 2009 年和 2010 年的相关数据如表 8 - 2 所示。

表 8 - 2　　　　　　假设的中国民生银行与华夏银行合并的营业额计算

项目	2009 年		2010 年	
	中国民生银行	华夏银行	中国民生银行	华夏银行
利息净收入（百万元）	31 727	1 581	44 848	2 276
手续费及佣金净收入（百万元）	4 530	102	7 879	144
投资收益（百万元）	4 993	10.1	-65	-1.9
公允价值变动（百万元）	44	-4.3	-4	2.2
汇兑收益（百万元）	94	12.7	569	15.5
其他收入（百万元）	23	11.3	13	11.6
营业税金及附加（百万元）	2 758	124.7	3 734	160.2
营业额（百万元）	3 865.3	1 588.1	4 950.6	2 287.2
总营业额（百万元）	5 453.4		7 237.8	
总资产（百万元）	14 263.92	8 454.56	18 237.37	10 402.30
资产和（百万元）	22 718.48		28 639.67	
市场份额（%）	1.79	1.06	1.91	1.09
市场份额和（%）	2.85		3.00	

资料来源：根据两家银行网站公布的 2010 年年报整理而成。

从表 8 - 2 可以看出，如果 2010 年两家银行合并，按集中申报标准调整的营业额为 54.534 亿元；如果 2011 年两家银行合并，按集中申报标准调整的营业额为 72.378 亿元；如果按"参与集中的所有经营者上一会计年度在中国境内的营业额合计超过 20 亿元人民币，并且其中至少两个经营者上一会计年度在中国境内的营业额均超过 4 亿元人民币"这一标准，那么这两家银行的并购需要向商务部进行申报。但我们从这两家银行合并后的市场份额看（假设合并不改变单个银行的市场份额），2009 年为 2.85%，2010 年为 3.00%，均太小，这么低的市场份额在任何国家也不需要并购申报。① 虽然在理论上认为用市场份额进行检验不合理，但至少可以将它用作参考指标，更何况还有一些国家也将市场份额作为并购申报的检验标准。所以，按《国务院关于经营者集中申报标准的规定》和《金融业经营者集中申报营业额计算办法》对银行业并购规定申报标准，显然太过严格，按此标准，绝大多数的银行并购都需要申报，如果每年银行并购的数量有限，商务部还有精力应对，但一旦数量增多，则会令商务部疲于应付。严格的申报标准也与我们前面对银行业申报原则的分析不符。所以，应对这一办法进行改革。

修订的办法有两个。一是只将营业额计算中 10% 的乘数变为 2%，其他不变，这样在这个假设的例子中两家银行的并购不需要申报，这也符合中国鼓励中小规模银行合并的精神。这一办法是否太松，以至于连大型商业银行的合并都不需要申报？下面我们用两个假设的例子来说明：一个是中国建设银行与中国交通银行之间的合并，另一个是中国建设银行与中国民生银行的合并。具体的数据如表 8 - 3 和表 8 - 4 所示。

表 8 - 3　　　　　假设的交通银行与中国建设银行合并的营业额计算

项目	2009 年		2010 年	
	交通银行	中国建设银行	交通银行	中国建设银行
利息净收入（亿元）	665.64	2 118.85	849.95	2 515
手续费及佣金净收入（亿元）	113.99	480.59	144.79	661.32
投资收益（亿元）	13.93	58.97	7.47	40.15
公允价值变动收益（亿元）	3.34	9.24	-0.71	16.59

① 莱克蒙迪事务所的调查显示：巴西规定合并申报的市场份额在相关市场中至少占 20%；西班牙规定申报标准的市场份额（或在西班牙境内某一市场的）达 25% 或以上。

第三辑

政府管制与公共经济研究丛书（第三辑）

续表

项目	2009 年		2010 年	
	交通银行	中国建设银行	交通银行	中国建设银行
汇兑收益（亿元）	4.83	-2.5	6.5	-6.11
其他业务收入（亿元）	7.64	6.69	27.45	7.94
营业税金及附加（亿元）	51.47	159.72	64.31	183.64
资产总额（亿元）	33 091.37	96 233.55	39 515.93	108 103.17
银行业总资产（亿元）	795 146		953 053	
市场份额（%）	4.16	12.1	4.15	11.3
市场份额和（%）	16.26		15.45	
2% 计算的营业额	15.1580	50.2424	19.4228	61.0250
2% 计算的营业额之和	65.4004		80.4478	

资料来源：中国建设银行和交通银行 2010 年年报。

表 8-4　　　　　假设的民生银行与中国建设银行合并的营业额计算

项目	2009 年		2010 年	
	中国民生银行	中国建设银行	中国民生银行	中国建设银行
利息净收入（亿元）	317.27	2 118.85	448.48	2 515
手续费及佣金净收入（亿元）	45.3	480.59	78.79	661.32
投资收益（亿元）	49.93	58.97	-0.65	40.15
公允价值变动收益（亿元）	0.44	9.24	-0.04	16.59
汇兑收益（亿元）	0.94	-2.5	5.69	-6.11
其他业务收入（亿元）	0.23	6.69	0.13	7.94
营业税金及附加（亿元）	27.58	159.72	37.34	183.64
资产总额（亿元）	142.64	96 233.55	182.37	108 103.17
银行业总资产（亿元）	795 146		953 053	
市场份额（%）	1.79	12.1	1.91	11.3
市场份额和（%）	13.89		13.21	
2% 计算的营业额（亿元）	7.7306	50.2424	9.9012	61.025
2% 计算的营业额之和（亿元）	57.973		70.9262	

资料来源：中国民生银行和中国建设银行 2010 年年报。

　　从表 8 - 3 可以看出，两家银行不管是 2010 年合并，还是 2011 年合并，用 2% 作为营业额计算的乘数，计算出来的境内营业额之和都大于 20 亿元，且单个银行的营业额都大于 4 亿元，所以该项并购应申报。这是五大商业银行中最小的交通银行与另一家大型商业银行的合并，更不用说原四大国有商业银行的合并。

　　表 8 - 4 可得出与表 8 - 3 同样的结论，这起并购需要申报。

　　所以本书认为，用 2% 的乘子较为合适。

　　另一种修订办法是采用意大利的方法，将营业额设定为总资产的一定百分比。意大利对银行并购申报的标准是"参与集中的银行和金融机构的营业额门槛为其总资产的十分之一"，至于是否为"十分之一"要看中国的实际情况。表8 - 5 列出了 2007 ~ 2010 年 3 家政策性银行、5 家大型商业银行、17 家股份制商业银行的平均资产，如果采用这一标准，那么两家股份制银行于 2011 年合并，假设它们的资产与股份制商业银行的平均资产相等，即为 8 766.882 亿元，则只要两家商业银行中国境内的营业收入和不超过 1 753.4 亿元，就不需要进行申报；大于这一数值，需要申报。我们不妨看一看假设的中国民生银行与华夏银行的合并（数据见表 8 - 6）。从表 8 - 6 可以看出，假设 2011 年民生银行与华夏银行合并，它们的营业收入和为 792.47 亿元，其总资产和为 28 639.67 亿元，二者的比率为 2.77%，低于意大利的申报标准，不需要申报。如果再从市场份额的角度考虑，2011 年二者合并后（假设市场份额不变），市场份额为 3%，这一低的市场份额在任何国家也不需要并购申报。因此，这样看来，用意大利的申报标准是合适的。

表 8 - 5　　　　　2007 ~ 2010 年主要商业银行的平均资产　　　　单位：亿元

银行类型	2007 年	2008 年	2009 年	2010 年
政策性银行	14 260.33	18 818	23 152	25 507
大型商业银行	57 000	65 150.2	81 599.6	93 788.6
股份制银行	4 278.941	5 196.294	6 951.824	8 766.882

资料来源：根据 2010 年《中国银行业监督管理委员会年报》整理。

表 8 - 6　　　　　中国民生银行与华夏银行的财务数据

项目	2008 年		2009 年		2010 年	
	中国民生银行	华夏银行	中国民生银行	华夏银行	中国民生银行	华夏银行
营业收入（亿元）	350.17	176.11	420.6	171.3	547.68	244.79

续表

项目	2008 年		2009 年		2010 年	
	中国民生银行	华夏银行	中国民生银行	华夏银行	中国民生银行	华夏银行
营业收入和（亿元）	526.28		591.9		792.47	
总资产（亿元）	10 543.5	7 316.37	14 263.92	8 454.56	18 237.37	10 402.3
总资产和（亿元）	17 859.87		22 718.48		28 639.67	
市场份额（%）	1.67	1.16	1.79	1.06	1.91	1.09
市场份额和（%）	2.83		2.85		3.00	
营业收入和/总资产和（%）	2.95		2.61		2.77	

资料来源：根据两家银行网站公布的财务数据整理而成。

不过，这里仍有两个问题，一是意大利的标准是否太宽松？二是中国民生银行与中国华夏银行合并的例子是否有代表性？

从国际上看，意大利和日本的并购申报是最为宽松的国家。中国是否采用与它们一样宽松的标准？虽然说中国宜采用宽松的银行并购申报标准，但考虑到中国经济的高速发展，银行业整体竞争实力的加强，不妨采取一个较为中性的并购申报标准，将银行并购的申报标准定为"参与集中的银行和金融机构的营业额门槛为其总资产的八分之一"。

这一例子是否恰当？应该说，中国民生银行和华夏银行是 17 家股份制商业银行的代表，如果它们间的并购按上述的标准不需要并购申报，那么，也就是说，中国银行业的并购申报政策是鼓励中小商业银行合并的，这有利于形成中国银行业良性竞争局面。

上面说明的是银行并购申报中主体规模的境内标准，如果是全球标准，多少合适？德国和法国的并购申报标准既有境内标准，又有全球标准，这一点值得中国借鉴。因为中国目前也面临外资银行的并购问题。全球营业额标准应制定严厉一些。参考德国和法国的标准，德国全球合并申报标准是 5 亿欧元，境内标准是 2 500 万欧元，全球标准是境内标准的 20 倍；法国全球合并申报标准是 1.5 亿欧元，境内标准是 1 500 欧元，全球标准是境内标准的 10 倍。因此，中国对银行合并申报的全球标准可定为"参与集中的银行其全球营业额超过中国境内营业额的 15 倍"。

申报标准除了主体规模标准外，还有交易规模标准，因为交易规模决定合并后实体市场力增加的程度。欧盟申报标准只有主体规模标准，没有交易规模标准，美国两者都有。考虑到交易规模对银行市场力的重要性，虽然交易规模存在数据失真的风险，但是建议中国反垄断管制权威有必要将银行并购的交易规模标准考虑在内。对银行并购申报的交易规模标准，可以参考美国对企业集中申报的交易规模标准——作为取得的结果，取得方将获得被取得方所有资产或股份的15%以上，或者其资产或股份的金额在1 500万美元以上。前一条我们似乎可以采用，后一条中的"1 500万美元"的规模用于中国银行业的并购未免过于严格。我们可以参考欧洲银行业1995~2002年期间61起主要银行并购的交易规模（见表8-7）。

307

表 8 - 7　　　　　欧洲银行业 1995~2002 年间的主要银行并购

年份	收购银行	来源	被收购银行	来源	交易规模（百万欧元）
1995	阿比国民银行	英国	全国和省建筑学会（National and Provincial Building Society）	英国	1 628.50
1995	德累斯顿银行	德国	麦格理集团（Kleinwort Benson Group）	英国	1 168.30
1995	埃劳德银行	英国	信托储蓄银行集团（Tsb Group）	英国	11 667.10
1995	荷兰国际银行	荷兰	巴林银行	英国	770.00
1996	瑞典商业银行（Svenska Handelsbanken）	瑞典	斯塔德谢普泰克银行（Stadshypotek）	瑞典	2 723.50
1996	农业信贷国民银行	法国	印古斯银行（Banque Indosuez）	法国	970.30
1996	中信中央银行（Mediocredito Centrale）	意大利	那不勒斯银行	意大利	1 401.10
1996	法国地方信贷银行	法国	比利时公共信用银行	比利时	1 488.00
1997	兴业银行	法国	诺德信贷银行	法国	332.80
1997	斯巴班克银行	瑞典	出口银行（Foreningsbanken）	瑞典	1 153.80
1997	巴伐利亚联合银行	德国	巴伐利亚抵押银行（Bayerische Hypotheken Und Wechselbank）	德国	6 491.30
1997	诺德银行（Nordbanken）	瑞典	梅里塔银行（Merita）	芬兰	3 831.20
1997	布罗西亚诺威尼托银行（Banco Ambrosiano Veneto）	意大利	伦巴底储蓄银行（Cariplo）	意大利	4 071.50
1997	奥地利银行	奥地利	信贷银行（Creditanstalt）	奥地利	1 241.60

第三辑

政府管制与公共经济研究丛书（第三辑）

续表

年份	收购银行	来源	被收购银行	来源	交易规模（百万欧元）
1997	巴黎银行金融公司	法国	法商佳信银行（Cetelem）	法国	1 919.80
1997	巴黎公司金融银行	法国	法国商业银行（Compagnie Bancaire）	法国	2 406.00
1998	信贷银行（Almanij Kredietbank）	比利时	中央瑞福生银行（Centrale Raiffeisenkasbank）	比利时	4 664.80
1998	信贷银行	比利时	维克林根银行（Abb Verkekeringen Bank）	比利时	2 047.70
1998	意大利信贷银行	意大利	联合信贷银行	意大利	10 032.30
1998	都灵圣保罗银行	意大利	移动银行（Istituto Mobiliare Italiano）	意大利	8 628.30
1998	桑坦德银行	西班牙	巴内斯托银行（Banesto）	西班牙	3 544.70
1998	法国大众银行（Caisse Centrale Des Banques Populaires）	法国	法国外贸银行（Natexis Banque）	法国	548.00
1998	法国国民信贷互助银行	法国	历峰集团（Cie Financiere Du Credit Industriel（Cic））	法国	2 026.80
1998	意大利联合商业银行	意大利	加里帕尔玛银行（Cassa Di Risparmio Di Parma（Cariparma））	意大利	2 121.00
1998	农业信贷银行	法国	个人消费公司（Sofinco）	法国	1 470.00
1998	德克夏银行（Dexia）	比利时 法国	地方信托银行（Banco De Credito Local）	西班牙	2 600.00
1999	桑坦德银行	西班牙	中部西班牙美洲银行（Banco Central Hispanoamericano，Bch）	西班牙	9 713.00
1999	汇丰银行	英国	萨拉法拉共和控股（Safra Republic Holdings）	卢森堡	2 413.20
1999	北欧斯安银行（Skandinaviska Enskilda Banken（Seb））	瑞典	德国合作银行（Bfg Bank）	德国	1 589.80
1999	巴黎国家银行	法国	巴黎银行	法国	12 122.90
1999	意大利联合银行	意大利	意大利联邦银行（Banca Comerciale Italiana（Comit））	意大利	7 760.80

309

续表

年份	收购银行	来源	被收购银行	来源	交易规模（百万欧元）
1999	伊兰金融集团欧洲银行（Efg Eurobank）	德国	埃戈尔银行（Ergo Bank）	德国	2 051.20
1999	法国储蓄银行（Caisse Centrale Des Caisses D'epargne）	法国	法国地产信贷银行（Credit Foncier De France）	法国	709.20
1999	德克夏银行	比利时法国	卢森堡国际银行（Banque Internationale De Luxembourg）	卢森堡	1 003.20
1999	对外银行（Banco Bilbao Vizcaya）	西班牙	农业银行	西班牙	10 460.00
2000	圣保罗银行	意大利	那波里银行（Banco Di Napoli）	意大利	2 224.00
2000	苏格兰皇家银行	英国	国民西敏寺银行	英国	42 150.00
2000	德克夏银行	比利时法国	拉布谢尔银行（Labouchere）	荷兰	896.00
2000	葡萄牙商业银行（Banco Comercial Portugues）	葡萄牙	平索托银行（Banco Pinto E Sotto Mayor）	葡萄牙	3 000.00
2000	北欧联合银行	芬兰瑞典	丹麦联合银行（Unidanmark）	丹麦	4 780.00
2000	裕宝银行（Hypovereinsbank）	德国	奥地利银行	奥地利	7 800.00
2000	桑坦德中央银行	西班牙	托塔和亚速尔银行（Banco Totta & Acores）	葡萄牙	1 610.00
2000	汇丰银行	英国	法国信贷商业银行	法国	11 000.00
2000	巴克莱银行	英国	伍尔维奇银行（Woolwich）	英国	9 100.00
2000	丹麦银行（Den Danske Bank）	丹麦	皇家丹麦银行（Real Danmark）	丹麦	3 500.00
2000	北欧联合银行	芬兰瑞典	克里斯蒂娜银行（Christiania Bank）	挪威	
2001	苏格兰银行	英国	哈利法克斯集团（Halifax Group）	英国	14 500.00
2001	法国商业信贷银行	法国	何维特银行（Banque Hervet）	法国	529.00

年份	收购银行	来源	被收购银行	来源	交易规模（百万欧元）
2001	德意志合作银行	德国	钢茨银行（Gz Bank）	德国	12 270.00
2001	德克夏银行	比利时法国	阿迪西亚银行（Artesia Banking Corp.）	比利时	3 300.00
2001	法国信托投资局（Caisse Des Depots Et Consignations）	法国	储蓄银行（Groupe Caisses D'epargne）	法国	
2001	圣保罗银行	意大利	卡丹银行（Cardine）	意大利	6 200.00
2001	萨瓦德尔银行（Banco Sabadell）	西班牙	赫雷罗银行（Banco Herrero）	西班牙	
2001	维罗那人民银行（Banca Popolare Di Verona）	意大利	诺瓦拉人民银行（Banca Popolare Di Novara）	意大利	
2002	罗马银行	意大利	比波普银行（Bipop – Carire）	意大利	
2002	波波拉利迪银行	意大利	夏威夷银行（Banco Di Chiavari E Della Riviera Ligure）	意大利	405.00
2002	贝加莫银行（Banca Popolare Di Bergamo）	意大利	工商银行（Banca Popolare Commercio E Industria（Bpci））	意大利	
2002	农业信贷银行	法国	里昂信贷银行	法国	16 900.00
2002	维琴察波巴拉银行（Banca Popolare Di Vicenza）	意大利	普拉托储蓄银行（Cassa Di Risparmio Di Prato）	意大利	411.00
2002	诺斯克银行（Den Norske Bank）	挪威	诺兰德银行（Nordlandsbanken）	挪威	130.00
2002	农业信贷银行	法国	巴黎银行金融服务公司	法国	2 500.00
2002	法国外贸银行（Natexis Banques Populaires）	法国	科法斯集团（Coface）	法国	290.00

资料来源：Rym Ayadi & Georges Pujals. Banking Consolidation in the EU：Overview and Prospects，CEPS Research Report in Finance and Banking，NO. 34，April 2004.

表 8 – 7 中交易的平均规模为 48.62 亿欧元，中间值为 20.86 亿欧元。假如有一半的主要银行并购需要申报，则用中间值更为恰当，因为中间值能表明有一半的银行并购需要申报，而用平均值不能表明这一点。20 世纪 90 年代的 20.86

亿欧元，约合人民币 220 亿元，1995 ~ 2002 年间中国银行业的平均总资产约 13 万亿元，[①] 2011 年末中国银行业总资产达到 111.5 万亿元，[②] 这一数字约是 13 万亿元的 9 倍。因此，当时的 220 亿元约是目前的 1 980 亿元，近 2 000 亿元。考虑到中国宜采用较为宽松的并购申报政策，我们不妨将银行并购申报的交易规模定为 2 000 亿元人民币，将这一数值与表 8 - 5 中的中国主要商业银行的平均资产比较，它是 2010 年 17 家股份制商业银行的平均资产规模（8 766.882 亿元）的 22.81%。因此，建议中国银行业并购申报的交易规模标准可定为：取得方将获得被取得方所有资产或股份的 20% 以上，或者其资产或股份的金额在 2 000 亿元以上。

还需要强调的是，上述这些数值标准应根据一国国民经济的发展定期进行调整。美国和意大利等国家即是如此，它们制定的标准不断随经济发展状况进行调整。美国从 2005 年以来，并购主体规模和交易规模每年根据国民生产总值（GNP）的变化做相应的调整。意大利则每年根据国内生产总值价格缩减指数的增加相应订正临界点。从逻辑上说这种做法才真正起到有效控制垄断的作用，值得中国借鉴。

（四）信息要求

不同的国家对申报表所需提供的信息要求不同。有些国家或地区要求提供详细的信息，而有些国家或地区只需提供少数重要的信息。比如，欧洲委员会要求提交大量的信息，即使是初步评审中没有问题的案例。EUCO 表（标准合并通知书）规定了这些信息，它的细节和内容通常由申报人和欧洲委员会官员几星期和几个月的谈判来决定。即使是在简式合并通知书（Short Form）中，要求提供的信息也很多，有时超过 100 页。在德国，没有强制性的并购申报。反垄断权威发布了一个推荐的申报表，但它很有弹性，只要求基本的信息，除非这一并购引发了严重的反竞争考虑。实践上，一个申报通知可能很短（只有 4 ~ 5 页）。评审时间也很快，有时在初审评估阶段仅有 2 ~ 3 周时间。在简单的并购案例中，欧洲委员会和德国有很大的区别，但案例一旦复杂，德国竞争权威会很快"换档"（shift gear），要求更严，有以下几个因素影响对申报表信息的要求。

（1）法律。在欧盟，标准合并申报表的信息要求由《委员会条例第 802/2004 号》规定。委员会可以要求提供特别的信息，但这仅是临时的，而不是规

---

① 根据 1996 ~ 2003 年间的《中国金融年鉴》计算得到。

② 中国银行业监督管理委员会网站统计数据。

则。在德国，没有强制要求。

（2）诉讼可能性。理论上说，在欧盟层面申报的集中应当比德国或其他成员国内部申报的集中规模更大、经济上更重要，所以，对参与集中企业及其竞争对手而言，前者牵涉的利益更大，一旦审查的结果不符合某些企业的预期的话，发生诉讼的概率就会高很多。这种情况会迫使主管机关更加小心从事。

（3）透明。私人方在并购评估中通常偏好透明，这也增强了并购评估权威尽可能通过文件和其他证据加强透明度的需要。欧洲委员会通过网络来发布其决定以增加案例的透明度。因此，任何一个关于并购评估决定中的瑕疵和不完善都会被挑战，甚至在将来的案例中作为坏的典范。为了避免这一情况，需要提供充分的信息。相反，在德国，并购评估程序对第三方很不透明。德国权威只发布一小部分的并购决定，并且它的决定很短，不包括相关市场或其他因素的讨论。因此德国并购管制权威通常是基于其经验和直觉感受（gut feeeling）很快就能对一起简单的并购案做出评判。欧洲委员会工作团队就不能这么安逸了，因为"全世界人都盯着它们"（the world is watching）。

（4）实践考虑。因为德国有点特别，对申报临界值的界定很宽泛，每年德国权威都会收到大量的申报（近 2 000 起，这是欧洲委员会的 5 倍）。欧洲的反垄断专家知道，如果他们要求并且接受详细的信息，他们将不得不读它（至少假装这样做!）。任何提交给他们的信息，如果在最后的决定中没能合理地考虑，只会有损他们的职业。给定德国这么多数量的申报，它的官员不情愿审批太多的文件，因为这会使他们的工作量加倍，而这是不必要的，甚至是不可管理的。相反，欧洲委员会的竞争总局更有条件花费更多时间和资源去审理每一申报（现在几乎每年 400 件）。

对中国反垄断权威而言，经验和人才资源都非常缺乏，不可能对大量的并购申报案件进行评估，也不能要求并购银行提供众多的信息，这不仅会加大申报银行的负担，而且也会加大管制权威的工作负担。因此，在目前，中国可以借鉴美国和德国的"两步审查法"。

美国和德国对并购审查采用"两步审查法"，或称两级备案制。也就是，并购当事人在申报的初期只需提交一些基本信息，供审查机关做出初步判断，如果审查机关认为有必要进一步审查的，则需并购申请方再提交一些更为详细的资料。"两步审查法"有利于减轻并购申请者的负担。2004 年欧盟在修订的《合并条例》中也效仿美国和德国的做法，采用"两步审查法"。

根据上面的分析，考虑到中国反垄断管制机构在银行并购反垄断领域缺乏经验，而且人手不足，建议中国也采用"两步审查"制度。如果一项银行并购的规模达到门槛标准，则应在并购完成前，向管制机构提交申报，第一次提交的申报表信息应尽量简单，以减轻并购银行的负担；如果管制机构同意这起并购或未在法定期限内给出答复，则并购银行可以继续进行此项并购；如果管制机构认为有进一步审查的必要，可以要求并购银行提交更详细的信息，进入第二阶段审查。每一步审查都应当有明确的期限。管制机构可以采取多种方式对并购进行调查，如现场面谈、调查，开立听证会听取其他竞争者或消费者的意见等。但是，管制机构应当保证被调查的银行有知情权、充分表达意见和提供信息的权利。

从《反垄断法》第 25 条和第 26 条来看，中国也仿效美国、德国和欧盟，形式上采取了"两步审查"法，但两步审查的信息表格的内容区别不明显，两者的区别似乎只是审查期限的延长。因此，建议在银行并购的反垄断审查中，除了规定两步审查外，还应明确规定申报表的内容。

（五）总结和建议

（1）对银行并购，中国可实行门槛以上的并购强制申报，门槛以下并购自愿申报的混合申报机制。

（2）对银行并购的申报标准宜相对宽松。银行并购申报的标准可分为主体标准和交易标准。其中，主体标准还可分为全球标准和境内标准。银行合并申报的全球标准可定为"参与集中的银行其全球营业额超过中国境内营业额的 15 倍"；银行并购申报的境内标准可定为"参与集中的银行和金融机构的营业额门槛为其总资产的八分之一"，或者将营业额调整为（利息净收入 + 手续费及佣金净收入 + 投资收益 + 公允价值变动收益 + 汇兑收益 + 其他业务收入 - 税金及附加）× 2%，然后再根据《国务院关于经营者集中申报标准的规定》决定该项并购是否需要申报；银行业并购申报的交易规模标准可定为"取得方将获得被取得方所有资产或股份的 20% 以上，或者其资产或股份的金额在 2 000 亿元以上"。这些标准应动态变化，应随着 GNP 或者 GDP 价格缩减指数的变化而调整。

（3）银行并购的反垄断审查中，申报信息应尽量简化，实行两步审查，同时还应明确规定申报表的内容。

（4）如果是"营救并购"，即并购的是将要破产的银行，可免于申报，但须实行"事后备案"，防止银行借破产之名行并购之实。

四、银行并购的竞争评估制度

竞争评估是银行并购反垄断管制的核心和关键环节，它决定并购是否能够继

续，它的质量是评价一国反垄断权威管制水平的重要因素。从欧盟、美国、加拿大、澳大利亚等国家或地区来看，近 20 年并购反垄断的发展，主要是在并购评估中经济分析方法的发展，如并购模拟方法、向上价格压力法、转换率分析法、临界损失分析法等。中国对企业并购的竞争评估还处在摸索阶段和制度建设阶段。目前，在并购管制方面中国已出台一些法律法规，如《反垄断法》《经营者集中申报办法》《经营者集中审查办法》以及 2011 年 8 月 29 日商务部制定的《关于评估经营者集中竞争影响的暂行规定》。《关于评估经营者集中竞争影响的暂行规定》（以下简称《规定》）是第一部指导企业并购反垄断评估的文件，便于管制机关依法实施对企业并购的反垄断管制，但它同时存在以下几点不足：（1）都是定性评估，没有关于定量评估的指南。《规定》第 3 条是其核心，它表明了对并购竞争评估的因素，包括：参与集中的经营者在相关市场的市场份额及其对市场的控制力；相关市场的市场集中度；经营者集中对市场进入、技术进步的影响；经营者集中对消费者和其他相关经营者的影响；经营者集中对国民经济发展的影响；应当考虑的影响市场竞争的其他因素。（2）过分强调市场份额和市场集中度。《规定》第 5 条和第 6 条强调了市场份额和市场集中度在竞争评估中的重要地位，这与当前并购反垄断经济学研究的发展不相符合。市场份额和市场集中度等市场结构指标没有被公认为是市场力的良好显示器，甚至美国司法部还有忽视市场界定的倾向。（3）没有吸收进新的经济学研究成果。在美国 2010 年的《水平并购指南》中就吸收了刚刚发展起来的"向上价格压力法"，而这在《规定》中没有体现。（4）《规定》的第 8 ~ 第 12 条说明了并购带来的积极和消极影响，这样的表述更加增添了并购竞争评估的不确定和难度；在并购竞争评估中，应明确告知评估中的缓释因素，这样，既有利管制权威的评估工作，也让并购方有明确的信息。（5）对效率利益重视不够。（6）没有明确并购评估中的除外规定。总之，这一《规定》给人的印象是——它是哈佛学派思想在中国并购评估中的体现。当然，这仅是个暂行规定，还需要修订和完善。

中国目前还没有具体的对银行并购的竞争评估的原则和指南，面对越来越多的银行并购案例，迫切需要有效的切实可行的对银行并购进行竞争评估的方法。建议：

（1）制定相关的法律和法规，包括《银行并购法》《银行并购指南》《关于银行并购的竞争评估的规定》等，指导竞争权威的评估工作，便利银行并购的顺利开展。

（2）重视经济分析方法在银行并购竞争评估中的作用，建议参考韩国公平贸易委员会的做法，① 颁布《提交经济分析证据的指南》。在指南中，明确规定以下内容：①提出适当的假设：在经济分析中提出的假设应该建立在客观可靠的事实或资料的基础之上。②准确和客观的数据分析：用于经济分析的数据必须客观精确，其分析结果才能具有实际指导意义。③选择合理的方法：具体案例应有与案件直接相关的具体分析方法，并被正确运用。同时，需对分析方式的缺陷和不足有所说明。④确保经济分析结果的可信性：经济分析结果应该建立在高度有效性的经验或理论模型之上，并且包括可信的经济理论。

（3）对银行并购的相关市场界定，应根据具体的案例和特定的竞争现实进行，不能简单套用"费城银行"案中的银行市场界定办法。在相关产品市场界定时，要重视银行并购对中小企业贷款的影响，将中小企业贷款市场作为一个单独的市场。

（4）在并购初审阶段，建议将市场结构法与向上价格压力法结合使用，以辨别那些可能对银行业市场竞争产生重大影响的反竞争性并购。

（5）明确银行并购竞争评估中的缓释因素。这些因素包括：市场上存在类似的强有力的竞争者；市场进入容易；顾客的转换成本低；被并购银行是一个失败银行；并购有利于公共利益；人口迁移等。

（6）重视对效率的经济性分析。

五、银行并购救济制度

一项银行并购被竞争权威认为存在重大反竞争可能，但如果并购银行承诺一些限制性行为，或者同意分拆一些分支，则这项银行并购也可以获得竞争权威的最终同意。那么这样的制度安排就称为"银行并购救济"制度。

银行并购救济有三种方法：

315

第三辑

政府管制与公共经济研究丛书（第三辑）

---

① 2010 年 7 月 23 日韩国公平贸易委员会（KFTC）通过了《提交经济分析证据的指南》，其包括提交经济分析证据的主要原则以及具体案例。

1. 并购银行做出约束市场力的承诺

理论上，如果并购实体容易被监控，那么让其做出不实施市场力的承诺是可行的，但在实践上这几乎是不可能安排的，因为并购实体将有持续的激励去回避承诺，并且享受持久性的优于竞争权威的信息优势。尽管存在这一尴尬的现实，竞争性权威有时也会接受这一承诺。一个例子是 1998 年 4 月瑞士竞争委员会同意瑞士联合银行（UBS）的并购。UBS 承诺到 2004 年 12 月 31 日前，现存的公司信用条款不变。ACCC 也曾要求西太平洋银行允许被并购方——墨尔本附属银行实行自治管理 3 年的时间（Rodrigues，1999）。

2. 并购银行承诺，实施便利进入或加强现有竞争者的措施

在 UBS 并购中，新银行答应在几年内继续参与几个关于清算所和融资功能的合资（Gugler，2000）。在 Westpac/BML 并购中，并购方答应提供 EFTPOS 和 ATM 网络给其他竞争性金融机构的顾客。另外的一个这类行为补救的例子是多伦多道明银行（Toronto Dominion Bank）与加拿大信托并购。多伦多道明银行属于维萨卡系统，而与加拿大信托是万事达卡的成员。在现存的网络规则下，并购实体只能选择其一。加拿大竞争委员会考虑到多伦多道明银行会将加拿大信托的万事达卡转移给维萨卡，这将危害万事达卡在加拿大的持续生存力。并购方同意要么将多伦多道明银行的维萨卡转移给万事达卡，要么分拆加拿大信托的万事达卡业务（Von Finckenstein，2000）。

间接地增强竞争者的行为约束的例子：意大利银行曾限制一家并购银行——撒丁银行（Sardinian）在一段时间内开办新的分支（Bruzzone & Polo，1998）。

3. 分拆分支或活动线（lines of activities），也称为资产剥离

并购银行被要求分拆某些事业单位或分支。前两类属于行为补救，后一类属于结构补救。所有行为补救，对竞争性权威而言，都会遇到信息问题，所以竞争性权威宁愿选择"结构性"的补救措施，因此，分拆是常用的银行并购补救的措施。前面我们已分析过银行并购的分拆制度设计，这里，我们仅对中国银行业的并购分拆提出一些建议。

2010 年 7 月 5 日，商务部颁布《关于实施经营者集中资产或业务剥离的暂行规定》，对剥离义务人、剥离委托人和监督受托人三方的义务进行了规定。但仅规定义务是不够的，没有相应的激励和惩罚制度安排，难以使这一制度有效。

应该说，这一规定同样适用于银行并购的分拆，但毕竟银行并购分拆不同于一般企业的并购分拆，有其特殊性。下面根据银行并购分拆的特点，提几点建议：

（1）选择分拆买方非常重要。分拆买方最好是现有市场上的有竞争力的银行，它与分拆卖方不存在关联交易，并且最好能由它购买所有的分拆资产。

（2）有选择地分拆分支。被分拆的分支必须有自生力，对顾客有吸引力。

（3）要求并购银行为每一个顾客指派一个单一的分支，然后将那个顾客的所有账户分配到那个分支，这样，对每个顾客而言，他的账户要么在分拆机构，要么都不在，流失的可能性减少。

（4）阻止并购方设置障碍，妨碍购买者雇用工作在分拆机构的员工。

（5）限制并购方劝说顾客将他们的业务转移到其他未分拆的分支。即使在分拆完成后，这一措施也还要持续一段时间，但不是无限的，其目标不是反对银行并购，而是为了恢复并购前的竞争水平。

（6）如果并购银行分拆不及时到位，则会受到惩罚，如强制销售某些"王冠"（crown jewels）资产。

（7）分拆后，竞争权威应定期对分拆进行评价，评价指标包括：存活率、存款增长率、存款回归额等。

（8）确保顾客而不仅是砖土和砂浆被卖给了购买者。

六、银行并购的适用除外和域外适用制度

（一）适用除外制度

所谓适用除外制度是指对某些形式上具有反竞争的行为，但由于它具有较强的公共利益，《反垄断法》可以据此对其进行豁免。世界各国基本上都采用这一制度安排，因为这一制度有利于维护国家利益和社会公共利益，有利于协调产业政策与《反垄断法》的矛盾。中国也有这样的制度安排，如《反垄断法》的第15条、第28条就体现了这一原则。《反垄断法》第28条规定："经营者能够证明该集中对竞争产生的有利影响明显大于不利影响，或者符合社会公共利益的，国务院反垄断执法机构可以作出对经营者集中不予禁止的决定。"虽然这一规定并未直接针对银行业，但银行业的并购同样需要适用除外制度。如果国内两家银行合并，合并后的市场份额超过并购临界值，按照《反垄断法》的规定，这一并购应被禁止，但考虑到这一并购符合国家金融安全和国家金融利益，按适用除外

制度可以予以豁免。

(二) 域外适用制度

反垄断法的域外适用是指某个法律不仅适用于在一国境内产生的限制竞争行为，而且还应当适用于在国外产生的但对一国市场竞争有不利影响的限制竞争行为。为了达到保护本国经济利益的目的，各国反垄断法不仅对外国企业在本国市场上的垄断行为实行严格限制，而且对在国外市场产生的垄断行为也进行管制，这就是域外适用。

美国是最早提出并多次主动实施反垄断法域外管辖权的国家。美国的域外适用原则产生于 1945 年"美国诉美国铝公司"案，此案中法官认为，在美国以外订立的合同或从事的行为，如果其意图是影响美国的商业，则法院就可以对该合同行为享有管辖权，追究有关公司的反托拉斯责任。《1982 年美国对外贸易反托拉斯促进法》采纳了"直接、重大和可合理预期的影响"的效果适用标准，并将美国《反垄断法》的域外管辖权分为两类：一是对影响美国国内贸易和商业的境外行为行使管辖权；二是对影响美国产品在外国市场竞争力的境外行为行使管辖权。国会在通过该法案的报告中指出，该法案并不影响法院在引用礼让原则和考虑交易的跨国性质上的自主性，即它不对"合理管辖原则"做出评判。

此后，其他一些国家纷纷仿效，也主张自己反垄断法的域外效力。欧盟跟随美国，同样宣布对发生在共同体外但对共同体市场有影响的垄断行为有管辖权。《欧共体条约》第 81 条被认为是欧盟反垄断域外管辖的源头性规定，但实际上并非如此，81 条只是规定"禁止与共同体市场不相容的垄断行为"，并未对域外管辖做出明确规定。欧盟的域外适用主要是通过欧委会的决定以及欧盟法院的判例来解释，这些决定和判例构成欧盟反垄断域外管辖的主要依据。

随着中国与世界经济的进一步接轨，国外市场上的垄断行为也会影响中国国内市场的竞争，通过设计这一制度，不仅能促进中国国内金融市场的有序竞争，而且还能有效地限制国外金融集团损害中国金融机构的垄断行为。

遗憾的是，反垄断法的域外适用经常会引发各国间的反垄断管制的冲突。各国反垄断权威往往从本国利益出发，一方面允许、支持、鼓励本国企业对外国市场的垄断，另一方面又严格管制外国企业对本国市场的垄断。如果各国都从本国利益出发来设计域外适用制度，可以想象，冲突在所难免。因此，为了尽量减少与其他国家和地区间的不必要冲突，中国在设计域外适用制度时，要尽量协调好与它国的双边和多边协议，争取主动，积极礼让，达到维护中国金融业利益的目的。

中国银行业的竞争政策设计

一、健全中国银行业竞争政策的必要性

（一）国际趋势

传统上，银行业作为一个高度管制产业，与竞争政策隔离。但由于市场经济信奉竞争，竞争政策已成为银行业监督和管制的主要支柱。[1] 在主要发达国家，金融部门的竞争政策实施越来越标准化。

美国是第一个实施反垄断法的国家，也是最早在金融业实施反垄断的国家，1963 年最高法院做出决定：金融部门同样适用反垄断法。此后，100 多个国家实施了禁止反竞争行为的法律。[2] 随着金融活动的日益自由化和全球化，很多国家正选择在银行业实施竞争政策。

尽管发展中国家缺少制定银行业竞争政策的经历，对银行业的完全竞争模式是否为最优模式持怀疑态度，但在目前全球经济安排下，发展中国家建立正式的竞争政策是重要的。[3] 这主要是因为发展中国家在最近 20 年当中银行业出现的巨大的结构变化，导致私有化和放松管制；另一个重要原因是大规模的跨国间银行并购。大的跨国银行并购往往会对发展中国家的银行业带来损害，但发展中国家由于缺乏有效的制度和经验，并不能有效地约束跨国银行的垄断行为，因此，发展中国家建立自己的银行业竞争政策至关重要。对发展中国家而言，怎样的银行业竞争政策是恰当的？这样的政策至少能：（1）约束国内大银行的反竞争行为；（2）限制跨国大银行垄断力的滥用；（3）促进发展。

---

① IMF and World Bank：Financial Sector Assessment Program – Review, Lessons, and Issues Going Forward：A Handbook. February 22, 2005, P. 24.

② Richard Whish, 2005, competition law, 5 ed., Oxford University Press.

③ 有学者对发展中国家建立健全竞争政策感到悲观。拉丰特（Laffont, 1998）认为："在经济学家的最优世界里，竞争确定无疑是个好事物。这一世界假设市场上有大量的参与者，没公共产品，没外在性，没信息不对称，没自然垄断，完全市场，完全理性的经济人，慈善的法庭系统，慈善的政府提供转移支付获得理想的再分配。因为发展中国家离这一世界甚远，因此发展中国家鼓励竞争不应是事实。"基本的观点是如果一些竞争均衡的条件被违反，次优将包含一些竞争约束。拉丰特对发展中国家能实施竞争法感到悲观，因为广泛的寻租、腐败和无效的政府。

第三辑

政府管制与公共经济研究丛书（第三辑）

(二) 应对危机的需要

此次金融危机表明，危机监管需要更全面的审慎方法，既对单个的机构，也对整个宏观经济，以解决系统性风险问题。金融危机也表明需要加强市场纪律，解决关键的信息差距，鼓励更多健全的法人治理和风险管理体系。危机还表明，只有建立健全金融竞争政策才能调整和适应市场的发展。后危机时代，各国都将加强金融系统的竞争政策建设作为应对危机的对策。美国联邦贸易委员会委员威格勒 (Wegener, 2009) 认为将反垄断实施视为解决危机的办法是更可取的。

欧盟将加强银行业的竞争政策建设作为解决这次金融危机的重要措施，正如欧盟委员会负责竞争事务的委员克罗伊斯 (Kroes, 2008) 指出的，"竞争政策是解决危机的措施，而不是问题"①。美国同样意识到金融机构掠夺性借贷对此次金融危机的影响，因此国会于 2007 年 11 月 15 日通过了《抵押改革和反掠夺信贷法案》，确定以美联储为主导的金融监管当局对不公平信贷行为的查处职责。危机爆发后，格林斯潘 2008 年 10 月在国会上承认对市场及经济个体理性观念的错误，强调政府加强金融管制是必需的和正确的 (《纽约时报》，2008)。美联储主席伯南克 2009 年 4 月 17 日在美联储第六届社区公共事务研究会议上讲话认为，最大程度地保护消费者利益已成为当前金融监管部门面临的重要挑战。

(三) 规范中国银行业市场竞争秩序的需要

随着中国金融业市场化进程的深化，中国银行业的竞争日益明显，目前表现出来的问题不是有没有竞争的问题，而是不当竞争问题，表现在：(1) 串通收费，搞价格联盟。以银行卡跨行收费事件为例，从 2006 年 6 月 1 日开始，两项与银行业务相关的收费政策正式付诸实施。一项是由交通银行率先宣布、四大银行相继跟进收取的跨行查询费用；另一项是由农行和建行宣布的提价信息——从 6 月 1 日凌晨起，农行和建行借记卡在 ATM 的同城跨行取款手续费从每笔 2 元上调到每笔 4 元，准贷记卡的同城跨行取款手续费也同时上调到每笔 4 元。② 通过对这一行为的透视，我们发现，银行卡跨行收费实际上是中国银联与大银行协调一致的结果，是一种价格串谋。(2) 滥用市场支配力。2008 年 9 月 12 日，联合早报道：明明银行账户上还有 11 余万元，却被告知没有缴纳账户管理费不能

① Neelie Kroes. 2008. Competition Policy and the Financial/Banking Crisis: Taking Action, Open Letter Available at: http://eu..europa.eu/commission/barroso/kroes/financial_crisis_en.html.

② 《六银行今日开收跨行查询费，三家跨行取款费涨价》，网易新闻，2006 年 6 月 1 日。

取款，重庆某企业以拒绝交易、强制收费等理由状告重庆某银行违反《反垄断法》。据悉，这是《反垄断法》颁布以来，国内银行遭遇的反垄断第一案。拒绝交易只是银行滥用市场支配地位的一种表现，银行滥用市场支配力还有其他一些表现，如捆绑式搭售、强制交易、价格歧视等，传统的民商法很难对这种滥用行为进行管制。[1]（3）行政垄断。行政垄断在中国不仅种类多、范围广，而且危害大。[2] 以房贷强制保险为例，一些商业银行的做法依据中国人民银行1998年5月9日颁布的《个人住房贷款管理办法》（以下简称《办法》）规定：凡在本行申请个人住房贷款的消费者，必须对整个房屋（按房款算）进行全额保险，并将保单交给银行。2005年2月22日，浙江省消费者协会、浙江省律师协会、浙江大学法学院联合向央行发出建议书并抄送银监会，要求对《个人住房贷款管理办法》中有关不适当的内容进行审查，认为不管从合法性还是必要性角度，作为部门规章的《办法》都不应将购买房贷险作为办理房地产抵押贷款的强制性条件。[3] 尽管中国人民银行于同年4月4日进行了复函，并表示对该问题非常关注，但至今仍未与银监会对该办法进行修改。显然，这种强制购买房贷险的行为，已然构成了行政垄断行为，说到底是银行利用其强势地位刻意剥夺消费者利益的行为。因此，加强我国银行业的反垄断管制工作已经刻不容缓。

二、银行业的竞争政策

银行业的竞争政策按法律分类，可分为银行卡特尔、银行滥用市场支配力、银行并购三方面的竞争政策。这里，由于本书主要侧重于经济角度，因此，从经济学的需求与供给的视角进行分类，将银行业的竞争政策分为需求边的竞争政策和供给边的竞争政策。

（一）需求边的竞争政策

需求边的竞争政策主要包括消费者保护政策和降低消费者转换成本的政策。

1. 金融业的消费者保护政策

美国金融危机后，各国相继加强了对消费者利益的保护。2009年10月22

---

① 孟雁北：《滥用相对经济优势地位行为的反垄断法研究》，载于《法学家》2004年第6期。
② 曹士兵：《论中国反垄断立法》，载于《法制与社会发展》1996年第3期。
③ 《住房贷款强制保险政策有望调整》，载于《法制日报》2005年4月12日。

日，美国国会众议院金融服务委员会正式通过了成立消费者金融保护署的法案，欧盟在《金融部门行动计划 2005～2010》中将消费者金融和零售金融上的竞争作为今后发展的重点，强调了消费者保护的重要性。

在中国，银行等金融机构利用自身的或联合的强势地位，滥用市场支配地位损害消费者利益的案件时常发生，因此，加强对消费者利益的保护尤其重要。主要有：

（1）从立法层面确立对金融消费者的保护。2010 年 4 月英国通过《金融服务法案 2010》（Financial Service Act 2010），赋予金融服务局更多的规则制定权，并要求其加强对金融机构的行为监管，打击少数金融机构损害金融消费者权利的行为。为此，英国金融服务局下特设消费者关系协调部，负责从事消费者保护工作，并且专门成立金融申诉的服务机构来处理消费者投诉。2010 年 7 月，美国颁布《多德—弗兰克华尔街改革和消费者金融保护法案》，成立独立运作的金融消费者保护局（CFPB），统一行使原来分散在 7 家金融监管机构的消费者权益保护职责，作为金融消费者保护的专门机构，从事消费者咨询、金融教育、公平借贷监督等工作。中国香港地区于 2009 年 9 月发布《建议加强消费者保障措施的咨询文件》（Consultation Paper on the Proposals to Enhance Protection for the Investing Public），提出在产品销售、中介人操守、售后冷静期和相关申诉制度安排等方面加强消费者保护的相关要求。因此中国内地可以借鉴它们的做法，加快制定保护金融消费者权益的法律，成立专门的机构来保护消费者利益。

（2）加强金融教育。金融产品结构复杂，消费者难以理解其中蕴含的风险，因此必须进行金融教育。阿兰·格林斯潘指出："当与上一代比较时，今天的金融高度复杂，40 年前，人们只要会在本地的银行和储蓄机构开立活期和储蓄账户就足够了。今天，消费者必须能区分大量的金融产品和服务，区分这些产品和服务的提供者。"① OECD 在其发布的《有关金融消费者教育问题的若干建议》（Recommendation on Principles and Good Practices for Financial Education and Awareness，以下简称《建议》）中，对成员和非成员的金融机构在金融消费者教育工作方面提出了若干原则和具体建议。《建议》强调金融教育应被纳入金融监管及政府管理框架，成为消费者保护的重要组成部分；并且指出金融教育不可替代金融监管，应由专业机构、学校教育等多种途径来开展金融消费者教育活动，监管机构主要发挥原则指导、部门协调作用，而由教育者保护专门机构具体开展消费

① 格林斯潘 2003 年 9 月 26 日第 33 届美国国会立法会议上的讲话，http：//www. federal reserve. gov/boarddocs/ speeches/2003。

者教育活动。基于此，中国应推动健全存款人和金融消费者保护和公众教育服务综合体系，形成由监管部门、教育部门、宣传部门和社会各相关领域共同参与的工作机制，提升居民金融素质，增强其针对金融风险的自我保护能力。

（3）建立健全存款保险制度。在危机中，许多国家强化了存款保险制度，如美国 FDIC 将存款保险限额从 10 万美元提高到 25 万美元，欧洲、亚洲等国家也提高保险限额甚至实行临时全额保险，有效增强了存款人信心，维护了金融体系稳定。FDIC 通过实施早期纠正措施，采取收购与承接、直接赔付等多种处置方式有效化解了风险。《多德—弗兰克法案》授权 FDIC 作为银行、证券和保险业金融风险处置和清算平台，进一步发挥和完善存款保险制度在金融安全网中的作用。2009 年 6 月，巴塞尔银行监管委员会与国际存款保险协会联合发布《有效存款保险核心原则》，鼓励各国建立存款保险制度。亚洲各国目前也正在推动存款保险制度的建立或者强化（见表 8 - 8），而中国目前仍然没有相应的制度安排。在缺乏存款保险制度的情况下，中国存在依赖政府和国家信用的道德风险。面对日益复杂的国际和国内金融形势，中国应尽快建立功能完善、权责统一、运行有效的存款保险制度，在保护存款人利益、维护公众信心和金融稳定、完善市场化的金融机构退出机制等方面发挥积极作用。

表 8 - 8　　　　　　　　　　亚洲各国的存款保险法

国家	实施时间	保险数量
中国	讨论中	所有数量
韩国	1995 年	5 000 万韩元（won）
印度尼西亚	2004 年	1 亿卢比（rupiah）
马来西亚	2005 年	6 万林吉特（ringgit）
菲律宾	1962 年	250 万比索（pesos）
泰国	讨论中	所有数量
越南	1999 年	3 000 万盾（dong）
印度	1961 年	10 万卢比（rupees）

资料来源：M. Kurita, "Establishment of International Competition Rules and its Influence to Enactment of Competition Law in Developing Countries", in S. Lmaizumiled. , Establishment of International Rules and Developing Countries – Globalised Economic Statutory Reforms（Institute of Developing Economies, JZTKO, 2007）.

（4）完善存款人和金融消费者投诉的处理机制和程序。要求银行业金融机构明确处理投诉的部门、职责及时效，优化资源配置，保证投诉处理的公开透明，并建立定期报告和检查回顾制度。组织行业协会建设存款人和金融消费者的再投诉处理机制。设置专门部门处理群众的来电来函、金融投诉，并公布投诉电话、通讯地址及网上在线投诉方式等事项，严肃处理辖区内的侵害消费者利益行为。

将金融机构建立内部的投诉部成为一种强制性义务，建立健全金融业争议调解中心和金融巡视员制度。

2. 降低银行业不合理的转换成本，促进银行机构之间的竞争

银行业的转换成本是银行市场力的重要来源，有些转换成本是合理的，如规模经济、产品差异化、品牌、声誉等导致的转换成本；但有些转换成本是不合理的，如对跨行刷卡收费的规定、对使用支付和结算系统的限制、阻止顾客转换的捆绑销售等。降低不合理的转换成本对限制或约束银行机构的市场力具有重要作用。降低的方法：一是通过法律明文规定；二是通过金融标准化工作来消除。对金融标准化工作，目前需要做的是：健全信息登记，加快金融标准化建设步伐，完善信用信息共享机制。

(二) 供给边的竞争政策

对中国而言，银行业供给边的竞争政策目前需要加强的是：

1. 确保可竞争性市场的进入与退出规则

(1) 消除不当的规制性进入障碍，适度放开对外资银行的限制，鼓励民营资本以多种形式进入金融业。比克和斯皮迪克（Bikker & Spierdijk，2009）对 101 个国家银行业竞争的分析表明，没有一个市场结构变量是影响竞争的显著因素，可竞争性指标和制度变量是明显影响竞争的指标，特别是反垄断政策改善了竞争环境。政策建议是：采取更多降低竞争壁垒的监管，废除外国投资的障碍，降低跨部门的限制。在中国，一方面民间资本无出路，另一方面民营企业融资难，两者的交汇处就在于银行业的垄断导致金融配置失衡。缓解民营企业的融资难，解决一部分民间充裕资本的过剩，最好的办法就是找一个点，即银行允许民间经营，使其既有投放贷款的权利，也有吸纳资金的权利，才能有效缓解当前中国金融乃至实体经济面临风险的危机。打破银行垄断，实现民营入股、参股，甚至民间全资投资银行业，不失为解决中国金融问题的最好办法。我们看到，目前在这方面，政策有松动的迹象，如 2005 年 2 月 25 日，国务院发布了《鼓励支持和引导私人资本和其他非政府所有的资本发展的意见》，意见允许私人资本进入电子、

电信、铁路、航空、石油、公用事业、金融业、社会服务和国防领域。只要法律没有明确禁止私人资本进入，私企就可进入，如果允许外国投资者进入，国内私企也允许进入。这方面的管制还应进一步放松。

（2）尽快建立健全市场化退出机制和风险处置体系。第一，选择适合我国国情的金融机构市场退出模式，选择行政接管、重组、并购、撤销、关闭清算等多种市场退出方式，以尽可能小的社会震动和处置成本，尽可能少的公共资源，最大限度地保护存款人、债权人和纳税人的利益；第二，建立健全银行业金融机构市场退出的法律法规体系；第三，建立有效的风险预警和危机救助机制；第四，建立市场退出问责制和事后评价制度。

2. 利率市场化改革

2012 年 2 月 3 日，《国际金融报》刊登了一篇文章——《遏制银行业暴利当推利率市场化》。文章认为，2011 年银行业成为最赚钱的行业，银行业的暴利从何而来？一个重要来源是巨额的息差（约为 3%）。巨额息差的产生很大程度上源于当前的官定利率制度。另外一个重要来源是银行通过信托、理财等方式产生的利润。"这一块表外利润在很大程度上也是源于官定利率制度。表面上看，银行理财产品中，居民的收益率和银行的回报率都是市场化的，游离于官定利率之外，但实质上恰恰是因为人为压低了存款利率，大量信托和理财产品在物价上涨、居民存款负利率的背景下才得以低利率成功发行。银行只需付出略高于存款利率的收益率水平，就可以成功发行此类产品。与此同时，银行把钱高息贷给资金饥渴的企业。"① 当前非市场化利率带来的种种弊端日益凸显。一方面，居民存款负利率长期化，百姓财富在物价上涨中被侵蚀。部分投资者甚至选择民间借贷等理财方式，使我国民间借贷等非正规金融的规模不断扩大，累积了一定的金融风险。另一方面，银行贷款利率和贷款中的隐形成本不断攀升，大大提高了企业的融资成本，恶化了实体经济的生存环境。因此，推行利率市场化已是势在必行。存贷款利率同步市场化，让银行之间进行充分竞争，息差水平自然会显著下降。同时，利率市场化也为中小企业融资难问题的解决带来希望。

2012 年 1 月 12 日，央行网站再度发表周小川行长《关于推进利率市场化改革的若干思考》的文章，文章认为，要进一步推进利率市场化改革，在"十二五"时期选择有硬约束的金融机构，让它们在竞争性市场中产生定价，在一定程

第三辑
政府管制与公共经济研究丛书（第三辑）

---

① 刘先云：《遏制银行业暴利当推利率市场化》，载于《国际金融报》2012 年 2 月 3 日。

度上把财务软约束机构排除在外。利率市场化问题在金融业"十一五"规划中就被列重点攻关课题，如今再度被金融业"十二五"规划列为重点攻关课题。难在哪？关键是利率市场化涉及金融业利益集团的利益。虽然改革阻力重重，但形势逼人，不容不改。建议：（1）健全银行基础设施，积极推进和完善上海银行间折放利率（Shibor）运行机制，更好地为银行产品的定价提供有效的基准利率。（2）完善利率传导机制。着力发展债券市场，提升市场的容量和深度：进一步提高债券发行的市场化程度，丰富债券品种和期限结构；完善债券市场避险工具，发展金融衍生品市场；消除银行间债券市场和交易所债券市场的人为分割，提高市场流动性；丰富债券市场参与主体，打破目前投资者类型单一、同质化程度高的格局。（3）加快综合配套改革。例如，强化银行成本约束机制，提高其风险定价水平，加快银行机构经营体制和营利模式的转型，放开银行业的进入管制，加快存款保险制度的建立等。

参 考 文 献

［1］白钦先、薛誉华：《百年来的全球金融业并购：经济金融化、金融全球化和金融自由化的体现》，载于《上海金融》2001 年第 8 期。

［2］曹军：《银行并购问题研究》，中国金融出版社 2005 年版。

［3］陈富良：《我国经济转轨时期的政府规制》，中国财政经济出版社 1998 年版。

［4］董维刚、张昕竹：《我国企业并购申报制度的实证分析与设计》，载于《产业经济评论》2008 年第 8 期。

［5］董维刚、张昕竹：《中国企业并购申报制度设计》，载于《中国工业经济》2008 年第 8 期。

［6］傅军、张颖：《反垄断与竞争政策——经济理论、国际经验及对中国的启示》，北京大学出版社 2004 年版。

［7］高晋康等：《反垄断法中银行业合并规则的重构——侧重于金融全球化视角的分析》，载于《政治与法律》2007 年第 1 期。

［8］葛明忻、李震：《人民银行新职能初探——兼论中国反垄断规制中的金融监管》，2006 年第六届中国经济学年会论文。

［9］何德旭、毛文博：《金融并购条件下的金融监管：影响与趋势》，载于《当代经济科学》2003 年第 2 期。

［10］胡峰：《银行跨国并购：理论、实证与政策协调》，中国财政经济出版社 2005 年版。

［11］贾利军：《论转型期中国金融业的反垄断管制实践》，载于《北京理工大学学报》（社会科学版）2004 年第 5 期。

［12］孔祥俊：《反垄断法原理》，中国法制出版社 2001 年版。

［13］林新：《企业并购与竞争规制》，中国社会科学出版社 2001 年版。

［14］林燕：《银行并购的政府规制研究》，上海社会科学院博士学位论文，

2008 年。

　　[15] 李雪莲等：《国际金融并购十年回顾分析》，载于《南开经济研究》2003 年第 5 期。

　　[16] 刘先云：《遏制银行业暴利当推利率市场化》，载于《国际金融报》2012 年 2 月 3 日第 2 版。

328

　　[17] 毛泽盛：《跨国银行的进入、绩效及其管制——以发展中国家为研究视角》，人民出版社 2005 年版。

　　[18]〔美〕迈克尔·D. 温斯顿著，张嫚、吴绪亮、章爱民译：《反垄断经济学前沿》，东北财经大学出版社 2007 年版。

　　[19]〔美〕杰伊·皮尔·乔伊著，张嫚、崔文杰等译：《反垄断经济研究新进展：理论与证据》，东北财经大学出版社 2008 年版。

　　[20]〔美〕丹尼尔·F. 史普博著，余晖等译：《管制与市场》，上海人民出版社 2003 年版。

　　[21] 史际春等：《反垄断法理解与适用》，中国法制出版社 2007 年版。

　　[22] 史先诚：《我国经济转型期的兼并控制规则和政策研究》，人民出版社 2005 年版。

　　[23] 唐绪兵：《中国企业并购规制》，经济管理出版社 2006 年版。

　　[24] 卫新江：《欧盟、美国企业合并反垄断规制比较研究》，北京大学出版社 2005 年版。

　　[25] 王晓晔：《企业合并中的反垄断问题》，法律出版社 1996 年版。

　　[26] 王晓晔：《欧共体企业合并控制法及其新发展》，引自《经济法研究》第 1 卷，北京大学出版社 2000 年版。

　　[27] 王为农：《企业集中规制基本法理：美国、日本及欧盟的反垄断法比较研究》，法律出版社 2001 年版。

　　[28] 王中美：《并购与反垄断》，上海世纪出版集团，2008。

　　[29] 席月明：《我国银行业反垄断执法难题及其化解》，载于《上海财经大学学报》2008 年第 4 期。

　　[30] 殷醒民：《欧盟的企业合并政策》，复旦大学出版社 2002 年版。

　　[31] 曾国安、兰荣蓉：《反垄断政策的国际协调与中国的选择》，载于《江汉论坛》2007 年第 3 期。

　　[32] 曾国安、兰荣蓉：《20 世纪中期以来美国反国际垄断政策的演变、特点及其对中国的启示》，载于《经济管理》2006 年第 1 期。

［33］ Adrian Blundell – Wignall, Paul Atkinson and Se Hoon Lee, The Current Financial Crisis: Causes and Policy Issues, Financial Market Trends, OECD, Paris, January 2009.

［34］ Akhavein, Berger, and Humphrey. The Effect of Bank Megamergers on Efficiency and Prices: Evidence from the Profit Function, Review of Industrial Organization 12, 1997, pp. 95 – 139.

［35］ Alcaly and Roger, Entry and Expansion Predictions in Bank Acquisition and Mergers Cases: Some Further Evidence, Banking Studies Department, Federal Reserve Bank of New York, 1978.

［36］ Amel et al. , Banking Market Definition: Evidence from the Survey of Consumer Finances, Finance and Economics Discussion Series, Federal Reserve Board, Washington, D. C. 2008.

［37］ Amel and Liang, Determinants of Entry and Profits in Local Banking Markets, Review of Industrial Organization 12, 1997, pp. 59 – 78.

［38］ Amel and Starr – McCluer, Market Definition in Banking: Recent Evidence, The Antitrust Bulletin, Vol. 47, No. 1, 2002, pp. 63 – 89.

［39］ American Bar Association, Bank Mergers and Acquisitions Handbook, ABA Publishing, 321 N. Clark St. , Chicago IL 60610, 2006.

［40］ John V. Austin, Esq. The Role of Supervisory Authorities in Connection with Bank Mergers, Available at http://www. imf. org/external/np/leg/sem/2002/cdmfl/eng/austin. pdf. 2002.

［41］ Authers, J. , Wanted: New Model for Markets, Financial Times, Sept. 29, 2009. P. 9.

［42］ Baumol, Contestable markets: An Uprising in the Theory of Industry Structure, American Economic Review 72, March, 1982, pp. 1 – 15.

［43］ Beggs and Klemperer, Multi-period Competition with Switching Cost. Econometrica 60, 1992, pp. 651 – 666.

［44］ Bennett, M. et al. , What Does Behavioral Economics Mean for Competition Policy? Competition Policy International Journal, Vol. 6. 2010. Amelia Fletcher, Chief Economist, Office of Fair Trading (U. K.). What Do Policy – Makers Need from Behavioral Economics? Address at the European Commission Consumer Affairs Conference, Nov. 28, 2008.

329

第三辑

政府管制与公共经济研究丛书（第三辑）

［45］Benston, Berger, Hanweck and Humphrey. Econpomics of Scale and Scope in Banking, In Bank Structure and Competition, pp. 432 – 55, Proceedings of a Conference Sponsored by the Federal Reserve Bank of Chicago, May, 1983, pp. 2 – 4.

［46］Berger, The Profit – Structure Relationship in Banking—Tests of Market – Power and Efficient – Structure Hypotheses, Journal of Money, Credit and Banking, 27, 1995, pp. 404 – 431.

［47］Berger and Mester, Explaining the Dramatic Changes in Performance of U. S. Banks: Technological Change, Deregulation, and Dynamic Changes in Competition, Journal of Financial Intermediation 12, 2003, pp. 57 – 95.

［48］Berger, Saunders, Scalise, Udell, The Effects of Bank Mergers and Acquisitions on Small Business Lending. Journal of Financial Economics, 50, 1998, pp. 187 – 229.

［49］Berger, Bonime, Goldberg and White. The Dynamics of Market Entry: The Effects of Mergers and Acquisitions on De Novo Entry and Small Business Lending In the Banking Industry, Working Paper, Federal Reserve Board, Finance and Economics Discussion Series, 1999, 1999 – 41.

［50］Berger and Dick, Entry into Banking Markets and the Early – Mover Advantage, Journal of Money, Credit and Banking, Vol. 39, No. 4, 2007, pp. 775 – 807.

［51］Berger and Udell, Relationship Lending and Lines of Credit in Small Firm Finance. Journal of Business, Vol. 68, No. 3, 1995, pp. 351 – 381.

［52］Berger and Hannan, The Price – Concentration Relationship in Banking, The Review of Economics and Statistics 71, 1989, pp. 291 – 299.

［53］Berger and Hannan, The Efficiency Cost of Market Power in the Banking Industry: A Test of the "Quite Life" and Related Hypotheses, Review of Economics and Statistics 80, 1998, pp. 454 – 465.

［54］Berger, Hunter, and Timme, The Efficiency of Financial Institutions: A Review of Preview of Research Past, Present, and Future, Journal of Banking and Finance 17, 1993, pp. 221 – 249.

［55］Berger, Miller, Petersen, Rajan, and Stein, Does Function Follow Organizational Form? Evidence from the Lending Practices of Large and Small Banks, Kellog Working Paper, Northwestern University, Evanston, IL. 2002.

［56］Berger and Udell, Economics of Small Business Finance, Board of Gover-

第三辑

政府管制与公共经济研究丛书（第三辑）

nors of the Federal Reserve System, Working Paper, 1998, 1998 – 15.

［57］ Berger and Udell, Small Business Credit Availability and Relationship Lending: The Importance of Bank Organizational Structure. Economic Journal 112 (447), 2002, F32 – F53.

［58］ Bernard Shull & G. A. , Hanweck. Bank Mergers in a Deregulated Environment: Promise and Peril, Quorum Books, Westport, Connecticut, London. 2001.

［59］ Berry, Levinsohn, Pakes, Automobile Prices in Market Equilibrium, Econometrica, Vol. 63, No. 4, July 1995, pp. 841 – 890.

［60］ Bikker & Haff, Measures of Competition and Concentration in the Banking Industry: A Review of Literature, Economic and Financial Modeling, Vol. 9. 2002.

［61］ Billett M. T. and Yiming Qian, Are Overconfident CEOs Born or Made? Evidence of Self – Attribution Bias from Frequent Acquirers, Management Science, Vol. 54. 2008.

［62］ Bingaman, Antitrust and Banking, The Antitrust Bulletin, Summer, 1996, pp. 465 – 475.

［63］ Blundell – Wignall, A. and Atkinson, P. , The Sub-prime Crisis: Causal Distortions and Regulatory Reform, In Lessons from the Financial Turmoil of 2007 and 2008, Ed. Reserve Bank of Australia, 2008, pp. 55 – 102.

［64］ Boost, Relationship Banking: What Do We Know? Journal of Financial Intermediation 9, 2000, pp. 7 – 25.

［65］ Brevoort & Kiser, Who Competes with Whom? The Case of Depository Institutions Journal of Industrial Economics, 55, 2007, pp. 141 – 167.

［66］ Budzinski, A Note on Competing Merger Simulation Models in Antitrust Cases: Can the Best Be Identified? Joint Discussion Paper Series in Economics, No. 03 – 2008, 2008.

［67］ Budzinski and Christiansen, The Oracle/PeopleSoft Case: Unilateral Effects, Simulation Models and Econometrics in Contemporary Merger Control, Legal Issues of Economic Integration, vol. 34, No. 2, 2007, pp. 133 – 166.

［68］ Budzinski and Ruhmer, Merger simulation in competition policy: A survey, Joint Discussion Paper Series in Economics, No. 07, 2008.

［69］ Burke, Divestiture as an Antitrust Remedy in Bank Mergers, Board of Governors of the Federal Reserve System, Finance and Economics Discussion Series,

第三辑

政府管制与公共经济研究丛书（第三辑）

1998 – 14.

[70] Caminal and Matutes, Endogenous Switching Costs in a Duopoly Model, International Journal of Industrial Organization 8, 1990, pp. 353 – 373.

[71] Carletti E. and X. Vives, Regulation and Competition Policy in the Banking Sector, in X. Vives (ed.), Assessment and Perspectives of Competition Policy in Europe, Oxford University Press, 2008.

[72] Chen and Rosenthal, Dynamic Duopoly with Slowly Changing Customer Loyalties, International Journal of Industrial Organization 14, 1996, pp. 269 – 296.

[73] Chongwoo, Choe and Shekhar, Chander, Compulsory or Voluntary Pre – Merger Notification? Theory and Some Evidence, International Journal of Industrial Organization, Vol. 28, No. 1, 2010, pp. 1 – 36.

[74] Christiansen, S., The More – Economic Approach in EU Merger Control, CESifo Forum, Vol. 7, No. 1, 2006, pp. 34 – 39.

[75] Claessens, S., Current Challenges in Financial Regulation, World Bank Policy Research Working Paper 4103, December 2006.

[76] Claessens Stijn and Neeltje van Horen, Foreign Banks: Trends, Impact and Financial Stability, IMF Working Paper WP/12/10, 2012.

[77] Claessens, S., Competition in the Financial Sector: Overview of Competition Policies, The World Bank Research Observer, Vol. 24, No. 1, 2009, pp. 83 – 118.

[78] Cole, The Importance of Relationships to the Availability of Credit, Journal of Banking and Finance 22, 1998, pp. 959 – 977.

[79] Cole and Wolken, Financial Services Used by Small Businesses: Evidence from the 1993 National Survey of Small Business Finances, 81 Federal Reserve Bulletin, July 1995.

[80] Cole, Wolken and Woodburn. Bank and Nonblank Competition for Small Business Credit: Evidence from the 1987 and the 1993 National Surveys of Small Business Finances, 82 Federal Reserve Bulletin, November 1996.

[81] Crook, Froeb, Tschantz, and Werden, Effects of Assumed Demand from on Simulated Postmerger Equilibria, Review of Industrial Organization, Vol. 15, 1999, pp. 205 – 217.

[82] Cyrnak, Recent Potential Competition Cases and the Guidelines. Board of

Governors of the Federal Reserve System, Memo to Stephen Rhoades, January 26, 1982.

[83] Cyrnak, Banking Antitrust in Transition, FRBSF Weekly Letter, December 26, 1986.

[84] Cyrnak & Hannan, Is the Cluster Still Valid in Defining Banking Markets? Evidence from a New Data Source, Antitrust Bulletin, Vol. 44, No. 2, Summer, 2000, pp. 313 – 331.

[85] Degryse H. and Cayseele, Relationship Lending within a Bank Based System: Evidence from European Small Business Data, Journal of Financial Intermediation 9, 2000, pp. 90 – 109.

[86] Degryse H. and S. Ongena, Competition and Regulation in the Banking Sector: A Review of the Empirical Evidence on the sources of bank rents, in A. Thakor and A. Boot (eds.), handbook of Financial Intermediation and Banking, Elsevier, 2008, pp. 483 – 542.

[87] Delgado, M. R., A. Schotter, E. Y. Ozbay and E. A. Phelps, Understanding Overbidding: Using the Neural Circuitry of Reward to Design Economic Auction, Science, Vol. 321, No. 5897, 2008, pp. 1849 – 1852.

[88] Demsetz and Strahan, Diversification, Size and Risk at Bank Holding Companies, Journal of Money, Credit, and Banking 29, 1997, pp. 300 – 313.

[89] DeYoung, The Efficiencies Defense and Commercial Bank Merger Regulation, Review of Industrial Organisation 6, 1991, pp. 269 – 282.

[90] DeYoung et al., Commercial Lending Distance and Historically Underserved Areas. Federal Reserve Bank of Atlanta, Working Paper No. 2007 – 11a, Revised July 2007.

[91] Dick, Demand Estimation and Consumer Welfare in the Banking Industry, Finance and Economics Discussion Series, Federal Reserve Board, 2002 – 58.

[92] Dickson, Evolutionary Theories of Competition and Aftermarket Antitrust Law, Antitrust Bulletin, Vol. 52, NO. 1, 2007, pp. 73 – 93.

[93] Disalvo, Deposit Runoff from Bank Mergers, Federal Reserve Bank of Philadelphia Working Paper, 2002.

[94] Dixit, A Model of Duopoly Suggesting a Theory of Entry Barriers, Bell Journal of Economics, 10, 1979, pp. 20 – 32.

333

第三辑

政府管制与公共经济研究丛书（第三辑）

[95] ECA, Competition Issues in Retail Banking and Payment System Markets in the EU, Report and Recommendations of the ECA Financial Services Subgroup, Presented at the ECA Meeting in Nice, May 2006.

[96] Eliana Garcés – Tolon, The Impact of Behavioral Economics on Consumer and Competition Policies, Competition Policy International Journal, Vol. 6, 2010.

[97] Emmons and Schmid, Bank Competition and Concentration: Do Credit Unions Matters? Federal Reserve Bank of St. Louis Review, May, 2000, pp. 29 – 42.

[98] Epstein and Rubinfeld, Merger Simulation: A Simplified Approach with New Applications, Antitrust Law Journal, Vol. 69, No. 3, 2001, pp. 883 – 919.

[99] Euiehausen and Wolken, Small Business Clustering of Financial Services and the Definition of Banking Markets for Antitrust Analysis, the Antitrust Bulletin, Fall, 1992, pp. 707 – 735.

[100] Evenett, S. J. , How Much Have Merger Review Laws Reduced Cross Border Mergers and Acquisitions? In William K. Rowley (ed): International Merger Control: Prescrptions for Convergence, London: International Bar Association, 2002.

[101] Fingleton, J. , Competition Policy in Troubled Times, speech given on 20 January 2009, Available at http://www. oft. gov. uk/shared _ oft/speeches/2009/spe0109. pdf.

[102] Froeb and Werden, Residual Demand Estimation for Market Definition, Review of Industrial Organisation, Vol. 6, 1991, pp. 33 – 48.

[103] Gilbert, Bank Market Structure and Competition, Journal of Money, Credit, and Banking 16, 1984, pp. 617 – 644.

[104] Gilbert and Zaretsky, Banking Antitrust: Are the Assumptions Still Valid? Federal Reserve Bank of St. Louis Review November/December, 2003, pp. 29 – 52.

[105] Goldberg and White, De Novo Banks and Lending to Small Businesses: An Empirical Analysis, Journal of Banking and Finance 22, 1998, pp. 851 – 867.

[106] Gonzalez, Aldo and Daniel Benitez, Optimal Pre-merger Notification Mechanisms – Incentives and Efficiency of Mandatory and Voluntary Schemes, Working Paper, 2009.

[107] Goodman, Antitrust and Competitive Issues in United States Banking Structure, The Journal of Finance, Vol. 26, No. 2, Papers and Proceedings of the Twenty – Ninth Annual Meeting of the American Finance Association Detroit, Michi-

gan, December 28 – 30, 1970 (May, 1971), pp. 615 – 646.

[108] Hannan, Bank Commercial Loan Markets and the Role of Market Structure: Evidence from Surveys of Commercial Lending, Journal of Banking and Finance 15, 1991, pp. 133 – 149.

335

[109] Hannan, Market Share Inequality, the Number of Competitors, and the HHI: An Examination of Bank Pricing, Review of Industrial Organisation 12, 1997, pp. 23 – 35.

[110] Hannan, Consumer Switching Costs and Firm Pricing: Evidence from Bank Pricing of Deposit Accounts. Finance and Economics Discussion Series, Federal Reserve Board, Washington D. C. 2008 – 32. 2008.

[111] Hausman and Leonard, Economic Analysis of Differentiated Products Mergers Using Real World Data, George Mason Law Review, Vol. 5, No. 3, 1997, pp. 321 – 346.

[112] Heimler, Competition Policy, Antitrust Enforcement and Banking: Some Recent Developments, before the Fourth Meeting of the Latin American Competition Forum, San Salvador, 11th and 12th July 2006, Session Ⅱ.

[113] Heitfield, What Do Interest Rates Say about the Geography of Retail Banking Markets? The Antitrust Bulletin, 44, 1999, pp. 333 – 347.

[114] Heitfield & Prager, The Geographic Scope of Retail Banking Markets, Journal of Financial Services Research 25, 2004, pp. 37 – 55.

[115] Holder, Competitive Consideration in Bank Mergers and Acquisitions: Economic Theory, Legal Foundations, and the Fed. Federal Reserve Bank of Atlanta Economic Review, 78, 1993, pp. 23 – 26.

[116] Holder, The Use of Mitigating Factors in Bank Mergers and Acquisitions: A Decade of Antitrust at the Fed, Federal Reserve Bank of Atlanta Economic Review, March/April, 1993.

[117] Hovenkamp, Post – Chicago Antitrust: A Review and Critique, Columbia Business Law Review, Vol. 2, 2001, pp. 257 – 338.

[118] Jackson, Is the Market Well Defined in Bank Merger and Acquisition Analysis? Review of Economics and Statistics, Vol. 74, No. 4, 1992, pp. 655 – 661.

[119] Hughes and Mester, Bank Capitalization and Cost: Evidence of Scale Economics in Risk Management and Signaling. The Review Of Economics and Statistics

80，1998，pp. 314 – 325.

［120］Hughes，Lang，Mester and Moon，The Dollars and Sense of Bank Consolidation，Journal of Banking and Finance 23，1999，pp. 291 – 324.

336

［121］International Competition Network（ICN），An Increasing Role for Competition in the Regulation of Banks，Available at http：//www. international competition network. org/annual conferences_bonn. html，Look for Antitrust Enforcement in Regulated Sectors Working Group，2005.

［122］Ivaldi and Verboven，Quantifying the Effects from Horizontal Mergers in European Competition Policy，International Journal of Industrial Organization，Vol. 23，2005，pp. 669 – 702.

［123］Jacobe，D. ，Cutomers Still Like to Use Bank Branches，Northwestern Financial Review，August，2003，pp. 1 – 14.

［124］Johnson，C. A. ，Banking，Antitrust and Derivatives：Untying the Antitying Restrictions，Buffalo Law Review，Vol. 49，NO. 1，2001，pp. 1 – 56.

［125］Kim，Banking Technology and the Existence of a Consistent Output Aggregate，Journal of Monetary Economics 18，1986，pp. 181 – 195.

［126］Kim，Kliger and Vale，Estimating Switching Costs：The Case of Banking，Journal of Financial Intermediation，Vol. 12，No. 1，2003，pp. 25 – 56.

［127］Kiser，Household Switching Behavior at Depository Institutions：Evidence from Survey Data，the Antitrust Bulletin 47，Winter，2002，pp. 619 – 640.

［128］Kiser，Predicting Household Switching Behavior and Switching Costs at Depository Institutions，Review of Industrial Organization，20，2002，pp. 349 – 365.

［129］Klemperer，Markets with Consumer Switching Costs，Quarterly Journal of Economics 102，1985，pp. 375 – 394.

［130］Klemperer，Entry Deterrence in Markets with Consumer Switching Costs，Economic Journal 97，1987，pp. 99 – 117.

［131］Klemperer，Competition When Consumers Have Switching Costs：An Overview with Applications to Industrial Organization Macroeconomics，and International Trade，Review of Economic Studies 62，1995，pp. 515 – 539.

［132］Knittel，Interstate Long Distance Rate：Search Costs，Switching Costs，and Market Power. Review of Industrial Organization，12，1997，pp. 519 – 536.

［133］Kühn，The Coordinated Effects of Mergers，P. Buccirossi（ed. ），Handbook of Antitrust Economics, Cambridge, Mass: MIT Press, 2008, pp. 105 – 144.

[134] Kwan, Banking Consolidation, FRBSF Economic Letter, Number 2004 – 15, June 18, 2004.

[135] Kwast, Bank Mergers: What Should Policymakers Do? Journal of Banking & Finance, 23, 1999, pp. 629 –636.

337

[136] Kwast, Starr – McCluer, and Wolken, Market Definition and the Analysis of Antitrust in Banking, the Antitrust Bulletin, 42, Winter 1997, pp. 973 –995.

[137] Laderman, Good News on Twelfth District Banking Market Concentration, FRBSF Economic Letter, 2003 – 31, 2003.

[138] Leung, M. K. and Chan, Y. K., Are Foreign Banks Sure Winners in Post – WTO China? Business Horizons, 49, 2006, pp. 221 –234.

[139] Litan, Interstate Banking and Product Line Freedom: Would Broader Power Have Helped the Banks? Yale Journal of Regulation, 9, 1992, pp. 521 –542.

[140] Massimo Motta, Competition Policy: Theory and Practicel, Cambridge University Press, 2004.

[141] McCarthy, Refining Product Market Definition in the Antitrust Analysis of Bank Mergers, Duke Law Journal 46, 1997, pp. 865 –902.

[142] Meyer, Mergers and Acquisitions in Banking and Other Financial Services, Testimony Before the Committee on the Judiciary, U. S. House of Representatives, June 3, 1998.

[143] Mishkin, Financial Consolidation: Dangers and Opportunities, Journal of Banking and Finance 23, 1999, pp. 675 –691.

[144] Molnár, Market Power and Merger Simulation in Retail Banking, Bank of Finland Research Discussion Paper 4, 2008.

[145] Moore and Siems, Bank Mergers: Creating Value or Destroying Competition? Federal Reserve Bank of Dallas Financial Industry Issues, Third Quarter, 1998.

[146] Neven, Competition Economics and Antitrust in Europe, Economic Policy, Vol. 21, No. 48, 2006, pp. 742 –791.

[147] Nevo, Mergers with Differentiated Products: The Case of the Ready-to – Eat Cereal Industry, RAND Journal of Economics, Vol. 31, No. 3, 2000, pp. 395 –421.

[148] Nevo, A Pratitioner's Guide to Estimation of Random – Coefficients Logit

Models of Demand, Journal of Economics and Management Strategy, Vol. 9, No. 4, 2000, pp. 513 – 548.

[149] Nolle, Banking Industry Consolidation: Past Changes and Implications, Economic and Policy Analysis Working Paper 95 – 1, Office of the Comptroller of the Currency, April 1995.

[150] OECD, Finance, Competition and Governance: Strategies to Phase Out Emergency Measures, 2009, Available at http: // www. oecd. org/dataoecd/52/23/42538385. pdf.

[151] OECD, Competition and the Financial Crisis, 2009, Available at http: // www. oecd. org/dataoecd/52/24/42538399. pdf.

[152] Ongena and Smith, The Duration of Bank Relationships, Journal of Financial Economics 61, 2001, pp. 449 – 475.

[153] Ordover, Bank Mergers and the 1992 Merger Guidelines: The Bank America/Security Pacific Transaction, Review of Industrial Organization 16, 2000, pp. 151 – 165.

[154] Petersen and Rajan, Does Distance Still Matter? The Information Revolution in Small Business Lending, Journal of Finance, Vol. 57, No. 6, 2002, pp. 2533 – 2570.

[155] Pilloff, Does the Presence of Big Banks Influence Competition in Local Markets? Journal of Financial Services Research, 15, 1999, pp. 159 – 177.

[156] Prager and Hannan, Do Substantial Horizontal Mergers Generate Significant Price Effects? Evidence from the Banking Industry, Journal of Industrial Economics, 46, 1998, pp. 433 – 452.

[157] Heggestad, Market Structure, Competition, and Performance in Financial Industries: A Survey of Banking Studies, In Issues in Financial Regulation, ed. Franklin R. Edwards, pp. 449 – 90, New York: McGraw – Hill, 1979.

[158] Rhoades, S. A., Consolidation of the Banking Industry and the Merger Guidelines, The Antitrust Bulletin 37, 1992, pp. 689 – 706.

[159] Rhoades and Schweitzer, Foothold Acquisitions and Bank Market Structure, Staff Economic Studies 98, Board of Governors of the Federal Reserve System, 1978.

[160] Rhoades and Yeats, An Analysis of Entry and Expansion Predictions in

Bank Acquisition and Merger Cases, Western Economic Journal 10, September 1972, pp. 337 – 45.

[161] Rhoades, Bank Mergers and Industrywide Structure, 1980 – 94, Staff Studies 169, Board of Governors of the Federal Reserve System, January 1996.

[162] Rhoades, Competition and Bank Mergers: Directions for Analysis from Available Evidence, The Antitrust Bulletin, Summer 1996, pp. 339 – 363.

[163] Rhoades, The Efficiency Effects of Bank Mergers: An Overview of Case Studies of Nine Mergers, Journal of Banking and Finance 22, 1998, pp. 273 – 291.

[164] Rhoades, Banking Mergers and Banking Structure in the United States, 1980 – 98, Federal Reserve Staff Study 174, 2000.

[165] Robinson, Bank Mergers: Antitrust Trends, before the Association of the Bar of the City of New York 42 West 44th Street New York, NY10036, September 30, 1996.

[166] Röller and Stehmann, The Year 2005 at DG Competition: The Trend Towards a More Effects – Based Approach, Review of Industrial Organization, Vol. 29, No. 4, 2006, pp. 281 – 304.

[167] Rosch, Implications of the Financial Meltdown for the FTC. New York Bar Association Annual Dinner, New York, NY, January 29. 2009.

[168] Salop, Symposium on Mergers and Antitrust, Journal of Economic Perspectives, 1987.

[169] Santomero, Bank Mergers: What's a Policymaker to Do? Journal of Banking and Finance, 23, 1999, pp. 637 – 643.

[170] Scherer, F. M. , Some Principles for Post – Chicago Antitrust Analysis, Case Western Reserve Law Review, Vol. 52, 2001, pp. 5 – 24.

[171] Schmalensee R. and R. D. Willig, Handbook of Industrial Organization, Elsevier Science Publishers B. V. , 1989.

[172] Shapiro and Varian, Information Rules: A Strategic Guide to Network Economy, Harvard Business School Press, Cambridge, MA. 1998.

[173] Sharpe, Asymmetric Information, Bank Lending, and Implicit Contracts: A Stylized Model of Customer Relationships, Journal of Finance 45, 1990, pp. 1069 – 1087.

[174] Sharpe, The Effect of Consumer Switching Costs on Pricing: A Theory and

第三辑

政府管制与公共经济研究丛书（第三辑）

Its Application to the Bank Deposit Market, Review of Industrial Organization, Vol. 12, No. 1, 1997, pp. 79 – 94.

340

[175] Shekhar, C. and P. L. Willianms, Should the Pre – Notification of Mergers Be Compulsory in Australia?, Australian Economic Review, Vol. 37, No. 4, 2004, pp. 383 – 390.

[176] Solomon, Bank Merger Policy and Problems: A Linkage Theory of Oligopoly, Journal of Money, Credit and Banking, Vol. 2, No. 3, Aug., 1970, pp. 323 – 336.

[177] Smith, The History of Potential Competition in Bank Mergers and Acquisitions, Economic Perspectives 4 (July – August), 1980, pp. 15 – 23, Federal Reserve Bank of Chicago.

[178] Stango, Price Dispersion and Switching Costs: Evidence from the Credit Card Market, Mimeo, Department of Economics, University of Tennessee, 1998.

[179] Stout, L. A., The Mechanisms of Market Inefficiency: An Introduction to the New Finance, The Journal of Corporation Law, Vol. 28, 2003, pp. 636 – 669.

[180] Stucke, M. E., Morality and Antitrust, Columbia Business Law Review, Vol. 2006, 2006, pp. 444 – 545.

[181] Stucke, M. E., Am I a Price – Fixer? A Behavioral Economics Analysis of Cartels, in Criminalising Cartels: A Critical Interdisciplinary Study of an International Regulatory Movement (Caron Beaton – Wells & Ariel Ezrachi eds., 2011), 2011, Available at http://ssrn.com/abstract = 1535720.

[182] Sutton, Sunk Costs and Market Structure: Price Competition, Advertising, and the Evolution of Concentration. Cambridge: MIT Press, 1991.

[183] The Office of Fair Trade (U. K.), The Impact of Price Frames on Consumer Decision Making, 2010, Available at http://www.oft.gov.uk/shared_oft/economic_research/ oft1226.pdf.

[184] U. S. Department of Justice and Federal Trade Commission, Horizontal Merger Guidelines, §0. 1, 1992.

[185] U. S. Department of Justice, Bank Merger Competitive Review: Introduction and Overview, 1995, Available at http://www.usdoj.gov/atr/public/guidelines/6472.pdf.

[186] U. S. Department of Justice and the Federal Trade Commission, Horizontal

第三辑

政府管制与公共经济研究丛书（第三辑）

Merger Guidelines, 1997, Available at http: //www. usdoj. gov/atr/public/guide-lines/horiz_book/hmg1. html.

[187] U. S. Department of Justice, Justice Department Clears NationalBank/BankAmerica Merger after Parties Agree to MYM491. 6 Million Divesture in New Mexico, http: //www. usdoj. gov/atr/public/press_releases/1998/1879. htm, 23 Otc. , 1998.

[188] U. S. Department of Justice, Justice Department Approves Norwest/Wells-fargo Merger after Parties Agree to MYM1. 18 Billion Divesture, http: //www. usdoj. gov/atr/public/ press_releases/1998/1984. htm, 15 Nov. , 1998.

[189] Valeriya Dinger, Bank Mergers and Deposit Interest Rate Rigidty, the Federal Reserve Bank of Cleveland Working Paper 11 – 31, Dec. , 2011.

[190] Vander Vennet, R. , Causes and Consequences of EU Bank Takeovers, In the Changing European Landscape, edited by Sylvester Eijffinger, Kees Koedijk, Marco Pagano, and Richard Portes, Centre for Economic Policy Research, Brussels, Belgium, 1998, pp. 45 – 61.

[191] Walter and Wescott, Antitrust Analysis in Banking: Goals, Methods and Justifications in a Changed Environment, Economic Quarterly, Vol. 94, No. 1, Winter 2008, pp. 45 – 72.

[192] Wachovia, An Uncommon Perspective: Remote Deposit Capture: The Shape of Things to Come, 2007, Available at http: //www. wachovia. com/corp_inst/page/0, 13_52_ 7769, 00. html.

[193] Weinberg, The Price Effect of Horizontal Mergers: A Survey. CEPS Working Paper, NO 140, January, 2007.

[194] Werden, Expert Report in U. S. v. Interstate Bakeries Corp. and Continental Baking Co. , International Journal of the Economics of Business, Vol. 7, No. 2, 2000, pp. 139 – 148.

[195] Werden, Microsoft's Pricing of Windows and the Economics of Derived Demand Monopoly, Review of Industrial Organization, Vol. 18, No. 3, 2001, pp. 257 – 262.

[196] Werden, Merger Simulation: Potentials and Pitfalls, Peter A. G. Van Bergeijk and Erik Kloosterhuis (eds.), Modelling European Mergers, Theory, Competition Policy and Case Studies, Cheltenham: Edward Elgar, 2005, pp. 37 – 52.

第三辑

政府管制与公共经济研究丛书（第三辑）

［197］ Werden, The Admissibility of Expert Economic Testimony in Antitrust Cases, 2007, Available at http： //www. ssrn. com/abstract = 956397.

［198］ Werden et al. , Behavioral Antitrust and Merger Control, Vanderbilt Law and Economics Research Paper No. 10 – 14, 2010.

［199］ Winer, Applying the Theory of Probable Future Competition, Federal Reserve Bulletin 68, September 1982, pp. 527 – 33.

［200］ Wolken and Rose, Dominant Banks, Market Power, and Out-of – Market Productive Capacity, Journal of Economics and Business 43, 1991, pp. 215 – 229.

［201］ Xavier Sala-i – Martin, The Global Competitiveness Report 2010 – 2011, World Economic Forum, 2011, pp. 83 – 118, Available at http： //www. WEF＿GlobalCompetitiveness Report_2010 – 11. pdf.

［202］ Zephirin, Switching Costs in the Deposit Market, The Economic Journal, 104, 1995, pp. 455 – 461.

［203］ Zhou Xiaolan, Consolidation, Product Quality and Entry in the Banking Industry, A Dissertation Presented to the Faculty of the Graduate School of Yale University in Candidacy for the Degree of Doctor of Philosophy, 2008.

342

第三辑

政府管制与公共经济研究丛书（第三辑）

附　　录

附录1　美国金融危机中对倒闭商业银行的处理

时间	倒闭银行	处理
2008 – 11 – 21	波莫纳第一联合银行	明尼苏达州美国银行接管所有存款和几乎所有资产
2008 – 11 – 21	唐尼储蓄贷款银行	明尼苏达州美国银行接管所有存款和几乎所有资产
2008 – 11 – 21	洛根维尔社区银行	弗吉尼亚州埃塞克斯银行接管所有存款和8 440万美元资产
2008 – 11 – 7	加州太平洋保险银行	加利福尼亚州西太平洋银行接管所有的存款和5 180万美元资产
2008 – 11 – 7	休斯敦富兰克林银行	得克萨斯州繁荣银行接管所有存款和8.5亿美元资产
2008 – 10 – 31	佛罗里达布雷登市自由银行	密歇根州五三银行接管所有存款和3 600万美元的资产
2008 – 10 – 24	佐治亚州阿尔法银行	明尼苏达州斯特恩银行接管所有存款和3 890万美元资产
2008 – 10 – 10	伊利诺伊州子午银行	伊利诺伊州国民银行接管所有存款和755万美元资产
2008 – 10 – 10	密歇根州主街银行	密歇根州梦露银行和信托接管所有存款和1 690万美元资产
2008 – 9 – 25	华盛顿互助银行	摩根大通接管所有存款和资产
2008 – 9 – 19	西弗吉利亚州诺斯福克市美国银行	西弗吉尼亚州先锋社区银行和俄亥俄州市民储蓄银行分别接管所有存款和部分资产
2008 – 9 – 5	Silver State Bank，内华达州亨德森市银州银行	内华达州立银行接管其全部参保存款和少量现金和证券资产

续表

时间	倒闭银行	处理
2008 - 8 - 29	佐治亚州诚信银行	阿拉巴拉伯明翰地区银行接管所有存款和 3 440 万美元资产
2008 - 8 - 22	堪萨斯州哥伦比亚银行信托	密苏里市市民银行和信托接管所有参加保险的存款和 8 550 万美元资产
2008 - 8 - 1	佛罗里达州布雷登第一优先银行	佐治亚太阳信托银行接管了所有参保存款和 4 200 万美元资产
2008 - 7 - 25	加利福尼亚州第一传统银行	奥马哈互助银行接管其全部存款和部分资产
2008 - 7 - 25	内华达州第一国民银行	奥马哈互助银行接管其全部存款和部分资产
2008 - 7 - 11	加利福尼亚州印地麦克银行	FDIC 成立印地麦克联邦银行接管所有参保存款和绝大部分资产
2008 - 5 - 30	明尼苏达州第一诚信银行	北达科他州第一国际银行和信托接管所有存款
2008 - 3 - 9	阿肯色州 ANB 金融国民协会银行	普拉斯基银行和信托公司接管了 2.359 亿美元的资产
2008 - 3 - 7	密苏里州休姆银行	安全银行接管 1 250 万美元资产
2008 - 1 - 25	堪萨斯市道格拉斯国民银行	自由银行和信托折价购买了其 5 570 万美元资产

资料来源：中国交通银行研究部。

附录 2　2008 年金融危机中全球金融机构的损失

银行	资产损失（10 亿美元）
美联银行	96.5
花旗集团	67.2
美林证券公司	55.9
瑞士联合银行集团	48.6
华盛顿互助银行	45.6
汇丰控股集团	33.1
美国银行	27.4
国民城市公司	26.2

续表

银行	资产损失（10 亿美元）
摩根斯坦利	21.5
摩根大通银行	20.5
雷曼兄弟控股集团	16.2
苏格兰皇家银行	15.6
富国银行	14.6
瑞士信贷	14.5
巴伐利亚银行	14.5
德国工业银行	14.1
德意志银行	12.7
荷兰国际银行	10.2
苏格兰哈里法克斯银行	9.5
法国农业信贷银行	9.4
富通国际	9
法国兴业银行	8.2
瑞穗金融集团	7.4
高盛集团	7.1
加拿大帝国商业银行	7
巴克莱银行	6.7
法国巴黎银行	5.8
德国住房抵押贷款银行	5.5
比利时联合金融集团	5
德累斯顿银行	5
印地麦克银行	4.9
法国外贸银行	4.7
巴登符腾堡兰德银行	4.5
意大利联合信贷银行	4.3
野村控股	4.2
亿创理财公司	4.1
德国北方银行	4

第三辑

政府管制与公共经济研究丛书（第三辑）

续表

银行	资产损失（10 亿美元）
埃劳德 TSB 集团	3.8
中国银行	3.7
荷兰农业合作银行	3.3
西德意志银行	3.3
贝尔斯登公司	3.2
德国商业银行	3
加拿大皇家银行	2.8
五三银行	2.7
德国中央合作银行	2.5
兰德银行萨克森股份公司	2.4
美国主权银行	2.4
美国合众银行	2.2
荷兰银行控股公司	2
三菱日联金融集团	1.8
中国工商银行	1.7
美国科凯国际集团	1.6
德克夏银行	1.6
以色列工人银行	1.6
马歇尔和伊斯利银行	1.5
三井住友金融集团	1.2
蒙特利尔银行	1.1
安联和莱斯特银行	1.1
法国互助银行	1.1
加拿大丰业银行	1.1
住友信托银行	1
海湾国际银行	1
加拿大国民银行	0.7
星展银行集团	0.2
美国运通公司	0

续表

银行	资产损失（10亿美元）
其他欧洲银行	8.5
其他亚洲银行	5.2
其他美国银行	3.6
其他加拿大银行	0.5
共计	744.6

资料来源：BERGER A. N. , Molyneux P. , Wilson J. O. S. , 2010, The Oxford Handbook of Banking, Oxford University Press, pp. 5 – 6.

附录3　对银行业规模经济和范围经济研究的讨论

20 世纪六七十年代对银行业规模经济的研究发现，所有银行都具有轻微的但统计上显著的规模经济（Benston，1965，1972；Bell & Murphy，1968）。这些研究认为，其他条件不变，银行规模增加一倍，将会使银行的平均成本降低5% ~ 8% 。不幸的是，这些结论后来被证明高估了真实的规模经济，至少存在以下三个问题：第一，早期研究使用柯布—道格拉斯成本或生产函数是有局限的。这一函数能显示三种产出（递减、固定、递增平均成本）中的一种，但不能显示 U 型平均成本曲线。在 U 型平均成本曲线上，小银行有递减的平均成本，中等银行有近乎固定的平均成本，而大银行有递增的平均成本。第二，早期的研究多使用美国的案例，但大多数的美国银行的规模较小，在样本中大量使用小银行，势必会存在设定偏误。正因为如此，才使得利用这样的样本，当采用柯布—道格拉斯函数时才会得出规模经济的判断。第三，研究没区分分支水平上的规模经济和公司水平上的规模经济。它们仅计算了分支水平上的规模经济，没能计算银行作为一个整体的规模经济。后来的研究（B – enston et al. , 1982；Berger et al. , 1987；Berger & Humphrey，1991）对此做了区分。

此后的研究对上述的三个问题进行了修正。第一，使用更灵活的函数（如超对数成本函数），它能展示 U 型平均成本曲线；第二，延伸样本，包括大银行（超过 10 亿美元资产），或者仅关注大银行；第三，关注公司水平上的规模经济，而不是分支水平上的规模经济。研究的结论是：银行业的平均成本曲线是一个相对扁平的 U 型平均成本曲线，中等规模的银行具有更多的规模效率。研究中主要的不确定性是 U 型平均成本的底部——规模效益点。使用资产在 10 亿美元内的

第三辑

政府管制与公共经济研究丛书（第三辑）

银行样本、所有规模的银行样本、资产在 1 亿美元内的银行样本进行研究时发现，资产规模在 7 500 万美元和 3 亿美元的银行平均成本最低（Berger et al.，1987；Ferrier & Lovell，1990；Berger & Humphrey，1991；Bauer et al.，1993）。但使用资产超过 10 亿美元的银行样本进行研究发现，最低平均成本介于 20 亿 ~ 100 亿美元间（Hunter & Timme，1986；Noulas et al.，1990；Hunter et al.，1990）。两组样本估计的差异显示，大小银行的成本函数可能有根本的差异。原因在于大银行生产不同的产品，使用不同的技术，因此它们比小银行有更大的成本离差，这使规模经济的测量变得复杂。尽管规模效益点不确定，但有一点可肯定，超过现在的最大值，增大银行规模没有明显的规模经济。事实上，资料显示，这样的增加相反还有轻微的规模不经济，这归因于管理难度加大。

虽然现存的规模经济研究文献较之于以前做了些改进，但仍有些不足，表现在：第一，样本包含所有的银行，而不都是有效率的银行。理论上讲，规模经济仅运用于生产可能性前沿——这里，对每一单位的产出，银行有完全的 X—效率和最小的成本。第二，大多数研究仅测量在估计点附近产量边际变化带来的规模经济效果，使用的规模经济定义是，假定产出组合固定，边际成本除以平均成本即是规模经济。然而，规模效率是估计点与规模效益点（如果是 U 型平均成本曲线，则是其底部）平均成本的差异。第三，大银行和小银行并不适用相同的成本函数，所以非参数方法对估计规模经济可能更适用。通常设定的超对数函数形式约束大小银行都位于 U 型平均成本曲线上，如果小银行有很强的规模经济，大银行有扁平的平均成本，超对数形式得出大银行规模不经济的结论将是不正确的。非参数方法，如核回归和傅立叶形式，它们允许更自由的平均成本曲线。第四，规模经济分析通常没考虑风险降低情况下的融资规模经济。当银行变大时，它们的贷款组合会变得更加分散，这降低了银行所需的权益资本的数量，而权益资本是最昂贵的融资，所以并购增加银行规模、分散贷款组合的同时，降低了平均成本，增强了融资规模经济。

幸运的是，这四个问题并不是致命的，没有哪一个改变了对规模经济的研究结论。对第一个问题来说，比较效率前沿上的规模效应与远离效率前沿的规模效应，这两者通常很接近（Berger & Humphrey，1991；Bauer et al.，1993；McAllister& McManus，1993；Mester，1993）。对第二个问题来说，大多数情况下，规模经济与规模效率的差异仅几个百分点（Berger，1993，1994；Evanoff & Israilevich，1991）。对第三个问题来说，使用非参数方法得出的结论与使用参数方法一样。对第四个问题来说，加入风险降低情形，考虑融资规模经济，所不同的仅是小银行轻微地增加了估计的规模经济（McAllister & McManus，1993）。

规模经济不仅表现在成本上，还可能表现在收入上。当研究收入规模经济时，大银行会表现出规模经济性，因为大银行能提供更多服务的组合，消费者对这些服务的估值更高，更愿意支付高价。有一个研究通过研究收益函数估计了银行业的收入规模经济（Pulley et al.，1993）。他发现银行业的收入规模经济只有1%~4%，并且在达到美国最大的银行规模前就已被耗尽。也有学者用利润函数将成本规模经济和收入规模经济一起估计，结果显示，利润递增可能来自于规模经济（Berger et al.，1993）。

对银行业范围经济的研究更有问题。第一，运用超对数成本函数或其他乘数形式来估计范围经济有一个问题：范围经济是比较几个公司单独生产一组产品的成本之和与单一公司生产这一组产品的成本差异。在两产品情形下，也就是比较 $C(y_1, 0) + C(0, y_2)$ 与 $C(y_1, y_2)$。因为超对数函数是产量的乘积，它有一个不好的特征，即对每一个专业化的公司有零成本的估计，即 $C(y_1, 0) = C(y_2, 0) = 0$。因此，超对数函数强加了一个极端的范围不经济。解决这一问题的方法是，界定最低水平的 ε_i，低于它，y_i 就不用估计。所以在两产品情形下，范围经济就是比较 $C(y_1 - \varepsilon_1, \varepsilon_2) + C(\varepsilon_1, y_2 - \varepsilon_2)$ 与 $C(y_1, y_2)$。$y_i - \varepsilon_i$ 必须使得两个专业化公司的产出和等于单一公司的总产出。然而，这一方法并没有真正解决超对数函数的问题。只要赋予 ε 足够接近 0 的值，就可以证明范围不经济。因为产出足够接近 0，会使预计的成本也接近于 0。为避免这一问题，有些研究使用 Box - Cox 转换，用 $(y^\lambda - 1)/\lambda$ 替代 y。不幸的是，λ 的估计也接近于 0，这也会产生超对数函数的问题（Pulley & Humphrey，1993）。一些研究设定 λ 等于 1，也就是，用产出的水平形式取代产出的对数形式（Berger et al.，1987；Buono & Eakin，1990），这看起来是一个较好的选择（Pulley & Humphrey，1993）。第二个问题是数据不足。

与规模经济一样，范围经济也会产生于收入边。例如，消费者愿意对在同一区位购买的多种产品支付高价以省去运输成本和时间成本。研究测量存款和贷款上的收入范围经济，没有发现范围经济的证据（Pulley et al.，1993）。使用利润函数可以将成本和收入的范围经济一同估计。给定所有的价格和固定投入，最优范围经济被认为是能最有较地生产所有的产品。有一个研究利用利润函数来估计最优范围经济，它发现对多数银行来说联合生产是最优的，但对其他银行，专业化生产是最优的（Berger et al.，1993）。

第三辑

政府管制与公共经济研究丛书（第三辑）

附录4　对美国银行收购波士顿舰队金融公司
引起的社会成本的讨论

在几个大的州际间银行并购案中，"失去本地控制"或称"离域化"问题引起了人们的关注，包括2004年美国银行收购波士顿舰队金融公司（FleetBoston Financial Corp.）。在这起银行并购案中，波士顿的慈善家和社区领导者抱怨这起并购，因为并购消灭了波士顿最主要的银行。他们预言，这将会导致对本地慈善机构和非营利机构捐款的下降，对地区和小企业信贷的下降，就业下降，是本地经济和社会发展的重大损失。人们普遍认为，本地银行更可能满足小企业的信贷需求，因为它们能比外来银行更好地评价和监督本地银行的绩效。有几个研究显示，当本地银行被大的非本地银行收购时，小企业的信贷减少。[1][2]此外，也有证据表明本地银行比全国性银行更倾向于投资于本地。[3]

对银行并购"离域化"问题，传统的观点是，虽然这对城市或所涉及的社区是不幸的，但这是动态经济的自然结果，取决于资本的自由流动。《公司法》赋予公司经理自由行动的权利，可以不考虑社区利益；私法也没有对此提供任何解决办法。《克莱顿法》第七条只考虑了公司并购是否会显著地降低竞争，而没有涉及"离域化"问题。根据《银行并购法》，联邦银行监管机构在评估银行并购时，除考虑竞争效果外，还应考虑服务社区的"便利和需要"以及《社区再投资法》所要求的银行绩效记录，它明确了银行满足本地区信贷需要的责任。当这起并购提交给美联储时，美联储认为："考虑到'便利和需要'目标，包括银行的社区再投资绩效记录，同意这起并购。"

事后更多的评论认为，"离域化"问题应该受到关注，不应该仅是一瞥而过。因为：第一，"离域化"可能与社区的"便利和需要"不一致，不仅是因为它会降低银行根据《社区再投资法》满足社区信贷承诺的要求，还因为它会损害银行在社区领导和慈善中的地位以及其他方面的贡献。第二，美联储仅看过去并购银行的社区再投资绩效进而做出它的"便利和需要"决定是不妥当的。更为重要的是应比较并购银行在其分支水平上的社区再投资绩效与被并购银行在其家乡的社

---

① Robel A. Cole et al., 2004. "Cookie Cutter vs. Character: The Micro Structure of Small Business Lending by Large and Small Banks", Journal of Financial and Quantitative Analysis, Vol. 39, No. 2. 227–251.
② Allen N. Berger et al., 2005. "Does Function Follow Organizational Form? Evidence from the Lending Practice of Large and Small Banks", Journal of Financial Economics, Vol. 76, No. 2. 237–269.
③ Arthur E. Wilmarth, Jr. 1992. "Too Big to Fail, Too Few to Serrve? The Potential Risks of Nationwide Banks", Iowa Law Review, Vol. 77, No. 3, 957–1082.

区再投资绩效。如果被并购银行的相对绩效更高，则做出并购符合社区服务的"便利和需要"是欠妥当的。特别是当被并购银行是当地剩下的唯一的存在重要影响的银行，"离域化"问题这一并购的社会成本应引起高度关注。

附录5　银行业互动参数与市场力

设想一个单一产品产业，产品 y 的价格为 p，y_j 为公司 j 的产量（对银行，y_j 可理解为贷款量），$i = 1, 2, \cdots, m$，且 $\sum_j y_j = y$，逆需求函数为 $P = P(y, z)$，z 是影响需求的外生变量向量，$C(y_j, \omega_j)$ 为公司 j 的成本函数，ω_j 为公司 j 的生产要素价格向量。

公司 j 的最大化利润行为可描述为：

$$\text{Max} P(y, z) y_j - C(y_j, \omega_j) \tag{1}$$

如果公司间的竞争表现为完全竞争，那么它们会将自己的产量定在边际成本等于市场价格的点所决定的数量上。也就是：

$$P = C'(y_j, \omega_j) \tag{2}$$

在极端情形下，假设产业中只有一家垄断企业，公司利润最大化的产量将是边际收入与边际成本相等时的产量。即：

$$P = C'(y, \omega) - \frac{dp}{dy} y \tag{3}$$

$P + \frac{dp}{dy} y$ 是垄断者的边际收入 $\left(\frac{dp}{dy} y < 0 \right)$。

一般地，市场上有 m 家公司，其利润最大化的价格为：

$$P = C'(y_j, \omega_j) - \frac{dp}{dy} y_j \theta_j \tag{4}$$

θ_j 是衡量寡头行为的参数，用来衡量与完全竞争偏离程度的指标。式（4）是一个很一般的刻画寡头垄断行为的表达式。θ_j 可理解为，对公司 j 的产量改变，整个产业"猜测性"的反应。

对方程（1）求解，得到：

$$P + \frac{\partial p}{\partial y} \frac{\partial y}{\partial y_j} y_j - C'(y_j, \omega_j) = 0 \tag{5}$$

这一式子可写成：

$$P = C'(y_j, \omega_j) - \frac{\theta_j}{\tilde{\varepsilon}} \tag{6}$$

第三辑

政府管制与公共经济研究丛书（第三辑）

其中，$\tilde{\varepsilon} \equiv \dfrac{\partial y}{\partial p} \dfrac{1}{y}$，$\tilde{\varepsilon} < 0$，$\tilde{\varepsilon}$ 是半需求弹性（semi-elasticity of demand）。

$$\theta_j \equiv \frac{\partial y}{\partial y_j} \frac{y_j}{y} \tag{7}$$

θ_j 称为互动参数，也称为猜测弹性（conjectural elasticity），也就是，由于公司 j 产量的改变，导致整个产业总产出改变的百分比。如果公司是一个古诺寡头垄断者，则 $\dfrac{\partial y}{\partial y_j} = 1$，因为在古诺行为中，公司 j 预计其他公司对自己的产量变化不会改变它们的产量，既然 $y = \sum_j y_j$ 包含了公司 j 的产量，那么，总产量的变化一定等于 y_j 的改变。因此，在古诺行为中，θ_j 将降低公司 j 的市场份额。

如果市场竞争表现为完全竞争，则 $\dfrac{\partial y}{\partial y_j} = 0$，因此 $\theta_j = 0$。在垄断情况下，$\dfrac{\partial y}{\partial y_j} = 1$，且 $y_j = y$，因此，$\theta_j = 1$。

我们也能根据 θ_j（$j = 1, 2, \cdots, m$）的大小推断公司 j 的市场地位，如市场领导者、市场跟随者还是市场利基者。

接下来，界定公司 j 的市场力为：

$$\alpha_j = \frac{P - C'(y_j, \omega_j)}{P} = \frac{\theta_j}{\varepsilon} \tag{8}$$

其中，$\varepsilon \equiv \dfrac{\partial y}{\partial p} \dfrac{p}{y}$（$\varepsilon < 0$），$\varepsilon$ 为需求弹性。

用公司的相对规模加权平均的产业市场力为

$$\alpha = \sum_j \left[\frac{P - C'(y_j, \omega_j)}{P} \right] \frac{y_j}{y} = \sum_j \frac{\theta_j}{\varepsilon} \frac{y_j}{y} \tag{9}$$

将式（7）代入式（9）得：

$$\alpha = \sum_j \frac{1}{\varepsilon} \frac{\partial y}{\partial y_j} \left(\frac{y_j}{y} \right)^2$$

假设所有的公司的互动参数 θ_j（$j = 1, 2, \cdots, m$）都相同，并且具有时间一致性和不随市场结构改变而改变的性质，即：

$$\frac{\partial y}{\partial y_j} = \gamma, \quad \forall j$$

则

$$\alpha = \frac{1}{\varepsilon} \gamma \mathrm{HHI}$$

在古诺模型中，$\gamma = 1$，α 与 HHI 正相关，但这存在很强的假设，更一般地，

$\dfrac{\partial y}{\partial y_j} \neq \dfrac{\partial y}{\partial y_i}$，j≠i，因此我们并不能直接从 HHI 推导市场力 α。

附录6　自身传递率的说明

考虑一个单一产品的垄断者。假设市场竞争为伯川德竞争，给定需求 x(p)，垄断者选择价格 p 以最大化其利润。存在一阶需求导数 x′(p) 和二阶需求导数 x″(p)，垄断者有固定的边际成本 c，则利润最大化的条件是：

$$(p-c)x'(p)+x(p)=0 \tag{1}$$

使用 φ 来刻画当边际成本改变时，价格的边际效应。对式（1）全微分，整理可得：

$$\varphi = \left[2 - x''(p)x(p)/(x'(p))^2\right]^{-1} \tag{2}$$

从式（2）可看出，φ 取决于需求曲率（x″(p)），特别是：

x″(p)<0⇒凹需求⇒φ<0.5

x″(p)=0⇒线性需求⇒φ=0.5

x″(p)>0⇒凸需求⇒φ>0.5

利润最大化的另一个必要条件是逆弹性条件。用 ε(p)（<−1）表示需求价格弹性，则逆弹性条件是：

$$-\varepsilon(p) = p/(p-c) \equiv 1/m \tag{3}$$

令 η(p) 为需求价格弹性的价格弹性，即：

$$\eta(p) = \varepsilon'(p)p/\varepsilon(p) \tag{4}$$

对式（4）全微分，整理可得：

$$\varphi = \left[1 + (\eta(p)-1)m\right]^{-1} \tag{5}$$

式（5）表明：

η(p)>1⇒φ<1

η(p)=1⇒φ=1

η(p)<1⇒φ>1

如果 η(p)>1，边际贡献率（m）越小，φ 越大；如 η(p)<1，m 越小，φ 越小；m=0，φ=1，表示在完善竞争条件下，整个产业的传递率等于1。

附录7　达尔乔德等对总转换率方法的修正

有两产品，产品1和产品2，它们有相同的边际贡献，有同样的利润最大化的公式：

$$\eta = 1/m \tag{1}$$

η 是产品价格弹性，m 为边际贡献率。假设线性需求，产品 1 提价 x 后，对

产品 1 需求的真实损失（Actual Loss，AL）为

$$AL = x/m \tag{2}$$

产品 1 与产品 2 的转换率为

$$D = \frac{\partial q_2}{\partial p_1} \bigg/ \frac{\partial q_1}{\partial p_2} \tag{3}$$

式（3）测量由产品 1 转换到产品 2 去的部分。

因为两产品的边际贡献相同，产品 1 有 D 部分的销量转给了产品 2，因此假设的垄断者真正损失的部分是（1 − D），所以真实损失为：

$$AL = x(1 - D)/m \tag{4}$$

我们先推导两产品情形下的临界损失和真实的损失（很容易从两产品推导到 N 产品）。产品 1 提价 x 后，产品 1 真实的损失为：

$$AL = x\eta_{11} \tag{5}$$

η_{11} 为产品 1 自身的价格弹性。产品 1 的临界损失满足下式：

$$\pi_1(p^s) - \pi_1(p) + \pi_2(p^s) - \pi_2(p) = 0 \tag{6}$$

$p^s = ((1 + x)p_1, \ p_2)$，扩展式（6）有：

$$((1 + x)p_1 - c_1)q_1(1 - CL) - (p_1 - c_1)q_1 + (p_2 - c_2)q_2(1 + x\eta_{21}) - (p_2 - c_2)q_2 = 0$$

η_{21} 是产品 2 对 p_1 的交叉价格弹性，上式可简化为：

$$(x + m_1)R_1(1 - CL) - m_1R_1 + x\eta_{21}m_2R_2 = 0 \tag{7}$$

这里，$R_j = p_jq$，$m_j = (p_j - c_j)/p_j$，求 CL。

$$CL = \frac{x(1 + \lambda D)}{x + m_1} \tag{8}$$

$\lambda = (p_2 - c_2)/(p_1 - c_1)$，它用来测量两产品的相对毛利。

合并（5）和（8），有

$$x\eta_{11} < \frac{x(1 + \lambda D)}{x + m_1} \tag{9}$$

当且仅当式（9）成立，产品 1 的真实损失才会小于临界损失。

把 $AL = \dfrac{x}{m}$ 代入（9）式得

$$\frac{x}{m_1} < \frac{x(1 + \lambda D)}{x + m_1}$$

$$\Rightarrow \frac{x}{m_1} < \lambda D \qquad (10)$$

在对称情况下，$\lambda = 1$，式（10）可写成

$$\frac{x}{m_1} = AL < D$$

所以正确的标准应该是 $\frac{x}{m} < D$，而不是凯茨和夏皮罗的标准：$\frac{x}{x+m} < D$

$\frac{x}{m} > \frac{x}{x+m}$，这意味着凯茨和夏皮罗的标准导致真实的市场界定过窄。

附录 8　对美国银行并购管制权威竞争评估的比较

美国银行并购的管制权威有司法部、美联储、货币监理署和联邦存款保险公司，它们对银行并购的竞争评估不尽相同，主要的差异表现在以下四点：第一，对相关市场的界定不同；第二，计算 HHI 时，对储蓄机构赋予的权重不同；第三，采用的分析指南不同；第四，并购评估的松紧程度不同。

（1）不同管制权威对相关市场的界定。

美联储仍然使用 1963 年费城银行案的市场定义，近半个世纪以来，一直将银行并购的相关地区市场界定为本地，将相关产品市场界定为"群服务"，而不顾这样的分析是否忽视了现代市场的动态性。例如，在 2004 年同意美国银行收购波士顿舰队金融公司案件中，美联储委员会认为，银行产品和服务的群概念是分析银行并购竞争效果的最恰当的市场。美联储认为这一案件的相关地区市场是本地市场，指出地区市场是四个本地银行市场，在这里，它们的附属机构直接竞争。它认为这一并购的竞争效果与 1963 年联邦最高法院的"判例"一致，与美联储以前的市场研究一致，与记录的事实一致。

联邦存款保险公司界定相关地区市场包括下述地区：目标银行办公室所在地、提供大量业务的地区、受并购影响的现存的和潜在的顾客能现实地可行地转向替代性银行服务的地区。联邦存款保险公司在 1989 年声明，"群方法"与现实的环境不再相关，建议重新定义和扩展产品市场，包括由非银行（证券公司、金融公司、存款机构）提供的"功能相当"的服务。它相信这一方法将更多地反映现实的竞争。这一产品市场分析进一步破坏了群方法，因为它基于金融竞争，而不是商业银行的内部竞争。

货币监理署在界定相关地区市场时，通常使用美联储的市场定义去勾画相关

地区市场。但它在界定银行并购的相关产品市场时，表示愿意采用子市场的方法，这一意愿出现在 1980 年的决定中："市场的现实性与法律现状表明，仅依赖传统的群服务（被称为商业银行业）去决定是否一个特别的并购将导致显著的竞争降低不再是令人满意的。商业银行和储蓄机构提供服务的竞争重叠越来越多，不仅在数量上，而且在质量上，以至于几乎所有的消费者金融服务机构和越来越多的商业性服务储蓄机构现在是商业银行直接的或潜在的竞争者。"当货币监理署审查并购对传统上由银行提供的"群产品和服务"的竞争影响时，意识到费城银行方法将商业银行作为独特的产品的方法已经过时。然而，它并不支持非银行是重要的竞争者的观点。

司法部在分析银行并购时，并不遵循费城银行案的方法，而是尊重现实的竞争环境，考虑不同的因素（如进入障碍和非银行竞争者），允许将大量的不同的地区市场定义为相关市场。一个基本的暗含的假设是每一类银行业务，如大公司顾客、零售存款者、中小企业、甚至是次级借款者，都有不同需要和预期的顾客，需要不同的银行产品和使用不同的分销渠道。对提议的大公司并购，司法部使用国家市场作为相关地区市场，因为大公司更可能运营在更大规模的市场上，使得它们较少地依赖于本地经济条件；相应地，收集这类公司的信息成本不再依靠地理位置远近。司法部区别每一个银行并购参与方提供的产品，为每一产品承担独立的分析，并且为它们使用不同的地区市场。例如，如果产品市场是小企业贷款，司法部可能界定地区市场为"企业住地 3 ~ 5 英里内"；如果产品市场是一个零售银行，则会界定为"顾客工作和生活地"。作为评估程序的一部分，司法部官员经常会访问本地银行家，他们帮助政府决定市场的范围，从"场内"和"场外"参与者判断竞争程度和其他相关本地市场条件。此外，如果一家银行并没有运营一家本地分支，但在这一地区确实有贷款，从司法部的观点看，这意味着更大的地区市场。

（2）计算 HHI 时，对储蓄机构赋予的权重的差异。

货币监理署和联邦存款保险公司在 HHI 计算中，通常包括储蓄机构，并给予 100% 的权重，美联储给予 50% 的权重，DOJ 也可能给其权重，也可能不给，取决于它的竞争规模，通常给予 20% 的权重。尽管在很多服务上，储蓄机构与银行平等地竞争，但在一类很重要的产品线——商业贷款上，特别是对小和中等规模企业的商业贷款，不是平等竞争。因为储蓄机构受法律约束，禁止将它们资产超过 10% 的份额投向商业贷款。在实践上，储蓄机构参与商业借贷不得超过 10%。将储蓄机构打折是为了反映其参与商业贷款的现实。司法部考虑到储蓄机构正在从商业借贷中撤离，返回到原来的居民抵押贷款，它会重新审视 20% 的权重给储蓄机构，调查该地储蓄机构的商业活动。如在新英格兰，储蓄机构是积极的商业借贷者，这意味着储蓄机构存款将给予更多的权重。而在另一些地区，储蓄机构被排除在企业贷款市场外，则不给权重。

357

（3）采用的分析指南不同。

司法部对银行并购与对其他产业并购一样使用相同的反垄断竞争分析，标准是《水平并购指南》。美联储和货币监理署的分析框架主要采用《银行并购法》和《银行并购甄别指南》。而联邦存款保险公司拒绝采用《银行并购甄别指南》，它制定了自己的竞争评估原则：《银行并购交易政策声明》（A State of Policy on Bank Merger Transactions）和《部门间的银行并购法运用》（Interagency Bank Merger Act Application）。

（4）并购评估的松紧程度不同。

相比于银行监管权威，司法部的银行并购竞争评估更严。一旦司法部调查特别的银行并购，会查问几个商业线。第一，司法部会从并购方提供的服务以及并购方提供服务的场所中检查和提炼恰当的产品和地区市场。因此，在特别的银行并购案中，司法部会单独地检查存款市场（商业和零售）、不同类型的贷款（抵押、消费和商业）和其他服务（信托、现金管理等）。司法部会特别细致地检查商业借贷类型。如果并购当事人集中于小企业贷款（如贷款少于 100 万美元）或中等借款，司法部会单独检查这样的市场。第二，司法部考虑是否有重新进入，或者考虑快速发展的市场本身能否吸引进入。第三，司法部检查是否现在的存款数据夸大了某一机构的竞争力，如果该机构正在经历或可能经历一个成功后的明显衰退。更一般地，司法部检查是否现在的存款数据准确地显示了机构的竞争力。第四，司法部会评估所有非银行的竞争力，包括储蓄机构和金融公司等。第五，司法部接受顾客投诉，深入地调查以保证并购不会引起竞争损害。

以 1963 年来看，司法部否定了被相关银行监管者批准的 2/3 的并购（Waxberg & Robinson，1965）。例如，1963 年货币监理署批准了 91 起银行并购，司法部将其中的 64 起提起反垄断诉讼，被美联储批准的交易同样被司法部提起竞争性考虑，美联储同意了 31 起，其中 22 起被司法部提出异议。司法部同样拒绝了大量的联邦存款保险公司同意的并购，联邦存款保险公司同意 31 起，17 起被司法部提起异议。如，货币监理署同意费城银行与吉拉德信托谷物交易银行的并购，而司法部否决了它，理由是它违反了《克莱顿法》第 7 条和《谢尔曼法》第 1 条。夏威夷第一银行与夏威夷第一国际银行的并购被美联储同意后，同样被司法部否决。

附录9 欧盟各国银行业的市场结构指标

国家	HHI					CR$_5$（按资产）				
	2006 年	2007 年	2008 年	2009 年	2010 年	2006 年	2007 年	2008 年	2009 年	2010 年
比利时	2 041	2 079	1 881	1 622	1 439	84.4	83.4	80.8	77.1	74.9
保加利亚	707	833	834	846	789	50.3	56.7	57.3	58.3	55.2
捷克	1 104	1 100	1 014	1 032	1 042	64.1	65.7	62.1	62.4	62.4
丹麦	1 071	1 120	1 229	1 042	1 077	64.7	64.2	66	64	64.4
德国	178	183	191	206	298	22	22	22.7	25	32.6
爱沙尼亚	3 593	3 410	3 120	3 090	2 929	97.1	95.7	94.8	93.4	92.3
爱尔兰	600	700	800	900	900	49	50.4	55.3	58.8	56.8
希腊	1 101	1 096	1 172	1 184	1 214	66.3	67.7	69.5	69.2	70.6
西班牙	442	459	497	507	528	40.4	41	42.4	43.3	44.3
法国	726	679	681	605	610	52.3	51.8	51.2	47.2	47.4
意大利	220	328	307	298	395	26.2	33.1	31.2	31	39.2
塞浦路斯	1 056	1 089	1 019	1 089	1 170	63.9	64.9	63.8	64.9	65.8
拉脱维亚	1 271	1 158	1 205	1 181	1 005	69.2	67.2	70.2	69.3	60.4
立陶宛	1 913	1 827	1 714	1 693	1 545	82.5	80.9	81.3	80.5	78.8
卢森堡	333	316	309	310	343	31.5	30.6	29.7	29.3	30.9
匈牙利	823	840	819	864	806	53.5	54.1	54.4	55.2	54.7
马耳他	1 171	1 177	1 236	1 250	1 180	70.9	70.2	72.8	72.8	71.2
荷兰	1 822	1 928	2 168	2 032	2 052	85.1	86.3	86.8	85	84.4
奥地利	534	527	454	414	383	43.8	42.8	39	37.2	35.9
波兰	599	640	562	574	559	46.1	46.6	44.2	43.9	43.4
葡萄牙	1 134	1 098	1 114	1 150	1 203	67.9	67.8	69.1	70.1	70.8
罗马尼亚	1 165	1 041	922	857	871	60.1	56.3	54	52.4	52.7
斯洛文尼亚	1 300	1 282	1 268	1 256	1 160	62	59.5	59.1	59.7	59.3

续表

国家	HHI					CR$_5$（按资产）				
	2006 年	2007 年	2008 年	2009 年	2010 年	2006 年	2007 年	2008 年	2009 年	2010 年
斯洛伐克	1 131	1 082	1 197	1 273	1 239	66.9	68.2	71.6	72.1	72
芬兰	2 560	2 540	3 160	3 120	3 550	82.3	81.2	82.8	82.6	83.8
瑞典	856	934	953	899	860	57.8	61	61.9	60.7	57.8
英国	394	449	412	467	522	35.9	40.7	36.5	40.8	42.5

资料来源：ECB Statistical Data Warehouse – Structural Financial Indicators.

附录 10　不同需求函数下的单边效应预测

克鲁克等（1999）考察了不同弹性变化下并购模拟的效果。他们用一个非合作伯川德模型考察了四种弹性形式（对数线性、线性、logit 和 AIDS）。使用蒙特·卡罗，他们发现，考虑并购公司并购后的平均价格增长，使用对数线性函数是使用线性函数的 3 倍多。AIDS 是线性函数的 2 倍，logit 比线性高 50%。这些结果的差异是令人吃惊的。对数线性设定暗含着当价格增长时，弹性不变，而其他 3 个都会出现当价格增长时产品的自身价格弹性也会增加。线性设定的自身价格弹性增加最快，因此这也意味着最小的并购后价格提高。以上函数形成的讨论是在假定研究者对均衡条件下的弹性有精确的估计。在现实中这很难。研究者取得的资料经常是不足的。然而，即使函数形式假设是正确的，不正确的弹性估计在模拟预测中也会导致明显的错误。我们考虑下面的例子。有四家单一产品公司，公司 2 与 3 并购。自身的价格弹性与交叉价格弹性如表 1 所示，边际成本如表 2 所示，并购前在纳什均衡假设下，产生并购前和市场份额（见表 3）。现在在假定模拟 2 与 3 并购，选择 3 种形式（线性、对数线性和 AIDS），并假设并购后边际成本不变。结果如表 4 所示。

表 1　　　　　　　　　　　　四家公司的弹性矩阵

公司	弹性矩阵			
	公司 1	公司 2	公司 3	公司 4
公司 1	−1.5	0.09	0.03	0.16
公司 2	0.5	−1.33	0.06	0.23

公司	弹性矩阵			
	公司1	公司2	公司3	公司4
公司3	0.61	0.22	-1.81	03
公司4	0.47	0.12	0.04	-1.33

表2   并购前边际成本

公司1	公司2	公司3	公司4
0.33	0.25	0.45	0.25

表3   并购前价格和市场份额

公司	价格（元）	份额（%）
公司1	1	63
公司2	1	16
公司3	1	5
公司4	1	15

表4   预测的并购后价格增长   单位：%

公司	线性	AIDS	对数线性
公司1	0.1	0.9	0.0
公司2	1.6	12.5	12.9
公司3	4.3	17.1	28.2
公司4	0.2	1.5	0.0

注：没有边际成本降低。

　　有趣的是，预测的价格增长差异很大，对公司2来说，从1.6%到12.9%，对公司3来说，从4.3%到28.2%。人们可能会先验地排除对数线性设定，因为公司1和公司4会对价格增加有所反应，而不是在对数线性设定中暗含它们不会。

　　现在改变自身价格弹性假设。当我们改变公司2和公司3的自身价格弹性10%时，并购后价格增长预测如表5～表8所示。

表 5　　　　　　　　　　预测的并购后价格增长　　　　　　　　单位：%

公司	线性	AIDS	对数线性
公司 1	0.1	0.6	0.0
公司 2	1.5	8.1	8.9
公司 3	3.9	14.9	24.6
公司 4	0.1	1.1	0.0

注：没有边际成本降低，公司 2 自身价格弹性从 −1.33% 上升到 −1.46%。

表 6　　　　　　　　　　预测的并购后价格增长　　　　　　　　单位：%

公司	线性	AIDS	对数线性
公司 1	0.1	0.8	0.0
公司 2	1.5	11.1	11.6
公司 3	3.9	13.0	21.8
公司 4	0.1	1.3	0.0

注：没有边际成本下降，公司 3 自身价格弹性增长到 −1.99%。

表 7　　　　　　　　　　预测的并购后价格增长　　　　　　　　单位：%

公司	线性	AIDS	对数线性
公司 1	0.1	1.5	0.0
公司 2	1.8	24.6	23.4
公司 3	4.8	20.6	32.6
公司 4	0.1	2.5	0.0

注：公司 2 的自身价格弹性从 −1.33% 降到 −1.20%。

表 8　　　　　　　　　　预测的并购后价格增长　　　　　　　　单位：%

公司	线性	AIDS	对数线性
公司 1	0.1	1.1	0.0
公司 2	1.8	14.4	14.4

续表

公司	线性	AIDS	对数线性
公司 3	4.8	24.5	40.2
公司 4	0.2	1.8	0.0

注：公司 3 自身价格弹性从 −1.81% 降到 −1.63%。

从表 9 来看，线性函数形式的数值看起来是合理的。10% 的自身价格弹性改变，导致预测的价格变化为 −9% ~13%。而 AIDS 不这样，它预测的价格变化范围从 −35% ~97%。现在我们改变交叉价格弹性 25%，比如我们提高公司 2 对公司 3 的交叉价格弹性从 0.06% 上升到 0.08%，和公司 3 对公司 2 的交叉价格弹性从 0.22% 上升到 0.28%。结果如表 10 所示，我们会看到很大的差异性。

表 9		自身价格弹性改变的结果小结					单位：%
公司	$\Delta\varepsilon_{ii}$	并购前		并购后		改变	
		线性	AIDS	线性	AIDS	线性	AIDS
公司 2	+10%	1.6	12.5	1.5	8.1	−6	−35
公司 3	+10%	4.3	17.1	3.9	13.0	−9	−24
公司 2	−10%	1.6	12.5	1.8	24.6	13	97
公司 3	−10%	4.3	17.1	4.8	24.5	12	43

表 10		预测的并购后价格增加				单位：%
公司	ε_{ij} 提高 25%			ε_{ij} 下降 25%		
	线性	AIDS	对数线性	线性	AIDS	对数线性
公司 1	0.1	1.2	0.0	0.1	0.6	0.0
公司 2	2.2	17.7	16.1	1.1	8.7	9.4
公司 3	5.8	25.2	50.1	3.2	11.9	18.5
公司 4	0.2	2.1	0.0	0.1	1.0	0.0

注：没有边际成本降低，ε_{32} 与 ε_{23} 变化 25%。

附录 11　外资银行在各国银行中的占比

单位：%

国家或地区	1995年	1996年	1997年	1998年	1999年	2000年	2001年	2002年	2003年	2004年	2005年	2006年	2007年	2008年	2009年
东亚和太平洋地区	20	20	19	19	19	20	20	20	19	19	19	19	24	25	25
柬埔寨	14	14	14	29	29	43	43	38	33	33	40	38	38	38	38
中国	13	14	11	10	10	9	9	8	8	7	7	6	15	18	19
印度尼西亚	26	27	28	29	31	33	31	34	32	33	35	36	50	50	52
马来西亚	27	25	25	25	25	26	32	29	29	30	30	32	33	33	33
蒙古国	0	0	0	0	0	0	14	25	25	25	25	25	25	25	25
菲律宾	12	13	13	14	16	17	16	14	12	14	14	14	15	15	13
泰国	11	11	6	6	12	12	12	17	17	17	15	15	14	19	19
越南	11	10	10	10	10	10	10	9	12	12	12	9	9	9	9
中东欧	9	11	14	17	19	22	23	26	27	29	33	37	40	42	42
阿尔巴尼亚	25	40	50	63	63	75	75	75	70	73	82	77	85	83	83
亚美尼亚	17	17	17	23	36	36	38	42	42	46	54	69	69	73	80
阿塞拜疆	5	10	10	14	14	14	14	10	10	10	10	10	15	16	16
白俄罗斯	12	16	15	15	15	24	30	32	36	36	45	45	53	55	55
波黑	11	17	20	18	22	28	41	43	44	46	54	52	58	57	57
保加利亚	22	28	31	36	46	44	48	54	54	54	61	70	67	67	67

第三辑

政府管制与公共经济研究丛书（第三辑）

续表

国家或地区	1995年	1996年	1997年	1998年	1999年	2000年	2001年	2002年	2003年	2004年	2005年	2006年	2007年	2008年	2009年
克罗地亚	4	12	17	22	27	30	33	34	26	28	32	35	43	43	43
爱沙尼亚	9	8	9	13	33	50	50	50	43	57	71	71	71	71	71
格鲁吉亚	0	0	0	0	18	25	18	18	25	23	33	55	58	67	67
哈萨克斯坦	21	16	25	35	32	33	32	36	32	32	36	36	39	39	39
吉尔吉斯坦	50	25	50	43	38	38	38	38	50	63	63	63	57	57	57
拉脱维亚	13	17	27	29	32	29	27	32	32	41	45	50	57	62	62
立陶宛	0	0	0	9	18	50	56	67	67	67	67	67	70	70	70
马其顿	9	15	15	15	21	36	38	38	44	44	47	50	64	71	71
摩尔多瓦	8	8	21	27	31	31	31	38	38	38	38	38	44	44	44
罗马尼亚	19	21	32	39	45	57	57	63	70	70	74	81	85	81	81
俄罗斯	7	7	8	9	9	9	9	12	13	14	15	16	17	19	19
塞黑	3	3	3	3	6	9	17	18	26	34	43	60	63	60	61
土耳其	11	11	12	13	14	15	14	19	20	20	24	38	43	43	43
乌克兰	4	4	9	12	14	16	18	19	19	23	28	34	37	43	45
乌兹别克斯坦	20	27	25	23	23	21	20	20	20	19	18	18	24	24	24
中南美	28	30	33	35	36	37	37	38	38	38	38	39	41	42	42
安提瓜和巴布达	0	0	0	0	0	0	0	17	17	17	17	17	33	33	33
阿根廷	22	24	29	32	37	37	37	34	36	35	34	34	35	35	35
巴巴多斯	60	60	60	60	60	60	60	60	100	100	100	100	100	100	100

365

续表

国家或地区	1995 年	1996 年	1997 年	1998 年	1999 年	2000 年	2001 年	2002 年	2003 年	2004 年	2005 年	2006 年	2007 年	2008 年	2009 年
玻利维亚	27	27	29	42	45	45	45	45	45	45	45	40	40	40	40
巴西	23	25	29	33	34	35	35	35	36	36	35	36	36	37	38
智利	48	48	50	48	52	52	48	44	44	39	41	41	48	48	48
哥伦比亚	20	23	27	29	28	29	29	29	25	23	24	28	28	28	28
哥斯达黎加	14	14	14	16	19	18	20	20	20	20	21	22	21	18	18
古巴	0	0	0	0	0	0	0	0	0	0	0	0	0	0	0
多米尼加	5	5	5	5	5	5	7	9	11	12	12	10	10	10	10
厄瓜多尔	18	17	18	18	22	23	18	15	15	15	15	15	15	15	19
萨尔瓦多	18	25	46	46	46	54	58	58	67	67	73	82	90	90	90
危地马拉	11	11	17	17	20	21	21	21	23	22	23	26	36	41	41
海地	0	0	0	0	0	0	0	0	0	0	0	0	0	0	0
洪都拉斯	19	19	22	22	22	26	30	35	35	41	41	41	58	56	56
牙买加	30	30	30	30	33	33	50	63	63	71	71	71	71	71	71
墨西哥	32	38	44	44	43	49	48	56	56	54	50	47	46	48	48
尼加拉瓜	17	17	33	33	36	50	57	50	50	50	40	67	67	83	83
巴拿马	64	63	62	60	60	58	58	62	60	60	60	60	61	64	65
巴拉圭	50	52	50	57	60	58	61	63	62	62	62	62	64	64	62
秘鲁	33	39	42	48	50	59	63	63	60	60	57	60	63	63	63
特立尼达和多巴哥	43	43	50	44	44	44	44	44	44	44	56	56	56	67	67

第三辑

政府管制与公共经济研究丛书（第三辑）

续表

国家或地区	1995年	1996年	1997年	1998年	1999年	2000年	2001年	2002年	2003年	2004年	2005年	2006年	2007年	2008年	2009年
乌拉圭	77	77	77	74	74	73	76	81	79	77	77	81	81	81	81
委内瑞拉	10	15	16	25	25	25	24	28	22	24	26	26	24	26	22
中东和北非	20	19	20	22	22	25	25	26	27	27	31	35	38	38	39
阿尔及利亚	17	17	17	29	25	45	45	53	53	53	57	57	64	64	64
埃及	6	6	9	13	16	16	19	19	19	19	24	44	52	52	52
伊朗	0	0	0	0	0	0	0	0	0	0	0	0	0	0	0
约旦	11	10	10	10	10	10	10	10	10	20	30	30	30	40	40
黎巴嫩	29	29	30	32	31	33	33	35	35	33	37	38	41	39	39
利比亚	0	0	0	0	0	0	0	0	0	0	0	0	0	0	0
摩洛哥	36	36	31	38	38	38	38	33	40	44	40	40	40	40	50
阿曼	0	0	0	0	0	0	0	0	0	0	0	0	0	0	0
突尼斯	36	36	33	33	33	38	38	44	44	44	50	50	50	50	50
也门	0	0	0	0	0	0	0	0	0	0	0	0	0	0	0
其他高收入国家或地区	31	31	31	32	34	34	34	39	40	41	41	41	42	42	42
巴林	57	57	57	50	50	50	43	43	50	60	58	58	57	60	56
冰岛	0	0	0	0	0	0	0	0	0	0	0	0	0	0	0
以色列	13	13	13	13	13	13	13	13	20	8	8	8	8	8	8
科威特	0	0	0	0	0	0	0	0	0	0	13	11	11	11	11
卡塔尔	0	0	0	0	0	0	0	0	0	0	0	0	0	0	0

国家或地区	1995年	1996年	1997年	1998年	1999年	2000年	2001年	2002年	2003年	2004年	2005年	2006年	2007年	2008年	2009年
沙特	0	0	0	0	0	0	0	0	0	0	0	0	0	0	0
新加坡	38	38	38	43	48	45	45	50	55	55	55	55	57	57	55
斯洛文尼亚	13	13	13	15	17	22	22	32	32	33	35	35	35	35	35
阿拉伯联合酋长国	13	13	13	13	13	13	13	13	13	13	13	13	18	21	21
经合组织	21	22	22	23	24	24	25	26	27	27	27	27	28	28	28
澳大利亚	36	36	41	41	41	46	46	46	46	42	40	40	38	38	38
奥地利	4	5	5	5	5	7	7	8	8	9	10	10	10	10	10
比利时	35	35	34	35	37	38	42	42	42	41	42	42	42	43	47
加拿大	41	41	44	44	44	41	41	41	42	42	42	42	42	42	42
捷克	39	39	39	44	52	52	54	54	57	57	55	59	64	67	67
丹麦	1	1	1	3	3	5	9	9	12	12	10	9	9	8	10
芬兰	13	13	13	13	13	13	13	13	11	11	11	20	22	22	22
法国	7	7	7	6	7	8	8	7	7	6	6	6	6	6	6
德国	10	10	11	10	10	11	12	13	13	12	13	13	13	14	14
希腊	17	15	8	8	8	15	14	13	18	24	24	35	31	31	31
匈牙利	67	68	73	75	78	78	81	79	86	85	85	90	93	93	92
爱尔兰	82	83	83	84	80	81	85	89	89	89	89	90	90	90	90
意大利	3	3	3	4	5	5	5	5	5	5	5	7	10	10	10
日本	0	0	0	0	0	0	1	1	1	1	1	1	2	1	1

第三辑 政府管制与公共经济研究丛书（第三辑）

续表

国家或地区	1995年	1996年	1997年	1998年	1999年	2000年	2001年	2002年	2003年	2004年	2005年	2006年	2007年	2008年	2009年
南韩	0	0	0	0	6	6	12	13	18	24	24	24	24	24	24
卢森堡	98	98	99	99	99	99	99	99	99	99	99	99	99	99	99
荷兰	47	48	48	52	52	48	50	50	50	50	47	47	42	39	39
新西兰	57	67	67	67	67	67	60	60	60	70	70	70	70	70	70
挪威	1	1	1	1	1	1	1	1	1	1	1	1	1	1	1
波兰	30	38	42	50	61	62	67	70	69	69	75	73	69	68	69
葡萄牙	17	17	17	17	17	20	23	27	27	31	30	30	30	32	33
斯洛伐克	41	43	42	42	43	58	71	88	94	89	89	88	88	88	87
西班牙	4	4	5	5	5	5	6	6	6	5	5	7	7	7	7
瑞典	2	2	2	2	2	2	2	2	2	2	2	1	1	1	1
瑞士	26	25	24	24	24	24	24	23	24	23	22	24	24	24	24
英国	42	45	46	47	48	48	48	49	51	53	54	54	56	57	57
美国	15	16	16	15	17	19	21	21	21	23	24	24	27	29	32
南亚	7	8	8	9	9	9	9	8	8	8	9	12	13	14	14
孟加拉国	0	0	5	5	3	3	3	3	3	3	3	3	3	3	3
印度	6	7	7	8	8	8	8	9	9	9	10	11	12	12	12
尼泊尔	36	31	31	25	25	25	22	15	15	15	15	15	13	13	13
巴基斯坦	5	5	9	9	14	19	14	13	12	12	16	31	36	40	40
斯里兰卡	0	0	0	0	0	0	0	0	0	0	0	0	0	0	0

续表

国家或地区	1995 年	1996 年	1997 年	1998 年	1999 年	2000 年	2001 年	2002 年	2003 年	2004 年	2005 年	2006 年	2007 年	2008 年	2009 年
撒哈拉以南非洲	32	32	33	34	37	38	39	39	40	41	43	50	51	54	54
安哥拉	50	40	40	40	50	50	50	50	44	44	50	50	50	50	50
贝宁	60	60	67	67	71	71	71	71	63	63	67	67	67	67	67
博茨瓦纳	60	60	60	43	43	44	44	44	44	50	50	44	44	50	50
布基纳法索	80	83	83	86	88	88	88	88	88	88	88	89	89	100	100
布隆迪	20	20	20	17	20	20	20	20	20	20	20	20	25	50	50
喀麦隆	50	50	43	43	38	56	56	56	56	56	56	60	70	80	89
刚果	50	60	60	60	60	60	67	67	67	67	67	71	71	83	86
科特迪瓦	57	63	56	56	56	56	70	70	73	73	73	77	75	77	71
埃塞俄比亚	0	0	0	0	0	0	0	0	0	0	0	0	0	0	0
加纳	56	55	46	46	54	54	58	54	54	60	65	58	53	53	53
肯尼亚	24	24	24	24	24	27	26	26	28	28	30	30	29	35	35
马达加斯加	75	75	75	80	100	100	100	100	100	100	100	100	100	100	100
马拉维	33	33	33	33	33	29	43	43	43	43	43	43	29	29	29
马里	20	17	17	29	38	38	43	38	38	38	38	44	44	56	56
毛里塔尼亚	0	0	17	0	17	17	17	14	14	14	14	14	25	38	38
毛里求斯	60	64	73	73	73	75	69	67	73	73	71	71	67	62	62
莫桑比克	33	33	80	83	100	100	90	90	90	90	90	90	90	91	91
纳米比亚	60	50	50	50	50	50	50	38	38	38	38	38	38	38	38

第三辑

政府管制与公共经济研究丛书（第三辑）

续表

国家或地区	1995年	1996年	1997年	1998年	1999年	2000年	2001年	2002年	2003年	2004年	2005年	2006年	2007年	2008年	2009年
尼日尔	75	75	75	75	83	83	83	83	83	83	83	86	86	86	86
尼日利亚	5	5	5	5	6	9	9	8	9	6	3	11	11	11	11
卢旺达	17	17	17	17	17	0	0	0	0	33	50	50	43	57	57
塞内加尔	50	50	50	50	60	60	64	64	64	64	64	85	85	83	83
塞舌尔	33	33	33	25	25	25	25	25	40	40	40	40	40	40	40
南非	18	17	16	16	16	14	16	17	17	17	22	22	22	22	22
苏丹	11	11	11	11	10	10	10	0	9	15	15	23	31	31	31
斯威士兰	80	80	80	80	80	80	80	80	80	80	80	80	80	80	80
坦桑尼亚	55	54	53	50	56	58	58	55	57	64	68	68	70	70	70
多哥	33	50	50	50	50	50	50	50	50	50	40	33	33	33	33
乌干达	47	53	56	60	67	67	67	71	71	71	71	79	79	76	82
赞比亚	56	56	56	56	56	56	63	63	63	71	75	75	88	100	100
津巴布韦	30	27	27	27	33	25	23	21	20	20	21	25	33	33	33
平均	21	22	23	25	26	27	28	29	29	30	31	32	34	35	35

资料来源：Stijn Claessens and Neeltje Van Horen, 2012, Foreign Banks: Trends, Impact and Financial Stability, IMF Working Paper, WP/12/10, pp. 30－32.

附录 12　运用 PR 模型分析银行业市场结构的主要文献

研究对象类型	作者	期间（年）	国家或地区	结果
发达国家	Shaffer（1982）	1979	纽约	垄断竞争
	Nathan & Neave（1989）	1982～1984	加拿大	1982：完全竞争；1983～1984：垄断竞争
	Lolyd–Williams et al.（1991）	1986～1988	日本	垄断
	Molyneux et al.（1994）	1986～1989	法、德、意、西班牙、英国	意大利为垄断，其他为垄断竞争
	Vesala（1995）	1985～1992	芬兰	除两年外，其余为垄断竞争
	Molyneux et al.（1996）	1986～1988	日本	1986：垄断；1988：垄断竞争
	Coccorese（1998）	1988～1996	意大利	垄断竞争
	Rime（1999）	1987～1994	瑞士	垄断竞争
	Hondroyiannis et al.（1999）	1993～1995	希腊	垄断竞争
	Bikker & Groeneveld（2000）	1989～1996	15 个欧盟成员	垄断竞争
	De Bandt & Davis（2000）	1992～1996	法、德、意	大银行：垄断竞争；小银行：意大利为垄断竞争，德法为垄断
	Bikker & Haaf（2002）	1988～1998	23 个 OECD 国家	垄断竞争，且大银行间的竞争性强于小银行
	Hempell（2002）	1993～1998	德国	垄断竞争
	Coccorese（2004）	1997～1999	意大利	垄断竞争
	Weill（2004）	1994～1999	12 个欧盟成员	垄断竞争，但竞争逐步弱化
	Staikouras et al.（2006）	1998～2002	25 个欧盟成员	大银行为垄断竞争，小银行竞争性弱
发展中国家	Gelos & Roldos（2001）	1994～1999	阿根廷、巴西、智利、捷克、匈牙利、墨西哥、波兰、土耳其	
	Yildirim & Philippatos（2002）	1993～2000	中东欧 14 国	

第三辑　政府管制与公共经济研究丛书（第三辑）

372

研究对象类型	作者	期间（年）	国家或地区	结果
发展中国家	Buchs & Mathisen（2005）	1998～2003	加纳	非竞争性
	Mkrtchyan（2005）	1998～2002	亚美尼亚	垄断竞争，集中度与竞争负相关
	Pasadilla & Milo（2005）	1990～2002	菲律宾	小银行比大银行有更强的竞争
	Al－Muharrami，Matthews，Khabari（2006）	1993～2002	5个阿拉伯国家	科威特、沙特阿拉伯和阿拉伯联合酋长国是完全竞争，卡塔尔和巴林是垄断竞争
	Schaeck et al.（2006）	1980～2003	38个国家	竞争—稳定性观点
	Yildirim & Philippatos（2007）	1993～2000	14个中东欧国家	除马其顿和斯洛伐克外，其他国家为垄断，大银行比小银行竞争强
	Ion Lapteacru	1999～2005	罗马尼亚、保加利亚	垄断

附录13　国内外学者计算 H 统计值使用的因变量

因变量类型	具体变量	学者
比例因变量（scaled dependent variable）	ln（利息收入/总资产）	Molyneux et al.（1994），Bikker & Groeneveld（2000），Mkrtchyan（2005），赵子依等（2005）
	ln（总收入/总资产）	Al－Muharrami，Matthews，Khabari（2006），Yildirim & Philippatos（2007），Yeyati & Micco（2007），Garrido（2004），Casu & Girardone（2006），Jim Wong et al.（2006），赵子依等（2005），叶欣等（2001）
	ln（净收入/总资产）	Rozas（2007）
非比例因变量（unscaled dependent variable）	ln 利息收入	Shaffer（1982），Nathan & Neave（1989），Vesala（1995），Coccorese（1998），De Bandt & Davis（2000），Trivieri（2005），Trifonova（2006），Ion Lapteacru（2006）
	ln 总收入	Shaffer（2002，2004），Trivieri（2005），Yildirim & Mohanty（2006），Pasadilla & Milo（2005）

因变量类型	具体变量	学者
同时使用比例因变量和非比例因变量	ln 总收入和 ln（总收入/总资产）	Gelos & Roldos（2002），Buchs & Mathisen（2005）
	ln 利息收入和 ln（利息收入/总资产）	Buchs & Mathisen（2005），

附录 14　双边监管合作谅解备忘录和监管合作协议一览表

机构名称	机构英文名称	生效时间
英国金融服务局	Financial Services Authority，U. K.	2003 - 12 - 10
韩国金融监督委员会	Financial Supervisory Commission，Korea	2004 - 2 - 3
新加坡金融管理局	Monetary Authority of Singapore	2004 - 5 - 14
美联储	Board of Governors of the Federal Reserve System（FED），U. S.	2004 - 6 - 17
美国货币监理署	Office of the Comptroller of the Currency（OCC），U. S.	2004 - 6 - 17
美国联邦存款保险公司	Federal Deposit Insurance Corporation（FDIC），U. S.	2004 - 6 - 17
美国储蓄机构监理署	Office of Thrift Supervision（OTS），U. S.	2007 - 3 - 20
美国加利福尼亚州金融厅	California Department of Financial Institutions，U. S.	2007 - 11 - 6
美国纽约州银行厅	New York State Banking Department，U. S.	2009 - 5 - 7
加拿大金融机构监管署	Office of the Superintendent of Financial Institutions，Canada	2004 - 8 - 13
吉尔吉斯共和国国家银行	National Bank of the Kyrgyz Republic	2004 - 9 - 21
巴基斯坦国家银行	State Bank of Pakistan	2004 - 10 - 15
德国联邦金融监理署	Federal Financial Supervisory Authority（BaFin），Germany	2004 - 12 - 6
波兰共和国银行监督委员会	Commission for Banking Supervision of the Republic of Poland	2005 - 2 - 27
法兰西共和国银行委员会	Commission Bancaire，France	2005 - 3 - 24
澳大利亚审慎监管署	Australian Prudential Regulation Authority	2005 - 5 - 23
意大利中央银行	Banca d'Italia	2005 - 10 - 19
菲律宾中央银行	Bangko Sentral ng Pilipinas	2005 - 10 - 18
俄罗斯联邦中央银行	Central Bank of the Russian Federation	2005 - 11 - 3
匈牙利金融监管局	Hungarian Financial Supervisory Authority	2005 - 11 - 21

续表

机构名称	机构英文名称	生效时间
哈萨克斯坦金融监管署	Agency of the Republic of Kazakhstan on Regulation and Kazakhstan Supervision of Financial Market and Financial Organizations	2005 – 12 – 14
西班牙中央银行	Banco de Espana	2006 – 4 – 10
泽西岛金融服务委员会	Jersey Financial Services Commission	2006 – 4 – 27
土耳其银行监理署	Banking Regulation and Supervision Agency of Turkey	2006 – 7 – 11
泰国中央银行	Bank of Thailand	2006 – 9 – 18
乌克兰中央银行	National Bank of Ukraine	2007 – 1 – 30
白俄罗斯国家银行	National Bank of the Republic of Belarus	2007 – 4 – 23
卡塔尔金融中心监管局	Qatar Financial Centre Regulatory Authority	2007 – 5 – 11
冰岛金融监管局	Icelandic Financial Supervisory Authority	2007 – 6 – 11
迪拜金融服务局	Dubai Financial Services Authority	2007 – 9 – 24
瑞士联邦银行委员会	Swiss Federal Banking Commission	2007 – 9 – 29
荷兰中央银行	De Nederlandsche Bank	2007 – 12 – 25
卢森堡金融监管委员会	Commission de Surveillance du Secteur Financier, Luxemburg	2008 – 2 – 1
越南国家银行	State Bank of Vietnam	2008 – 5 – 5
比利时金融监管委员会	Banking, Finance and Insurance Commission of Belgium	2008 – 9 – 25
爱尔兰金融服务监管局	Irish Financial Services Regulatory Authority	2008 – 10 – 23
尼日利亚中央银行	Central Bank of Nigeria	2009 – 2 – 6
马来西亚中央银行	Bank Negara Malaysia	2009 – 11 – 11
捷克中央银行	The Czech National Bank	2010 – 1 – 5
马耳他金融服务局	The Malta Financial Services Authority	2010 – 2 – 2
印度尼西亚中央银行	Bank of Indonesia	2010 – 7 – 15
南非储备银行	The Bank Supervision Department of The South African Reserve Bank	2010 – 11 – 17
塔吉克斯坦国家银行	National Bank of Tajikistan	2010 – 11 – 25
印度储备银行	Reserve Bank of India	2010 – 12 – 16

后　　记

　　历经八年的勤奋写作，终于完成了本书。在本书即将出版之际，千头万绪涌上心头，惶恐、忐忑、留恋、感激，各种情结令我难以释怀。虽然本书凝结了我八年的心血，其间更有腰椎间盘突出症的困扰，但此时此刻更多的是诚惶诚恐，唯恐自己资质愚钝而辜负了导师的一片期望。留恋美丽的珞珈校园，它让我遇见了我生命中重要的良师益友，给了我美好的求学环境。在此，我郑重地向支持、关心我成长的各位老师、领导、同仁、亲友表示衷心的感谢！

　　感谢我的博士生导师——曾国安教授。曾老师是一位严父般的师长，他治学严谨、见解独到，对学生生活上关怀备至，在学业上严格要求、谆谆教诲。正是在曾老师的指导下，我才得以完成本书，大大提升了自身的学术素养。八年来，我深感曾老师学贯中西的渊博、严谨的学风和人格魅力，这些深深地影响着我、激励我、启迪我，催我上进，使我终身受益。我也由衷地体会到，能够师从曾老师，乃我人生之大幸！在此，真诚地道声："曾老师，您辛苦了，谢谢您！"

　　感谢王冰教授、张秀生教授、程承坪教授等，他们为本书提出了非常有益的修改意见，谢谢他们辛苦的工作！

　　感谢社科院数量经济与技术经济研究所的何德旭教授。何老师于我亦师亦友，经常在学业上为我指点迷津，给我的学习提供了莫大的帮助，每当我遇到学习上的困难，何老师总能给我无私的关怀和照顾，成为我在学术之路上不断向前探索、奋进的动力。何老师给我的帮助，我无以为报，只能今后以更为勤奋的学习回报社会，答谢何老师！

　　感谢上海交通大学安泰管理学院的何振宇博士。何博士在银行市场力研究方面有很高的造诣，是银行竞争领域研究方面的专家，当我第一次向何博士请教时，何博士并没有拒绝我这个陌生人，而是将第一手资料无私地提供给我，极大丰富和提升了本书对银行市场力的研究。此外，还需特别感谢的是杜阿尔特·布里托（Duarte Brito）教授和上海财经大学的周晓岚博士，杜阿尔特·布里托教授向我提供了并购模拟分析软件 mergerSim. zip，周晓岚博士在并购模拟技术方面给予我无私的帮助，在此，对上述专家、学者的帮助致以我最真挚的感谢！

376

感谢我所在的单位湖北经济学院的吴少新教授、漆腊应教授一直以来对我的关心与照顾，感谢中南财经大学的朱新蓉教授对我的期望与鼓励，我会继续努力，沿着学术这条道路一直走下去。

在本书的写作过程中，我还得到了同门师兄妹邹积亮、彭爽、兰荣蓉的帮助，这里也对他们表示感谢！

还要感谢我的妻子封荷英女士。在本书写作过程中，她不仅承担了大量的家务劳动，使我从诸多烦琐的事中摆脱出来，而且实际上参与了本书的编写工作。从数据的收集、整理和输入，到最后的文字编辑与排版，还有一些绘图，都有她的劳动。可以说，没有她的理解、支持与付出，我不可能完成本书。特别是在我患腰椎间盘突出症而卧床不起时，所有的家务和指导孩子学习的重担都落在她肩上，她无怨无悔，我对她亏欠太多，能够与她一起生活是我的幸运。

吾生有涯而学无涯，由于受知识水平所限，文中纰漏一定不少，恳请各位专家、学者批评指正。

王国红

2016 年 11 月 16 日于武汉